近現代日本における中国語受容史

メディア・教育・言語観

近現代日本における中国語受容史

メディア・教育・言語観

温秋穎

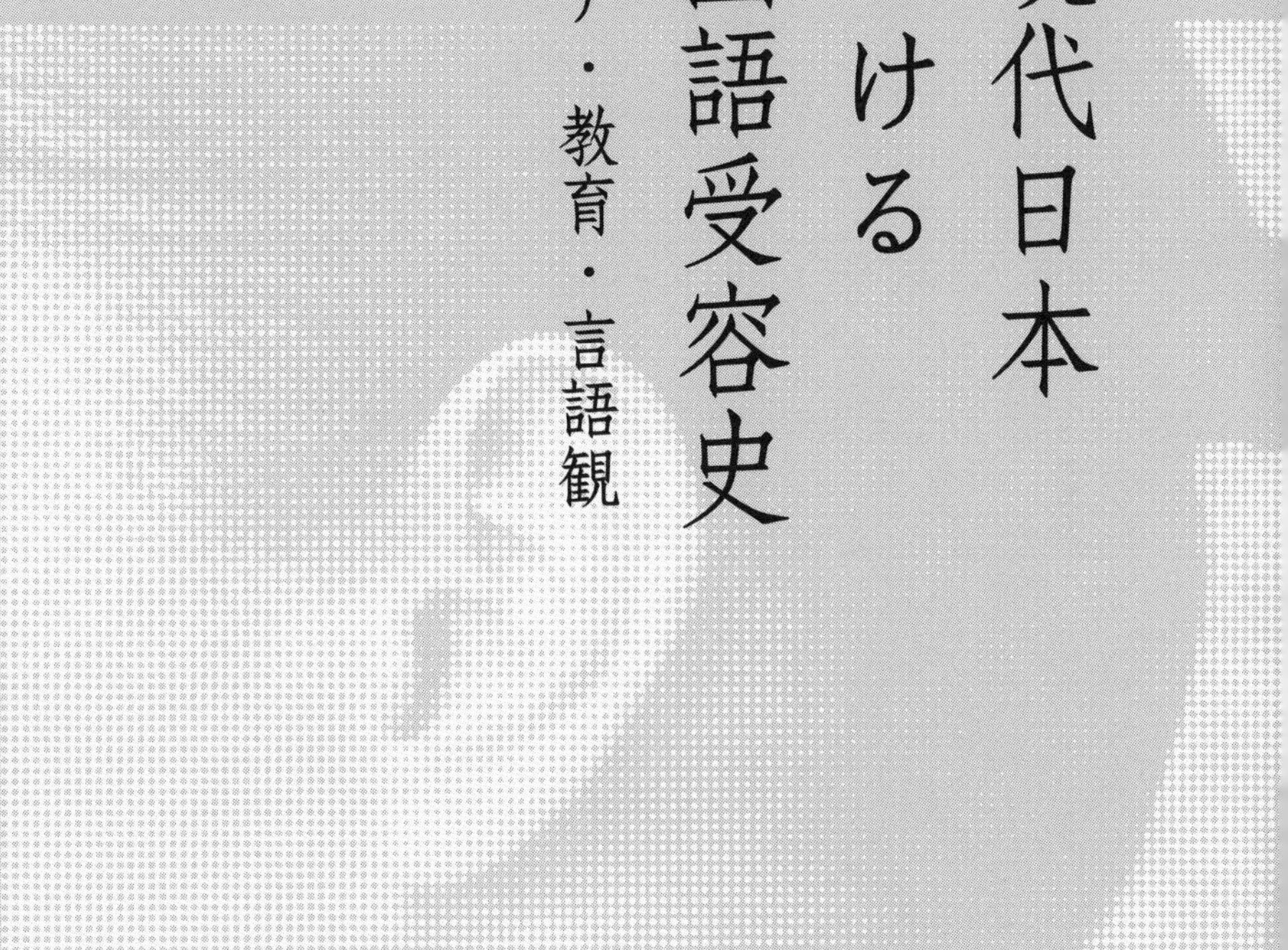

岩波書店

目次

凡例

（一）引用文について、文中の省略は〔中略〕〔後略〕のいずれかを表記した。また、改行を省略、あるいは「／」で記した箇所もある。

（二）読みやすさを考慮して、引用文中の旧字体の漢字は新字体に改めたが、歴史的仮名遣いは原文表記に従った。

（三）中国語の引用文中の漢字は、原則として原文表記に従った。

（四）引用文中の誤字と思われるものには「ママ」と表記した。

（五）引用される文献の典拠は、各章の末尾に付された注で表記した。ただし原則として、著者名『書名』頁数、のように簡略化された情報だけを記した。詳細は「文献一覧」を参照いただきたい。

（六）「文献一覧」の【新聞・雑誌・年鑑等】に所収された文献の典拠については、簡略化せず、必要と思われるかぎりの情報を記した。

（七）引用文の一部に今日では不適切と思われる表現が含まれるが、歴史的資料であることに鑑み、原文表記に従った。

序章　もう一つの教養語をもとめた近現代日本

「教養」ではなかった中国語──中国語受容のイデオロギー

アジア・太平洋戦争最中の一九四二年、中国語学研究者の魚返善雄《おがえり》は、竹内好《よしみ》が主宰した雑誌『中国文学』における「日本と支那語」という特集の巻頭言で、日本における中国語が置かれた地位について以下のような不満をこぼしていた。

今日までのことは、支那語の本質の罪か、はたまた時代の罪か、その一方或は両方のせゐであるとしておかう。もし支那語教師に責任を嫁するならば、彼には抗議すべき理由がある。気まぐれな世間を相手に、常時にも快き生活を保証されず、非常時には半労働者的賃仕事の連続である。学問でないといふのか。世間はいつ彼を学問のできる地位に置いて来たか。(1)

ここで魚返が言う中国語の諸問題は、敗戦を迎えてから、日本の中国語界内部でも糾弾されるようになった。また日中関係の改善にともない、日本における中国語の教育・学習・研究にも新しい境地が切り開かれていった。これは、戦時中の「時代の罪」が償われたことにより成し遂げられた成果だとも捉えられるが、『中国文学』の特集「日本と支那語」や、同誌で取り上げられていた倉石武四郎『支那語教育の理論と実際』(一九四一年)には、すでに中国語受容に地殻変動を引き起こしうる思想的な種が潜んでいた。

いったい近現代日本は、どのように他者としての中国語を認識し、受容してきたのだろうか。また、このような中国語受容を通して近現代日本はどのように中国と付き合い、それと同時に、自己が抱えている難問にどう向き合ってきたのだろうか。本書は上記のような、日本で「学問のできる地位」に長らく置かれていなかった中国語についての受容史の研究である。一九三〇年代から一九六〇年代末にかけて、ラジオや出版物といったメディアを介した日本国内の中国語学習の場において、中国語という外国語を〈声〉の教養語として追求していた教育者・学習者の言動を考察し、これらの言動と思考の連鎖が当時の日中文化交流と日本国内の一般社会と学問体系にもたらした意味を検討することを目的としている。

中国語は外国語のはずであるが、近代における入り組んだ日中関係ゆえに、そして漢字を使って表記される性格ゆえに、その言語の他者性は常に曖昧かつ複雑なものであった。このような、中国語に現れる文字と言語が絡み合った複雑な他者性は、とくに音声メディアと関係するものである。本書でいう中国語の〈声〉とはまず、漢文訓読法ではなく、外国語としての、話しことばとしての中国語がもつ音声的要素、音声的表象(representation)を指している。さらに中国語の〈声〉とは、他者としての中国の人々の存在を話しことばをもって表象するものでもある。〈声〉の中国語の探求は、外国語、話しことばの受容を通して、他者としての中国・中国人を理解することを常に志向する行為であった。

本書の問題意識と意義を説明するための切り口として、まずはこの問いから考えたい――いま、外国語としての、話しことばとしての中国語は、日本人にとって「教養」なのだろうか。そして、もしこれまでの中国語が「教養」ではなかったとしたら、これから中国語は「教養」になりうるだろうか。

私たちの頭のなかには、これらの問いに答えるよりも前に、何が「教養」であり、何が「教養」でないかという、自分なりの教養に対する見方、また、「中国語」ということばにもつイメージといった価値判断がすでに存在している。本書は、これらの価値判断の由来に着目し、近現代日本における中国語ということばを受容する際に存在していた様々な言語観を考察し、これらの言語観の歴史的変遷を辿ることを研究の出発点の一つとする。

二〇二二年のNHK放送文化研究所による調査では、NHKの語学講座で中国語を「学びたい理由」のなかで、「教養として身につけたいから」という項目を選んだ人が最も多かった(2)。冷戦後の比較的安定した東アジア地域における平和な時代に生まれ育った若い世代にとって、一九九〇年代以降に経済力と国際的影響力がともに成長していったという中国のイメージは、決してネガティブ一辺倒のものではないことがしばしば指摘されている(3)。しかしながら、すくなくとも一九六〇年代までは、中国語は英・独・仏語と区別されてしばしば「特殊語学」と呼ばれており、社会で広く共有されている「教養」ではなかった(4)。さらに前の時代に遡ると、一九三〇年代には、明治期の二大戦争である日清戦争、日露戦争を経て、戦争や諜報に関係する領域で重宝された「支那語」は、「戦争語学」や「通弁語学」と揶揄されていた(5)。これに反発した魚返善雄は、太平洋戦争最中の一九四二年に、英・独・仏語への社会の評価を意識しつつ、以下のように記した。

> 「乱雑無組織」「原始的」「非科学的」「非文化的」「戦争語学」「通弁支那語」――さうしたかずかずの不当な悪罵や咒詛のまとになつてきた不幸な支那語のためにすこしでも恥をそそぎたいとおもつてこの本を書いた。一人の日本人として、同じ国の人が一人でも多く、楽な気持で、しかし見くびらずに、ドイツ語やフランス語と同等以上に支那語を評価してほしいとおもふ(6)。

一九四〇年に吉川幸次郎は、『文藝春秋』に投稿した「支那語の不幸」において、①国語と「同文」であるという万能思想、②「支那語はやさしい外国語だといふ思想」、③「わが国古来の「漢文訓読法」」の三点から「支那語の不幸」を分析し、「支那語の不幸は救はれねばならぬ。学術のためにも、政治のためにも」と説いた(7)。このように見れば、中国語ということばに対する日本人の認識は、一〇〇年の間に大きく変貌したといえよう。すくなくとも戦前の社会通念において、中国語はまだ、教養と程遠く揶揄され悪罵されるものであり、同時代の中国語研究者からみれば「不幸」な地位に置かれた外国語であった。

もちろん、NHKの語学講座で中国語を「学びたい理由」として、「教養として身につけたいから」という項目を選んだ人々が想定する「教養」の意味合いも変わった。今日の書店に並ぶ様々な自己啓発本の宣伝文、ないしそのタイトルにも「教養」という表現が頻繁に使われるようになった。「教養」という表現はきわめて雑多な意味を含んでおり、「「教養」が具体的に何を意味するか、論者の間で共有されていないことも決して珍しくない」[8]と指摘される通りである。歴史社会学者の筒井清忠が『日本型「教養」の運命』でまとめた、大正時代における「文化の享受を通しての人格の形成」という意味での教養や、旧制高校生ら学歴エリートの中核的文化としての「教養主義」でいうところの「教養」は、おそらく今日となってはいわゆる学歴エリートの間でさえ共有しがたい理想となっているだろう。[9]

しかしながら、大正時代のエリート層の「教養主義」、あるいは、「教養主義」と同じ源流をもつと見られている大衆レベルの「修養主義」は、果たして今日の様々な「教養」に対する見方と完全に断絶したものなのだろうか。[10]教育学者の諏訪内敬司は『日本大百科全書』の「教養」の項目で、「教養は古典的、学問的に偏り、それ自身が目的となるきらいがあるため、科学・技術が急速に発達し、社会生活も大幅に変化した現代では、教養の新しい内容が求められている」[11]と記した。筒井清忠は「エリート文化と大衆文化のエートス的中核が同時に同質的なものとして成立した」[12]としたうえで、その同質的な部分として、「努力」「習得」「人格の完成」に高い価値が置かれていることを指摘した。このように、「教養」や「修養」をもとめる際に、その学習の具体的な対象が何であれ、「努力」、「習得」、「人格の完成」、人間性・知性の向上といったプロセスを踏む、このような行動の型そのものが、近現代のさまざまな教養説の共通理念であるという仮説を本書では考えたい。このように考えると、もともと「教養」の対象ではなかった中国語が、社会の要求の変化のもとで、「教養」の型に当て嵌められるようになり、新しい「教養」になったとしても不思議ではない。

大正時代に生まれた「教養主義」や「教養」に対する典型的な理解は、今日の言語生活になお生きている。『広辞苑』や『日本国語大辞典』『日本大百科全書』の語釈によれば、「教養」の意味はおおむね二つに分けられる。すなわち、①「教育」に近い意味で、教えて育てること、②ラテン語の「cultura」、英・仏語の「culture」、ドイツ語の「Bildung」に語源をもつ意味で、学問・芸術などにより人間性・知性を磨き高めることや、そのことによって得られる知識や心の豊かさである。とくに後者は、いままで論じてきた大正時代のエリート層の「教養主義」の意味を多く受け継いだものだといえよう。

以上を踏まえれば、中国語が「教養」であったかどうかという、近現代日本の中国語受容に際しての言語観、ことばに対する認識にかかわる問題を考えるにあたっては、教育の体制のなかにおける中国語の位置づけに着目し、旧制高等学校エリート層の文化と比較する方法をとるのが妥当であろう。以下ではまず、外国語としての、話しことばとしての中国語が、教育のなかでいかに位置づけられてきたかを考察するための前提として、それと対照される二つの「教養」について概観したい。一つは、戦前の旧制高等学校のエリート文化における英・独・仏語を中心とする「教養語学」説、そしてもう一つは漢文訓読の教養である。

明治から戦時期にかけて存在していた「教養語学」という言語観には大まかに言えば、二つの源流があると考えられる。一つは、エリート・コースの高等学校に設置され、近代の学問と知識に接近するために学ばれた英・独・仏語を指すものである。もう一つは大正教養主義の影響下にあった英語教育のなかで提唱された、「実用」の対としての「文化教養説」である。[13] 竹中龍範の考察によれば、「実用」対「教養」という構図の萌芽は、すでに明治初期に確認できる。[14] 以上の二つの認識は、「教養語学」が旧制高等学校のエリート文化とは切り離せないという点で共通している。すなわち、「教養語学」の提唱の背景には、英・独・仏語の原書を読むことによって近代の知識と思想を摂取し、あるいは文化批評を行って、最終的に人格を陶冶することにいたるという教育の構図があるのである。周知のように、中国語が戦前の旧制高等学校には設置されておらず、戦前期までの外国語としての中国語の受容は、旧制高等学校のエリート文化に根ざした「教養語学」とはほぼ無縁なものであった。ただし、日中戦争最中の一九三〇年代後半以降、中国語に対して知識層の関心が高まり、「国民教養の一部」としての中国語を位置づけ、中学校から大学までのカリキュラムに中国語を必修科目として定着させる意見が顕在化した。これらの提唱が、中国語クラスが戦後新制東京大学教養学部に設置されたことの思想的原点の一つとなったことは、本書の第四章と第五章で詳述したい。

上記の英・独・仏語を中心とした「教養語学」説について、本書の中心的な論旨と関わることとして予《あらかじ》め提示しておきたいことがある。明治初期の英語教育者によって提起された「実用」対「教養」の図式は、今日の語学教育の研究とその史的研究でも用いられるものであるが、これだけでは、中国語が近現代日本においていかに受容され想像されてきたのかという過程を捉えきれないという問題がある。まず、旧来の教養である「漢文訓読」に反発した戦前の中国語教育者と中国文学者は、耳と口による中国語習得を提唱した。彼らにとって、実用としての中国語は教養としての中国語の対立面にあるのではなく、実用と既存の教養とをどう調和させ、新しい教養を創出するかということにこそ関心の所在があった。また、第五章で論じるように、戦後、アメリカ式の一般教育(general education)や実用を重視する語学学習が、一種の模範として新制大学に取り入れられた際に、辞書を引き外国語の原書の読書だけに頼る「教養語学」の形も崩れていった。

同じ理由から、中国語教育史研究者の六角恒廣が定義する「文化語学」と「実用語学」という分け方も本書では用いない。六角は外国語の教育と学習について、その使用目的によって、「文化語学」と「実用語学」の二種に分けることができると論じており、戦前の中国語教育は実用語学がほとんどであったと判断していた。「社会における政治・経済・文化の各分野において、外国との間の業務上の相互交流に役立てるための外国語、また外国に居住するものが生活上に必要とする外国語、あるいは一時的に外国に旅行するために必要とされる外国語等々の外国語を総称として実用外国語という」のに対して、「文化語学」とは「外国の政治・経済・文化などの各分野における学習ないし研究に必要とされる外国語、または自国の研究成果などを外国語で発表し紹介するために必要とされる外国語、あるいは外国との間でなされる、学習・研究などの相互交流に必要とされる外国語」であるという。[15]

本書は、上記の英・独・仏語を中心とした「教養語学」説と異なる教養語をもとめていった過程として、近現代日本における〈声〉の中国語受容史を捉えたい。ここでいう教養語とは、ことばそのものとそのことばの使用に文化的な価値を見出そうとし、ことばの社会的地位を向上させて、さらにことばの教育・アカデミアの体制を変革しようとする言語観と、その言語観に基づいた一連の実践である。中国語を教養語としてもとめていった近現代の日本人は、英・独・仏語の教養、さらに、訓読法で読む書きことばとしての漢文の教養を強く意識しながらも、英・独・仏という「教養語学」と異なる〈声〉のことばの価値観を打ち出していたのである。ここに見られるのは、話しことばとしての中国語を身につけることにより中国人と円滑なコミュニケーションを取り、さらに、日本にそれまであった中国認識を超えて中国の文化や思想を深く知ろうとする他者理解の志向である。なお、〈声〉の中国語にあった他者理解の志向が、日中戦争期や敗戦直後など異なる時期においてさまざまな性格と内実を持っていたことについては、各章での考察に譲りたい。

以上において、英・独・仏語を中心とした「教養語学」説を概観するとともに、本書の考察で使用する教養語という概念の定義を行った。それでは、英・独・仏語の「教養」を意識しながら独自の教養語をもとめていった近現代の日本で、第二の標的とされていた漢文訓読の教養とはどのようなものであり、それと英・独・仏語の教養とはどのような関係にあったのだろうか。中国語を通して中国を知るという他者理解の志向においては、なぜ漢文訓読の批判が避けられなかったのだろうか。

近代化のなかの知の流通という角度からみれば、英・独・仏語の学習が国家のエリート階級に最重要視されたことは、近代以降、西洋文明や西洋の学問体制を吸収してきたことと表裏一体であった。言語社会学者の鈴木孝夫は、英語、ドイツ語、フランス語を中心にした近代化を、三頭立ての馬車に見立てて「トロイカ方式」と呼んだ。[16]言語政策と英語教育を専門とする山田雄一郎は、明治以来の英独仏志向が、言語政策あるいは外国語教育政策として計画的に進められたというわけではなく、国力の変化にともなって外国語への関心が自然にそのように傾斜していったことを指摘した[17]。明治以降の知識人の一般的な知識関心が西洋に移り変わっていくにともない、東アジア社会に根ざした儒教を中心とする教養の後退も顕著になった[18]。柳宗悦が明治末年に学習院で学んだ頃、教養や文化はひたすら「西洋文化」であり、儒教も仏教も古く思われ、漢学の勉強には一流の学者が先生として教えていたにもかかわらず、彼は身が入らなかった。英語の習得には熱心であったが[19]、「東洋人でありながらろくに東洋の古典も読めぬ始末で、自分ながら変態的な教養なのを感ぜざるを得ぬ[20]」という。

明治二〇年代頃から、柳宗悦や岡倉天心が西洋と東洋の文化的教養のバランスを説くようになったのと同時に、旧士族気風のアジア主義者である荒尾精らは、諜報のために用いる外国語としての、話しことばとしての中国語に目を向けはじめた。これらはいずれも、古いと見なされた東アジアの知の環境で、新しい時代に順応できるものを発掘しようとする行為であったといえよう。アジア主義者たちが諜報のための中国語にしか注目しなかったことは、中国語が近代以降にほとんど教養とされなかったもう一つの理由を考えるうえで、示唆を与えてくれる。すなわち、東アジア、とくに中国に関係する知的環境において、漢文と中国語の不均衡な地位が長らく続いていたということである。中国語がほとんど教養のことばとされていなかった一因は、日本における漢文訓読の文化にも求めることができるのではないだろうか。

日本列島に最初に漢字という異言語の書記方法が入ってきたのは紀元一世紀ごろだと推定され[21]、六世紀に生まれた訓読みと七世紀にできた漢文訓読法を経て、漢字は徐々に国字化していった。それから、諸外国との交流の場面での中国語の発音による中国語は通訳者に委ね[22]、国内の漢学教育では漢字を日本語の発音による漢文訓読法に基づいて翻訳するという中国語受容の二重構造が古代から近代まで続いてきた。思想史家の酒井直樹は、日中の言語について、中国と日本の間にある言語的異質性にもかかわらず、日本人が中国の書記法を採用し、それ以降、自己の同一性について絶え間ない不安におびやかされてきたということを提示した[23]。リテラシーと語学習得の点から見れば、中国語の文語文、すなわち日本で言うところの「漢文」を読むためには、外国語として実際に発音して学ぶのではなく、日本語の語順になおすという訓読の方法が実践されてきたため、外国語としての中国語は学問の世界から遠ざけられる傾向にあった。このことについては、次項で詳しく論じる。

研究者の間では、訓読の教養は漢文の教養とほぼ同一視され、漢文文化圏における日本独自の受容として語られている。例えば小峯和明は、訓読の「蓄積が日本の教養の核となり、規範となったわけで、たとえば故事成語が典型で、ほとんど異文化という違和感を感じさせない」(24)と言い、金文京は訓読の独自性を強調し、「日本では訓読と原文とがいちおう対等な関係で、訓読にも権威がある。単に翻訳の方法だけではないのですね。だから訓読が文体として独立しているわけです」(25)と述べた。思想史の分野においても、訓読と日本語・日本文化の形成、訓読と漢文文化圏との関係をめぐって、すでに多様な思想的課題が掘り出されてきた。(26)しかしながら、このように漢字・漢文という目で読む言語の受容が思想的な課題とされた一方、それと表裏をなす関係にある音読の、話しことばとしての中国語の受容という問題と、中国語そのものに対する日本人の文化的心理は、看過される傾向にあった。

言うまでもなく、訓読の漢文は、今日の中学校と高等学校の国語科目においてなお存続している。中学校高等学校における漢文科目の設置も、漢文の教養説に強く影響されているのである。二〇一八年の文部科学省「高等学校学習指導要領(平成30年告示)解説　国語編」のなかの選択科目「古典探究」を論じる部分においては、「時代がいかに変わろうとも普遍的な教養があり、かつてはその教養の多くが古典などを通じて得られてきた」、「我が国の文化や伝統に裏付けられた教養としての古典の価値を再認識し、自己の在り方生き方を見つめ直す契機とすることが重要である」(27)としたうえで、学習の内容としては「主に古文・漢文を教材に、「伝統的な言語文化に関する理解」を深めることを重視する」(28)と記されている。このように、「古典」である漢文の学習を通した「普遍的な教養」の獲得と、「伝統的な言語文化に関する理解」が古典探究の一部である漢文学習の意義であるとされているのである。

ここで注目しなければならないのは、「漢文」と「我が国の文化や伝統に裏付けられた教養としての古典の価値」

の関係である。中国思想史家の小島毅は高校の中国古典について、「中国と日本の思想については、現代語訳ではなく、訓読という訳によって掲載することが、おそらく高校現場から求められているのであろう(29)」と指摘した。中国古典であれば、現代日本語訳より訓読訳のほうが相応しいという教育現場の感性は、漢文訓読と日本の教育、教養の関係を端的に示す一例であろう。それでは、内面化された国語の一種としての訓読によってではなく、中国語の発音と構文(syntax)にそのまま従って中国古典を読むこと、すなわち、中国古典と漢文を純粋な他者の言語として捉えることは日本人にとって可能なのだろうか。中国語の発音で漢文を読むことは、なぜ漢文の訓読法と比べて、古典中国語文化を受容する主要なリテラシーとなっていないのだろうか。本書では、漢文訓読という慣習的なリテラシーの影響のもとで、外国語としての中国語学習と中国古典の閲読・研究とがかけ離れていた状態を意識したうえで、近現代日本の中国語受容史を考察したい。

以上、英・独・仏語を中心とする「教養語学」説、そして漢文訓読の教養という二つの「教養」と比較しながら、本書で捉えようとする外国語としての、話しことばとしての中国語における教養とは何かを提示してきた。この点を踏まえたうえで、次項からは、近代の公教育とアカデミズムにおいて学習と研究の対象としての中国語が置かれた地位を考察する。

近代公教育とアカデミズムのなかの中国語

明治から敗戦までの公教育とアカデミズムにおける外国語としての中国語が置かれた地位の特徴は、「清語」「支那語」と呼ばれる外国語としての中国語の授業がエリート・コースと呼ばれる旧制高等学校に設置されておらず、民間学校や外国語学校、商業学校を中心として展開されていたということにある。この制度上の特徴は、戦前における中国語の研究と教育の停滞に多大な影響を及ぼしたと考えられる。

明治時代までの日中交流は、筆談、漢字・漢語・漢詩文、書道といった高度な文字文化に頼ったものであった。近代国家の形成と、それにともなう帝国の拡張によって、日本人は中国大陸や台湾などで外交や軍事、経済、文化活動を展開するなかで、海外で中国語（漢語）を話す中華圏の人々と出会うようになった。その際、かつての江戸幕府の役人で、南京語や福建語を操る通訳者であった元唐通事たちに頼るだけではコミュニケーションの効率が悪く、外国語としての中国語、とくにこの時期に標準的な中国語と思われていた北京官話を学習する必要が、外交や軍事活動の場面で生まれた(30)。

それを意識した外務省はいち早く、一八七一年に外務省構内において漢語学所を設立し、清国の交渉のための語学人材の養成に着手した。一八七六年には、東京外国語学校（以下、東京外語(31)）の成績優秀者であった中田敬義・潁川《えがわ》高清・富田政福の三名を北京の公使館に送り出して北京官話を習得させ(32)、一八八三年には外務省の清国留学生制度が正式に発足した(33)。陸軍も日清戦争前後、中国で軍事探査や情報収集を行った際に中国語の必要性を認識しており、戸部良一の考察によれば、一九〇〇年に陸軍大学校の外国語教育に中国語が加わった(34)。

またこの時期、いわゆる大陸雄飛や興亜の理想を抱いた民間の中国語学習の団体が多く現れた。日本国内のものとしては、広部精が設立した日清社（一八七六―一八七七年）、興亜会による興亜会支那語学校（一八八〇―一八八二年）、渋沢栄一らが設立した韓清語学校（一八九四―一八九五年）、宮島大八の永帰社・善隣書院（一八九五年―）が挙げられる。上海には荒尾精が一八九〇年に設立した日清貿易研究所があり、一九〇一年には東亜同文書院が開校した。しかし、上海の東亜同文書院と東京の善隣書院を除けば、資金の不足や生徒数の減少などのために、ほとんどの学習団体は長続きしなかった。それより影響力があったと言えるのは、日清戦争後に各地で設立され、第二外国語科目の一つとして中国語授業を設置した官立の高等商業学校である(35)。国内の公教育における中国語教育は、一九〇〇年前後に外国語学校と商業学校を中心として制度的に形が整えられたと言えるだろう。同じく一九〇〇年には、早稲田大学の前身である私立学校の東京専門学校においても、「政学部英語政治科」「邦語政治科」「法学部法律科」「行政科」に外国語科目として「支那語」が開設され、さらに中国関連の時事問題と結び付けられた「支那時文」「支那問題」「極東外交史」

といった授業が教えられていた。義和団戦争以降に「中国を研究するにはまず中国語が必須だとし」たという大隈重信の考えが大きく作用したという。(36)

明治期の中国語教育をめぐって、その教育制度や教授法、教材を考察した六角恒廣は、当時の中国語教育の特徴として、「宿命的に実用語としての歴史的性格が身について」、「経世的意義から、しだいに商業的紛《マ》飾《マ》をほどこして侵略用語へ転落」したといった側面を挙げており、(37)板垣(古市)友子は「アジア主義による人材育成」の側面を提示した。(38)一九二〇年代には、新設の大阪外国語学校(以下、大阪外語)や天理外国語学校において中国語の授業が開設されるといった新しい動向も見られたが、外国語学校と商業学校を始めとする公教育における中国語に対する認識は、概ね明治期の状況と大差なく、外交や商業の場面での実用性があるかどうかという点が重要視された。

一方、言文一致といった目標を掲げた一九一七年に中国で始まった文学革命と、「新文学」とされた口語に近い文体である白話文学に共感・注目する動きも一九二〇年代の日本で現れた。まず、東京外国語学校支那語部(以下、東京外語支那語部)の教師たちは、中華民国建国後の社会の風習や中国人の言語生活に起きた変化に注意を払っていた。(39)彼らは、会話体を中心とする従来の教科書の編成を批判し、同時代の白話文学を中国語教材に導入することを試みた。(40)「読本式」の中国語文を教材に数多く取り入れながらも、「支那語の生命とも謂ふべき語調の上には、一層重きをお」(41)くという話しことばとしての中国語の学習を強調した点において、言文一致の達成を目標とした中国の文学革命の理想とも重なっていた。

一九二〇年代における中国語に対する新しい視線は、アカデミズムの分野においても生まれつつあった。京都帝国大学文学部支那文学科を卒業した青木正児《まさる》が一九二〇年に同人雑誌『支那学』の創刊号から第四号まで連載した「胡適を中心に渦いている文学革命」は、日本のアカデミアに向けて文学革命の動向を紹介した最初の論考といえる。(42)このほか、漢文の訓読法の弊害を説く「本邦支那学革新の第一歩」(一九二〇年)や、中国語の語法研究を紹介する湯浅廉《おさ》孫《ひこ》「漢字の品詞的区分と馬氏の文通」(同年)も『支那学』に掲載された。さらに一九三〇年代には、スウェーデンの中国語学者ベルンハルド・カールグレン(Bernhard Karlgren, 高本漢)の研究を紹介した高畑彦次郎「文献学と古代支那」(一九三二年)、清朝白話小説に注目した小川環樹「小説としての儒林外史の形式と内容」(一九三三年)、同「趙蔭棠氏の中原音韻研究を読みて」(一九三七年)もみられる。[43]高畑彦次郎は、京都帝国大学文学科関係者による京都文学会が発行した機関誌『芸文』においても、「支那語の言語学的研究」を一九二八年から一九二九年にかけて連載し、中国語音声史研究の序説について論じていた。

以上のように、一九二〇年代から一九三〇年代にかけて、青木正児や高畑彦次郎といった帝国大学出身者によって、アカデミズムにおいても中国語学の紹介と研究が少ないながらも存在していたことがわかる。なかでも、青木による「本邦支那学革新の第一歩」が伝統的な漢学の革新にもたらした意義は、近年、京都大学の「支那学」の特色と結びつけて論じられている。[44]それと同時に、青木の論調は漢学者の間で全面的な支持を得ておらず、訓読法で読む漢文を日本の国民道徳の根本として位置づけるという意見がなお主流であったことが、これまでの研究では言及されてきた。[45]しかし、漢学者による中等教育に対する意見と主張がアカデミズムのどれほどの範囲で共感を引き起こしたか、また、中等教育の漢文教育を賞賛する態度が、どの程度、訓読法の漢文を学問のことばとすることにつながっていたのか、ということについてはまだ詳細な検討が必要だと考えられる。なお、注目に値するのは、青木のいわゆる「漢文直読論」は、日本に伝わってきた漢音・呉音という日本語の漢字音をもって中国語の文章を読む方法であるため、中国語を外国語として正面から受容する姿勢とはまだ距離が残されていたという点である。外国語としての、話しことばとしての中国語をアカデミズムの言語とする提唱は、一九三〇年代なかば頃という時点に現れ、漢学者たちからも反響があった。このことの詳細は本書の第四章で論じたい。

いずれにせよ、青木正児の「本邦支那学革新の第一歩」は、返り点と送り仮名を用いて漢文を訓読するか、それとも元の語順通り日本語の漢字音で「直読」するかという問題を、一九二〇年代のアカデミズム内部で明確に提起した。また、この問題意識は中国関連の知識としての「支那学」と漢学の学者の間ですでに共有されていたが、実践の場面では「直読法」が順調に受け入れられることはなかったことが確認できる。[46]「直読法」がアカデミズムで敬遠されていたことは、中国研究の方法とその人材育成の方針において、外国語としての、話しことばとしての中国語教育がいかなる役割を想定されていたのか、ということと重要な関係をもっていた。以下では、一九三〇年代までの帝国大学で行われた中国語教育と、言語学としての中国語研究の形成と発展を概観し、中国語の教育と研究の位置づけを探る。

　東京帝国大学における中国関連の学問分野は、当初は「漢文学」という名称の専攻が中心であった。一八九七年に「和漢文学科」に「支那哲学」が加わって以降、一八八四年に「和漢文学科」の第二学年が「和文学科」と「漢文学科」に分けられ、一八九三年には帝国大学の講座制導入にともない「漢文学支那語学」に三講座が設置されるといった一連の組織改編により、中国関連の学科の専門化が進んでいた。[47]一八九〇年代以降、「支那語学」「支那語文学」という名称の科目が設置されたが、[48]訓読法で中国語の文献を読解する伝統はなお強かった。一九一四年に東京帝国大学支那文学科に入学した竹田復《さかえ》の回想によれば、「支那語は（引用者注：週に）三時間しかな」く、『孟子』を中国語音で読む張廷彦による授業、金井保三による文法の授業のほか、塩谷温[49]による戯曲の講義は「訓読式にかえってお読みになるもの」[50]であったという。一九一八年に東京帝国大学に入学した倉石武四郎は、「その支那文学科には、中国語、その当時は支那語といっておりましたが」、「一年生の時には東洋史とかその他の方も一緒にこられて少し人数がありましたが、二年生になりますと誰もいない」状況で、「二年目からはわたくしが唯一人の学生であった」と回想している。[51]彼は『支那学』に掲載された青木正児の論考に感銘を受け、京都帝国大学の大学院に進学した。その後、文部省奨学生として北京に留学し、旗人（清代の支配階級の出身者）の教師のもとで白話小説である『紅楼夢』を中国語音で音読することで、中国語の発音、とくに北京地域の発音を体感していった。[52]一九三〇年に倉石が京都帝国大学の教壇に立つようになってからは、魯迅の『吶喊《とっかん》』を中国語の語音で講じた。「中国語で一応読んでそして訳すということは、京都大学だけでなしに、日本全体でも破天荒だった」[53]と彼が回想したように、中国語が軽く見られ、学生の間で人気が乏しかったという状況は、東京と大差がなかったと思われる。このことは、卒業生の人数からもわかる。『京都大学文学部五十年史』によれば、一九一一年から一九二七年にかけて京都帝国大学「中国語学中国文学」専攻を卒業した学生は毎年一、二人しかなく、一九三〇年代に毎年五、六人に増えたが、それでも毎年十数人ないし二十数人の卒業生を有する「英語学英文学」「ドイツ語学ドイツ文学」とは桁が違った[54]。帝国大学に進学するための「予備校」とも呼ばれる旧制高等学校の外国語科目に中国語が設置されておらず、学生の中国語に対する親しみが乏しかったことも大きかったと推測できる。

京都大学「支那学」の創立者である狩野直樹や東京帝国大学の塩谷温などの中国文学研究者が、戯曲小説を始めとする白話文学を研究し、それを高く評価したことは、旧来の漢学と異なる新規性とみなされてきた。しかし彼らも、中国語の語音で文献を読むということに拘泥していなかったようである。狩野は、中国の文化に親しみ、中国の内部から中国を理解するという視座をもっていたが、門下生の小島祐馬によれば、「尤も先生の最も好まれる支那は清朝でありまして、ヤング・チャイナはお嫌ひでした[55]」という。また、漢学の素養を重んじていたためか、文献の解読方法について若い世代から指摘されることも不快に感じていたようである。「「漢文直読論」を書いて、内藤先生〔引用者注：内藤湖南〕から叱られたんです。「あとの方はいいが、初めのところがいかぬじゃないか」。何かと思えば「いまの漢学者はおくれている。あんな読み方をしておっては、波におくれたタコ坊主みたいなものだ」と書いてある[56]」という青木正児の回想から、当時の「支那学」の内部において訓読法への批判は黙認されたものの、訓読法という学問の伝統を守ってきた研究者がもつ心理的な抵抗感はなお存在したことが読み取れる。小島によれば、青木が紹介した文学革命は、漢学者には「矯激の論[57]」であるかのように捉えられていたという。

以上のように、一九三〇年代までの帝国大学の中国研究において、外国語としての中国語教育と訓読法による中国研究が、並存しつつもそこに懸隔があったこと、また、中国語学の研究が少数の人によって紹介されたが全体的に低調であったことがわかる。中国語は実際にどのように発音するかという話しことばとしての中国語に関心をもつ学生ないし教師が少なかったため、「支那学」の革新を唱える者は孤立無援の状態に陥りかねなかったのである[58]。

このような局面は一九三二年以降ある程度改善されていった。まず京都帝国大学の副科目「支那語」は、講師の徐仁怡と傅芸子の二人が担当するようになり、授業時間数が増やされた。また、北京から帰国した倉石武四郎は中国語学、音韻論の研究に専念するとともに、「清朝音学」(一九三二年)、「小学歴史」(一九三六年)、「支那語法の研究」(一九三九年)の講義を講じていた。[59] 一九三八年に東北帝国大学教授の青木正児もまた、京都帝国大学支那語支那文学科の第一講座を担任し、「青木教授はもっぱら文学を、倉石教授は主に語学を講じ」[60]るという分担で、中国語関連の授業が充実していった。

中国語を外国語として扱うアカデミズムの専門分野としては、中国研究の領域とは別に、言語学も挙げられる。欧米の語学研究の一系統である比較言語学が「博言学科」という名称(後に「言語学科」と改称)で、一八八六年に帝国大学文科大学に導入された。漢学の伝統が濃厚に残る中国研究の分野と異なり、博言学科の講師であったチェンバレン(Basil Hall Chamberlain)は最初から漢文の訓読法を支持していなかった。[61] ただし、この比較言語学の分野において、研究の重点は徐々に「国語」としての日本語や、日本語と朝鮮・満洲地域を始めとする諸言語の類似性を論じることに置かれるようになり、[62] 中国語研究については後藤朝太郎、[63] 高畑彦次郎、胡以魯[64]といった中国語学専攻の卒業生が業績を残したことを除き、研究の規模は全体的に低調なままであったといえよう。[65] なお、一九三〇年代後半から一九四〇年代前半にかけて、大阪外語支那語部の中国語教員たちが、欧米発の比較言語学を意識しながら科学的な中国語研究を目標としたが、時勢のなかで躓いて軌道修正を余儀なくされたことは第三章で論じる。

問題の所在と先行研究

以上のように、外国語としての、話しことばとしての中国語受容は、旧制高等学校のエリート文化に根ざした「教養語学」説とはほぼ無縁なものであり、中国関連の学問体系でも冷遇されたままであったと言えよう。このことから、一九三〇年代に早稲田大学附属第一早稲田高等学院で中国語を学んでいた安藤彦太郎は、戦前の中国語教育を振り返りながら、日本人の中国認識には古来、中国文化の強い影響があるため、「現実世界の中国は侮蔑しながら、古典世界の中国には尊崇の念を抱いてきた」という明治以来の中国認識の二重構造があり、中国語の受容についていえば、「学問は漢文訓読、中国語は卑俗な実用語」という観念の存在を指摘したのである。(66) 一九八〇年代以降の六角恒廣と安藤彦太郎を代表とする中国語教育史の研究は、明治時代から敗戦までの中国語教育に携わる教師と教材の史的考証に重きが置かれ、また、実用的、非科学的な「支那語教育」を批判する反省的な態度を取っていた。しかし、中国語の研究・教育・学習の全体を俯瞰する視点が欠落しており、中国語を軽蔑する社会観念や学問体制に不満を抱いていた教育者、文化人の言動に十分に目を配っていなかった。

先述したように、アカデミズムにおいて外国語としての中国語を取り扱う研究分野と授業は、一九二〇年代までは全体的に低調であり、一九三〇年代以降改善する傾向が現れた。この傾向は、漢文直読論を唱えた青木正児や、漢文直読論から感銘を受け、後に語学を専攻した倉石武四郎を始めとする研究者の努力によって推進されたものであるが、倉石自身はその後、レコードや出版物といった大衆メディアの力を借り、民間での中国語普及やその質的向上に努めていった。アカデミズムの改革を求め、中国語を学問のことばに昇格させようとする同様の提唱は、元外務省官僚であった岩村成允《しげみつ》など、同時代の民間教育の場で活躍していた非帝国大学出身の中国語教育者、文化人の間にも見られる。彼らは、アカデミズムとエリート層の意識を変えることより、大衆レベルの中国語受容の推進と改革を優先していた。以上のような、中国語音の音読を通して中国語文を読解し、中国理解・中国認識ないし中国研究を深めるためのリテラシーを向上させるという目標は、ラジオ、レコード、紙媒体での発音記号といった音声メディアのコミュニケーションの特徴と大きな親和性をもっていたからだと考えられる。

彼ら教育者と文化人は、中国語が「教養語学」あるいは「教養語」であるべきだと明言したことはほとんどなかったが、中国語のなかに文化的な価値を見出そうとする意欲は、「日支の親善は言語より」の提唱や、ラジオの「教養番組」への協力、旧制高等学校と帝国大学に中国語の科目を導入する試みに顕著に表れていた。他方、満洲事変や日中戦争といった時勢のなかで、中国情勢に対する社会一般の関心に便乗しつつ発展していった側面も見られる。中国語のなかから文化的な価値を見出そうとする意欲は、エリート文化の「教養語学」説に由来した理念に接近しながらもそれとは異なるものであり、戦時下のなかで変形を余儀なくされたため、これまでの中国語教育史の研究では十分な検討が行われなかった。

以上のように、中国語教育史の先行研究と比べて、本書で取り上げる教養語というのは、固定の概念ではなく、むしろそれに接近しようとする一連の試行錯誤と、その産物としての混合体である。先述したように、教養語とは、ことばそのものとそのことばの使用に文化的な価値を見出そうとし、ことばの社会的地位を向上させて、さらにことばの教育・アカデミアの体制を変革しようとする言語観と、その言語観に基づいた一連の実践である。中国語を教養語としてもとめていた近現代の日本人は、英・独・仏語の教養と、訓読法で読む書きことばとしての漢文の教養を強く意識しながらも、中国の文化や思想を深く知るという他者理解の価値観を打ち出していた。

本書と関わりがある研究領域として、社会言語学と文化人類学も挙げられる。近現代日本社会の中国語受容、教養語という中国語観を考察する本書は、「言語イデオロギー」の研究視点から示唆を受けている。一九六〇、七〇年代に文化人類学の「Speaking School」から、「言語イデオロギー」という概念または研究の視点が誕生して以来、定義や理論の精緻化が行われてきた。例えば、シルヴァースタインは「ことばについて我々が意識化していること、つまり、ことばについて我々が考えていることを称して「言語イデオロギー」と定義している。[67] 他にも、言語イデオロギーについては、「社会と言語の関係についての考えの文化的(下位文化的)システム、及びそこに積み重ねられた道徳的、政治的な利害[68]」、「言語共同体のなかでいきわたっている、言語についての考え方のパターンを指す[69]」といった定義もなされてきた。本書では、上記のシルヴァースタインによる定義を主として参照している。

また本書は、文化史家であるピーター・バーク(Peter Burke)の『近世ヨーロッパの言語と社会』(二〇〇四年に初版、二〇〇九年に邦訳)と、アメリカの言語学者リチャード・ベーリー(Richard W. Bailey)の *Images of English*(『英語のイメージ』、一九九一年)からも示唆を受けている。一九八〇年代から九〇年代にかけて、ドイツの言語学者が時代と場所によって異なる言語のイメージや、言語に関する一連の態度、そしてその体系を考察するために、「言語文化(Sprach-kultur)」という概念を用いはじめた。[70] ベーリーは言語に表れている一般人の知恵(folk wisdom)を重視し、[71] 作家、教育者、さらに民衆の言動から「標準英語(standard English)」や「世界の英語(world English)」といった、一七世紀から二〇世紀にかけて存在していた英語にまつわる諸観念を総合的に分析した。

『事典 日本の多言語社会』において社会言語学の木村護郎クリストフが「言語イデオロギー」について論じたように、「近代以降とりわけ一般化し、今日の私たちが知らず知らずのうちに内面化している言語イデオロギーとして、言語を民族と結びつけるイデオロギーがあげられる」。[72] 一九九〇年代から、日本語・国語の歴史を民族語のイデオロギー、国家語のイデオロギーの視点から捉える思想史の研究が静かなブームになった。イ・ヨンスク『「国語」という思想』(一九九六年)や長志珠絵『近代日本と国語ナショナリズム』(一九九八年)、安田敏朗『帝国日本の言語編制』(一九九九年)は、「国語」創出の思想や言語政策を考察した。また、漢文脈のなかの日本語を研究対象とする酒井直樹『過去の声』(一九九一年初版、二〇〇二年に邦訳)や、子安宣邦『漢字論』(二〇〇三年)、齋藤希史『漢文脈の近代』(二〇〇五年)は、日本の言語・思想と、漢字・漢語・漢文からなる「漢文脈」との格闘という視座・分析手法において示唆に富んでいる。そうした研究の多くは書記言語としての漢文や中国語の書記言語と比較しながら、日本語と日本の思想を中心として論じるものであった。

上記の先行研究と比べて本書の新規性は、民族語のイデオロギー、国家語のイデオロギーと対置される他者のことばの言語イデオロギーを考察する点にある。「言語は集団内の意思疎通を円滑にするように整備された一方で、集団の外部に対しては障壁として設定された」[73] という指摘を踏まえるならば、中国語の他者性は、日本語と共通する書記言語としての漢字以外の言語的要素、とくに中国語の音声言語、及びその音声言語の表象と、その表象に対する認識にあると考えられる。以上のように、中国語の音声的要素に対する認識は日本の中国語受容を紐解く重要な切り口であり、本書では漢字、漢文という漢文脈における話しことばと書きことばの関係、語と文の関係を意識する。

中国語の〈声〉の要素と表象は、近代以降、しばしば電気時代の音声メディアに強化されていった傾向があると考えられる。そこで、ラジオ・テレビ講座、レコード、さらに活字化された教材のなかの発音記号といったメディアが、〈声〉の中国語受容に与えた影響を、本書の考察の切り口とする。メディアとことばと社会の関係を考える際には、メディア研究とメディア理論から多くの示唆を得ることができる。ハロルド・A・イニス『メディアの文明史』(一九五一年に初版、一九八七年に邦訳)や、ジョン・ダラム・ピーターズ *The Marvelous Clouds: Toward a Philosophy of Elemental Media*(『驚異の雲――エレメンタルメディアの哲学に向けて』、二〇一五年)で提示されたように、メディアは一つの技術である以上に、常に文明のあり方や人間の存在に関わるものであるため、メディアに関する研究には歴史的文脈や社会環境への注目が不可欠であるといえよう。電気時代における話しことばに起きた変化について「二次的な声の文化」と考えるウォルター・J・オング『声の文化と文字の文化』(一九八二年に初版、一九九一年に邦訳)は、この領域の先駆的な研究である。近年、文化人類学や社会言語学の研究領域においてもメディアへの関心が高まりつつある(74)。なお、メディアという概念は無限に広範になりかねないため、本書では特記しない限り、電気時代に入ってからの大衆レベルで中国語の音声的要素、音声的表象を拡散する音声メディアを考察の対象とする。また、社会ないし文化・文明のなかのメディアとことばを考えるにあたり、そもそも両者とも意味を媒介・仲介(mediate)するものであることから、この意味での話しことばと音声メディアの親和性、また両者がことばの音声性に与える相乗効果の存在を本書では意識したい。

言語の使用としては、発話・会話や、文章の閲読、翻訳といったさまざまな実践が挙げられるが、本書では他者理解の志向がもっとも現れると考えられる、中国語を外国語としてそのまま理解し、それを身につけようとする、あるいは身につけさせようとする、日本国内にいる日本語母語話者の中国語学習を切り口として、〈声〉の中国語受容の問題を捉えたい。具体的には、教育実践の行為、思想と、学習者の行為、認識とを融合して考え、さらにこれらの行為と認識と同時代日本の中国語研究、中国研究の関連性に注目する。本書はこのように、教育制度や教材の内容に重点を置いてきたいままでの中国語教育史の研究とは異なり、[75]「中国語教育」だけに限定するのではなく、教育、学習、研究の三者を統合する「中国語受容」という視点を提起し、受容の文化史の叙述を目指している。[76]文化史の叙述を通して、日中交流の文化と歴史についての研究領域だけでなく、日本の外国語教育史、中国研究の学術史に資するところがあると考えられる。中国研究において同時代の中国語文献が多く参照されるようになったのは戦後以降のことであり、このような研究に用いられる資料の変化は、外国語としての中国語授業が大学のカリキュラムで整備され普及したことと不可分であるが、いままで研究蓄積は多くなかった。本書では、外国語としての中国語がいつ頃、どのように学問のためのことばになったのかという過程を、戦時期に遡って検討し、戦前と戦後の連続性を考察する。また、いままでの日本の中国認識の研究は、知識人や論壇を対象とするものが多かった。[77]ことばの使用と受容からみた中国認識の研究は、民衆や民間交流の視点をも有するものである。

本書の時期設定——音声メディアの応用と、日中の言語的近代の接近

一九三〇年代の日中戦争期から戦後の一九六〇年代末までの中国語受容は、日中関係や世界情勢に影響された部分も大きかったが、本書は主に日本国内の状況に立脚し、日本近代史の戦前と戦後の連続性を意識した中国語受容の「貫戦史」を考察する。

文字・書きことばとしての中国語と違い、音声・話しことばの中国語は、活字メディアで直接的には示すことができない。一九三〇年代、新しいメディアであるラジオ、レコード、さらに、印刷物のなかで規範化された発音記号の普及によって、外国語としての、話しことばとしての中国語が広い範囲で一般の人々によって認識され、それがどのようなことばか想像されうるようになった。本書では、新しい音声メディアが日本の中国語教育の現場に出現し応用され始めた一九三〇年代前後を、〈声〉の中国語受容の大きな転換点として捉えており、この頃のメディア環境の変化と、新しいメディア環境で変わりつつある中国語の流通状況を研究の起点とする。

メディアと〈声〉の中国語受容の関係について、本書が採る視点は以下のように整理することができる。第一に、音声メディア、さらに視聴覚メディアの出現は、言語を受容する感覚と感性を変化させて複雑にした。ラジオ講座の放送と、「耳の拡張」としての印刷物で整備された発音記号、表記法によって、訓読という我々のことばとしてではなく、他者のことばとして中国語を認識する機会が増えていく。中国語の音声的要素に気づくことにより、訓読法に対しての疑念が生まれ、日中間が「同文同種」であるという神話が脅かされた。さらにいうと、訓読法に対する疑念と批判は、中国語という知の環境を変革する一つの思想的な土台となった。また、一九六七年にテレビ「中国語講座」が新たに放送されはじめるなかで、映像メディアの番組において中国という国の姿をどう具現化するかという問題も避けられなくなった。中国を具現化していくなかで、ことばそのものと、そのことばを実際に使う人々の暮らしとの関係が、「生きたことば」という表現で、テキストにおいてしばしば強調された。

第二に、新しいメディアは、人々が中国語に接触する仕方を長期的なスパンで変える力を有するものとして、中国語教育の改革者に重要視されており、新しいメディアの空間は中国語教育改革を実行する重要な舞台になっていた。例えば、ラジオ「支那語講座」では、中国語の発音法が直接に一般大衆に届けられ、同時代中国の時局を把握するための「時文」の訓読法が放棄された。学習誌の『支那語』(外語学院出版部)では、大量出版による中国語の普及が図られ、日中全面戦争期には「支那語出版報国」の理想が語られた。戦後、倉石武四郎は中国語教育を改革するための重要な手段として、NHKラジオ「中国語講座」を利用していた。

本書の時期設定の終わりは、戦前から戦後までの中国語受容のキーパーソンである倉石武四郎の影響力が衰退していく一九六〇年代後半としており、この時期までの日中両国の接近した言語的近代における日本の中国語受容を検討する。第四章から第六章まで論じていくように、漢文訓読法を正面から批判し、外国語としての中国語の普及を提唱した戦前の倉石による改革案は、戦後の新制東京大学の中国語クラス(通称Eクラス)と、NHKラジオ・テレビ「中国語講座」シリーズなどの民間教育の場でそれぞれ継承されていった。

以上のような、倉石が民間教育の場から去った一九六七年頃までの中国語受容の時代は、日中の言語的近代の接近とも重なっている。言語的近代とは、山本真弓の定義によれば、「ヨーロッパにおいて、俗語が文字と文法をもち、それによって文学が書き表され、国民文学の形成とともに国家語としての地位を得るようになった過程とそれに伴う諸現象」であり、それが「一言語、一国家」という考え方、イデオロギーを支えていた(78)。このような言語的近代は、ベネディクト・アンダーソン『想像の共同体』で指摘された出版語の流行とネーションの意識の形成にある緊密な関係をもって理解するのが妥当であろう。本研究では、「俗語が文字と文法をもち、それによって文学が書き表され、その上で、国民文学の形成とともに国家語としての地位を得るようになった」という山本の定義に基本的に従っている。日中で、漢字を書記体系とする日中両国の言語的近代はヨーロッパよりも複雑な様相を呈していたことに着目する。日中両国が漢字という共通した書記言語、漢語、漢文といった共通の表現を共有している以上、はたして、両国の言語的近代は「一言語、一国家」というイデオロギーにスムーズに移行したと言えるのだろうか(79)。興味深いことに、漢字の制限・廃止論が近代以降の日中両国で繰り返し提起されながら、結局漢字の使用が両国で断絶することはほとんどなかった。このように、日中の言語的近代は、漢字、漢語、漢文という共通した書記言語、ことばの表現を継続させることで、「一言語、一国家」の言語イデオロギーを超克する志向を潜めていながらも、そこにはまた中国語の他者性の問題が複雑に絡み合っている。

日中の言語的近代の接近について、日本の言語的近代の始まりは明治期の国語国字論争・言文一致運動に遡ることができ、戦後のテレビの登場も日本語の変化に大きな影響を与えたと考えられている(80)。中国語の言語的近代は清末民国期の文字改革、国語運動から始まったものだとすれば、一九五八年に「漢語拼音方案」が公布されたことが中華人民共和国における言語的近代のひとまずの完成だといえるだろう(81)。両国の言語的近代は、時間的に接近していただけではなく、話しことばと書きことばの統一、すなわち言文一致の問題、また、漢字の簡略化、標準語を規範化する際の音声メディアの利用といった共通の課題を多く抱えており、それぞれの課題において相手国の対処法を自己の鑑にする例も少なからずあった。(82) 接近した日中両国の言語的近代が、日本の中国語受容に与えた影響として、例えば本書の第二章で論じるように、戦前日本の中国語教師は、正確な語音や語彙を教えるために、同時代中国の言文一致、国語を創出する動向をつぶさに観察していた。また第三章で論じるように、一九四〇年代に大阪外語の中国語教師らは、同時代の中国人言語学者の論考を翻訳しながら発音の教育法を模索していた。

本書では、日中間の言語的近代の接近が、日本における〈声〉の中国語受容に影響を与えたというスタンスに立っており、日本と中国の言語的近代の接点として、以下の二つの時期、側面に注目する。第一に、満洲国建国の直後、日中戦争期、太平洋戦争期のそれぞれの時期において、大日本帝国の言語圏において、中国語がどのように位置づけられていたのかという問題に着目して、「満洲語」「支那語」「時文」という名称の意味合い、また白話文の学習の意味合いを分析することによって、「国語」に関わる言語政策と言語観における他者のことばとしての中国語の位置づけを考察する。この部分の内容は主として第一章と第三章、第四章で詳しく分析する。

第二に、一九四九年以降、北京の中華人民共和国政府と台北の中華民国政府は中国語の表記について異なる方針を取っていったため、日本の中国語教育と学習において、どの地域の中国語を学ぶのかということが問題となった。冷戦の対立構造の下、中国語学習という行為は反体制的な性格さえ帯びていたが、第六章で論じるように一九五八年から現在にいたるまで、NHKラジオ・テレビ「中国語講座」シリーズにおいては、さらにいえば、他多くの中国語教育の場においても、中華人民共和国の普通話とピンイン、簡体字がほぼ一貫して使われてきた。このことは、中華人民共和国による建国直後の文字改革に強く共感していた、倉石武四郎を代表とする当時の中国語界の言語観に左右された部分が大きかった。しかし、「漢語拼音方案」が公布されてから約一〇年後、中国における漢字廃止の問題への関心が日本国内で後景化し、さらに一九六七年に文化大革命の評価をめぐって日中学院が内部分裂するようになると、倉石は民間教育の場から退陣した。上記のような中国語の発音表記を含む教育実践だけでなく、中国語教育の制度面においても、一九三〇年代から一九六〇年代後半まで倉石による中国語教育の改革は続けられ、同時代において大きな反響を起こしたといっても過言ではない。本書は、倉石武四郎という中国語受容の貫戦史を紐解くキーパーソンが、中国語教育の舞台で活躍していた一九六〇年代後半までの時期を、一つの時代の区切りとして捉える。

研究手法と用語の説明

本書は歴史学の文献研究の手法に基づき、近現代日本の中国語受容の仕方という問題設定のもとで、歴史的資料を積み重ね、各研究理論・視点を融合することで、分析結果の説得性を高めることを目指している。事件や人物の行動の細部まですべて究明するというよりは、史資料が本書の問題意識とどう関わっているかという基準で、一つの資料を全体の資料のなかに位置づけ、他の資料との相互関係を考えた上で、慎重に資料の復元と検証を行い、人物の行動と思考の連続性、時代の精神と傾向、ないしその精神と傾向の因果関係を示すことのできるような文化史の叙述を目指している。

各章で取り扱う資料はそれぞれの章で紹介するが、一次資料は主に、以下の三種類がある。(一)メディアの制度を示すメディアの送り手側の公式資料、メディアに書き込まれた内容、コンテンツ。なお、戦後のNHKラジオ・テレビ「中国語講座」シリーズの制作状況を把握するため、一九七三年以降に同講座のテキスト編集に携わった日本放送出版協会の元編集者の一人に聞き取り調査を行った。本人の意思を尊重し、引用する場合は匿名とし、調査を行った日付だけを記す。(二)中国語教師個人及び団体の教育理念を示す文章、著作、回想録。(三)学習者個人及び団体の学習動機や学習方法を示す資料。

本書で「中国語」(漢語)という用語で指すことばは、特記しない限り、当時の教育者と学習者がイメージしていた中国大陸地域の共通語、多くの場合は漢民族の北京官話のことである。ここでは「日本で一般に中国語といえば、中国の近代中国語とくに官話および共通語を意味している」(83)という六角恒廣の定義を参照したい。明治以降、漢民族の北京官話が徐々に中国の共通語とみなされるようになった[84]。明治から戦前期において、日本語で中国の言語を名指す際には、最も一般的な「支那語」のほか、「清語」「清国語」「華語」「満洲語」[85]などの呼び方もあったが、基本的にいずれも北京官話のことである[86]。このなかでも「支那語」は、「支那」という呼称とともに、日清戦争と日露戦争の後に日本で普及していき、戦前期に中国の共通語を指すもっとも一般的な呼称となった。

「支那」という呼称については、すでに多くの考察があり、その語源はインドから中国に伝来し漢訳された仏典にあると考えられているが、日本では日清戦争後に多く使われるようになった[87]。「支那」の呼称は当初は差別用語ではなかったとはいえ、日清戦争後に強まった日本の中国蔑視、中国人蔑視のなかで、次第に差別的なニュアンスを帯びていったことは確かであろう。また、歴史研究者のステファン・タナカは、「東洋」という名称は「日本」との連帯感が強いのに対して、近代以降の国学者ないし一部の中国の革命家がいう「支那」は、「日本」との差異を強調するように使われており、とくに二〇世紀前半の「支那」は、アジア地域の近代国家(a modern Asian nation)である日本と好対照をなす後進的な地域を意味していたと指摘した[88]。「支那語」という戦前の一般的な呼称は敗戦後まもなく、「華語」「中国語」に取って代わられていった。この変化については第五章で考察していく。

本書の構成

本書は、序章と終章を含めて全八章から構成されている。第一章「〈声〉の中国語はいかに想像されたか――日本放送協会ラジオ「支那語講座」(一九三一―一九四一)」は、戦前日本の中国語受容の言語観とメディアの関係性に着目するものである。日本放送協会が一九三一年から一九四一年にかけて放送したラジオの語学講座「支那語講座」を対象として、この音声メディアの史的変遷をたどりながら、中国語という他者の言語がいかに想像されたかを解明する。まず、番組の編成やラジオの聴取状況から、「教養番組」という編成のなかに位置づけられていた「支那語講座」の「教養」が届いていった範囲を確認する。続けてラジオ放送の内容分析を行い、他者の言語がいかに想像されたかという問題を、ことばの形式に存する他者性と、交渉相手とされた中国の他者性という二つの側面から分析する。話しことばの形式面では、日本語と異なる言語であるという他者性が常に確保されていたが、交渉相手として表象された中国の他者像は、時局の推移によって複雑な様相を呈していた。

第二章「声のことばはどのように伝えられたか――「耳の拡張」としてのテキスト空間(一八八二―一九四二)」では、音読のテキスト空間が、どのように言語を受容する感覚と感性を変化させたのかという問題の考察を通じて、一九三〇年代以降に〈声〉の中国語を受容した紙媒体のメディア環境を確認する。具体的には、中国語の教本、学習誌といった紙媒体において、発音記号や表記法がいかに話しことばとしての中国語を表していたのかという問題、すなわち紙媒体に表された音声性を考察する。日清戦争以降のテキスト空間で綴られた漢字表記と、国際音声記号や注音符号、ローマ字といった発音記号の関係を辿ったうえで、「耳の拡張」としてのテキスト空間がラジオ講座とほぼ同じ時期の一九三〇年代に完成されたことを確認する。これらの発音記号と表記法の選択に影響を与えていた要素として、印刷技術や、学習者の学力といった実践面の考慮だけでなく、言語政策や対中政策における教師の政治的スタンスが存在していたことも、中国語受容に際しての言語観の重要な一面として提示する。

第三章「何のための「支那語」か――中国語ブームのなかの学習誌(一九三一―一九四四)」では、中国語教育者が学習誌上で行った教養語の実践とその転換を考察する。具体的には、中国語の学習内容を活字化して一般の人々に発売する一連の学習誌が、中国語教育に対してどのような理想を抱き、その理想が時局下の出版ブームとの間でいかなる齟齬を生みだし、またいかに変質し、挫折したのかという過程を分析する。初期の学習誌は、文化誌・翻訳誌・研究誌という多重的な自己認識をもち、中国文化界の状況を日本に伝達する初歩的な「翻訳」の媒体であった。そのなかで、外語学院出版部発行の『支那語』は、読者と緊密な連帯関係を作ることに成功し、日中全面戦争が勃発してからは中国語受験を中心とする「支那語出版報国」のスローガンを打ち出した。中国語学の学術的研究を推進しようとした大阪外国語学校支那研究会(以下、大阪外語支那研究会)の『支那及支那語』も戦時中、話しことばの教育法に関心を示し、そのための理論的な探究へと転換していった。

第四章「中国語は学問のことばになりうるか——二人の中国語講座講師の選択(一九三一—一九四二)」では、中国語教育改革を志した戦前の有識者たちがいかにして、外国語としての中国語科目を公教育のカリキュラムのなかへ位置づけ、また、そのような中国語が漢文科目、漢文の訓読法とどのような関係にあるべきと捉えていたか、といった改革案の論述を考察する。まず、支那語学会が文部省に提出した中国語の文化的な地位の向上を目標とする「支那語教育普及ニ関スル実行案」と、支那語学会を牽引した外務官僚・岩村成允が発表した中国語教育と漢文教育に関する論説を分析し、両者の連続性を提示する。「支那語教育普及ニ関スル実行案」は文部省内の政策にほとんど反映されなかったが、意見書の主張を受け継ぎ、かつ訓読法の弊害を明確に指摘した倉石武四郎の『支那語教育の理論と実際』は、漢学界や文化界に論争を引き起こした。後半の議論では、『支那語教育の理論と実際』と「支那語教育普及ニ関スル実行案」の相違点や、前者の反響を分析した上で、一九三〇年代後半から敗戦までの時期に、中国語受容における教養化と学問化の問題が政治と国家の未来がかかった鍵として理想化されていった思想的な動向を明らかにする。

第一章から第四章までが一九三〇年代から敗戦までの時期を取り扱うのに対して、第五章以降はアジア太平洋戦争の敗戦後の状況を考察していく。第五章「敗戦後の「中国語」の再建——東京大学教養学部Eクラスの模索(一九四六—一九五四)」ではまず、中国語学研究会の設立、及び語学専門誌『中国語雑誌』、学習誌『中国語』の創刊から、古い「支那語」から新しい「中国語」を再建する種々の動きを浮上させ、敗戦前後が近現代日本における中国語受容の転換点であったことを確認する。支那語学会と『支那語教育の理論と実際』で語られた教養語の理想は、一九四九年に新制東京大学教養学部における中国語クラス(通称「Eクラス」)の設置として結実した。本章では続いて、草創期のEクラスによる教養語をめぐる主体的実践を検討する。Eクラスが誕生した経緯にかかわる占領期の教育改革と教養学部の理念を概観した上で、中国語を教養語として探求した専任講師・工藤篁の教育方法と教育理念を分析する。さらに、工藤によって啓発された中国語に対する主体的態度が、学生の課外活動と学生運動を通して他大学や学会に拡散し、社会に浸透していった過程を考察する。これらを踏まえた上で、最後に、Eクラス式の「教養中国語」の可能性を問う。

第六章「〈声〉の中国語の再出発——NHK「中国語講座」シリーズの一般教養(一九五二—一九七〇)」では、Eクラスとほぼ同時期に誕生した戦後のNHK「中国語講座」シリーズに着目し、一九五二年から一九六〇年代後半にかけて教養としてのアジア語学がいかに構築されていったかという過程を考察する。まず、倉石中国語講習会から発足した学習者の同人組織・中国語友の会による聴取者に対して行われた連絡活動から、中国語教育改革の大衆レベルの展開を確認する。また、一九六〇年代の同シリーズが、いかにして中国研究の専門家から多角的な協力を得ながら、交流志向を有する一般教養のモデルを提示したのかを考察する。同シリーズは、同時代の北京放送「中国語基礎講座」とともに、「伝達」と「記録」の両方の機能を備えた、遠方にある生きた中国の像を日本の聴衆に訴える有力な媒介であった。さまざまな中国語の〈声〉によって具現化された中国の真実味が伝わり、「生きたことば」への要求が強化されていった一九六〇年代後半の中国語学習の動機と心情を理解するためには、メディア論的な分析が必要である。

終章「もう一つの教養語という未完の課題」ではまず、一九六〇年代後半以降の文化大革命と日中国交正常化交渉のなかで、「二つの中国」をめぐるテレビ「中国語講座」の書き換え問題を経て、中国語を一般教養として形成する過程が中断されるようになった経緯を考察する。最後に本書の考察を総括し、研究の限界と今後の課題を提示する。

注

(1) 魚返善雄「支那語界・回顧と展望」『中国文学』第八三号、一九四二年、二頁。
(2) 宇治橋祐之「語学学習への関心とメディアの利用」一二三頁。
(3) 園田茂人「日中相互認識の非対称性?——日本で対中認識が改善しないのはなぜか」園田茂人・謝宇編『世界の対中認識』、山根祐作「若い世代ほど中国へ親近感　急激な経済成長、「怖い国」から変化」『朝日新聞』二〇二二年九月二八日、Kawashima, Shin. "The Evolution of Japanese Perceptions of China since 1945" などを参照。

(4) 戦後の教育刷新委員会による一九四九年の中間報告「外国語教育について」では、「外国語の中でも、英語、フランス語、ドイツ語の如き所謂学術語と称せられる外国語は暫く別として、スペイン語、イタリヤ語、ロシヤ語、中国語、その他東洋諸民族の言語研究は、とかく学界から忘れられ勝ちである。今や刷新の途上にあるわが国の教育制度を見てもこれ等特殊語学及び民族の研究は重要視されていない観がある」と述べられている(近代日本教育制度史料編纂会編『近代日本教育制度史料』第一九巻、三二二―三二三頁)。一九六五年版『NHK年鑑』においても、中国語はロシア語、スペイン語とともに「特殊外国語入門」に分類され、英・独・仏語とは区別されていた(日本放送協会編『NHK年鑑'65』一九六五年、一三八頁を参照)。

(5) 「創刊之辞」『支那語学報』創刊号、一九三五年、巻頭、「編集後記」『支那語雑誌』一九四三年八月号、六四頁。

(6) 魚返善雄「序」『支那語の発音と記号』一頁。

(7) 吉川幸次郎「支那語の不幸」『文藝春秋』一九四〇年九月号、二七四―二七六頁を参照。

(8) 寺沢拓敬『「なんで英語やるの?」の戦後史』一八二頁。

(9) 筒井清忠『日本型「教養」の運命』、竹内洋『教養主義の没落』を参照。

(10) 現代の会社における「修養主義」について、大澤絢子『「修養」の日本近代』を参照。

(11) 『日本大百科全書 6』九五三頁。

(12) 筒井清忠『日本型「教養」の運命』三七―三八頁を参照。

(13) 寺沢拓敬『「なんで英語やるの?」の戦後史』一八一―一八五頁を参照。

(14) 竹中龍範「英語教育・英語学習における目的意識の変遷について」を参照。

(15) 六角恒廣『中国語教育史稿拾遺』二一九―二二〇頁。

(16) 鈴木孝夫『日本人はなぜ英語ができないか』八二―八八頁。

(17) 山田雄一郎『日本の英語教育』六七―六八頁。

(18) 漢学と漢文素養の衰退について、Mehl, Margaret. "Chinese Learning (kangaku) in Meiji Japan (1868–1912)" などを参照。

(19) 青木保「近代日本のアジア認識――文化の不在」青木保ほか編『日本人の自己認識』八八―八九頁を参照。

(20) 柳宗悦「東洋文化の教養」水尾比呂志編『柳宗悦随筆集』一五九頁。

(21) 中国・後漢の光武帝(西暦二五―五七年在位)が与えたとされる「漢委奴国王」と刻印された金印が、現在の福岡県で出土しているからである。

(22) 諸外国との交流には、通訳者が不可欠だった。彼らは古代の官職名で「訳語」(をさ/おさ)とよばれ、「通事」とも書いた。そうした通訳が登場する最古の記録は『日本書紀』(七二〇年)で、推古一五年(六〇七年)に小野妹子を隋に派遣したときに鞍作福利を通事としたと記されている。

(23) 酒井直樹「近代の批判――中絶した投企」『死産される日本語・日本人』五三頁を参照。
(24) 荒野泰典・金文京・増尾伸一郎・小峯和明「《座談会》東アジア」一二六頁。
(25) 同上、一二七頁。
(26) 金文京『漢文と東アジア』、中村春作等編『「訓読」論』、安田敏朗『漢字廃止の思想史』などを参照。
(27) 文部科学省「【国語編】高等学校学習指導要領(平成30年告示)解説」二四六頁。
(28) 同上、九頁。
(29) 小島毅「どう訓むかという問題の難しさ」中村春作等編『続「訓読」論』一四一―一四二頁。
(30) 一九世紀後半以降、北京官話が諸外国によって標準的な中国語と思われていたことについて、高田時雄「トマス・ウェイドと北京語の勝利」狭間直樹編『西洋近代文明と中華世界』などを参照。
(31) 漢語学所の開校直後から財政問題をめぐって外務省、文部省、大蔵省間で複雑な駆け引きがあり、漢語学所と洋語学所は一八七三年に文部省に移管された。学制二編に基づく措置として開成学校語学課程と外務省語学所を合併し、東京外国語学校となった。
(32) 六角恒廣「潁川重寛」『漢語師家伝』一二六頁、朱全安『近代教育草創期の中国語教育』一五三頁を参照。
(33) 岡本真希子「日清戦争期における清国語通訳官」、岡本真希子「明治前半期の「中国語」通訳・彭城邦貞の軌跡」を参照。
(34) 戸部良一『日本陸軍と中国』四一頁を参照。
(35) 東京において商法講習所が一八七五年に設立され、一八八七年に高等商業学校と改称された。神戸高等商業学校が一九〇二年に、山口高等商業学校が一九〇五年に、名古屋高等商業学校が一九二〇年に、福島高等商業学校が一九二一年に、高松高等商業学校が一九二三年に設立された(邵艶「近代日本における中国語教育制度の成立」を参照)。
(36) 安藤彦太郎『未来にかける橋』七八―七九頁を参照。
(37) 六角恒廣『近代日本の中国語教育』一〇六―一〇七頁。
(38) 古市友子「近代日本における中国語教育に関する総合研究」を参照。
(39) 神谷衡平・清水元助共編「序」『標準中華国語教科書　中級篇』一―二頁を参照。
(40) 編纂された教科書として、神谷衡平・清水元助共編『標準中華国語教科書　初級篇』(一九二三年)、神谷衡平・清水元助共編『標準中華国語教科書　中級篇』(一九二四年)、神谷衡平編『現代中華国語文読本　前篇・後篇』(一九二九年)、宮越健太郎『支那現代短篇小説集』(一九二九年)が挙げられる。
(41) 神谷衡平・清水元助共編「序」『標準中華国語教科書　初級篇』二頁。
(42) 増田渉「青木さんと魯迅」、陶徳民「五四文学革命に対する大正知識人の共鳴」を参照。

(43) 高畑彦次郎(たかはた・ひこじろう、生没年不詳)：一九〇九年に東京帝国大学言語学科を卒業し、京都帝国大学文学科大学院に進学した。その後、同志社大学で講師を務めた。

(44) 陶徳民『日本における近代中国学の始まり』、辜承尭「シノロジーの方法論を生かした青木正児の支那学研究」などを参照。

(45) 例えば陶徳民は、青木正児「本邦支那学革新の第一歩」が掲載された後の一九二一年に雑誌『斯文』誌上で行われた中等教育における漢文科に対する意見文の特集と、小川環樹が一九七〇年代に行った回想に注目した(陶徳民『日本における近代中国学の始まり』九〇―九四頁を参照)。また、町泉寿郎は、「帝国大学の漢学・支那哲学は単なる学問に止まらず、漢文教育が進むべき方向性を指し示す役割を持つものであった。漢学科・支那哲学の主任教授であった島田重礼や服部宇之吉は長年に亙って文部省検定試験委員等の職を歴任したし、服部宇之吉が東京帝国大学において最も重要視した講義の題目は「儒教倫理」であった」とする(町泉寿郎「第I部　総論――日本と漢学　第一章　漢学とは何か」牧角悦子・町泉寿郎編『講座　近代日本と漢学　第1巻　漢学という視座』一九頁)。

(46) 青木正児「本邦支那学革新の第一歩」が受けた反響について、小川環樹は、「「論藪」の最も末に置かれた三〇「漢文直読論」は、簡明直截であるが、この問題の要点を言いつくしてある。この説は四十年前において矯激の論と聞えたに違いない。そして今日に至ってもなお我が国のシナ学者の全面的支持は得られないままである。それはもはや議論の余地は無いと想われるのだが、実行がむつかしくていろいろな障害の存することだけは認めなければなるまい」と回想している(小川環樹「自由不羈の精神」青木正児著『青木正児全集』第二巻、六〇五頁)。なお、「本邦支那学革新の第一歩」は、一九二七年に弘文堂書房から出版された『支那文芸論藪』のなかで、「漢文直読論」にタイトルが変更された。

(47) 官学アカデミズム内に、中国研究の専攻者が本格的に迎えられるのは、帝国大学に講座制が採用された一八九三年の前後とみられる(戸川芳郎「漢学シナ学の沿革とその問題点」一二頁を参照)。

(48) 「漢学支那語学」第一、二、三講座はそれぞれ、島田重礼、竹添進一郎、張滋昉が担当していた。一八八九年、帝国大学漢文学科に「清語」の科目が開設。一八九四年から張滋昉が講じ(週一時間)、一八九五年から宮島大八が講師になった。一九〇五年に、「漢学支那語学」講座が「支那哲学支那史学支那文学」講座に改組。第一、二、三講座を星野恒、市村瓚次郎、白鳥庫吉が担当(東京帝国大学編『東京帝国大学学術大観　総説・文学部』二七六―二八四頁などを参照)。一九〇七年に京都帝大文科大学に史学科開設。狩野直喜が「支那語学支那文学」講座を担当。一九〇八年に講師・徐泰東が「副科目」として「清語」を行い、一九一五年に「清語」から「支那語」へ改称された(京都大学文学部編『京都大学文学部五十年史』などを参照)。

(49) 塩谷温(しおのや・おん、一八七八―一九六二年)：号は節山。一九〇二年東京帝国大学漢学科を卒業。一九二〇年元曲に関する研究を提出して文学博士号を授与され、同年東京帝国大学教授となる。一九三九年、東京帝国大学を定年退官、名誉教授。中国近世の小説・戯曲の研究・紹介などの業績を残し、漢和辞典『新字鑑』を編纂した（東方学会編『東方学回想Ⅱ　先学を語る（二）』を参照）。

（50）「学問の思い出——竹田復博士を囲んで」東方学会編『東方学回想Ⅲ　学問の思い出（一）』二〇八頁。なおこの時期、塩谷温が「支那文学概論」「支那戯曲講読」「支那文学史概説」の講義を講じていた。

（51）倉石武四郎『中国語五十年』九、一二頁。

（52）倉石武四郎著、栄新江・朱玉麟輯注『倉石武四郎中国留学記』二三二—二三三頁。

（53）倉石武四郎「学問の思い出　座談会＝倉石博士を囲んで」一六頁。

（54）「入学者・卒業者数一覧表」京都大学文学部編『京都大学文学部五十年史』巻末を参照。

（55）小島祐馬「狩野先生の学風」一六〇頁。

（56）青木正児「学問の思い出」一六六頁。

（57）小川環樹「自由不羈の精神」青木正児著『青木正児全集』第二巻、六〇五頁。

（58）青木正児が『支那学』が創刊された当時の様子について、以下のように回想した。「翌年吾吾は雑誌「支那学」を刊行したので、私は劈頭第一に文学革命の事を書いて見た。其の前後が私の最も支那現代文学に熱中した時代で、恰度今の中国文学会の諸君と同様の生気とかぶれ方とを以て邁進した。而も其れは伴侶無く、孤影孑然として曠野を行くものであった」（青木正児「支那かぶれ」『江南春』八四頁）。

（59）倉石武四郎博士講義ノートデジタルアーカイブス（http://kuraishi.ioc.u-tokyo.ac.jp/index.html）を参照。倉石はまた、一九四〇年四月以降東京帝国大学教授を兼任し、「支那語法通論」（一九四〇年）、「支那文学概論」（一九四一年）、「支那語学概論支那韵学通論附」（一九四一—一九四四年）、「白話と文言」（一九四二年）、「支那語学史」（一九四五年）を講じていた。

（60）京都大学文学部編『京都大学文学部五十年史』二一九頁。

（61）ビー、エチ、チャンブレン「支那語読法ノ改良ヲ望ム」を参照。

（62）長志珠絵『近代日本と国語ナショナリズム』、イ・ヨンスク『「国語」という思想』などを参照。

（63）後藤朝太郎による中国語研究には、『漢字音の系統』（一九〇九年）、『現代支那語学』（一九〇八年）、『文字の研究』（一九一〇年）が挙げられる。いずれも近代日本において、言語学の方法で行った初期の中国語研究といえる。後藤は一九二〇年代以降、中国に度々旅行し、中国の文化や風俗、民情をテーマとする文書を数多く発表した「支那通」としてよく知られている。

（64）胡以魯（一八八八—一九一七年）：一九一二年に東京帝国大学文学科言語学専修を卒業し、学士の学位を取った。後に北京大学で言語学を教え、中国語学研究書の『国語学草創』を出版した（東京帝国大学編『東京帝国大学卒業生氏名録』一七七頁、李無未・李遜『任爾西東』を参照）。

(65) 同じことは、京都帝国大学の言語学講座にも言える（京都大学文学部編『京都大学文学部五十年史』二四四―二五四頁を参照）。

(66) 安藤彦太郎『中国語と近代日本』五〇頁及び五四頁を参照。

(67) Silverstein, Michael. "Language structure and linguistic ideology", 小山亘『近代言語イデオロギー論』を参照。

(68) Irvine, Judith T. "When talk isn't cheap: Language and political economy," p. 255.

(69) 「言語イデオロギー」真田信治・庄司博史編『事典　日本の多言語社会』七頁。

(70) ピーター・バーク『近世ヨーロッパの言語と社会』二頁を参照。

(71) Bailey, Richard W. *Images of English*, p. ix.

(72) 「言語イデオロギー」真田信治・庄司博史編『事典　日本の多言語社会』七頁。

(73) 同上。

(74) 吉川雅之編『「読み・書き」から見た香港の転換期』、Ilana, Gershon. "Language and the Newness of Media", Chen, Janet Y. *The sounds of Mandarin* などを参照。

(75) 六角恒廣『近代日本の中国語教育』、六角恒廣『漢語師家伝』、朱全安『近代教育草創期の中国語教育』、古市友子「近代日本における中国語教育に関する総合研究」、邵艶「「文検支那語」に関する研究ノート」などを参照。

(76) 本研究の文化史研究はピーター・バークのいう「新しい文化史」のパラダイムにある。バークは、一九六〇年代から一九九〇年代まで、「文化史」に対する研究上の関心はエリートの文化から「日常生活の文化、つまり、習慣、価値、生活様式なども含むように」転換していったことを指摘し、新しい文化史のなかでも言語の文化史と受容の文化史の重要性を説いた（ピーター・バーク『文化史とは何か』五一頁を参照）。

(77) 近年の研究として、馬場公彦『戦後日本人の中国像』（二〇一〇年）、岡本隆司『近代日本の中国観』（二〇一八年）、黒川みどり・山田智『評伝　竹内好』（二〇二〇年）、小野寺史郎『戦後日本の中国観』（二〇二一年）、王美平『日本対中国的認識演変』（二〇二一年）が挙げられる。

(78) 山本真弓「はじめに――この本ができるまで」山本真弓編『言語的近代を超えて』一〇頁を参照。

(79) この点については、村田雄二郎、C・ラマール編『漢字圏の近代』が重要な問題提起を行った。

(80) 長志珠絵『近代日本と国語ナショナリズム』、安田敏朗『近代日本言語史再考V』、塩田雄大『現代日本語史における放送用語の形成の研究』などを参照。

(81) 武田雅哉『蒼頡たちの宴』、藤井（宮西）久美子『近現代中国における言語政策』、黎錦熙『国語運動史綱』、王東杰『声入心通』、Zhong, Yurou. *Chinese Grammatology* などを参照。

(82) 例えば、民国期に公布された注音符号は、日本語の仮名の形を参照して考案された。また、民国期の国語運動に注目した下瀬謙太郎『支那語のローマ字化をめぐって　民国政府の国字国語運動のあらまし』が、一九三六年に日本のローマ字社から出版された。
(83) 六角恒廣『中国語教育史の研究』二〇頁。
(84) 内田慶市「『語言自邇集』の成立と伝播——解題に代えて」内田慶市・氷野歩・宋桔編著『語言自邇集の研究』、高田時雄「トマス・ウェイドと北京語の勝利」狭間直樹編『西洋近代文明と中華世界』などを参照。
(85) 中国教育史研究の通説によれば、戦前に日本で「満洲語」と呼ばれていたものの多くは、時局に便乗して中国語を「満洲語」と言い換えたにすぎなかった。また、中国語を「満洲語」と言い換えたことは一九三二年の「満洲国」の成立とも強く関わるだろう。言語接触の観点から言えば、張世芳の考察によれば、いわゆる満洲国のあたりの地域は満洲族の元の居住地であるが、清時代の初期に当地の方言が北京に流入して清時代の北京官話に大きく影響を及ぼした。また清末の時期、山東省などにいた漢民族が「満洲」地域に移住するとともに北京官話を逆輸入した。要するに、「満洲」地域の言語生態は、清時代以前の満洲における漢民族の官話と、清時代に北京で形成された北京官話とが、相互影響の関係で存在するというものだったと言えよう(張世芳『北京官話語音研究』を参照)。
(86) 田野村忠温「中国語を表す言語名の諸相」を参照。
(87) 小島毅『子どもたちに語る日中二千年史』、齋藤希史『漢文脈の近代』などを参照。
(88) Tanaka, Stefan. *Japan's Orient*, pp. 3-4.

第一章　〈声〉の中国語はいかに想像されたか
――日本放送協会ラジオ「支那語講座」（一九三一―一九四一）

わたしが中国語というものにふれたのは、いまからちょうど五十年のむかし、もちろんラジオの講座で中国語の勉強をするなどということは、ゆめにもかんがえられない、いやラジオさえまだなかったころのことです。そのわたくしがみなさまに中国語学習の体験をもうしあげても、いわば、新幹線のお客さまに弥次喜多がむかしばなしをするようなものでしょう。(1)

以上は、戦後のＮＨＫ「中国語入門講座」で講師を務めた倉石武四郎が、一九六五年にラジオ「中国語入門」のテキストに寄稿した文章である。ここで倉石は、ラジオがまだ存在していなかった一九一五年頃の自らの中国語学習の経験を、東海道を徒歩で旅する弥次喜多に喩《たと》えている。その遅れた様子と新幹線のような速度で学べるラジオの時代との差異を強調したうえで、彼はラジオやレコード、テープ、ソノシートといった声のメディアを「文明の利器」と呼んだ。

ラジオの時代を後から追いかけるようにして、倉石は一九五二年に戦後初のＮＨＫ「中国語講座」の講師になった。しかし、日本の中国語教育と学習の場で、〈声〉による「文明の利器」が初めて登場したのは戦後になってからのことではない。倉石が中国語を身につけた後まもなくして現れたのは、一九三〇年代の日本放送協会ラジオ「支那語講座」である。一九三一年二月に、外国語学習の番組として「支那語講座」が日本放送協会東京中央放送局（ＪＯＡＫ、以下ＡＫ）の第二放送の実験放送で流れ、その後も好評につき、一九四一年まで一〇年間放送が続けられた。この間、一九三二年には日本放送協会全国聴取契約数が一〇〇万件に達し、一九三九年には聴取契約数が四〇〇万を突破した。中国大陸に行かなくても、実際の中国人に対面で会わなくても、ラジオ一台で東京外語の教授や、元外務省の中国通であった講師に中国語を教わることが可能になった。

一九三〇年代の中国語教育界においても、この日本放送協会「支那語講座」の聴取が初学者に勧められていた。当時発行されていた『支那語』という中国語の学習誌に掲載された記事は、中国語の学習法を次のように紹介している。

ラヂオ講座を活用せよ！　現在支那語講座担任者は皆一流の語学者である。流麗な支那標準語を日常き丶得ぬ人々に取つてラヂオの三〇分間の講義は天来の福音である。大いに活用し以て平常自己の疑問とせる音声等につき矯正標準化の絶好なる機会とし支那語音調の会得に資すべきである。(2)

東京、大阪等各放送局から来る支那語講座で若《も》し聴取時間に余裕があり、且つ初歩学習の人だつたら之に拠つて研究するのが最も賢明の策と思ふ(3)〔後略〕。

国民意識とことばの関係については、ベネディクト・アンダーソンが『想像の共同体』のなかで「出版語」の出現に着目した論証を行っている。言語的多様性が資本主義と印刷技術によって収斂されたことで、「出版語」が読者同胞の間に国民的共同体の意識をもたらすようになったとアンダーソンは指摘する。(4) 日本では、一九三〇年代には国語の語彙や発音の標準化が進められており、他方、中国への軍事侵略の深化にともなって中国での日本語普及さえも図られていた。(5) この段階でなぜ、ラジオを通して幅広い国民に対して、自国語ではない中国語の学習番組が一〇年間も放送され続けたのか。

この問いに答えるには、まず、放送されたことばがどのようなものだったのかということが手がかりになる。ラジオ「支那語講座」を通して聴取者は、中国語の文法・単語などの知識だけではなく、中国人と直接対面で接触するときの規範や中国に対する認識をも獲得することになるためである。すなわち、「支那語講座」というメディアの機能を理解するためには、そこで中国語をいかなる「他者」のことばとして聴取者に想像させていたかの解明が不可欠なのである。

本章ではまず、第一節において、番組の位置づけやその編成、ラジオの放送範囲、テキストの頒布といったメディアの制度上の側面から、ラジオ「支那語講座」が当時の放送局においていかなる意味を持つものであったかを確認する。そのうえで、第二節以降、概ね時系列に沿って、テキストの中身を具体的に検討することで、実質上の敵対国であったはずの中国のイメージが、中国語ということばの学習を通していかに想像されたかを考察する。

第一節　教養番組の放送と聴取

教養番組としての「支那語講座」

「支那語講座」が最初に開設されたきっかけの一つは、一九三一年に日本放送協会大阪放送局（JOBK、以下BK）が聴取者を対象として行った「希望講座」という調査にあったと考えられる。昭和七年度の『ラヂオ年鑑』に掲載された調査結果によれば、「支那語講座」に対する希望が当時人気だった娯楽番組である箏曲・謡曲をも圧倒して、希望ハガキ総数の五分の一にあたる一一二一件という分量をもって一位を取っていたのである(6)。その一方で、同じく語学学習番組である「国語」と「朝鮮語」を希望するハガキはそれぞれ同数の一一九件にとどまり、ランキングの中で最も少なかった。

このことの背景には、世間での中国語を学ぶ機運が日清戦争期以来再び高まっていたことと(7)、一九三一年一月一〇日の文部省令第二号により、「中華民国との関係頗《すこぶ》る密接なるに鑑み」、普通教育である中学校において、外国語の選択肢として中国語が導入されたことがあると考えられる。ただし、中国語を学ぶこの機運は、中等教育と民間教育の教本利用では好対照をなしている。中国語を課す中学校は一九三三年一二月の時点で五校に過ぎなかった。文部省検定済みの中国語教科書は一八八四年から一九四六年にかけての約六〇年間で八冊しかなく、同一の教科書が複数の校種で重複して利用される、いわゆる兼用率は、すべての検定外国語教科書のなかで検定中国語教科書が一番高かった。(8)それに対して、民間においては中国語教本の発行点数が一九三二年になって急激な高まりを見せた。(9)次章で論じるように、これらの民間の中国語教本の多くは、発音記号のないものや、発音記号がつけられていたとしてもウェード式ローマ字、日本語仮名など、雑多な種類が混在していた。この意味で、日本人の中国語講師を招いてより標準的な発音を放送する「支那語講座」は、さまざまな教育現場で生じた中国語の発音不統一の問題を大きく変えられるという点において、学校教育と民間教育の補足教材としての意義が大きかった。(10)

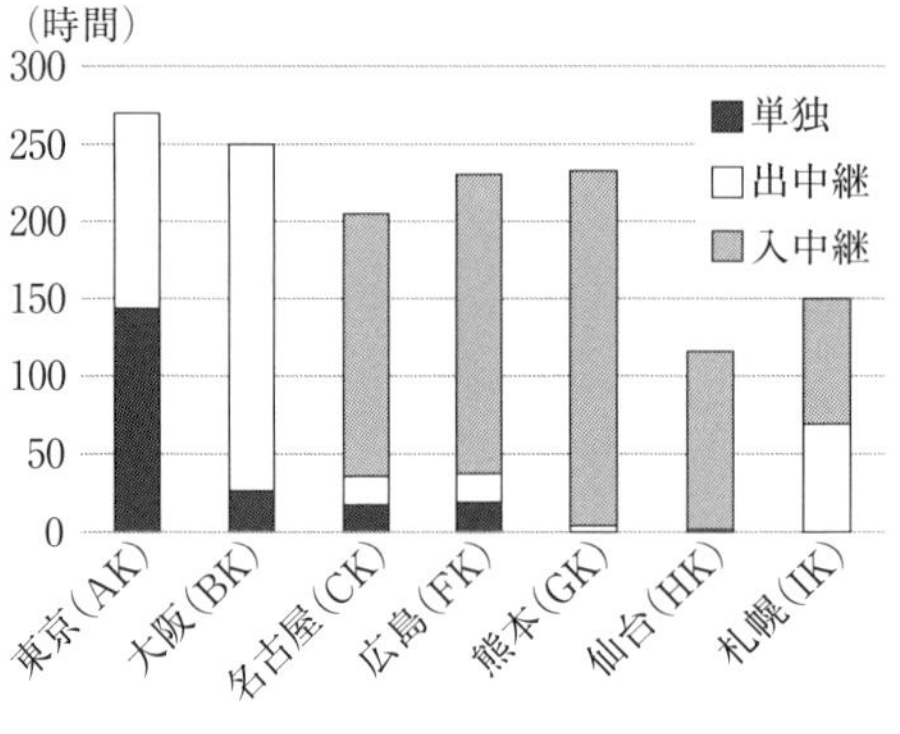

較（『昭和八年　ラヂオ年鑑』229 頁より）

まず一九三一年二月から三月にかけて、ＡＫの第二放送の実験放送において「支那語講座」が放送された。この講座は四月に本格的に開始された同局第二放送においても放送されつづけた。翌年に「支那語講座」がＢＫと日本放送協会札幌放送局（ＪＯＩＫ、以下ＩＫ）で、「満洲語講座」が日本放送協会名古屋放送局（ＪＯＣＫ、以下ＣＫ）でそれぞれ新設された。(11)一九三一年から一九三四年にかけて、四局に設置された「支那語講座」と「満洲語講座」はそれぞれ異なった講師によって担当されており、各局が独自に中国語講座の編成に取り組んだ可能性が高い。(12)ただし、当時の放送を記した録音資料だけでなく、ＡＫとＩＫによって発行される語学講座のテキストの原本もほとんど現存しないため、放送内容の検証は難しい。

中国語を含む各言語の語学講座は、各局によって独自に編成されており、

局別	単独	出中継	入中継	合計
東京(AK)	143時間44分	125時間27分	0分	269時間11分
大阪(BK)	26時間42分	112時間27分	110時間29分	249時間38分
名古屋(CK)	17時間34分	17時間18分	170時間31分	205時間23分
広島(FK)	19時間42分	14時間55分	196時間58分	231時間35分
熊本(GK)	0分	2時間59分	230時間04分	233時間03分
仙台(HK)	1時間09分	0分	114時間05分	115時間14分
札幌(IK)	0分	67時間52分	80時間31分	148時間23分

表1・図1　1931年10月から1932年9月の日本放送協会の語学講座の時間量比

実際の放送時間においてはかなりの長短が存在していた。**表1・図1**の「一九三一年一〇月から一九三二年九月の日本放送協会の語学講座の時間量比較」で示したように、各局が独自に制作した番組のほか、AKの語学講座がほかの放送局に中継されることもあったとみられる。同期間において、AKの語学講座は入中継がなく、単独放送(一四三時間四四分)と出中継(一二五時間二七分)が全ての時間帯を占めていた。[13] BKは単独放送二六時間四二分、出中継一一二時間二七分、入中継一一〇時間二九分であった。CK、FK(日本放送協会広島放送局)、GK(日本放送協会熊本放送局)、HK(日本放送協会仙台放送局)、IKの単独放送と出中継の時間は短かった。[14] これは、当時の日本放送協会の全七局の語学講座放送において、AKからの中継が圧倒的であったことを意味している。大阪放送局からの中継も一定の分量を占めていたことがわかるが、CK、FK、GK、HK、IKについては、自局が制作した語学講座を有するものの、ほとんど東京と大阪からの中継に頼っていた。それゆえ、語学講座の制作においてとくに重要な役割を果たしていたのが、AKであったことは間違いない。

設立された当初の「支那語講座」を含めた語学講座の位置づけは、なにより社会教育、補習教育の機能を重視するものであった。一九三〇年代前半、日本放送協会が発行した『調査時報』などの放送研究雑誌[15]において、「支那語講座」、あるいは中国語を論説する記事はほとんどなく、[16]「支那語講座」を放送した理由が放送局から直截に表明されることはなかった。ただ、その意図を推定するならば、もちろん、ＢＫによる「希望講座」の調査結果に反映されたように、時局ゆえの中国語学習熱に応えたいという思惑があったことは否定できないだろう。しかしそれだけではなく、「支那語講座」の位置づけを理解するための手がかりとして、放送局による番組編成の全体像を見ることも重要である。一九三一年二月に「支那語講座」は、第二放送の教養番組として新設された。一九三二年には英語講座も第一放送から第二放送に移され、それまでの「仏蘭西語講座」「独逸語講座」と合わせて、社会教育を目的とする第二放送の教養番組の下に語学講座を設置する編成が整えられた。

教養番組あるいは教養放送の必要性は、日本放送協会の放送事業が発足した当初からすでに意識されており、公式資料においても「社会人としての不断の教養と常識の涵養を目的とする所謂社会教育的放送」[17]などと、「社会教育的放送」という表現が頻繁に使われていた。その効果については、「社会のあらゆる階級を網羅する大衆を対象として、その各階級の全生活を啓発し、不知不識の中に一般世人の思想生活内容を豊富潤沢にし、社会万般の事象に対し正確なる認識力、判断力、惹いては批判力を養成したことはこの教養放送が持つ偉大な力であらう」[18]というように期待された。

ＡＫにおける第二放送の計画は、一九二九年四月からはじまった。計画中だったこの放送に関する審査協議では「教育放送」とも呼ばれていたように、第二放送が持つ社会教育の機能を明確に意識しており、その社会教育の方法としては「通信教授の形式に拠る」こととされていた。[19] ＡＫの第二放送は一九三一年四月から正式に開始され、ＢＫの第二放送は一九三三年六月に始まった。[20] このような二重放送を開設するきっかけについては、「我が国に於けるラヂオは娯楽と教養と報道と三部平衡の放送にスタートを切つたが、教育について熾烈な要求を抱くわが国民として、更に一層子弟の教養に資する様な種類を多くプログラム中に加へて貰ひ度いとの声が聴取者に可なり高くなつた」と述べられている。[21]

以上の流れのなかで、ＡＫ第二放送に教養番組として設置された一連の語学講座は、「修得補習に便ずることを主たる目的とする」[22]とされた。声のメディアとしてのラジオの補習機能をいかんなく発揮するために、放送の内容を記した紙媒体のラジオテキストも初期からAK、BK、CKからそれぞれ発行されており(定価は二五銭ほど)、声と文字の両方を有するという独習・復習に適した体裁を取っていた。

帝国大学と旧制高等学校ではほとんど学術のための語学として扱われなかった「支那語」も、語学講座の編成においては英、独、仏語と同列に並べられるに至る。放送が中止された一九四一年まで、教えられる中国語とそれに連動した中国像はたえず変化していったが、「支那語講座」を教養番組とする編成だけはほとんど変えられることがなかった。したがって、第二放送と教養番組・教養放送の趣旨から見れば、語学講座によって実現される「教養」の意味合いは、社会教育に近いものとして捉えることができるし、そこには「文化享受の機会均等」[23]の実現という日本放送協会の理想が含まれていた。もちろん、日本放送協会が想定する社会教育を受ける対象も、帝国大学や旧制高等学校のエリート・コースとは異なっていた。語学講座の幅広い聴取者像は、以下のように記されている。

現在のところでは、英、仏、独、支の外国語が、初等中等に分れて講義されてゐる。英語の中等学科、仏、独、支那語は、各種の調査によつて知るところに依れば、中等学校生徒、専門学校学生、教師、軍人、勤人、商人、婦人が、その必要及び趣味に応じて、聴いてゐるのであるから、衝に当る側でも、その対象を忘れずに、講師選定、内容決定をしてゐる。

(因に、英語講座は昭和六年末まで、第一放送で行はれてゐたが、昭和七年初めより、第二放送に入れられるものである。)

将来は、午前、及び午後の時間は、(スポーツの中継放送は別として)これを、学校及び、家庭の小学生を、その対象とし、夕刻の各外国語講座は前述のもの、如く、夜間の各講座(現行制では、普通学講座、及び、各種実業講座)は中等、補習教育及び一般成人教育に、或ひは、専門及び婦人教育に向けられるものであらう。[24]

英語講座は中等学科で多く必要とされた一方、「支那語講座」の希望者は、「仏蘭西語講座」「独逸語講座」と同じく、中等学校の学生のほかに「専門学校学生、教師、軍人、勤人、商人、婦人」も多かった。聴取者の年齢や職別の差異を念頭に置いて、放送局は「必要及び趣味」、すなわち実用性と娯楽性に同時に配慮する方針を取っていた。

ラジオの聴取者

一九三〇年代初頭の「支那語講座」が、実際にどのような聴取者に聞かれたのかということを、直接的に裏付ける史料は少ない。ただ、ラジオ受信機の普及状況と第二放送の聴取状況、番組の放送時間帯から、概ねの全体像を探ることはできる。昭和初期、交流電を用いるラジオ受信機の国内での開発にともなって聴取者は激増した。一九三二年にラジオ受信契約数は一〇〇万を超え、一九三五年には二〇〇万を超えた。しかし、ラジオの聴取者は都市部在住、在勤者が中心であり、農山村部での普及率は低かった。その理由として、①農山村部には電気が来ていない、また、来ていても昼間送電がない地域が多かった、②農山村部は電波が弱く、高性能な受信機を必要とするが、高価な受信機を買えるだけの経済力がなかったといったことが考えられる。

図2は、日本放送協会が発行した『業務統計要覧』から抜粋したデータをもとに作成した「一九三〇年から一九四〇年にかけてのラジオ普及状況(一〇〇世帯あたりの加入数)、市部郡部別普及率」の図である。曲線は右側の縦座標の数値に対応しており、全国のラジオ普及状況(一〇〇世帯あたりの加入数)を示している。背景の部分はそれぞれ、全国加入数のうちの市部の加入数と郡部加入数の割合を示しており、左側の縦座標の数値に対応している。全国のラジオ普及状況(一〇〇世帯あたりの加入数)からみれば、一九三〇年には一二%であったが、一九四〇年には約四〇%の普及率までに上昇したということがわかる。しかし、市部と郡部の割合は、この一〇年間ほぼ七対三という比率を維持していた。要するに、普及率が全体的に上がっているものの、戦前のラジオは総じて市部で多く利用されているメディ

アにすぎなかったのである。放送史研究者の村上聖一は、一九三〇年代「ラジオは国民的メディアとは言い難」く、「大都市ではある程度普及していたものの、地方では一般的なメディアではなかった」(25)と論じている。

ラジオ放送の聴取には市部と郡部の格差のほか、職業別の格差も存在していた。例えば、一九三一年に開局した長野放送局と静岡放送局の聴取者層について、放送研究雑誌には、「産業上に利用せるもの其の半を占め、他は一般中流階級の教養方面に利用せられつゝあるもの、如し、尚ほ今後の誘導法如何によつては更に下層階級に相当深く食ひ入り得る可能性ありと思はる」(26)という報告が見られる。一九三二年のラジオ受信契約者約一〇〇万人の内訳は職業従事者四二％、公務員・自由業者三七％で、農業従事者は四％に過ぎなかった(27)。

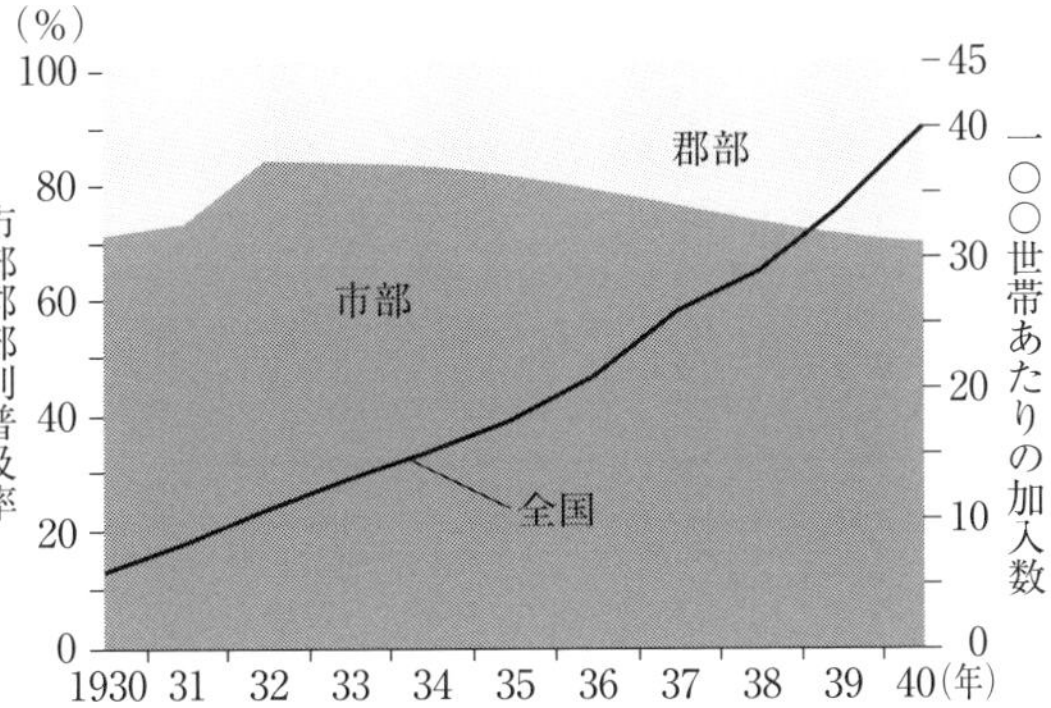

図２　1930年から1940年にかけてのラジオ普及状況（日本放送協会『業務統計要覧』より作成）

また、一九三一年一二月頃、放送局の電波を聴取できる地域は図３のように示されていた。この図を掲載した『昭和七年　ラヂオ年鑑』では、「斜線を施した部分は実測による大体の鉱石実用範囲を示すもので、電界強度大約一ミリヴオルト毎米圏内である。点線図と実線図は電波通路が平地の場合、表示の如き二球式及三球式受信機にて拡声器を充分動作させ得る範囲を示したもの」(28)と説明されている。一九三一年以降に設立されたAKとBKの初期の第二放送については、BKの第二放送の電力は「AKの第二放送と同じく十キロワツトの大電力であり」、「現在のBKの電波を直接に受信してゐる範囲へは大体完全に送り得られることにならう」と記されている(29)。

このように、一九三〇年代の初期に第二放送に設置された「支那語講座」を聴取可能な範囲も、図3で示した範囲とほぼ同じで、都市部が主な聴取の地域であったと判断できる。第二放送と教養番組の社会的機能から

図３　1931 年 12 月の全国電波伝播一覧図（日本放送協会『昭和七年　ラヂオ年鑑』より）

考えれば、中心部の都市の商業教育や中等教育において補習の教材として利用された事例が多かっただろう。中国語教育史を考察した邵艶の論考によれば、山口高等商業学校（山口県山口町）における支那貿易科の必修科目としての中国語の授業において、「支那語講座」のテキストが教材とされた時期があるという[30]。

一九三〇年初頭、ＡＫとＢＫの第二放送の放送網は全国には及ばなかったが、放送網の整備や第二放送を普及させる事業は、その後も積極的に進められた[31]。この流れのなかで、「支那語講座」を含めた語学講座の放送事業も、多くの聴取者に利用されるよう工夫されていった。例えば、表2の放送番組表を見れば、一九三〇年代前半において、「支那語講座」がほとんどは平日の午後六時三〇分、あるいは七時頃からの三〇分間放送されていたことがわかる。これは、婦人を含めた一般大衆、俸給生活者、都市部の学生と生徒、仕事の終わった農村青年や夜学に通う青年といった幅広い社会の層にとって聴取可能な時間帯であったと考えられる。ラジオ受信機を所有する家庭では、家族や同居人がそろって聴取することもできる[32]。当時の聴取者の習慣に着目した山口誠は、大阪市の電気利用契約世代を考察し、八〇％の世帯が電気を定額使用で契約しており、昼間は電気が通らなかったため、電力を必要とするラジオは聞けない状態にあったことを明らかにした[33]。この意味においても、「支那語講座」は多くの聴取者が利用できる時間帯に合わせて放送されていたことがわかる。

またＡＫは、「支那語講座」を含めた第二放送用テキストの販売について、「第二放送の目的及びの《ママ》内容が、都会の中等程度の学生及び地方農村漁村の青年を標準とせるを以て、都会は勿論当局管内に於ける辺陬《へんすう》の地に於いても欲するテキストを容易く入手し得られる、様にする為には、都鄙に散在する書店、ラヂオ店、学校用品店等に配本し置くを便利とする」(34)という目標を掲げた。テキストの販売実績からみれば、一九三一年四月から九月にかけては語学講座が第一位であり、(35)「支那語講座」を含めた語学講座の全体が、教養放送事業とテキスト販売事業の両方の柱になっていたと推測できる。

それでは、この時期の「支那語講座」の聴取者は、いかなる態度をもって講座を聞いていたのだろうか。『ラヂオ年鑑』に掲載された以下の文章がそれを知る手がかりになる。

> 各放送局では日々の投書及び種々の社会機関を通じて表示せられる各聴取者層の意志、希望について緻密な研究を続けてゐるが、大体に於て講演講座に対する聴取者の一般的態度は慰安放送に対するそれよりも、著しく冷静であり、淡白であるといふことができる。〔中略〕竟り隣人の嗜好や知識欲に対しては、協同的儀礼としての理解と同情を持つことを標準としてゐるもの、やうでありながら、自らの嗜好や知識慾の上からは妥協や譲歩を欲しないといふのが、各講演、講座に対する一般的な聴取態度と見られるのである。
>
> これには幾断層かに分れるところの講演講座聴取者層がその最下位の一断層に於てすらが現代文化の規準から見て尚且つ準知識階級とも目せられる程度の教養階級であることも大きな原因になつてゐるに相違ない。(36)

以上のように、講演と講座を聞く聴取者が、娯楽や心理的な慰安を求めるというよりは、自己の嗜好と知識欲から番組を利用し、感情的というよりは冷静かつ淡白な態度を取っていたことがわかる。また、他人の嗜好に妥協しない「準知識階級」、教養階層という聴取者像が浮き彫りになる。一九三〇年代初頭、満洲事変や満洲国の建国をめぐって

『ラヂオ年鑑』ラジオテキスト「支那語講座」シリーズより作成）

講座名称	テキスト原本所蔵及び名称
	あり『支那語講座テキスト』
商業講座「支那語初等科」	なし
支那語講座「初等科」	
支那語講座「初等科」	
支那語講座「初等科」	
支那語講座	
満洲国語講座	なし
実用満洲国語講座	
実用満洲国語講座	
満洲国語	
支那語講座	あり『ラヂオテキスト支那語講座』
支那語講座（上，下のテキスト２冊）	
支那語講座（初等支那語講座，支那現代文講座）	
支那語講座（初等支那語講座，支那現代文講座）	
支那語講座（初等支那語講座，支那現代文講座）	
支那語講座（初等支那語講座，支那現代文講座	
支那語講座	
支那語講座	
支那語講座（初等支那語講座，支那現代文講座）	
支那語講座	あり『放送テキスト支那語講座』
支那語講座	
支那語講座	
満洲語講座	あり『ラヂオ・テキスト満洲語講座』
満洲語講座	
満洲語	あり『満洲語（上巻）』
満洲語	なし
基礎満洲語	あり『満洲語講座（上巻）』
満洲語講座	なし
満洲語	あり『満洲語講座（上巻）』
満洲語講座	なし
支那語講座	なし

表2　戦前の日本放送協会「支那語講座」放送番組表(『東京朝日新聞』『東京日日新聞』

放送期間	放送日時	放送時間	講師
東京放送局(AK)			
1931. 2/2-3/30	月水金(2/11紀元節休講)	18:00-18:30	東京外国語学校 宮越健太郎
1931. 9-12	木	20:35-?	東京外国語学校 神谷衡平
1932. 1-3	水土	18:00-18:30	東京外国語学校 宮越健太郎
1932. 4-7	水土	18:30-19:00	東京外国語学校 清水元助
1932. 9-12/24	水金	20:30-21:00	東京外国語学校 神谷衡平
1933. 1/11-3/24	水金	20:30-21:00	東京外国語学校 宮越健太郎
1934 放送なし			
1935. 4/8-7/18	月木	19:30-20:00	東京外国語学校 宮越健太郎
1935. 9/11-12/21	水土	19:30-20:00	東京外国語学校 内之宮金城
1936. 1/22-3/28	水土	19:30-20:00	東京外国語学校 内之宮金城
1937. 4/12-7/24	月水金	19:30-20:00	東京外国語学校 宮越健太郎
1938. 4/11-7/22	月水金(祝祭日を除く)	6:30-6:59	東京外国語学校 内之宮金城
1938. 9/12-12/23	月水金(祝祭日を除く)	6:30-6:59(9-10月),7:01-7:30(11-12月)	拓殖大学 土屋申一, 外務省嘱託 岩村成允
1939. 1/9-3/24	月水金(祝祭日を除く)	7:01-7:30	拓殖大学 土屋申一, 外務省嘱託 岩村成允
1939. 4/10-7/21	月水金(祝祭日を除く)	6:30-7:00	拓殖大学 土屋申一, 外務省嘱託 岩村成允
1939. 9/11-12/22	月水金	6:30-7:00(9-10月),7:01-7:30(11-12月)	拓殖大学 土屋申一, 外務省嘱託 岩村成允
1940. 1/9-3/23	火木土(2/1,3/21休講)	7:01-7:30	拓殖大学 土屋申一, 外務省嘱託 岩村成允
1941. 4/5-7/28	火木土	6:30-7:00	拓殖大学 土屋申一
1941. 7/2-8/29	月水金	7:25-7:45	東京外国語学校 宮越健太郎
1941. 9/2-12/23	火木土	6:30-7:00(9-10月),7:01-7:30(11-12月)	拓殖大学 土屋申一, 外務省嘱託 岩村成允
大阪放送局(BK)			
1932. 4-7	火木土	18:30-19:00	大阪商科大学 杉武夫, 奥平定世
1932. 9/20-12/24	火木土	18:30-19:00	大阪商科大学 奥平定世
1933. 1/17-3/30	火木土	18:25-18:55	大阪商科大学 奥平定世
1933. 4/11-7/22	火木土	7:20-7:50	大阪商科大学 奥平定世
1933. 9/12-12/23	火木土	7:20-7:50	大阪商科大学 奥平定世
1934. 4/9-4/21	毎日(日曜祭日を除く)	6:30-7:00	大阪外国語学校 吉野美彌雄
1934. 5/1-7/21	毎日(日曜祭日を除く)	6:30-?	大阪外国語学校 吉野美彌雄
1934. 9/10-12/22	毎日(日曜祭日を除く)	6:25-6:55(11/1より6:55-7:25)	名古屋高等商業学校 石橋哲爾
名古屋放送局(CK)			
1932. 4/14-6末	火木土	18:30-?	名古屋高等商業学校 石橋哲爾
1933 放送なし			
1934. 9/10-12/22	毎日(日曜祭日を除く)	6:25-6:55(11/1より6:55-7:25)	名古屋高等商業学校 石橋哲爾
1934. 11/27-12/22	ほぼ毎日	6:55-?	名古屋高等商業学校 石橋哲爾
札幌放送局(IK)			
1932. 5初-7/18	ほぼ毎日	17:30-?	「中華人」関益良, 小樽高等商業学校 原岡武

日本放送協会は積極的に臨時ニュースや時事解説番組の制作、日満交換放送に取り組んでおり、このことに応じて満蒙問題ないし中国語に対する聴取者の関心も高まっただろうが、それに先がけて、純粋な知識や教養を求めて第二放送の「支那語講座」を聞いていた聴取者の像が、以上の資料から確認できる。

番組編成の変動

表2に示したように、まだ番組編成の模索段階であったためか、「支那語講座」の放送時間や講師は一定しなかった。岡倉由三郎が継続的に講師を担当した英語講座と違い、「支那語講座」の講師陣は常に変化していたのである。例えば、AKの「支那語講座」の第二期は、東京外語支那語部の教授・神谷衡平が一九三一年九月から一二月にかけての三カ月間担当したが、次の一期の講師は同校の宮越健太郎[37]に変わった。その後も、わずか一年間のうちに、およそ三カ月ごとに担当者が交代していた。放送時間についても、おおよそ夜の三〇分間、AKは毎週一回から三回、BKは毎週三回の頻度で設定されたが、具体的な開始時間は頻繁に変動した[38]。この点から考えれば、継続的な学習にはやや難があったのかもしれない。

一九三四年頃、逓信省主導により日本放送協会の組織統制が行われ、番組編成が中央集権化されたことにともない[39]、「支那語講座」の編成にも変化が生まれた。まず、「満洲語講座」を独自に放送していたBKとCKはともに一九三四年一二月までに放送を中止した。これは語学講座ないし第二放送の編成の自主権がAKに回収されたことによる可能性が高い。一方、AKの「支那語講座」は一九三三年三月二四日にいったん中止され、一九三五年から「満洲国語講座」を名乗った。一九三五年九月から、AK第二放送の「実用満洲国語」(講師：内之宮金城)がBK、京都放送局(JOOK)、岡山放送局(JOKK)、徳島放送局(JOXK)で中継されはじめた[40]。ただし、『ラヂオ年鑑』や放送研究雑誌において、「支那語講座」または「満洲国語講座」に関する内容は極めて少なく[41]、あらゆる学問、産業副業、社会事象を内容として網羅しようとする業務展開のなかで[42]、「支那語講座」ないし語学講座全体は事業のなかでやや周辺化されたように見える。

番組の放送と聴取に再び大きな変動が起きたのは日中戦争勃発以降のことである。ここでは三つの変化を挙げておこう。第一に、教養放送の意味合いが変化した。従来の社会教育や補習教育ではなく、「政府諸般の政策の徹底と国民精神総動員運動に対する協力に主目標を置き、民心の作興及正しき輿論の指導を期して政府要路並に民間各方面の有力者に依る特別講演を多く採り入れて居るが、殊に十三年一月以降午後七時三十分より十分間を「特別講演の時間」として国策放送に充当して居る」[43]と『ラヂオ年鑑』にあるように、国民精神総動員運動への協力や輿論の指導が教養放送の目標と内容とされた。一九三八年四月からは、「従前に比し支那語を重要視した事は、時局柄当然と云はねばなるまい」として、「支那語講座」が一時的に第一放送の早朝に放送されるようになった[44]。一九三九年には、第二放送が「都市放送」と改名され、知識層が主な対象とされた[45]。この頃の「支那語講座」は、都市とその中心部で多く聴取され、とくに都市の商業教育と中等教育により利用されたことが多かったという点では、一九三〇年代前半と大差ないと判断できる。ただし、本章第三節以降で論じるように、教養放送の意味合いが変化した以上、「支那語講座」もこの国策協力の風潮から脱することはできなかった。

第二に、「支那語講座」は英語講座と競うほど聴取者の間で人気を博した。まず、一九三七年の「支那事変」の勃発をめぐる事変関係の放送ニュースに国民の関心が寄せられたことに加え、電気事業の拡充といった聴取の技術面の改善、ラジオ受信機の低廉化といった聴取者負担の軽減は、多くの人々が聴取することを可能にした[46]。図4に示したように、『ラヂオ年鑑』に記録された一九三八年から一九四〇年までの各語学講座テキストの販売部数を見れば、三年間で売れ行きが一番高かったのは「英語講座」テキストで、販売部数は一九三八年に一三万三八三八部、一九三九年に一一万四三五一部であった。「支那語講座」はそれに次ぐ二年連続第二位で、販売部数は「英語講座」の七、八割ほどもあった（一九三八年は一〇万五九七五部、一九三九年は六万九六四三部）。さらに一九四〇年度には、「支那語講座」は四万〇一〇五部のテキストの販売部数をもって、英語講座を追い越した。当時の放送局による記録のなかにも、

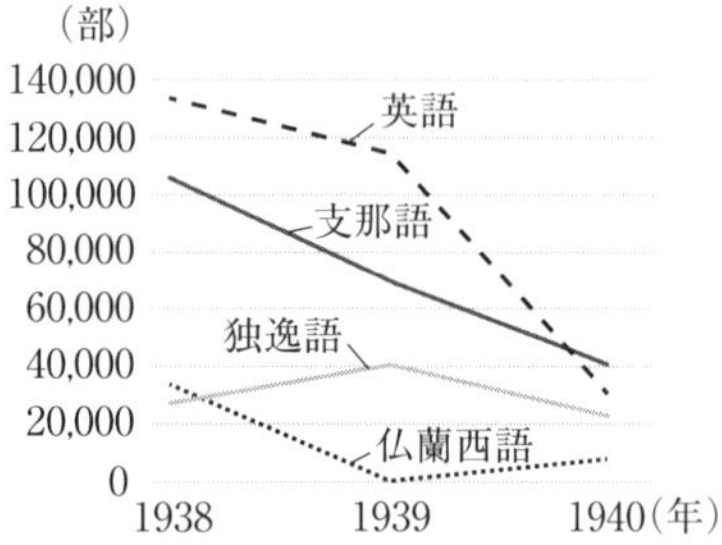

図４　1938年から1940年にかけての語学講座年度別販売部数(日本放送協会『業務統計要覧』より作成)

「支那語講座」が英語講座と第一位を争うほど高い聴取率を獲得したという文言が見られる[47]。

第三に、一九三九年以降は、「支那語講座」が都市放送を開設するＡＫ、ＢＫ、ＣＫの三局でしか放送されておらず、他の地方放送局にはほとんど中継されていなかったにもかかわらず[48]、それらの地方放送局の管内でも、「支那語講座」テキストの販売部数は好調であった[49]。地域別統計から見れば(図５)、一九三八年の広島管内・熊本管内・仙台管内・札幌管内では、「支那語講座」テキストの販売部数が東京管内・大阪管内より実数としてはかなり少なかった。しかし、とくに一九三九年の冬季以降は、四管内における「支那語講座」テキストの販売が欧米語学と比べても好調であった。例えば、熊本管内では、一九三九年冬季の「支那語講座」テキストの販売部数が一三六九部に及んだが、同じ時期の「基礎英語」テキストの販売部数は一四部しかなかった。仙台管内では、一九四〇年春季の「支那語講座」の四三四部に対して、「基礎英語講座」は五部しかなく、同年夏季の「速成仏蘭西語講座」は二部しかなかったというように、大差があったことが見て取れる。以上のように、一九三九年頃、英語を主とする欧米語学を超える関心が、「支那語」に寄せられたということがわかる。

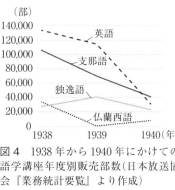

すなわち、広島管内、熊本管内、仙台管内、札幌管内では、都市放送の「支那語講座」が実際にはほとんど聴取できなかったにもかかわらず[50]、「支那語講座」のテキストが中国語学習の教材として多く販売されていたのである。ここから、「支那語講座」には、実数として多い東京、大阪のような大都市の聴取者のほかに、地方の都市、郡部、農村における潜在的な聴取者も少なからずいたということが推測できる。

六角恒廣は、戦前の中国語学習の庶民性について、「日本の中国語は、明治以来の日本の中国進出と歩調をあわせ、そして学問とは無縁な場で、庶民にひそむ士族的・儒教的意識をささえとして学ばれていった[51]」と指摘したことがあ

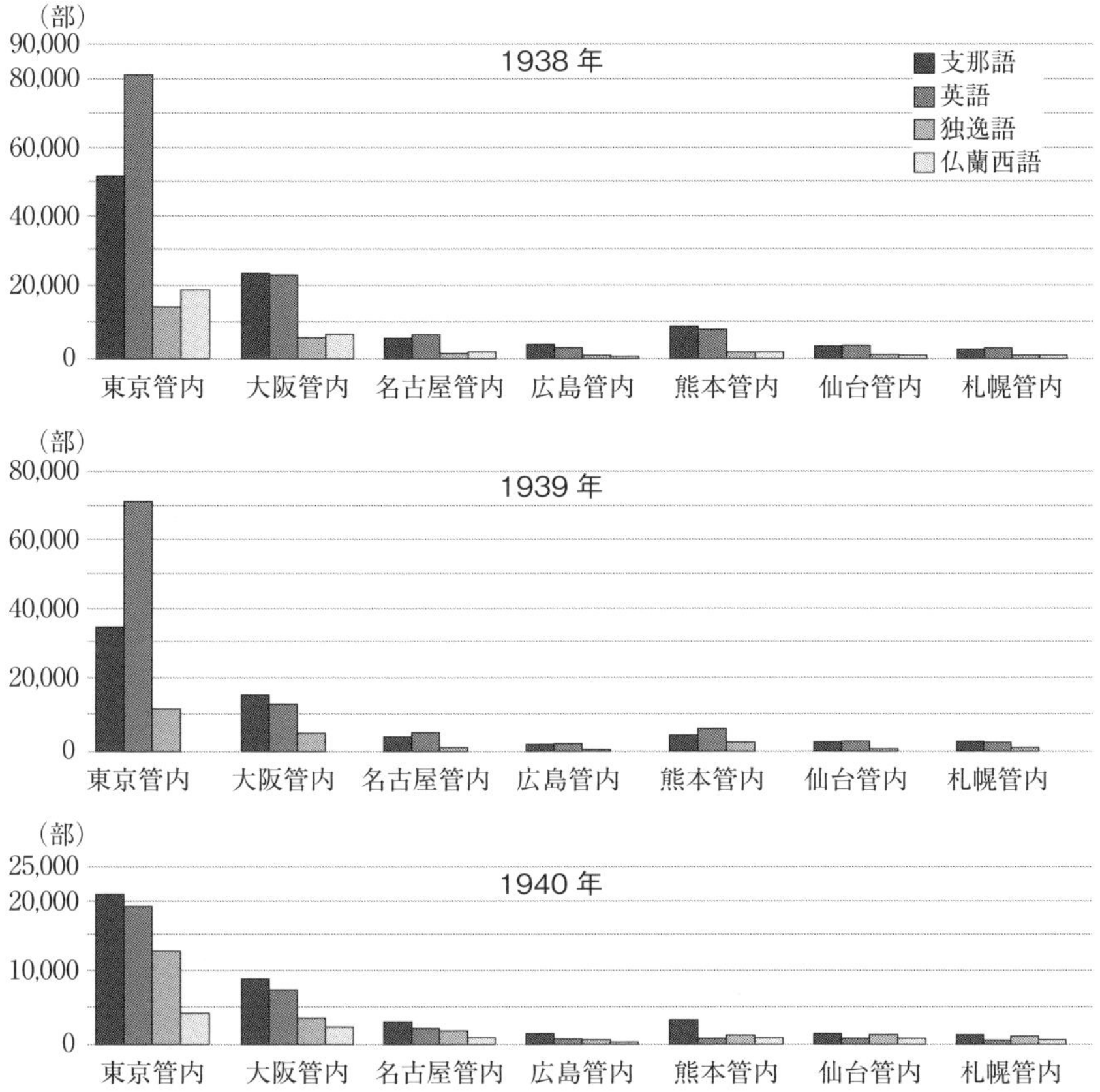

図５　1938-40 年度の地域別語学講座テキスト販売部数（日本放送協会『業務統計要覧』より作成）

る。「支那語講座」の一九三九年春期テキストには、北京語普及学会が発行した「レコード十枚添付　実用北京語講座」の広告が掲載されており、そこには「学べ!!　北京語!!　行け!!　満支!!」、「大陸への進路は開かれた」、「大陸国策の確立と共に愈々北京語（満・支共通）の万能時代が来ました!!」という宣伝文が掲げられている[52]。日中全面戦争が勃発して以降、大陸に渡る満洲開拓移民など、地方の人的資源がさらに動員されるようになったことに応じて、農村における青年や軍人が、「支那語講座」の潜在的聴取者の基盤をなした可能性もある。

第二節　対等な他者か敵対する他者か――満洲事変前後の「支那語（満洲語）講座」

それでは、戦前のラジオ「支那語講座」では一体どのような中国語が放送されたのだろうか。本節以降は、音声媒体のラジオと紙媒体のテキストにあらわれた言語の重層性に留意しつつ分析を行う。その際とりわけ、いかなる種類の中国語が教えられたかに着目する。中国語は書きことばと話しことばとの違いが大きいうえに、その中にも「官話」や「白話文」といった複数の呼称が存在している。これらは、それぞれ異なる文脈から生まれ、中国語の異なる位相を指し示すものである。例えば、「官話」は明清時代に公的な場で用いられた改まった話しことばをさす名称である。明治以降の日本で言うところの「官話」は、北京官話を指すことが多く、これが標準の中国語として受容されていた。「白話文」は中国語の書きことばであるが、文語文よりは話しことばに近い文体という意味で、古典中国語の文語文と対置して述べる場合に用いる。白話文の小説は明清時代に成熟していたが、科挙で用いられる文語文と比べて、通俗的な読み物として見下されていた。白話文は一九一七年の文学革命で白話文が改めて提唱されてからは、その使用が徐々に広がり、一九二〇年代の学校教育の普及に伴って定着していった。この点を踏まえれば、「支那語講座」において、どのような中国語を教えるかという取捨選択には、日本人が付き合うべき中国人像と中国像の認識が反映されていたと考えられる。

ラジオ「支那語講座」の音声資料はほとんど現存していないため、本書では、放送期間中に発行された教材のラジオテキストの可能な限り網羅的に調べた[53]。具体的に、AKが一九三一年に発行した一冊、一九三八年から一九四一年にかけての一〇冊、BKが一九三二年から一九三四年にかけて発行した七冊と、CKが一九三四年に発行した一冊を分析対象とする。これらは、六角恒廣『中国語教本類集成』（一九九九年）に収録されたもののほか、放送博物館所蔵資料、古書店などでの購入により収集してきたものである。一九三一年から一九三七年までにAKから発行されたテキストの多くは、放送博物館等でも確認できないものの、満洲事変前後と日中戦争開戦前後の二つの時期の変化を見て取るには十分であると判断した。

まずは「支那語講座」がもつ声のメディアとしての性格を確認しておこう。音声資料はほとんど現存していないが、講師がどのような口調で教えればよいかということが、一九三二年の「講演講座の放送要領」という文章に記されている。「音声と口調に関しては、原則として、マイクロフオンそのものを口の変形でなく、耳の延長と考へれば好い。常識的に云つても、一箇の耳に対して大声で演説を試みる人はない筈である」、「音声の注意としては／(一)、話は自然的に運ぶ事／(二)、座談的な態度で話す事／(三)、演説的な調子をさける事／(四)、身振りが混へられないから言葉の抑揚を普通よりも強める事」(54)という事項が挙げられた。ここでは、講師が、指導者としてふるまうのではなく、口の前にあるマイクロフォンを聴取者の耳として想像し、聴取者が親近感をもつように座談的かつ静かな口調で話し、それと同時にことばの抑揚に注意することが推奨されている。

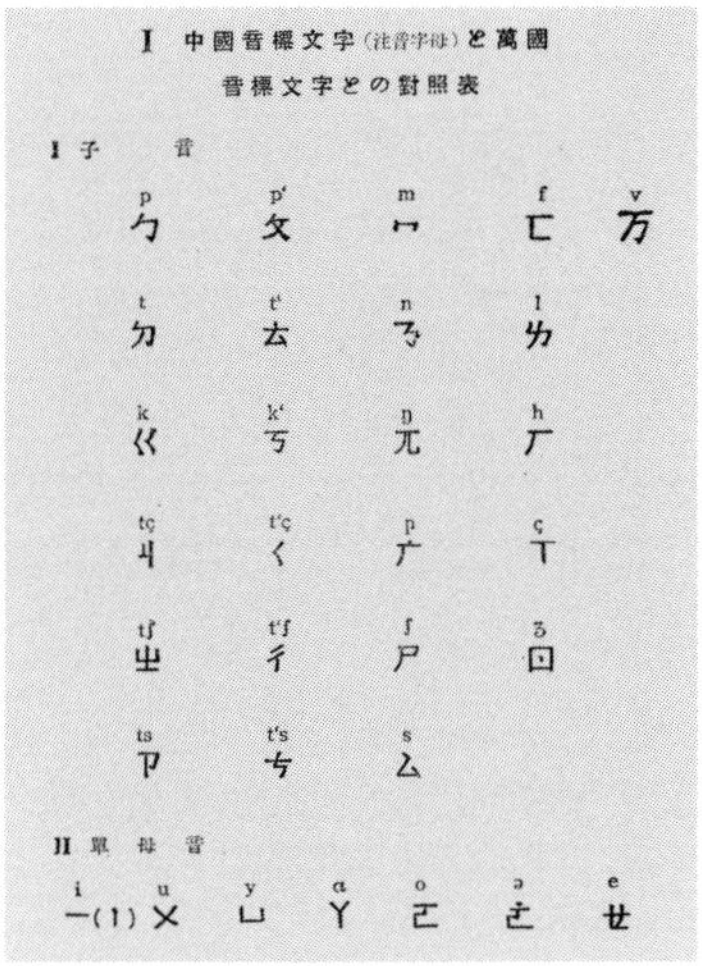

図6『支那語講座テキスト』(日本放送出版協会関東支部, 1931年2月)に掲載された注音符号と国際音声記号の対照表(関西大学アジア・オープン・リサーチセンター・鱒澤文庫より引用)

「支那語講座」が最初から話しことばの中国語を放送していたことは間違いない。そのことはラジオという声のメディアとしての特性ゆえに当然のことであるが、ラジオテキストの構成から見ても、発音の教育に特に力を入れていたことが見て取れる。AK第二放送の実験放送による一九三一年二月から三月までの放送期間に発行されたテキストにおいては、全九五頁のうちの四二頁を割いて、「単純子音」(55)「子音」「母音」「単母音」「合成子音」「拼音」「四声」「北京音全表」「声音ノ変化(華語音変)」「重読」(56)といった発音を詳解している。このよう

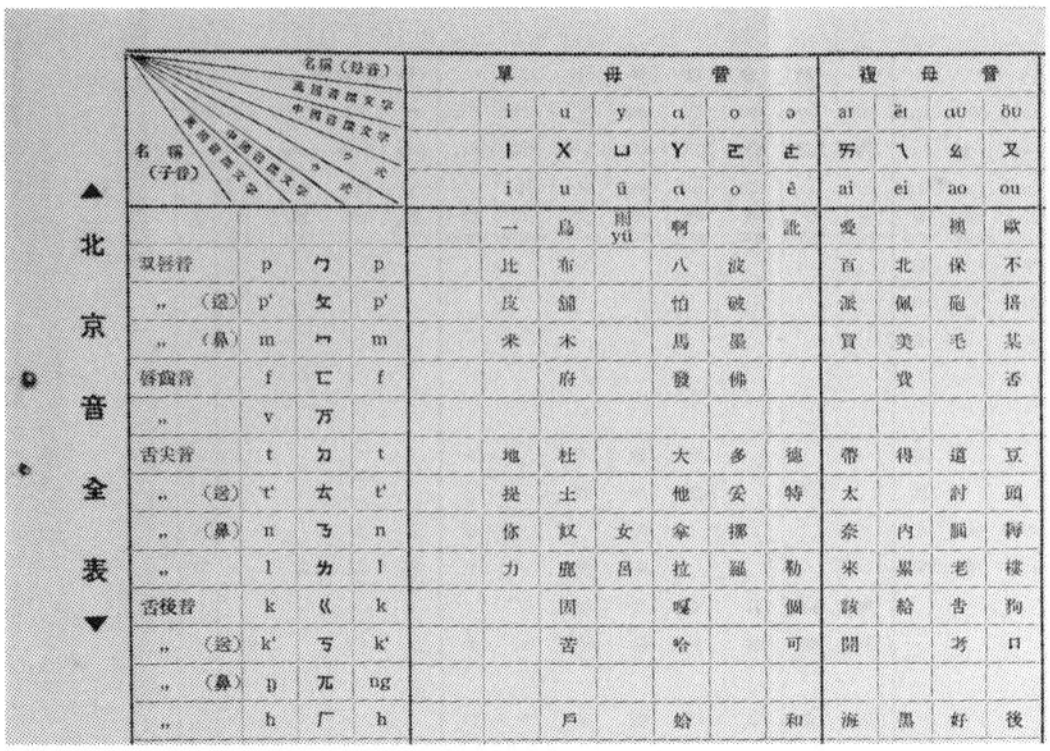

▲北京音全表▼

名稱（子音）					單	母	音				複	母	音	
					i	u	y	ɑ	o	ə	ai	ěi	ɑu	ŏu
					ㄧ	ㄨ	ㄩ	ㄚ	ㄛ	ㄜ	ㄞ	ㄟ	ㄠ	ㄡ
					i	u	ü	ɑ	o	ê	ai	ei	ao	ou
					一	烏	雨 yü	啊		訛	愛		襖	歐
雙唇音	p	ㄅ	p		比	布		八	波		百	北	保	不
〃（送）	p'	ㄆ	p'		皮	舖		怕	破		派	佩	砲	掊
〃（鼻）	m	ㄇ	m		米	木		馬	墨		買	美	毛	某
唇齒音	f	ㄈ	f			府		發	佛			費		否
〃	v	ㄪ												
舌尖音	t	ㄉ	t		地	杜		大	多	德	帶	得	道	豆
〃（送）	t'	ㄊ	t'		提	土		他	妥	特	太		討	頭
〃（鼻）	n	ㄋ	n		你	奴	女	拿	挪		奈	內	腦	耨
〃	l	ㄌ	l		力	鹿	呂	拉	羅	勒	來	累	老	樓
舌後音	k	ㄍ	k			固		嘎		個	該	給	告	狗
〃（送）	k'	ㄎ	k'			苦		咔		可	開		考	口
〃（鼻）	ŋ	ㄫ	ng											
〃	h	ㄏ	h			戶		哈		和	海	黑	好	後

図７　『支那語講座テキスト』（日本放送出版協会関東支部，1931年２月）に掲載された国際音声記号，注音符号，ウェード式ローマ字の３種類の発音記号で綴られている「北京音全表」の一部（関西大学アジア・オープン・リサーチセンター・鱒澤文庫より）

な構成は、講師の宮越健太郎が一九二六年に日本で出版した『華語発音提要』のなかの発音を解説する部分と形式的によく似ており、ラジオテキストに掲載された発音の図表と同一のものが『華語発音提要』にも確認できる。図６で示したように、宮越が『華語発音提要』及びラジオテキストで行ったもう一つの革新的な試みは、中国の国語運動で考案された注音符号と[57]、国際音声記号（ＩＰＡ）[58]を併用したということにある。注音符号と国際音声記号は、中国語音を正確に記述する発音記号として、明治以来の日本で使ってきたウェード式ローマ字と日本語仮名より優れているということが、一九三〇年代の中国語教育界でも一部の教師に認められていたものだが、印刷上の困難もあり、活字の教本ではそれまであまり採用されていなかった。宮越も一九二〇年代から国際音声記号が発音表記として正確であるということに気づいていたが、ほかの自著教本では国際音声記号をほとんど使わなかった[59]。この意味でいうと、中国語の発音を正しく教える教材として、ラジオ放送「支那語講座」の効果は、当時の放送局と講師から大いに期待されていたはずである。発音の正確さへのこだわりは、ラジオテキストに掲載された三種類の発音記号で綴られている「北京音全表」（図７）からも読み取れる。その後、講師を問わず発音の教育が「支那語講座」において重視され続けた。

会話相手としての中国人、白話文という中国語

開設当初のＢＫのテキストを見ると、担当する講師は対等な他者としての中国を聴衆に提示しようとしていたこと

が見て取れる。すでに触れたように、現代中国語は、近代以降さまざま異なった形で日本で受容されている。以下は、放送当初のBK「支那語講座」の中国語を、概ね二つに分類して考察していく。一つは、明治以降に日本で標準語としてしばしば認識されていた北京官話という話しことばによる対話体のテキストである。[60]もう一つは、日常生活における話しことばに近づけることを意識した文体として、一九一七年の文学革命で提唱されてから発展した白話文である。白話文は、文学者や知識人を主な書き手としており、五四運動と連動しながら発展していったものであるため、その文章にはナショナリズムや近代的な思想、観念をもって民衆を啓蒙するような主題が多く見られる。

一九三二年四月から、BKは第一期の「支那語講座」を放送し始め、東京外語講師兼大阪商科大学教授であった杉武夫と、大阪商科大学講師の奥平定世[61]の二人が講師を務めた。[62]この時期の杉武夫と奥平定世がともに、AK「支那語講座」の講師を担当していた東京外語支那語部の教員たちと交流のルートを持っていたということから考えれば、AK「支那語講座」とBK「支那語講座」の内容は、ある程度共有された中国語の知識の場のもとで考案されたものと言えよう。杉は一九三〇年代、東京外語教授の宮越健太郎や清水元助と共同で執筆した教本を多く出版した。[63]奥平は、一九二四年の東京外語支那語部の卒業生であり、学生時代から旧来の中国語教育に批判的であり、当時の教員の影響の下で胡適や魯迅など新文学の作品を夢中になって読んでいたという。[64]

杉武夫が主に担当していたと考えられる初期のラジオテキストは、会話を編成の中心として、全体の構成を「発音篇」[65]「基本篇」[66]「会話篇」という三篇により組み立てられている。会話のテキストは流暢な中国語の口語で書かれており、中国の人情風俗に適応した実践性の高いコミュニケーションといえよう。病院、買い物などの会話、仕事の場面における交際、雑談のほか、家族・友だちの近況についてなど、中国人とより深く接するための会話も提供され、「請(どうぞ)」という丁寧語がよく使われている。中国語を話す中国人が身近にいることを想像させるのは、中国に進出する民間資本に携わる人や開拓移民などを聴衆として想定していたためかもしれない。例えば、次のような例文が見られる。

第二十八課・友だちの近況について　誰ですか、徐伯言ですか。／そうです、徐伯言です。／どこに行ったか知りません。ここでは誰も彼の行方を知らないようです。／去年の六月から便りがありません。手紙もありません。／彼は北京に行っているのかもしれません。北京に行くと言いましたからね。／そう、お金儲けにでしょうか。／わかりません。〔引用者訳〕(67)

第三十課・家具を貸す　今日は客を招きますので、椅子四、五脚を拝借したいのですが。／派手なものはありませんが、これで良ければ使ってください。／結構です。四脚拝借します。／どうぞご遠慮なくお使いください。〔引用者訳〕(68)

三カ月後には杉武夫が担当から外れ、一九三二年九月から、ＢＫ「支那語講座」の講師は奥平定世のみとなった。この時期から、会話に代えて白話文の文学作品から抜粋したような叙述文が採用されており、とくにラジオテキストの第三巻は全面的に白話文の読本式に書き換えられ、梁啓超、郭沫若、蔡元培などの清末から民国期にかけての知識人の文章が取り入れられた。

前述したように白話文というのは、古典中国語の文語文と対置される、口語に近い文体である。白話はすでに明清小説が成熟するなかで豊かな表現を獲得したが、清末までは低劣な読み物とされていた。その後、一九一七年の文学革命で提唱されてからその使用が徐々に広まり、一九二〇年代の学校教育の普及により定着した。文学革命以降の白話文は、東京外語支那語部の教員たちの間で注目を集めている。一九二五年に、東京の文求堂書店から出版された『標準中華国語教科書　中級篇』において、東京外語支那語部の教員である神谷衡平と清水元助は、以下のように白話文学習の意義を説いた。彼らは、辛亥革命後の中国社会が「大きな変革が起きた以上、言語がどうして変化なしでありえようか」というように、旧来の会話体教本を批判しながら、「私たちが外国語を学ぶ目的は、そんなありふれた会話を話したりすることにのみ存在するのではない。より高くより遠くの地点まで進んでこそ、語学学習の意味がある」として、「文語文と口話文とを少しでも多く読んではじめて、語学の根本ができ上がるのである〔引用者訳〕」と提唱した。[69] 白話文を中国語の教材とする支那語部の教員たちの意志は、卒業生の奥平定世に確かに受け継がれた。奥平は一九三〇年代なかばまで白話文に関心を持ち続け、BKの「支那語講座」のほかにも、白話文の教材を出版していた。[70]

BKの「支那語講座」はこの時点で、国家や民族のために立ち上がろうとする他者としての中国人の姿を、部分的ながら日本の聴取者に見せようとしていた。著者名が記された七本の白話文のうち五本は、愛国ナショナリズムが高揚した五四運動が始まった一九一九年に発表されたものである。例えば救国の呼びかけに奔走していた梁啓超が同年に発表したエッセイ「無聊消遣《ウーリャウシャウケン》」が全文引用されており、「人がとても怠惰であるならば、この人には未来がなく、全国の人々がとても怠惰であるならば、この国、この人種には未来がない。中国の他の問題はまだ簡単に救えると思うが、この一般社会では怠惰という問題だけが、本当に亡国の鉄券〔引用者注：鉄券は中国で君主が功臣を封建する際に用いる一種の証明書〕のようで、考えれば考えるほど、がっかりさせられる〔引用者訳〕[71]」という訴えが載っている。梁啓超は、古典中国語〔中国語の文語文〕と白話の中間である「新文体」を清末期に独創したことでよく知られている。しかし、BKのラジオテキストに引用されたこの「無聊消遣」という文章は、文学革命の最中に書かれたものであり、その文体は「新文体」よりもさらに口語に近い。

さらにいえば、白話文の文体そのものをラジオ講座で紹介するのが、講師の奥平の意図的な狙いだったといえよう。彼が古典中国語と白話文の関係を観察したうえで、白話文のほうを称賛する態度をとっていたことは、ラジオテキストに引用された蔡元培の講演「国文学の将来」からも読み取れる。

第十四、国文学の将来、蔡元培　中国語の最も重要な問題は、白話と文言の競争であり、将来的には白話が普及すると思う。白話は現代人の言葉を使って直接的に個人の意味を伝えるもの、文言は古代人の言葉を使って間接的に現代人の意味を伝えるもの。間接の伝達においては、書く人と読む人の両方が文章を翻訳することに苦労するが、果たしてそれはやらなければならない努力なのだろうか。〔引用者訳〕(72)

白話文という文体が声のメディアであるラジオ講座に導入された意義は大きい。このことによって、旧来の教本のなかの会話体と比べて、豊かな中国語の表現ないし同時代の中国人の精神世界が聴衆に部分的に開示されるようになった。さらに、口語に近いという意味で目新しい文体が中国語の音声として放送されたこと自体、訓点を施された漢文・古典中国語とはまったく異なった言語のジャンルを認識させるうえで衝撃を与えるものだっただろう。それまでの日本では、一八世紀に明清時代の白話小説が文化人の間で流行したことを除けば、中国語の文体はほとんど文語文の漢文として認識されていたと言える。音声メディアが存在しない時代の日本では、漢文の文の位相と中国語の語＝〈声〉の位相が分離しており、中国語音で読まれる漢文は大多数の人々にとって未知のことばであった。白話文がラジオ「支那語講座」で放送されたことによって、中国語の文が〈声〉を獲得することとなり、日本の中国語受容のなかでも言文一致の動きが現れたのである。

「満洲語」と敵性中国語との分離

しかし、白話文テキストを用いた「支那語講座」は、わずか三カ月で放送期間を終えた。満洲事変を経て、とくに一九三二年の満洲国の建国以降、日本放送協会は時局の満蒙事情に合わせて番組を再構成した(73)。一九三二年には「満洲語講座」の名を冠した中国語講座がＣＫに設置され、人気を博したという記録が残されている(74)。一九三三年、ＢＫの「支那語講座」も、講師は奥平のままだが、「満洲語」に名称を変えられた。

この時期、満洲国建国という事実の重要性が、ラジオテキスト『満洲語』では明確に意識されていた。図8で示したように、BKの第一期ラジオテキストの表紙には、日本全土とそれに隣り合う満洲国地域の地図が掲げられている。一九三四年秋期テキストの「はしがき」には、「最近満洲国が独立致しました。建国僅に二ケ年を経過した今日、早く既に各般の国勢整頓して今年一月二〇日午後四時には帝政を布いて元の清朝の宣統皇帝溥儀氏が執政の地位から遂にこの国の皇帝の宝位に登られ同三月一日には帝国としての大典を挙行し、今や其国基は昭然として宇内に確立するに至りました。誠に慶賀に堪へぬ次第であります[75]」と記されている。また、テキストの例文では、「英国と米国が同盟を結んで我々に対して経済封鎖を行ったことを恐れず、東アジアの平和のためにこの計画を実施する〔引用者訳〕[76]」、「満洲で法と秩序が維持される限り、世界のどの国も満洲国を否定できない〔引用者訳〕[77]」というように、満洲国建国の正当性が説かれていた。

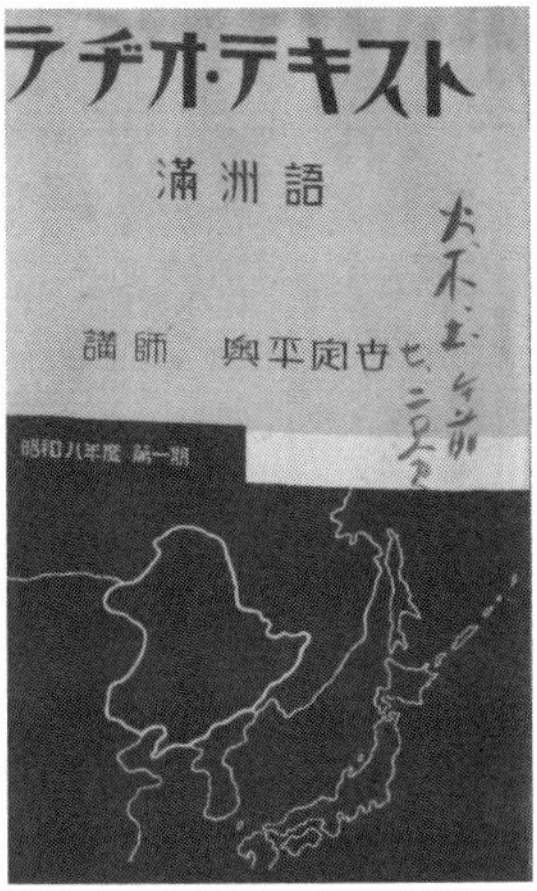

図8　1933年ラジオテキスト『満洲語』表紙に表現された満洲国と日本

このテキストに中国のナショナリズムないし啓蒙の色彩を帯びた白話文が含まれていないのはもちろん、以前あった会話体もほぼ消えており、非対話的な自己主張と自己確認のスローガンが多くなった。そこでは、正義、道徳を有する日本と満洲国、そして正義、道徳を失った敵としての中国という極端な自他認識の構図が提示されていた。例えば、「命をかけても、私たち日本人は自分の国のために戦争に行きます〔引用者訳〕[78]」、「中国は熱河一帯であんなにスパイを配置しているので、私たちは部隊を配備してそれを破壊しなければならない〔引用者訳〕[79]」というように、日本帝国に逆らう中国を懲らしめるための武力行使を支持する内容が多かった。

以上のような中国に対する極端な自他認識の構図の提示は、「日本と満洲国はこのような相思相愛の友情を持っているので、どの国であっても我ら両国の関係を壊せない〔引用者訳〕[80]」

という満洲国との提携関係によって裏付けられており、中国という敵としての他者から満洲国を分離することによって実現された。

それにもかかわらず、「満洲語講座」でいうところの「満洲語」とは、実質的には当時「支那語」と呼ばれていた中国のことばと同一のものであった。教本に記された漢字文と、仮名、ローマ字で示された発音から明らかなように、教えられたのは満洲族の固有言語ではなく、相変わらず漢民族の北京官話であった。それを「満洲語」と呼ぶことにより、日本帝国の同盟に近い存在として政治的に位置づけられる満洲国の言語を、敵性「支那語」から区別したのである。このように、北京官話の「満洲語」への呼び換えには、中華民国とは異なる満洲国の独立性を強調する政治的な考慮があったといえよう。

一九三三年にＢＫの「支那語講座」が「満洲語」に変更された原因は特定できないが、日本帝国が主導する政権が中国大陸で樹立される時期にあって、ナショナリズムや啓蒙の色彩を帯びる中国人書き手による白話文が不適切になったと考えるのが妥当であろう[81]。戦後、麗澤大学で中国語の教鞭を取っていた奥平は、戦前のＪＯＢＫの中国語講座について以下のように述懐したことがある。

> 私は当時いまの大阪市大の前身である市立大阪商大に勤務していたので、若年ながらＪＯＢＫの中国語講座の放送を担当させてもらうことになったが、いまにして思えば、浅学菲才の身、厚顔無恥のこととしかいえない。
>
> この中国語講座は、ときに満洲語講座と名付けられたことがあった。満洲人の言葉なら満洲語、満語ではないか、〝中国でない〟満洲の住民の言葉を中国語というのはいけないということらしい。これは噴飯ものであったが、それほど当時の日本人は隣国、周辺のことを知らなかったのである。うがった見方ではあるが、満洲を中国から切り離すという一部の計画に副う謀略の議論であったのかも知れない。馬鹿馬鹿しさも極まれりというべきであった。それで満洲語と名《ママ》をうっての講座の場合、これは民族としての満洲人の言語の意味ではなくて、満洲

地域に住む人たちが話している言葉という意味での満洲語であると繰り返えして説明を加えないわけにはいかなかった。満洲族の使用する満洲語は極めて少いところで使われているかも知れないが、この地域通用の言語は蒙古人や朝鮮人を除いて大部分の住民は中国語を使用していること、そしていわゆる満洲語、満語なるものはいまは死語(dead language)に近いものであることを話したものであった。(82)

この興味深い記述からは、奥平がＪＯＢＫのラジオ講座が「満洲語講座」を名乗ったことの不適切さ、また、「満洲語講座」という講座名がもつ時局的な意味の両方を察しており、不満を抱いていたということがわかる。この記述によれば、彼は一九三〇年代の放送では、「これは民族としての満洲人の言語の意味ではなくて、満洲地域に住む人たちが話している言葉という意味での満洲語」であり、満洲地域の「大部分の住民は中国語を使用していること」を繰り返して説明していたという。講座の題名をめぐって奥平と放送局の間で論争が起きたかどうかは確認できないが、奥平は「満洲語講座」が終わってから約三六年後に振り返って、「支那語講座」が改題された件について、「満洲を中国から切り離すという一部の計画に副う謀略の議論であったのかも知れない。馬鹿馬鹿しさも極まれりというべきであった」という判断を下したのである。

第三節　他者の言語か「同文」の言語か——日中全面戦争における中国語の布置

ＢＫとＣＫで独自に放送されていた「満洲語講座」はともに一九三四年一二月までに休止されており、その一年前にＡＫの「支那語講座」も一旦中止された。その後、組織や番組編成の面においてＡＫへの中央集権化を図った一九三四年五月の日本放送協会の機構改革を経て、一九三五年にＡＫにおいて中国語講座が「満洲国語講座」として再開されたが、ＢＫとＣＫで再開することはなかった。

一九三七年の日中戦争の開戦に伴い、日本国内で再び中国語に対する関心が高まった。この時期の教本については六角恒廣が指摘したように、「出征軍人向けの中国語「早おぼえ」や旅行者向けの「早わかり」」の種類が増加し(83)、中国語学習の有用性は、日本人の中国大陸での活動の拡大、とくに大陸戦線での偵察、訊問、宣撫といった軍事侵略の目的に裏付けられていた。AKでは「満洲国語講座」という呼称が一九三七年七月まで使われたが、一九三八年四月、「満洲国語講座」から「支那語講座」に再び戻された。大陸への地理的関心が、満洲国から華北・華東などの戦線へ移ったからであろう。

しかし、以上のような中国語学習における「外地」での有用性への強い関心にもかかわらず、放送局内や教育界では他者の言語としての中国語の位置づけを揺るがせる動きがあった。すなわち、中国大陸における日本語普及が求められる中での「内地」における中国語学習の意義や(84)、「同文」とみなされた中国語と日本語の関係性が再考されることになったのである。このことは、「支那語講座」が日中全面戦争中に放送され続けたことの意味を理解するために重要であるため、以下二点に分けて具体的に取り上げたい。

放送研究雑誌における議論

第一は、日本放送協会による「対支文化工作」で用いる言語の問題について、日本語を工作の中心にするか、中国語を中心にするか、という放送研究雑誌における議論である。放送研究雑誌とは前述したように、放送事業の様々な方面を調査し、合意を求める雑誌であり、そこから日本放送協会の放送政策と自己認識が読み取れると考えられる(85)。一九三八年に占領地の北京に新設された北京中央広播電台(XGAP)において日本語と中国語の二重放送が実施され、放送による「対支文化工作」への関心が高まった(86)。「対支文化工作」ではまず中国を理解しなければならず、そのためには中国語が必要になるという見方は、東京帝国大学文学部助教授の竹田復が書いた「対支文化工作と支那語」に見られる。中国文学専攻の彼によれば、「我々も彼国の言語を覚えて、両国感情の融合に役立」てることができ、「いくら彼等が日本語を学んでも我々の方が支那語がわからねば、それこそ大変である」。それゆえ、「知識階級、指導階級の支那語を必要」とし、「中等学校は勿論、高等学校、青年学校に於て、一刻も早く支那語を正科とし我民族の根底ある発展と、東洋永遠の平和とに資せられんことを切望する」という。(87)

一方、中国が近代化の後進国である以上、その言葉を自国民に学ばせることにどのような意味があるのかということが問題視された。竹田復の論点と真正面から対立したのは、一九三九年に船山信一が書いた「東亜協同体の文化的意義と放送事業」である。

元々支那語といふものは文化的な言葉でないとは専門家の断言するところである。支那語はどの位支那の文化的発達をさまたげて居るかはかり知れない。その限り、日本人が、まして日本の一般大衆が支那語を習得するといふことは、日本の——否東亜の——文化を発展させる上に於てどの位効果あるものであるかは疑問である。支那の有識者自身がこのことを理解して居て、既に国字改良運動を展開して居た程である。(88)

船山から見れば、中国語が中国の文化発達を阻害するものである以上、日本人が中国語を勉強する必要はないのである。彼は、当時の中国の国語運動に目を留めたが、それを近代化やナショナリズムの構築を目指すなかで中国語の書記体系に起きた変動としては理解せず、むしろ中国語と中国文化の後進性の証拠とした。中国語の弱体化を克服するために、彼は中国語と日本語の融合、世界中で共有しうる新文化の創造にともなう日本語の普及を提言した。(89)

船山のように、日本語文化を中国大陸ないし世界に宣揚するという理念は、多くの論客の間で共有されていた。例えば、一九三八年に日本放送協会が文化界から募集した「ラヂオは支那に何を与ふべきか」という「葉書回答」の問いに対して、漢字研究者の諸橋轍次は「一、日本語講座。二、東洋思想の提唱。三、抗日教育の非」と書き、中国哲学研究者の山口察常は「日本独特の思想・芸術・習慣・風俗」と提唱し、前台湾総督府交通局参事・逓信部長、前満洲国国務院法制局長の三宅福馬は「支那語の統一、日本語の融和」と記入している(90)。とくに、国語統一問題を焦眉の急と見なした石黒修《よしみ》、小倉進平といった国語学者にとって、「対支文化政策」は国内の国語を統一する好機であると考えられた(91)。

最終的に、一九三九年九号の『放送』誌面の「放送による対満支日本語普及の具体案」という葉書回答募集において、「満支」に向けて日本語を普及させるべきだとする論調へと統一されていった(92)。そうであるとすれば、国内の日本人がわざわざ中国語を学習する意味がなくなるため、「支那語講座」を放送する意義も危うくなりかねない。しかしながら、「支那語」を名乗ったラジオ語学講座は一九三八年から一九四一年にかけてもなお中断なく放送されていた。それどころか先述のように、同時期の「支那語講座」は英語講座と第一位を争うほど高い聴取率を獲得し、一九四〇年度にはテキスト発行部数で英語講座を追い抜いたのである。ここからは当時の民間における中国語学習の意欲の高まりが見て取れるし、放送局で「対支文化工作」として日本語普及策が検討されていたとはいえ、即座に放送番組から中国語を排除するほどの計画性や強制性を持っていたのではないことがわかる。

「時文」の訓読法

しかし、第二の点として、中国語学習は認めるとしても、日本語とは異なる外国語であるという意味での他者性を弱める形で中国語を教えようとする動向もあった。それが、日中両言語が「同文」であるという意識を反映した「時文」の訓読法である。一九三九年に文部省は、時局の把握に役に立つ同時代の中国の新聞・雑誌の記事、公文書、書簡、白話文などを指す「時文」の学習が必要であるとして、同年二月九日の文部省訓令で師範学校・中学校・実業学校の必修科目として「時文」を正式に国語漢文科に導入しようとした(93)。また、訓令を公布する前の一九三八年には、すでに日本各地で中学校の国語科目の教師に向けた「時文」の講習会を開いていた(94)。このとき、中国語は多くの場合、そのままの発音ではなく、漢字ごとに音や訓をあてはめ、助詞や助動詞を補って日本語の語順に読み直して教える訓読法で教えられていた。

そもそも、戦前の一般の学習者からみれば、中国語はどのようなことばなのか、それが日本で訓点や返り点を施されて読まれてきた漢文とはどう違っており、それとどういう関係にあるのか、ということさえ難解な事柄であった。文章語としての古典中国語、すなわち「漢文」は日本語の文化に根強く定着しているため、中国語、漢文、日本語の三者をめぐる言語の自他認識には曖昧さが残されたのである。このことは、奥平定世が一般の人々との問答を記した文章からもわかる。

満洲熱にうかされ、それ満洲でひともうけというわけか、中国語講座がJOBKから放送されたことは、この商人の都市、大阪の住民の一つの誇りと感じていたかも知れなかった。何々会、何々婦人会から中国や満洲の話をしてくれと申込まれて弱ったことが多かった。下文は中国語についての或る座談会の愚問愚答の一こまである。

(問) 先生、漢文も中国語もいっしょだすな。

(答) 日本の漢字の読み方は古い時代に漢字が入ったときの発音で、それも北方と南方からの二つの発音が伝わってきたのです。中国語は現在の中国の話し言葉の発音です。

(問) やっぱし、南と北との発音はちがいますか。先生の中国語はどこででも通用しますか。

(答) 各地に方言、訛りはありますが、国語統一に努力していますから、テキストで学習される標準語の中国語なら学校にいった人には分かります。

(問) しかし先生、漢文には返り点がおますが、中国語にはおまへんな。

(答) お宅の額の字や軸物の漢文や詩に返り点がありますか。

(問) おまえん《ママ》。向うの方は返り点がなくてもわかるんだすか。

(答) 向うは必要ありません。返り点は日本人が漢文を直接日本語式に読むために考え出した方法なのです。

（問）　向うの人は返り点なしで、漢文がわかるのだすか。えらいもんだすな。(95)

ここでは、第一問の「漢文も中国語もいっしょだすな」、第三問の「漢文には返り点がおますが、中国語にはおまへんな」、第四問の「向うの方は返り点がなくてもわかるんだすか」という三つの質問を合わせて分析する。学生は、第一問で「漢文も中国語もいっしょ」、つまり漢文と中国語が同じことばだと想定していたが、確信は持っていない。それは、「漢字の発音はちょっと違います」という疑問があるからである。ここで、「漢字の発音の違い」というのが、日本語の漢字音と中国語の漢字の発音の違いだとすると、ここで学生が想定した「漢文」とは、日本語の漢字音で読まれた漢文のことであるとわかる。教師の答えも、日本語の漢字音がいかに中国から伝来したかということを解釈したものである。つまり、ここで学生が言う「漢文も中国語もいっしょ」というのは、日本語で読まれた漢文と「中国語」が同じことばという意味であろう。

第三問の「漢文には返り点がおますが、中国語にはおまへんな」、第四問の「向うの方は返り点がなくてもわかるんだすか」という質問を受けて、教師の奥平は、「向うは必要ありません。返り点は日本人が漢文を直接日本語式に読むために考え出した方法なのです」と答えており、返り点を施された漢文は「日本語式」であり、中国人が発話する中国語とは同じものではないことを説明しようとしたのである。学生は、日本語で読まれた漢文と「中国語」は同じことばであって、中国人と日本人がほぼ同じ言語能力をもつだろうと想定していたからこそ、最後に「向うの人は返り点なしで、漢文がわかるのだすか。えらいもんだすな」と感嘆したのである。

以上から、中国語と日本語の漢文を明瞭に区分することは難しいという、一般の学習者の中国語観が見て取れる。第二章で論じるように、「時文」といった中国語の漢字文を解読する際に、当時の学習者が漢字の横に返り点や送り仮名を加え文章を訓読する習慣も見られた。しかし、中国語の漢字文を訓読することは、果たして中国語で読むことであろうか。新聞・雑誌の記事、公文書、白話文などの、同時代の中国語「時文」へ訓読法を適用することは、中国語から音声言語の要素を取り除き、文字言語だけを解読することで、中国語を日本語の文脈へ「翻訳」する行為に近かった。[96] 中国語という他者の言語を自己同一化する読解の技法により、中国語学習の必要性という論点を回避しつつ、時局が要求する中国の知識を身につけられるようにしたのである。

中国文学者の倉石武四郎は、一九四一年に「時文を訓読する弊害」を説いて、とくに白話文は音読すべきだと主張していたが、[97]「時文」の訓読法はやがて国語漢文科だけでなく、AKとBKで「支那語講座」を担当していた宮越健太郎と杉武夫という中国語教育界の重鎮によっても教えられるようになった。[98] このように「時文」の訓読法が広がっていたにもかかわらず、結論から言えば、「支那語講座」は一九三九年以降も依然として中国語の音声をそのまま聴衆に提示し続けた。そこでいかなる他者の姿が提示されたかを次節では確認する。

第四節　友好な他者という虚構——日中全面戦争後の「支那語講座」

先述のように一九三五年以降、日本放送協会のラジオ「満洲国語講座」「支那語講座」シリーズは、AKによる編成に限って放送されていた。表2で示したように、一九三五年四月から一九三八年七月にかけては、東京外語教授の宮越健太郎と内之宮金城が交代で講師を担当していたが、一九三八年以降は拓殖大学教授の土屋申一と外務省嘱託の岩村成允の二人の編成となった。現存する一九三八年以降のテキストの内容からみれば、一九三九年一月までの「支那語講座」は、主に発音の詳解と、BKの杉武夫版テキストのような簡単な口語の会話から構成されており、一九三九年以降は中国語の「現代文」が加わった。

日中全面戦争が勃発してからも、軍事的な場面を想像させる会話は「支那語講座」に全く現れず、会話の相手として表象される中国人は常に友好な他者であった。しかしながら、このような友好な他者像は、講師の教育理念を反映しつつも、日中全面戦争中においてさらに複雑な様相を帯びたものであった。

音声により確保された他者性、教養階級の中国語

「時文」の学習熱は確かに日本放送協会の「支那語講座」にも及んで、一九三九年一月九日からは、もともとの会話体を中心とするテキストの構成を維持しながら、それに加えて「支那現代文講座」が新設された。しかし、一九四一年の放送終了まで継続して講師を担当した外務省嘱託の岩村成允（「支那語講座」〔一九三八年九月—〕の講師と兼任）は、「時文」の訓読法に懐疑的な態度をとっていた。

まず、「支那現代文講座」の開設経緯について、岩村は「支那語講座」のテキストで「事変以来一般に彼国の言語文章を学ぶべき必要が認められ、既に各方面に於て之れが講習をなすもの漸く盛ならんとしつゝあるは、誠に悦ぶべき趨勢である。／我放送局に於ても、之れが普及を必要なりとし、曽《かつ》て余に支那現代文講座を嘱せられた[99]」と表明しつつも、「従来文部省から公表された法令などに「支那時文」なる名称があるが、其定義は明かでない、〔中略〕余は現在支那一般に行はるゝ文章は実用文たると否とを問はず総て「支那現代文」と称するが適当であると思ふ[100]」としている。このように、現代文講座の新設が文部省の訓令に由来するものだとしても、「時文」という呼称は敢えて使わないようにしており、時局と関わらない白話文学もテキストに収録していた。

そして、「音読は時間の許す限りやりたいと思ふ。尚テキストには稍《やや》難解の字句に簡単な解釈を附して置いたから初学の方には講習前下読みをして置かれ、特に音読を覚えんとする方は発音時典で予め調べて置かれると便利である[101]」とあるように、中国語は中国語の発音をもって教えることになっていた。このように、音声面での他者性を解消した「時文」の訓読と比べると、「支那語講座」というラジオ放送においては、音声言語としての中国語が日本語とは異なることばであるという他者性を確保していた。

「支那現代文講座」には、掲示物の文章、新聞記事、白話文、書簡、電報、広告の文章、政府の公文書といった現代文の種類が含まれており、同時代の「時文」の教科書が含むジャンルとほぼ重なっている。このなかでとくに書簡

の用例は「時文」の教科書よりさらに詳細であり、ことばの礼儀正しさが重要視されて、文語の用法が多く見られる。例えば、以下のような例文が挙げられる。

某某先生大鑒昨承／枉顧失迎罪甚、前借之書、因事務繁忙、未能披閲、本月杪、定可奉還、遲延之愆、尚祈／原諒爲幸特此奉聞順頌／文祺〔引用者訳：某先生へ。大変申し訳ありません。前借りた本は、事務繁忙のため、まだ目を通しておりません。今月末にはぜひともお返しいたします。遅延の罪をお許しいただきたい。(102)〕

書籍の返却が遅れていることを謝るという旨のこの書簡文に対して、講師の岩村は語釈として「本月杪―本月末」「遲延之愆―遲滞の罪」と注記した。ここでの「大鑒」ということばは、手紙の宛先の末尾に添えて親展を要する旨を示すものであり、民国期の中国知識人の書簡にもしばしば見られる。また下記のように、書簡の書き手が自分の友人を外国の知人に紹介し、その知人に自己の友人と面会してもらうように依頼する文面がある。

敬啓者、玆有敝友某君、觀光上國、甚願一瞻／芝采、藉領／雅敎、卽希該君晋謁之時、撥冗接見、指示一切爲幸、特此介紹、順頌／台祺〔引用者訳：拝啓。私には某君という友人がいて、貴国へ伺うことになりました。一度お目にかかってご教示いただきたいと願っております。彼と面会していただければ幸いに存じます。とくにここに紹介する次第でございます。(103)〕

ラジオテキストでの語釈としては、「一瞻芝采―一度御目にかゝる」「撥冗接見―繰合せ面会する」に二カ所にしか付されていないが、日本語の謙譲語に相当する「敝友（自分の友人）」、「晋謁（謁見する）」、日本語の尊敬語に相当する「上國（貴国）」、「雅敎（ご教示）」のような言葉遣いも注目に値する。

以上のような知識階級の間でしかほぼ通じない文語文による表現は、他にも「新年の招待状」「著任通知挨拶」「画会招待状」「始業式招待状」「書物の価を問ふ」「揮毫を求む」「父の死を弔《とむら》ふ」「人を招待す」「誕生日を祝す」「欠席を告ぐ」のように、例文に数多く見られる。(104)

一方、岩村は文語文の書簡だけでは不足だと考えていたようで、「白話信」という白話文の書簡の例文も補足した。

子平：或們多日不見了、你好嗎？　你能報告些你的近狀、使我釋念嗎？／你對於藝術、很有天才、而你又這様的努力、將來所收的效果、一定很大呢！／我很羨慕你的作品、想請你畫一個扇面、使你的藝術時常給我欣賞、以留紀念、你能應許我嗎？　但我深恐唐突、所以不敢就寄扇面來、特先寫信來徵求你的同意。／此上、／祝你進步！／幼卿　月　日〔引用者訳：子平様へ、お久しぶりです。お元気ですか。近況を教えていただければ安心です。芸術に関しては、あなたは才能があることに加え、とても努力していらっしゃいます。将来はきっと大きな成果を収めるでしょう。あなたの作品が羨ましくて、扇子一面を描いていただくことをお願いしたく思います。もし受けてくださったら、あなたの芸術がよく目にとまるでしょうし、自分にとって記念にもなります。このお願いに承諾していただけないでしょうか。唐突なお願いですから、すぐに扇子を送ることを遠慮します。まずはご意見をお伺いいたします。ますますのご活躍をお祈りいたします！〕(105)

以上のような、さまざまな社交と事務の場面に対応できる礼儀正しい表現からは、書簡文の送り先として、芸術や書物、書道に通じる文化人が想定されていたことがわかる。ラジオテキストに書かれたこのような教養階級の中国語には、元外務省官僚である講師の岩村成允の文化事業に参与した経験や、一文化人、中国通としての言語能力が如実に反映されていたといえる。(106)

これらの教養階級の言葉遣いが戦時中のラジオ講座で教えられた意味合いを把握するために、同時代の軍事用中国語教本とも比較したい。日中全面戦争が勃発してから、大陸の戦場で軍事作戦や宣撫、宣伝活動を遂行するため、「将校以下支那語を一層勉強すべし」という提唱が軍のなかでなされるようになった。(107) それとほぼ同時に、軍事色が強い中国語が軍の内部で教材とされただけでなく、民間の出版物にも浸透していった。(108) これらの教本のなかでは、軍用訊問や拷問、捜査、偵察、行軍の場面で使われることばが多く教えられている。例えば、以下のような例文が見られる。

- 軍事普及会『陣中速成　軍用日支会話』（一九三八年）

陣地ノ正面ハ何程アルカ　　敵陣、有多大了
陣地ノ前ニハ地雷ヲ埋メテナイカ　　在敵陣前、埋地雷沒有
陣地ノ側面ニハ鉄条網ハナイカ　　在敵陣的傍面兒、有鐵絲网兒沒有
アノ村ニハ何カ防備ガシテナイカ　　那個村裏、有甚麼防備
昨日モ隣村デ間諜ガ発見サレマシタ　　昨天在隣村、也被發見間諜了(109)
オ前ガ若シ言ハナケレバオ前ノ命ヲ貰ウゾ　　你若不肯說、我就要你的命(110)

- 杉武夫編著『現地必携　支那語軍用会話』（一九四〇年）

お前が真実のことを云はず嘘ばかり云ふて面倒をかけると拷問するぞ　你不肯說實話、竟撒謊、叫我們麻煩、就要拷打你了(111)
若し此以上半年も抗戦を続ければ「滅国滅種」あるのみである、親愛なる支那民衆よ、君等人民の一切の損失と苦痛とは皆国民党軍が造成したものである　如果你們再抗戰半年、你們就只有滅國滅種了、親愛的中國老百姓們你們人民所受的一切損失和痛苦、都是黨軍所造成的(112)
女子慰労隊はいつもやつて来るか　女子慰勞隊常來麼

前達《ママ》の大部隊は今何処に集中してゐるか　你們的大部隊現在都集中在哪兒[113]

以上の例文はいずれも、原文、日本語翻訳ともに、当時の教本に記されていたものである。これらの命令、威嚇の口調と言葉遣いから、中国の軍と民衆を鎮圧して統治しようとする意図が確認できる。田中寛の研究で朝日新聞社編『支那語早わかり』（一九三七年）の会話について指摘されたように、ここでは国家の意思の下で中国語を話しており、「友好を優先するのではなく権力によって相手から必要な情報を引き出すことのみが眼目[114]」であったといえよう。教養階級を学習者として想定した岩村による書簡文の類とは好対照となっている。

友好な他者を幻視する「日支の提携は言語より」

戦時期に他者の言語として中国語を教えることの正当性は、「日支の提携は言語より」というスローガンによって支えられたものであった。一九三八年から講師を務めた岩村成允は、「支那語講座」の放送開始以降初めて、中国語学習の意義を明文化している。「戦争が一段落付きました処から漸次に政治、経済、又は文化等種々の建設事業が起り、日支の提携が行はれる[115]」として、「現代文を解する者少き為め、自然彼国人と真の親善提携をなす能はず、従つて相互の認識も充分ならざりしは遺憾であつた[116]」というように、親善提携のための語学学習の意図が「支那語講座」のラジオテキストで表明されたのである。岩村は、当時の日中外交のなかで中国語を絶えず実践していきながら、徐々に「日支の提携は言語より[117]」という政治構想を持つようになったのであろう。

この頃、岩村は一般雑誌等にも戦時下の日中関係を論ずる文章を執筆し、弱体化する近代中国と接するための指針を説いていた。例えば「支那及支那人」という文章において、中国の「数千年来の伝統や風俗習慣にお構ひなしに、日本人の心理や風俗習慣を向ふに当嵌めて無理に従はせようとするから、先方が附いて来ない[118]」という相互理解に基づいた交渉の指針が打ち出されている。

このような考え方に基づき、同時代の中国を理解するためであろうか、当時の中国で進歩的な文体とされていた白話文が再び「支那語講座」に収録された。例えば、昭和一五年春期号のラジオテキストには、杭州の名所である「西湖」を紹介する文章が中国の国語教科書から引用されており[119]、また、同年冬期号のテキストには、魯迅の「秋夜」が掲載された。

這夜的天空，奇怪而高，我生平沒有見過這樣的奇怪而高的天空。他彷彿要離開人間而去，使人們仰面不再看見。然而現在卻非常之藍閃閃地睒着幾十個星星的眼，冷眼。他的口角上現出微笑，似乎自以爲大有深意，而將繁霜灑在我的園裏的野花草上。〔引用者訳：この夜の空は、不思議で高い。生涯で見たこともないような不思議で高い空。まるで地上から人間の世界を去っていくかのように、人が見上げてももう見られないように。それでも今は、何十もの星の目、冷たい目に照らされて、とても青く輝いている。彼は深い意味があるかのように口角に笑みを浮かべ、我が家の庭の野草や草花に霜を落としている。[120]〕

このように、泥沼化した日中戦争の最中にありながら、普遍的な人間性を表現する文学が題材として選ばれていた。ただし、白話文学を教材としているにもかかわらず、白話文学のなかの中国のナショナリズムや抗日思想の要素は隠されており、対日協力をする汪兆銘政府の「中日親善」と同調する政治的スタンスが表明されていた。汪政権の政府訓令「関於中華民国日本国間基本関係条約」「満華日共同宣言」や汪兆銘の訪日後の文章「帰国後告国民」などの汪政権が出した文章を収録しており、そのほか、以下のような親日的な言説もテキストに採用されている。

•「新時代教育」徐征吉

今後中日兩國的教育思潮，應該把根基完全建築在中日親善的動向上，用教育的力量，宣揚中日兩國爲同文同種的兄弟之邦、把中日互助合作、澈底親善的原則、寄托於兩國教育思潮之中、這是新時代教育動向原則上的問題。

〔引用者訳：これからの中日両国の教育の思想は、基礎を完全に中日の親善の動きの上に建て、教育の力を使って、中日両国を同文同種の兄弟のような国として宣揚し、中日の協力の原則を徹底して親善の原則に託し、両国教育の思想の中に託すべきである。これは新しい時代の教育動向の原則の問題である。[121]〕

以上のような例文に合わせて、一九四一年春期号と同年の秋期号には中国の人情風土を描く写真と挿絵も掲載された。そのなかには、「年節的街上（春節の街）」「舗子和攤子（屋台）」「賣包子的（肉まん屋）」「中國衣裳（中国服）」などの街の風景や、北京の「北京東單車站」「東單三條」「萬壽山」、杭州の「六和塔」などの地理的スポットの写真があり、また、店の看板を描く挿絵、洋服を着る男性と「長衫《チャンシャン》」を着る中国人が会話している挿絵も見られる。写真や挿絵の制作は講師個人の力で成し遂げられるものではないことを考えれば、中国の人情風俗の表現と親善提携のスローガンが一体化したメディアとして「支那語講座」を作る意図が放送局の側にあったことがわかる。

このように考えれば、戦時下において日本語の海外普及も求められていたにもかかわらず、「支那語講座」がなお国内の聴取者に向けて放送され続けた意味は、友好な他者を幻視する広報メディアとしての機能にあったと考えられる。前述した一九三〇年代初頭の「満洲語講座」が正義のある自己と正義を失った他者という極端な図式を構築する一方的な「宣伝」であったとすれば、一九三〇年代後半の「支那語講座」は日本側の正義性にほとんど触れず、自分自身の存在を隠しつつ専ら友好な他者像を浮上させ、聴取者に中国の文化・民俗・人情への親しみを持たせ、中国語を学習する意義を納得させる「広報」の機能を果たしたと言える。[122]

このような「広報」の手法により、日中全面戦争の下、中国が実質上の戦争相手であったにもかかわらず、「支那語講座」における中国語は敵性語とはみなされず、かえって友好な他者のことばであるかのように構築された。これは結果として、中国と「事変」は起きたが戦争はしていないという、一九三〇年代に長らく存在してきた「外地」と

「内地」との情報の壁、換言すれば、中国大陸の戦場の現実と国内の認識との乖離を深刻化させるものであった。
以上のような中国語学習に対する提唱は、当時、日本語の海外普及の計画が大陸で頓挫し、「同文」とみなされがちな中国語をいかに日本帝国の言語圏に包摂するかという問題において、国の言語政策が迷走していたことと無関係ではない。一九四一年一二月、真珠湾攻撃の直前に、都市放送そのものが中断され、それに伴い中国語を含めたすべての語学講座は休止となった。他方、「支那語講座」が中止になる約一年前から、中国大陸・東南アジア地域の現地語を重要視する「大東亜言語政策」の言説が放送研究雑誌に登場したが、具体的な議論が深まることのないままに敗戦を迎え、中国語における他者性の問題を抱えながら帝国の言語圏は解体した。(123)

注

(1) 倉石武四郎「中国語学習の今昔」『ＮＨＫラジオテキスト　中国語入門　４・５月号』日本放送出版協会、一九六五年、五一頁。
(2) 「支那語学習法――初めて支那語を学ぶ人々へ」『支那語』第七年第四号、一九三八年、三三頁。
(3) 渡會貞輔「支那語一夕話」『支那語』第四年第六号、一九三五年、三頁。
(4) ベネディクト・アンダーソン『定本　想像の共同体』を参照。
(5) 語彙・発音などの標準語の設定の問題の一例として、日本放送協会が一九三〇年代に展開した「放送用語並発音改善調査事務」に多くの国語学者が参与したことがある。中国への軍事侵略にともなう中国大陸での日本語普及政策については、石剛と田中寛の研究が代表的である（石剛『増補版　植民地支配と日本語』、田中寛『戦時期における日本語・日本語教育論の諸相』を参照）。
(6) 「大阪中央放送局の新趣向」『昭和七年　ラヂオ年鑑』日本放送出版協会、一九三二年、三四九頁。
(7) 六角恒廣『中国語関係書書目（増補版）　１８６７―２０００』などの中国語教育史の研究によれば、戦前における中国語学習には、日清戦争期と昭和戦時期という二つのブームがあった。
(8) 江利川春雄『英語教科書は〈戦争〉をどう教えてきたか』九頁。
(9) 六角恒廣『中国語関係書書目（増補版）　１８６７―２０００』一〇〇―一〇三頁。
(10) 邵艶の研究では、日本放送協会「支那語講座」のラジオテキストが高等商業学校で教材として用いられたことが検証された(邵艶「戦前日本の高等商業学校における中国語教育」)。

(11) 本書で取り上げる各番組の放送期間は、現存するラジオテキストの他、『ラヂオ年鑑』『東京朝日新聞』『東京日日新聞』掲載の番組表から整理した。

(12) 当時の語学講座とその他の補習教育の編成については、『ラヂオ年鑑』に以下のように記録されている。「AKに於ける二重電波による放送は、この種講座にも比較的充分な放送時間を割当て得るが、他の各局ではその余裕が求められない。それで関西、東海、中国、九州の各支部は第二放送の開始と同時に常例的「早朝放送時間」を創設して放送分量の増加を計り、AKに匹敵する内容を具へる諸講座の拡張を実行した。しかし、その編成は全くその行き方を異にし、これ等四支部管内各局の聯合によつて一系統の講座を組み立てる方法をとり、各地方の適任者を選んで関聯する内容を盛り合せて放送して居る」(「語学及補習学その他の諸講座」『昭和八年　ラヂオ年鑑』日本放送出版協会、一九三三年、二二四―二二五頁)。

(13) 入中継は各局において他局の語学講座を中継すること、出中継は自局の語学講座が他局に中継されること、単独放送は自局の語学講座を他局に中継しないことを指す。

(14) 「語学講座時間量比較」『昭和八年　ラヂオ年鑑』日本放送出版協会、一九三三年、二二九頁。

(15) ここでいう放送研究雑誌というのは、ラジオ放送が開始された直後の一九二六年一月に『調査時報』という名前で創刊され、後に『調査月報』(一九二八―一九三一年)―『調査時報』(一九三一―一九三四年)―『放送』(一九三四―一九四一年)―『放送研究』(一九四一―一九四三年)―『放送人』(一九四四年)と改題しながらも途切れることなく太平洋戦争末期まで続いた一連の雑誌である。これらの雑誌は、放送事業の様々な方面を調査し、合意を求める雑誌であり、日本放送協会の放送政策と自己認識が読み取れると考えられる(竹山昭子「放送関係雑誌　解題」『放送関係雑誌目次総覧』を参照)。

(16) 一九三〇年代初頭の放送研究雑誌には、英語講座の講師・岡倉由三郎による外国語教育全般の意義を説く文章のみが見られた。温秋穎「戦前日本放送協会の言語観について――日本放送協会の放送研究雑誌を中心に」を参照。

(17) 「ラヂオの教育的活動」『昭和六年　ラヂオ年鑑』日本放送出版協会、一九三一年、三〇七頁。

(18) 「教養放送の対象と放送内容の基準」『昭和七年　ラヂオ年鑑』日本放送出版協会、一九三二年、三四三頁。

(19) 「JOAK第二放送の実施経過概要」『昭和七年　ラヂオ年鑑』日本放送出版協会、一九三二年、一四頁。

(20) NHK大阪放送局・七十年史編輯委員会『NHK大阪放送局七十年　こちらJOBK』を参照。

(21) 「JOAK第二放送の実施経過概要」『昭和七年　ラヂオ年鑑』日本放送出版協会、一九三二年、一九頁。

(22) 「語学及補習学その他の諸講座」『昭和八年　ラヂオ年鑑』日本放送出版協会、一九三三年、二二四頁。

(23) 「社団法人日本放送協会創立まで」『昭和六年　ラヂオ年鑑』一九三一年、五五頁。

(24) 「東京中央放送局　第二放送の概要」『昭和七年　ラヂオ年鑑』日本放送出版協会、一九三二年、三三七―三三八頁。

(25) 村上聖一「放送史への新たなアプローチ(1) 放送の「地域性」の形成過程」三四頁。

(26) 苫米地貢「長野、静岡の開局とその地方的影響」『調査時報』第一巻第二号、一九三一年、一一頁。

(27) 佐藤卓己『『キング』の時代』二二〇―二二一頁。

(28) 「第一 事業篇」『昭和七年 ラヂオ年鑑』日本放送出版協会、一九三二年、二頁。

(29) 「JOAK第二放送の実施経過概要」『昭和七年 ラヂオ年鑑』日本放送出版協会、一九三二年、二〇頁。

(30) 邵艶「戦前日本の高等商業学校における中国語教育」九頁。

(31) 例えば、一九三一年の第二期拡張改善計画には、全国の枢要の都市における小電力補助放送局の開設、関西・東海地方における二重放送の開始といった項目が挙げられた。

(32) 日本放送協会編『20世紀放送史』七八頁。

(33) 山口誠「「聴く習慣」、その条件」を参照。

(34) テキストの出版は株式会社日本放送出版協会によって担当されていた。日本放送出版協会の配給方法は、東京府と地方との二種で大別された。「東京市郡配給組織 都下有数の書店から組織せられてゐる東京放送販売協会の下に各区毎に一軒乃至二軒のラヂオテキスト特約販売店を指定し、その特約店管下の小売店(書店)に配本して販売せしむるものである。地方配給組織 AK局管内に各県に一軒の特約販売店を指定し、その特約販売店から、その県下の各小売店へ配給販売せしめてゐる」。以上は、「第二放送用テキストの配給」『昭和七年 ラヂオ年鑑』日本放送出版協会、一九三二年、二二一―二二三頁を参照。

(35) 「第二放送用テキストの配給」『昭和七年 ラヂオ年鑑』日本放送出版協会、一九三二年、二二三頁。

(36) 「講演講座に対する聴取者の態度」『昭和七年 ラヂオ年鑑』日本放送出版協会、一九三二年、三四七―三四八頁。

(37) 宮越健太郎(みやこし・けんたろう、一八八五年―?):一九〇五年、東京外国語学校卒業、日露戦争に通訳官として従軍、一九〇六年に同校講師に採用され、一九〇九年に助教授、一九一八年に教授に昇任、一九四五年退官。東京外語在職中、中国語教科書、参考書を多数執筆し、一九三一年から一九三七年にかけてAKの「支那語講座」に出講。戦前の中国語教育界において影響力が大きい人物である。

(38) 「東京(A)を除く各局の放送は所謂「早朝講座」として行はれて居るのであるから、全国的に同じ時刻に行はれて居る語学の講座は「初等英語」だけである。〔中略〕早朝と夕刻に就ては見る人によつて自ら議論も対蹠的とならざるを得ないであらうと思われる。年鑑の記録としてはその何れであるとも論及すべき限りではないが、存在する事実としての相違は一応明確に掲げ出しておかねばならない」という(「語学及補習学その他の諸講座」『昭和八年 ラヂオ年鑑』日本放送出版協会、一九三三年、二二八頁)。

(39) 業務整理統合の具体案は当時の『ラヂオ年鑑』の誌面に見える。また、村上聖一は「戦前・戦時期日本の放送規制」で詳細にこの整理統合の過程を辿っており、一九三三年から一九三四年五月にかけての間に番組編成の中央集権化が行われたと結論している(村上聖一「戦前・戦時期日本の放送規制」)。

(40)『大阪毎日新聞』一九三五年九月一一日朝刊、八頁。

(41) 各年度の業務報告と調査などを掲載する年鑑である『ラヂオ年鑑』において、語学講座についての詳細な報告書の掲載は一九三四(昭和九)年版の「語学及び補習学の放送」が一九三〇年代前半のものとしては最後であり、その次の出現は『昭和十三年　ラヂオ年鑑』を待たねばならない。同じく、放送事業の様々な方面を調査して合意を求める放送局の公式出版物である放送研究雑誌を見ると、一九三一年頃は語学講座に関する討論がまだ多かったが、一九三六年九月号の『放送』に英語講座講師・岡倉由三郎、ドイツ語講座講師・武内大造、フランス語講師・丸山順太郎の随感が掲載されたのを最後に、語学教育に関する議論はしばらく放送研究雑誌の誌面から消えた。

(42)『昭和十年　ラヂオ年鑑』では、「共同聴取制度」「海外放送計画案」「聴取団体制度」「学校放送計画案」が当年度の主な展望として述べられていた。また、報道放送、教養放送、慰安放送というジャンルにおいて新設番組の実施案も数多く見られる。『昭和十一年　ラヂオ年鑑』では、新設番組の拡充がさらに検討されており、学校放送や子ども番組に対する期待が大きかった。語学講座が設置されていた第二放送については、以下のように報告している。「東京、大阪、名古屋の三局は第二放送施設を有し、之は教養放送を主体として放送し、長期連続的な組織的放送となつてゐる。語学、公民、普通学、職業、補習、運動その他、音楽鑑賞、謡曲、長唄等の講座から各種産業副業等に関する講座、その種類範囲に至つては枚挙に暇ない程である。就中《なかんずく》今日の知識は宗教、哲学、思想、教育、歴史、政治、経済、財政、法律、労働問題、交通、産業、自然科学、芸術、スポーツの各分野に亘り、凡そ最近の社会事象に関し、夫々適切な専門家、消息通の解説が与へられる。その他記念講演、通俗学術講演、挨拶等屢々臨時に放送せられる事がある」という(「放送事項の解説」『昭和十一年　ラヂオ年鑑』日本放送出版協会、一九三六年、二八―二九頁)。

(43)「支那事変とラヂオの活動」『昭和十三年　ラヂオ年鑑』日本放送出版協会、一九三八年、七頁。

(44)「講演・講座放送の一年」『昭和十五年　ラヂオ年鑑』日本放送出版協会、一九四〇年、一四六頁。

(45) 一九三九年七月、内閣情報部の指導で「第一放送」と「第二放送」が「全国放送」「都市放送」に改称された。全国放送は大衆向けの時事講演、演芸、音楽などの番組を編成し、都市放送では、専門的講演、講座、純文芸、純音楽などの作品を編入したが、ニュース、国策放送もあった(日本放送協会編『放送五十年史』一二八頁などを参照)。

(46) 例えば、一九三七年一二月に、聴取加入者総数は三四〇万二〇〇〇人を超え、普及率は人口一〇〇〇人あたり四八・九の割合に及んだという(「聴取加入の概況」『昭和十三年　ラヂオ年鑑』日本放送出版協会、一九三八年、一二三頁)。

(47)「語学講座」『昭和十七年　ラヂオ年鑑』日本放送出版協会、一九四二年、一三七頁。

(48)「局別時局編成並ニ中継放送回数及時間」『昭和十六年　ラヂオ年鑑』日本放送出版協会、一九四一年、七五—七七頁。

(49) 一九三九年頃、東京管内の受持区域は「東京府、神奈川県、埼玉県、千葉県、茨城県、群馬県、栃木県、山梨県、新潟県、静岡県、長野県」。大阪管内の受持区域は「大阪府、兵庫県、和歌山県、香川県、京都府、奈良県、滋賀県、徳島県、岡山県ノ中　岡山、津山市、赤磐、和気、上道、邑久、勝田、御津、児島、英田、苫田、久米、真庭郡、鳥取県ノ中　鳥取市、岩美、八頭、気高郡」。名古屋管内の受持地区は「愛知県、三重県、岐阜県、福井県、石川県、富山県」。広島管内の受持区域は「広島県、山口県、島根県、愛媛県、高知県、岡山県ノ中倉敷市、都窪、浅口、吉備、小田、後月、上房、川上、阿哲郡、鳥取県ノ中米子市、東伯、西伯、日野郡」。熊本管内の受持地区は「熊本県、長崎県、佐賀県、福岡県、大分県、宮崎県、鹿児島県、沖縄県」。仙台管内の受持区域は「宮城県、福島県、岩手県、山形県、秋田県、青森県」。札幌管内の受持地区は「北海道、樺太」という（「日本放送協会局所一覧」『昭和十五年　ラヂオ年鑑』日本放送出版協会、一九四〇年、八—一〇頁）。

(50)「各放送局〝受信機感度地図〟」『昭和十五年　ラヂオ年鑑』日本放送出版協会、一九四〇年、一一—一五頁。

(51) 六角恒廣『近代日本の中国語教育』二四頁。

(52) 日本放送協会編『支那語講座　春期』日本放送出版協会、一九三九年三月、見返し。

(53) 東京中央放送局に第二放送が設置された直後、「各講座の諸講師に依頼して、テキストを発行し、勉学者の便とした」という（「東京中央放送局　第二放送の概要」『昭和七年　ラヂオ年鑑』日本放送出版協会、一九三二年、三三六頁）。

(54)「講演、講座と聴取の要領」『昭和七年　ラヂオ年鑑』日本放送出版協会、一九三二年、三四六頁。

(55) ここでの「拼音」は、一九五八年に中華人民共和国で公布された「漢語拼音」とは異なるものであり、母音や子音を合わせるという意味で、中国語の発音を解説するための一つの方法だと考えられる。テキストでは以下の解説がなされている。「子音ト単母音、子音ト複合母音、子音ト結合母音トヲ綴合スレバ更ニ別種ノ音ヲ構成ス是ヲ拼音ト云フ」（日本放送協会関東支部『支那語講座テキスト』北隆館、一九三一年二月、一五頁（関西大学アジア・オープン・リサーチセンター・鱒澤文庫所蔵））。

(56)「重読」、また「重念」は、一九三〇年代の日本の中国語教育界で多く共有された中国語語句のイントネーションに対する見解である。戦後の中国語教育の場面では多くは教えられなかったようである。JOAKの「支那語講座」のテキストでは、「重読」について以下のように解説されている。「華語ニ於テ二字若《もし》クハ二字以上ノ集合ヨリナル各詞類ノ重音（アクセント）各語句ノ語勢並ニ語調等ニ就テ其等重読スベキモノヲ総称シテ之レヲ重読（或ハ重念）ト云ヒ重読スベキ文字ハ他字ニ比シ殊ニ発音ノ明瞭ナルト四声ノ正確ナルトヲ要ス斯クシテ始メテ正酷《ママ》ナル意志感情ヲ表示シ得ベク華語修得上極テ重要ナル事項トス」（日本放送協会関東支部『支那語講座テキスト』北隆館、一九三一年二月、三九頁（関西大学アジア・オープン・リサーチセンター・鱒澤文庫所蔵））。

(57) 注音符号は、中国語の文字の発音を表記するために、漢字の古い形に基づいて作られた符号。発音は北京官話を標準にしており、子音を表す二一の声符と、母音を表す一六の韻符とからなる。一九一八年に国民政府教育部が制定して発布された。

(58) 国際音声記号(International Phonetic Alphabet)は、世界のいかなる言語音も表記し得るように、国際音声学会(International Phonetic Association)によって一八八八年頃考案された発音記号であって、その後絶えず改良が加えられてきた。日本には明治時代にすでに紹介され、一九二〇年代に語学研究者、英語研究者によって広く認知されるようになった(日本中国語学会編『中国語学辞典』、市河三喜編『万国音標文字』、音声学協会編『音声学協会会報』(一九二六年―)などを参照)。

(59) 宮越は『華語発音提要』のなかで、国際音声記号の優れた点について「従来我国ニ於テハ華語ノ発音ヲ表示スルニ当リ多クハ英人Sir. T. Wadeノ式ヲ採用シ来リタレドモ多年ノ経験上幾多不備ノ点アルニ鑑ミ本書ニ於テハ万国音標文字ヲ使用シ以テ発音ノ正鵠ヲ期スルコト、セリ」と述べた(宮越健太郎「例言」『華語発音提要』一九二六年を参照)。しかしながら、宮越が編纂した『日満会話辞典』(一九三五年)、『短期支那語講座　第一巻五版改訂』(一九三四年)といった教本では、ウェード式ローマ字と日本語仮名が多用されている。

(60) 大阪商科大学高等商業部教授・杉武夫と同大学高等商業部講師・奥平定世が講師を担当したBK第一期の「支那語講座」のラジオテキストにおいて、「文化政治の中心であつた北京の発音が、支那語の標準となつてゐるのである。／本テキストに於ても、この標準語を用ひ、その発音符号には、殆んど世界的に用ひられてゐる、英人トーマス・ウエード式羅馬字綴をもつて表はすことにした」と述べられている(日本放送協会関西支部『放送テキスト　支那語講座　昭和七年度・第一期』日本放送出版協会関西支部、一九三二年、二頁)。また、同テキストにおいては時間を問う「多偺」、接尾辞の「児」、二人称の「您」が多用されており、これらの文法的特徴から北京官話とほぼ一致する話しことばであったと判断できる。一方、このような北京官話の文法的特徴は、石橋哲爾が講師を務めた一九三四年のBKのテキスト『満洲語講座　上巻』からもさまざまな例が見いだせるが、一九三一年に発行された宮越健太郎が講師を務めたAKのテキストではそれほど顕著ではない。宮越健太郎のテキストで使用されている「注音符号」と「国際音声記号」から見れば、発音として基本的に北京官話に基づきつつも、一部の北京語の語彙を切り捨てた中華民国の「国語」を意識していた側面が見受けられる。

(61) 奥平定世(おくだいら・さだよ、一九〇二—一九八四年):東京外語支那語部卒。大阪商科大学、第一外国語学校講師などを歴任。一九三二年九月から一九三三年一二月にかけて、日本放送協会大阪放送局で「支那語講座」「満洲語講座」の講師を担当。

(62) 第二期からの奥平定世が独自に担当したテキストの編成と比較すると、第一期のテキストは主に杉武夫が内容を決めた可能性が高いと判断できる。

(63) 一九三四年、杉武夫が東京外語支那語部の宮越健太郎、清水元助と共同執筆し、『短期支那語講座』を編纂した。それ以降も、東京外語支那語部の人と教材を共同執筆することが多かった。

(64) 藤井省三『東京外語支那語部』を参照。

(65) 「発音篇」はテキストの冒頭に置かれ、文化と政治の中心であった北京の発音、「支那の標準」の北京官話を採用したとしている。発音符号はウェード式ローマ字や「重念」の記号を採用した。

(66) 「基本篇」は「疑問文」「否定文」「現在、過去、未来」「進行形と命令法」「現在完了」「過去完了」などの初級の文法を紹介して、初級の叙述文を挙げている。例えば、「第十一課　可能の助動詞」のなかで、「1、君は手紙が書けますか。2、僕は手紙が書けません。3、あなたは支那語が話せますか。4、僕は少し話せます。5、君は明日来られますか。6、僕は来ることが出来ます。7、貴方はこんな風にやれますか。8、私はきつとやることが出来ます」という例文の後、「可能の助動詞　Ⅰ　会　経験、習得によりての可能を表す。Ⅱ　可以　能力を表す。Ⅲ　能　同作を為し得る能力を表す」という説明が書かれている(日本放送協会関西支部『放送テキスト　支那語講座　昭和七年度・第一期』日本放送出版協会関西支部、一九三二年を参照)。

(67) 日本放送協会関西支部『放送テキスト　支那語講座　昭和七年度・第一期』日本放送出版協会関西支部、一九三二年、一〇二—一〇三頁。テキストの中国語原文は、「誰啊、是徐伯言麼。／對、徐伯言。／不知道他哪裡去了。這裡好像沒有人知道他在哪裡、從去年六月到如今也不知道他的消息。也沒有接過他的信、也許他在北京。因爲他從前說過要到那裡去。／幹什麼、去發財麼。／我不知道」。

(68) 日本放送協会関西支部『放送テキスト　支那語講座　昭和七年度・第一期』日本放送出版協会関西支部、一九三二年、一〇六—一〇七頁。テキストの中国語原文は、「把這個小刀子借給我用一用。／啊、請隨便用吧。／把今天的報給我看一看。／是、請您慢慢兒的看罷。／借光。／你來了。／我來借件東西來了。／是麼。／今天因爲請客、我要跟你借四五張椅子、不知道你方便不方便。／講究的東西倒是沒有、你願意借這個就拿去用罷。／好極了、那麼請借給我四張罷。／可以、不要客氣的、隨便用罷」。

(69) 神谷衡平・清水元助『標準中華国語教科書　中級篇』一—四頁。中国語の原文は、「社會上既有這樣很大的改變、語言上那能沒有一點改變呢？」「我們學外國話的目的、並不在乎只講這樣眼面前的會話；我們還要往高一點遠一點的地步上走、才能有學話的意味」「非得多看一點各種的文——文言的與白話的、才能培養語學的根底」。

(70) 一九三四年、奥平定世は四〇本の白話文を収録した上中下三巻の『標準支那語読本』を刊行した。一九三六年、松枝茂夫篇『現代実用支那語講座』の第九巻「小説散文篇」も彼が執筆したものである。同年、彼が編纂した『現代支那戯曲選集』も発行された。

(71) 日本放送協会関西支部『放送テキスト　支那語講座　第三期』日本放送出版協会関西支部、一九三二年、一一五頁。テキ

ストの中国語原文は、「一個人這様懶散散、這一個人便没了前途、全國人這様懶散散、這個國家這個種族便没了前途。我想中國別的危險還容易救、就是這一般社會一種無聊懶散的毛病、眞眞是亡國鐵券、教我越想越心寒了」。

（72）日本放送協会関西支部『放送テキスト　支那語講座　第三期』日本放送出版協会関西支部、一九三二年、八六―八八頁。テキストの中国語原文は、「國文的問題、最重要的、就是白話與文言的競爭、我想將來白話派一定占優勝的。白話是用今人的話、來傳達今人的意思、是直接的：文言是用古人的話、來傳達今人的意思、是間接的：間接的傳達、寫的人和讀的人、都要費一番繙譯的工夫、這何苦來」。なお、原文は蔡元培が一九一九年一一月一七日に北京女子高等師範学校で行った講演であり、全文は『新教育雑誌』一九一九年第二期に掲載されている。

（73）一九三三年に発行された『ラヂオ年鑑』には、「時局とラジオ」「日満連絡放送」「満洲国に於ける放送」などの時局関係の文章が多かった。また、一九七七年に編纂された『放送五十年史』は、「時局関係の講座放送では、既述の「時事講座」「時事解説」のほか、「満蒙事情特別講座」「中部支那事情講座」「満州事変一周年講座」などを編成し、第二放送では「英語講座」（昭和七・一、第一放送より移行）のほかに、「満州語講座」、「支那語講座」などが登場した」と述べ、「支那語講座」の開設が時局を反映したものであったと解釈している（日本放送協会編『放送五十年史』七五―七六頁を参照）。

（74）『昭和八年　ラヂオ年鑑』では、ＣＫの「満洲語講座」について、「名古屋では七年四月十四日より毎週三回宛、三十回に亘つて名古屋高商教授石橋哲爾氏に依る満洲語講座を開設したが時宜を得たものとして江湖に歓迎せられた」という一文が記されている（日本放送出版協会「時局とラジオ」『昭和八年　ラヂオ年鑑』日本放送出版協会、一九三三年、二一一頁）。

（75）「はしがき」日本放送協会大阪中央放送局『満洲語　上巻』日本放送出版協会関西支部、一九三四年、一頁。

（76）日本放送協会関西支部『ラヂオ・テキスト　満洲語　昭和八年度　第一期』日本放送出版協会関西支部、一九三三年、九九頁。中国語の原文は「不怕英國和美國約了同盟、行了經濟封鎖、我們爲東亞的和平、去實行這個計畫」。

（77）日本放送協会関西支部『ラヂオ・テキスト　満洲語　昭和八年度　第一期』日本放送出版協会関西支部、一九三三年、一〇二―一〇三頁。中国語の原文は「以滿洲的治安可以維持爲限、世界各國沒有不承認他的」。

（78）日本放送協会関西支部『ラヂオ・テキスト　満洲語　昭和八年度　第一期』日本放送出版協会関西支部、一九三三年、九八頁。中国語の原文は「縦令自己拚命、我們日本人爲國家去打仗」。

（79）日本放送協会関西支部『ラヂオ・テキスト　満洲語　昭和八年度　第一期』日本放送出版協会関西支部、一九三三年、一〇七頁。中国語の原文は「中國既然是像那麼樣子在熱河叫便衣隊活動、我們得要調兵剿滅他們」。

（80）日本放送協会関西支部『ラヂオ・テキスト　満洲語　昭和八年度　第一期』日本放送出版協会関西支部、一九三三年、一〇七―一〇八頁。中国語の原文は「日滿兩國既是有這種你愛我、我愛你的交情、無論甚麼國家也都不能掰開這兩國的關係」。

（81）一九三一年の満洲事変が勃発してから、中国で抗日の機運が高まった。江利川春雄の考察によれば、一九三〇年代、満洲国や中国占領地の英語教科書においても、親中国ないし反満洲・反日本的、三民主義的な教材の排除が進められた。中国としての国の誇りを持つようになり、中国民衆のナショナリズムが喚起されることを当局が恐れていたという(江利川春雄『英語教科書は〈戦争〉をどう教えてきたか』一三八—一四〇頁)。

(82) 奥平定世「愚問愚答一席」『NHK中国語入門　6月号』日本放送出版協会、一九六九年、五六—五七頁。

(83) 六角恒廣『中国語関係書書目(増補版)　1867—2000』を参照。

(84) この時期、日本側の本格的かつ大規模な対中国の言語政策制定としては、内閣に設立された興亜院による一九三九年の「日本語普及方策要領」の頒布が挙げられる(石剛『増補版　植民地支配と日本語』を参照)。

(85) 竹山昭子「放送関係雑誌　解題」『放送関係雑誌目次総覧』を参照。

(86) 岡部長景「支那文化工作と放送」『放送』第八巻一月号、一九三八年、一三—一七頁、「ラヂオは支那に何を与ふべきか」『放送』第八巻一月号、一九三八年、三一—三四頁、竹田復「対支文化工作と支那語」『放送』第八巻三月号、一九三八年、四三—四六頁が挙げられる。

(87) 竹田復「対支文化工作と支那語」『放送』第八巻三月号、一九三八年、四三—四六頁。

(88) 船山信一「東亜協同体の文化的意義と放送事業」『放送』第九巻第一号、一九三九年、一一頁。

(89) 「日支の今までの言語が改良され、且つ接近せねばならぬのではあるまいか。固より日本が日本的であると同時に支那をもとらへ得、且つ世界的意義を有する新文化を創造するならば、支那人は固よりのこと、西洋人でさへも日本語を学ぶやうになるであらう。併しその際の日本語は既に現在と可成り異つたものとなつて居らねばならぬであらう」という(船山信一「東亜共同体の文化的意義と放送事業」『放送』第九巻第一号、一九三九年、一一頁)。

(90) 「ラヂオは支那に何を与ふべきか」『放送』第八巻一月号、一九三八年、三一—三三頁。

(91) 石黒修「現下の国語問題と放送」『放送』第八巻七月号、一九三八年、四—一〇頁、小倉進平「我が国語政策の現在と将来」『放送』第八巻二月号、一九三八年、一三—一六頁を参照。

(92) 「放送による対満支日本語普及の具体案」についての詳細は、温秋穎「戦前日本放送協会の言語観について」を参照。

(93) 大蔵省印刷局『官報』一九三九年二月九日、三二一頁。

(94) 一九三八年二月から三月にかけて、文部省は全国の府知事を通じて、全国の師範学校・中学校・商業学校の漢文科担任教員のなかから若干名を選抜し、東京・大阪・神戸・広島・松山・福岡・鹿児島の七カ所で時文の講習会を開いた(六角恒廣『近代日本の中国語教育』を参照)。

(95) 奥平定世「愚問愚答一席」『NHK中国語入門　6月号』日本放送出版協会、一九六九年、五七頁。

(96) 本書では、漢文の訓読法を「翻訳」に近い行為として捉える。その典型的な特徴の一つとして、言語学上の統辞論からみれば、「述語+目的語」という中国語の語順を訓読法によって、「目的語+術語」という日本語の配列にしていることが挙げられる。訓読を翻訳として捉える研究として、加藤周一、丸山真男校注『翻訳の思想』、野間秀樹『ハングルの誕生』などが挙げられる。一方、「翻訳」に対する定義によっては、訓読に対する理解も異なる。例えば、Judy Wakabayashi は漢文訓読と「典型的な翻訳(prototypical translation)」と比較しそれらの異同をまとめている(Wakabayashi, Judy. “The Reconceptualization of Translation from Chinese in 18th Century Japan” を参照)。

(97) 倉石武四郎『支那語教育の理論と実際』二三頁。

(98) 一九四二年に出版され、宮越健太郎と杉武夫が共編した『支那時文学習の友』でも「最も必要なる時文特殊訓読法」と論じられている。東京外語支那語部の教員たちはこの時期、多くの「時文」の教科書を出版した。一九四〇年には神谷衡平と有馬健之助が共編した『支那時文研究』、神谷衡平と北浦藤郎が共編した『新選支那時文読本　改訂版』、一九四三年には有馬健之助『新聞支那語の研究――時文精解』がそれぞれ外語学院出版部から出版されている。

(99) 「支那現代文講座詳解」六角恒廣編『中国語教本類集成第七集第二巻』六三頁。

(100) 「ラヂオテキスト支那語講座〈続〉　昭和十四年春期号」六角恒廣編『中国語教本類集成第九集第二巻』不二出版、一九九七年、一七頁。

(101) 同上。

(102) 「ラヂオテキスト支那語講座　昭和十三年冬期号」六角恒廣編『中国語教本類集成第九集第一巻』不二出版、一九九七年、三九三頁。

(103) 同上、三九四頁。

(104) 「ラヂオテキスト支那語講座〈続〉　昭和十四年秋期号」六角恒廣編『中国語教本類集成第九集第二巻』不二出版、一九九七年などを参照。

(105) 「ラヂオテキスト支那語講座〈続〉　昭和十四年秋期号」六角恒廣編『中国語教本類集成第九集第二巻』不二出版、一九九七年、五五頁。

(106) 岩村成允の外務官僚としての経験や中国語能力の詳細について、温秋穎「中国通外交官・岩村成允(1876―1943)の情報活動」を参照。また、岩村がもつ書画の素養や泰東書道院で総務を務めた経験については、松宮貴之「泰東書道院による満洲外交――鄭孝胥と清浦奎吾の交流を中心に」劉建輝編『「満洲」という遺産』三〇〇―四二三頁を参照。

(107) 「将校以下支那語を一層勉強すべし」というのは、JACAR(アジア歴史資料センター)Ref. C11110821100、将校以下支那語を一層勉強すへし　将校研修資料　第五九号(防衛省防衛研究所)を参照。また、一九四〇年の「第三十六師団高平作戦の教訓」には、「支那語教育ノ実用化」という一文が明記された(JACAR Ref. C11111062200、第6　対支作戦上幹部及教育上の参考資料特に初年兵教育上の著意(防衛省防衛研究所)を参照。

(108) 軍の内部の教材としては、某師団『露支対照要語集』(発行年不明、JACAR Ref. C14060967200、露支対照要語集(防衛省防衛研究所)を参照)、杉山部隊報道課編纂『宣伝宣撫参考手冊』(一九三九年)が挙げられる。民間で出版された軍用中国語の教本としては、軍事普及会『陣中速成　軍用日支会話』(一九三八年)、杉武夫編著『現地必携　支那語軍用会話』(一九四〇年)、陳白秋『現代実用支那語講座十四巻　陣中会話編』(一九四二年)、武田寧信・中沢信三『軍用支那語大全』(一九四三年)、藤木敦實編著『支那語軍事必携』(一九四四年)が挙げられる。

(109) 軍事普及会『陣中速成　軍用日支会話』一五二―一五四頁。

(110) 同上、一六三頁。

(111) 杉武夫編著『現地必携　支那語軍用会話』四三頁。

(112) 同上、一七七頁。

(113) 同上、一八二頁。

(114) 田中寛『戦時期における日本語・日本語教育論の諸相』三六三頁。

(115) 「ラヂオテキスト支那語講座　昭和十三年秋期号(下巻)」六角恒廣編『中国語教本類集成第九集第一巻』三六九頁。

(116) 「支那現代文講座詳解」六角恒廣編『中国語教本類集成第七集第二巻』六三頁。

(117) 「ラヂオテキスト支那語講座　昭和十三年秋期号(下巻)」六角恒廣編『中国語教本類集成第九集第一巻』三六九頁。

(118) 岩村成允「支那及支那人」『支那統治に関する論叢』一五頁。

(119) 「ラヂオテキスト支那語講座　昭和十五年春期号」六角恒廣編『中国語教本類集成第九集第二巻』一〇九頁。

(120) 「ラヂオテキスト支那語講座　昭和十五年冬期号」六角恒廣編『中国語教本類集成第九集第二巻』一七六頁。

(121) 「ラヂオテキスト支那語講座　昭和十六年秋期号」六角恒廣編『中国語教本類集成第九集第二巻』二六四頁。

(122) 宣伝(propaganda)と広報(public relation)との区別は、対象を操作するか、受け手を納得させるかの違いにある(佐藤卓己『現代メディア史　新版』一一七―一一八頁を参照)。

(123) 温秋穎「戦前日本放送協会の言語観について」を参照。

第二章　声のことばはどのように伝えられたか
――「耳の拡張」としてのテキスト空間（一八八二―一九四一）

ラジオ講座が放送されはじめたのと同時に、紙媒体として中国語教材と学習雑誌が民間で多く出版された。六角恒廣の『中国語関係書書目』によれば、明治初年から一九四五年にかけて発行された読本、文法書、「時文」、辞典といった一四七四点の中国語学習書のうち、約五分の三は一九三一年から一九四五年までの間に出されたものである。(1) 多様な種類の中国語教本が印刷されたこのブームから、一九三〇年代から一九四〇年代初頭までの時期が、明治以降の民間における中国語学習の最盛期だったと推測できる。一九三〇年代以降の出版の中国語ブームには、声の大衆文化と相まって発展したという特徴が見て取れる。中国語のレコードや学習カードなど多様な体裁の教本が考案されていたほか、(2) 変則的な中国語である「ピジン中国語」が、外地から内地の川柳や歌謡曲、漫才、落語といった大衆芸能に持ち込まれた。(3)

メディア理論家・社会学者のマーシャル・マクルーハンは、『メディア論――人間の拡張の諸相』において、スコットランドのアレクサンダー・メルヴィル・ベルとアレクサンダー・グラハム・ベル父子が万国共通のアルファベットとして視話法、すなわち「目で見る話しことば（visible speech）」(4) を発表したことについて、「目で見える話しことばは、耳の不自由な人びとをその牢獄から釈放する直接的手段を約束する」(5) ものだと述べた。すなわち、聾唖者の状況を改善することを目的として考案されたこの視話法の応用によって、現実のなかの話しことばを明瞭に聞き取れない耳の不自由な人々にも、話しことばの音声の世界が開示されるというのである。「visible speech」ということば自体に、人間の感覚の不自由さを取り除き、視覚と聴覚を架橋するという期待が込められていたのであろう。マクルーハンのメディア論、すなわち人間の拡張としてのメディア論から捉えれば、視話法とはまさに耳の不自由な人々の聴覚を拡張させる、「耳の拡張」としてのメディアであった。一九三〇年代の日本国内にいた多くの中国語学習者にとって、中国語の話しことばも未知のことばであったことだろう。一九三〇年代以降に出版された中国語教本類も、視話法と同様に、発音の表記を工夫し、中国語音の正確さを追求する「耳の拡張」としてのメディアであり、しかも音声メディアのラジオ放送「支那語講座」が聴取できる範囲を超えて外地の遠隔地にまで流通していた。

これまで、メディア理論や人類学分野の研究において、話しことば・音声言語と書きことば・文字言語の性格の相違、メディア技術の介入によって両者の関係が複雑になっていく様相が注目されてきた。例えば、ウォルター・J・オング『声の文化と文字の文化』(一九八二年に初版、一九九一年に邦訳)は、書くことが声の文化によって培われた人間の意識の構造を変えたという見方を、また、アンドレ・ルロワ＝グーラン『身ぶりと言葉』(一九六四―一九六五年に初版、一九七三年に邦訳)は、書くことは手が言語活動に介入する技術の発展そのものであるという見方を、それぞれ提示した(6)。また、印刷技術と活字メディアの出現が声のことばと文字のことばの関係を大きく変えたことについて、社会や文化の視点から俯瞰する研究として、大量印刷・出版によって俗語の「出版語」の創出に着目したベネディクト・アンダーソン『想像の共同体』(一九八三年に初版、一九八七年に邦訳)と、活版印刷以降の「二次的な声の文化」を論じたオングの『声の文化と文字の文化』がよく知られている。

さらに、マクルーハンと、人類学者・文化史家であるティム・インゴルドは、よりミクロな視点から、印刷技術の出現とその活字のテキストが人間の身体動作、感覚に与えた影響に着目した。インゴルドは、「言葉が書かれるのではなく印刷されるとき、文字生産物からそれに技術的に影響を与える身体動作が断ち切られることによって、言葉はものに変わるのである(7)」と論じた。印刷技術がことばにかけた圧力について、マクルーハンは以下のように提示したこともある(8)。「表音アルファベットが話しことばを音声と身振りという側面から切り離す技術手段だった(9)」。さらに印刷されたページの画一性と反復性が「正しい綴り字、文法、発音というものに向けて圧力をかけ始めた(10)」という。マクルーハンはまた、声のことばと文字・印刷メディアとの感覚面における相互的な影響を提示した。彼によれば、「一つのメディアがわれわれに作用すると、そのメディアとはつながりのない他の感覚も新しい関係の中で働くようになる。ものを読んでいるときには、印刷されたことばに音声を与えている」[11]という。この観点は、書かれたことばや印刷物を黙読するときに、頭のなかではどのような声が響いているのかという問題にもつながっている。

それでは、一九三〇年代の中国語教本の出版ブームは、日本国内の中国語受容にどのような影響を及ぼしたのか。それらの活字化された中国語の教本を読むことで、中国語の学習法には何らかの変化が起きたのだろうか。さらに具体的にいうと、外国語としての中国語は活字のテキストにおいていかに習得され、教学の場面で中国語の音声はいかに表現されていたのか。この時期の中国語習得の実態を裏付ける音声的資料はほとんど残されていないが、教本に綴られていた発音記号がその手がかりになる。ここでは、発音記号と中国語の漢字文の空間的関係を考察するため、また、この空間的関係の視覚的特徴を特定するために、テキストのページにおいて漢字文とそれを注記する発音の記号が構成していた空間を「テキスト空間」とする。発音記号が付された音読のテキスト空間は、目でテキストを読んでいる学習者の聴覚を喚起させ、紙媒体でありながら「耳の拡張」の機能を果たすことができるのである。

音読のテキスト空間はいかに「耳の拡張」として機能していたのか、まず、一九三〇年代に

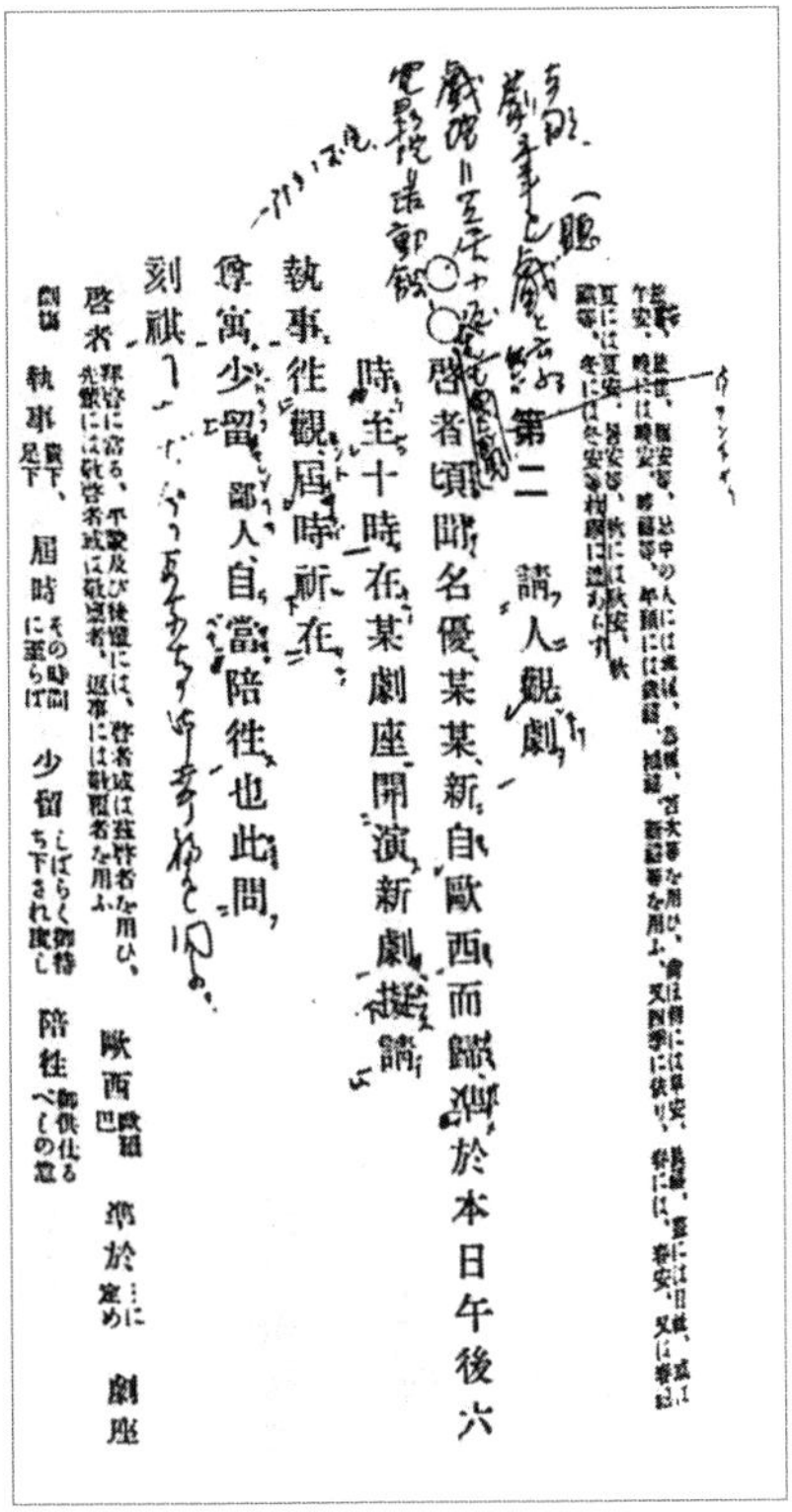

図９　佐藤留雄『註解　支那時文階梯』同文社，1936年（八版印刷，初版1932年）（六角恒廣編『中国語教本類集成第三集第三巻』229頁より）

出版された二冊の中国語教本を例として挙げよう。図9の佐藤留雄『註解　支那時文階梯』（一九三六年に八版印刷、初版一九三二年）と、図10の青柳篤恒、呉主恵著『標準　支那語会話教科書』（一九四〇年）の活字の側の空白には、教本の利用者が記したメモ書きが残されている。全編を通して発音記号を教える箇所はなく、書きことばとしての「時文」から構成されている『註解　支那時文階梯』（図9）に対して、利用者である読み手は「請人観劇」の漢字文の左側に、日本語の語順になおすための「二点」「レ点」「一点」を記し、右側には送り仮名の「フ」「ニ」「ヲ」を加えた。その他の漢字文にも返り点と送り仮名が記されているため、利用者が訓読法を通して読んだという可能性が極めて高い。『標準　支那語会話教科書』（図10）には、「來」という動詞について例文を挙げる前に、「來」の発音をローマ字の「lai」と注音符号の「ㄌㄞ」により注記している。それに応じて、利用者も漢字文の側に注音符号を筆記し、左下に記した単語についてのメモ書きにも注音符号を加えた。もちろん、この二冊に掲載された漢字文には、書きことばと話しことばという体裁上の区別が存在するが、中国語について知識をほとんどもたない利用者にとっては、テキストの意味を把握する前に、テキストの体裁について判断を下すのは難しいだろう。そうだとすると、教本で教えられたままに、発音記号のない中国語文を訓読し、発音の解説と発音記号のある中国語文を音読したと考えるのが自然である。これらのノートはすべての学習方法を代表するものではないとは言え、異なるテキスト空間が、学習者の知覚を異なる方向に誘導していた証拠にはなる。

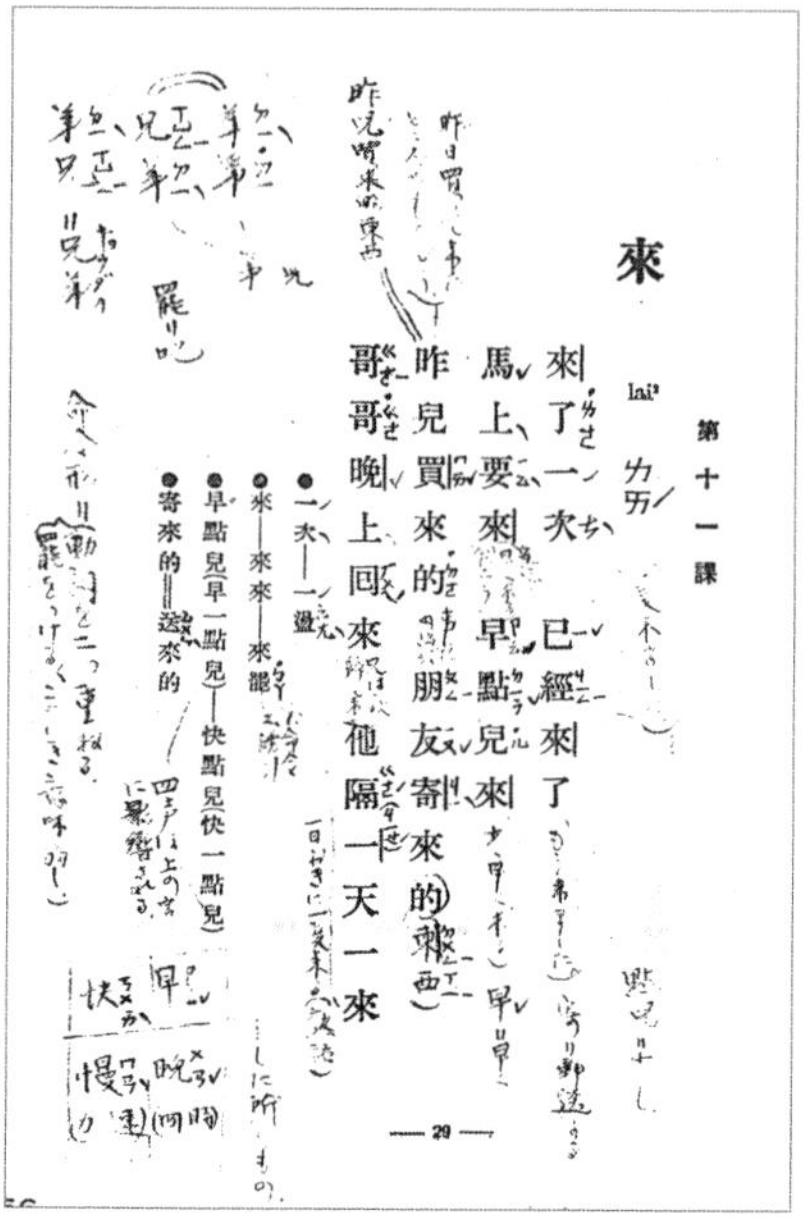

図10　青柳篤恒・呉主恵著『標準　支那語会話教科書』松邑三松堂，1940年（六角恒廣編『中国語教本類集成第二集第四巻』356頁より）

このように、図9の『註解　支那時文階梯』のテキスト空間を訓読のテキスト空間とするのであれば、図10の『標準　支那語会話教科書』のテキスト空間は「耳の拡張」としてのテキスト空間となるだろう。第一章で論じたように、声のメディアであるラジオ「支那語講座」は、中国語の発音法を聴取者に伝え、中国語が訓読法による漢文とは異なることばであることを示し、日中両国が「同文同種」であるという虚構を崩した。ラジオ講座と同時代に生まれた各種の中国語学習の出版物においても、発音の正確さが発音記号や表記法の形で追求されていた。声のことばとしての中国語を表現するこれらの雑多な発音記号と表記法が、返り点や送り仮名で構成された正統な漢文のテキスト空間に攪乱的な要素を加え、視覚によるテキスト空間に変化をもたらした。

これまでの中国語教育史や東アジア言語接触の研究分野では、江戸時代から近代までの中国語教本に対して、資料的な紹介や、語彙、例文に関する内容面での分析が行われてきたが(12)、発音記号や表記法の増加にともなったテキスト空間の変遷はほとんど注目されていない。本章では、印刷出版物に応用された各種の発音記号や表記法を、声のことばの正確さを追求するための「耳の拡張」として捉え、目で読む中国語の教本における声の中国語の受容のされ方を分析する。まず、日清戦争まで漢学の伝統として存続してきた訓読のテキスト空間を意識しながら、日清戦争後の音読による中国語のテキスト空間の形成過程を確認する。次に、一九二〇年代から敗戦までの間に用いられた多種多様な発音表記・表記法を概観し、中国語のテキスト空間に起きた変化を考察する。最後に表記法を選定する基準に焦点を当てて、その選定に影響していた技術、学習者との関係、イデオロギーという三つの要素を提起する。

第一節　音読による中国語のテキスト空間の形成

中国語の発音と意味の理解

本論に入る前に、中国語のテキストを目で読むことと、中国語の発音を把握した上でそのテキストを中国語の音声通りに読むこととが、テキストの理解においてどれほど違う意味をもつのかを確認したい。まず、中国語の書きことば・書写体系としての漢字は、同じ漢字であっても、その漢字の声調（高低のアクセント）の変化によって、意味ないし品詞の種類が変わる場合が少なくない。『論語』冒頭の「有朋自遠方来、不亦楽乎」という一文を例にとると、「楽」という字は、中華人民共和国の公用語である普通話ではlèと読んで、形容詞として「楽しい」「愉快」だという意味を表しているが、「楽」の字にはさらに、「yuè」「lào」「yào」といった読み方があり、それぞれ異なる意味を持っている。このような字を読破字という。もちろん、文語文が書かれた時点における漢字の発音は、現代の普通話の発音と異なるものだと考えられるが、声調の把握を通して漢字の意味を判定し、理解すること自体は、識字のできる中国人の言語生活のなかで昔から変わらずに行われていることだと言えよう。[13] この意味からいっても、中国語は本来、音声言語的な性格が強いことばだといえる。漢字はこのように多義性をつねに伴う書写体系であるため、同じ文語文、漢籍であっても複数の校注が行われる場合が珍しくない。一つの漢字にある複数の発音と、それに対応する意味や使い方を把握することが中国語テキストの理解にとって重要である。

個々の漢字の発音が中国語テキストの読解に影響を及ぼすということに加えて、漢字が連なって構成される中国語の文にも、イントネーションの区別がある。文の内部のイントネーションの高低、字や語の拍子の長短の変化は、いずれも文の意味に影響する。このような中国語文の音声性について、日本語を母語とする人々の注意を喚起した論説として、吉川幸次郎の「支那語の不幸」（『文藝春秋』一九四〇年九月号）がある。

> 支那語のむつかしさは、なによりもまづその曖昧性に基く。いま「我愛他《ウオアイタ》」という言葉を例に取らう。
>
> 我《ウオ》　愛《アイ》　他《タ》
>
> この三字の漢字によつて示される支那語は、少くとも三通りに読まれる。第一は、愛するか愛しないかが問題の場合であつて、「僕はあの人がすきです。」第二は愛する主体が問題の場合「あの人、僕はすきなのだが。」第

三は愛される客体が問題の場合、「僕がすきなのはあの人なんです。」この三通り――少くとも三通り――の観念を、支那語はひとしく「我愛他《ウオアイタ》」であらはすのである。

読者は或ひは反駁されるかも知れぬ。さういへば、国語の「僕はあの人がすきです」も、この三通りの観念に読みわけられるではないか。国語ばかりではない、さういふ曖昧性は、どこの言語でももつてゐるのではないかと。

お説まことにもつともである。がしかし、他の言語はしばらくおき、少くとも国語に於ては、「てにをは」といふ重宝なものが発達しゐて、もつと分析的ないひ方で、かかる曖昧性を排除することが出来る。ところが支那語は、さうはゆかない。この三つともに「我愛他《ウオアイタ》」といふほかはない。少くとも普通のいひ方としてはこれよりないのである。(14)

吉川の説を裏返せば、「てにをは」のない中国語文は、多くの日本語母語話者にとって不可解な部分が多いからこそ、訓点を施して順序を転倒させて読むことにも一理あるといえる。しかしここで吉川は、漢文の訓読法の合理性を説くのではなく、むしろ、「音調の理解を全く無視してゐる」という「致命的な欠点」(15)をもつ漢文の訓読法こそが、「支那語の不幸」を招き、中国語文の理解ないし中国人の心理の把握に害となると批判しているのである。この批判は中国に対して戦争を起こしたことへの批判をも含意したという点で、一九三〇年代後半に起きつつあった中国語教育の地殻変動と合わせて論じる必要があるが、ここでは省略して第四章に譲りたい。

江戸時代の唐話と白話小説

以上、漢字の発音と文の内部のイントネーション、すなわち中国語ということばそのものの音声性が、中国語文の理解を大きく左右するということを概観した。平安時代以来、漢籍を読む際に使われてきた訓読法は、中国語の読破字、言い換えれば一つの漢字の異なる読み方を全て無視していたとはいえないが[16]、すくなくとも文の順序を転倒して読むことによって、中国語文の音声性をある程度破壊したと言わざるを得ない。上記のような、返り点や送り仮名から文を読み解く方法が主導するテキストの空間を訓読のテキスト空間とするのであれば、それに対して中国語の音読の方法が存在感を強めた時期は、江戸時代初頭の一七世紀だったといえる。一七世紀に伝来した『水滸伝』を始めとする明清時代の中国の白話小説は、荻生徂徠ら文化人の間で愛読されており、白話小説の辞書や語釈集が編纂され、さらに中国俗文学の講読会も行われるようになった[17]。川島優子は、明代白話小説『金瓶梅』の未整理の抄本(鹿児島大学附属図書館玉里文庫所蔵)に記録された、作成者自身が取ったノートを考察し、そのなかから「音読」「和訳」「訓読」の三種類の読み方を確認し、白話小説が当時の中国語学習用のテキストとして機能した可能性を提示した[18]。注目に値するのは、上記の『金瓶梅』の抄本や、長崎唐通事・岡島冠山が編纂した『唐話纂要』『唐音雅俗語類』の辞書類などでは、すでに中国語音を表示するための日本語仮名が注記されていたということである[19]。ただし、多種多様な発音記号ないしイントネーションの表記法の使用は、明治以降まで待たなければならない。また、先行研究によれば、江戸時代に中国語の語音で白話小説を享受することが一部の儒学者の間で共有されたものの、例えば荻生徂徠が貿易用語や事務的な言葉である唐通事の言葉に抵抗を持っていたように、「唐話」をいかに享受するかということには温度差が存在していたという[20]。白話小説の受容の問題に注目した研究においては、幕末から明治にかけての白話小説は基本的に、訓読によって理解され、あるいは翻訳された和文の形で受容されたという共通認識がみられる[21]。

明治期、音読による中国語のテキスト空間の形成に大きく寄与したのは、新しい発音記号の考案や、その発音記号を使う教本、辞書の増加であった。これは、外国語としての中国語の発音を学ぶ必要性が改めて意識されるようになったことと軌を一にするものといえよう。文章語としての白話小説を受容するのではなく、中国人と実際に交渉するための官話の需要が、公的な場面である外交や、軍事・諜報、また、民間人の大陸進出といった人的流動の場面において生まれたのである[22]。

官話教本のテキスト空間──『官話指南』と『官話急就篇』を例に

とはいえ、明治期の中国語会話体の教本がもつテキスト空間の大きな特徴として、なおも漢字文がテキストの中心とされ、漢字文の側に発音記号がほとんど記載されていない点は指摘しておきたい。ここでは、明治期にもっとも広く使われた中国語教本の『官話指南』と『官話急就篇』を例として、官話を教える教本のテキスト空間を確認したい。(23)

まず、呉啓太、鄭永邦が一八八二年に出版した初版の『官話指南』(24)では、「初學華語者、須知有四聲、有輕重音、輕音即窄音重音即寛音、有輕重念、出入氣等項、是不竢論、此外尚有張口音、閉口音、又有嘬口音、如巴、寒、張、大、等音、皆是張口音也、如木、父、不、屋、等音、皆是閉口音也、如火、去、出、姑、等音、皆是嘬口音也」(引用者訳：はじめて華語を学ぶものは、四声があることを知らなければならない。軽重音というものもあり、軽音とは即ち窄音、重音とは即ち寛音である。軽重念や空気の出し入れなどについては言うまでもない。このほかにも張口音、閉口音、また嘬口音などがあり、巴・寒・張・大などの音はどれも張口音であり、木・父・不・屋などの音はどれも閉口音であり、火・去・出・姑などの音はどれも嘬口音である(25))」とあるように、四声、軽重音、軽重念、張口音、閉口音について、具体的な漢字音の例と合わせて詳細に解説されている。本文は姓名・年齢・仕事などを聞く対話、病気見舞、旅行の土産物などの日常会話についての「應對須知」、商人の会話を中心とする「官商吐屬」、使用人や他人に仕事や用事

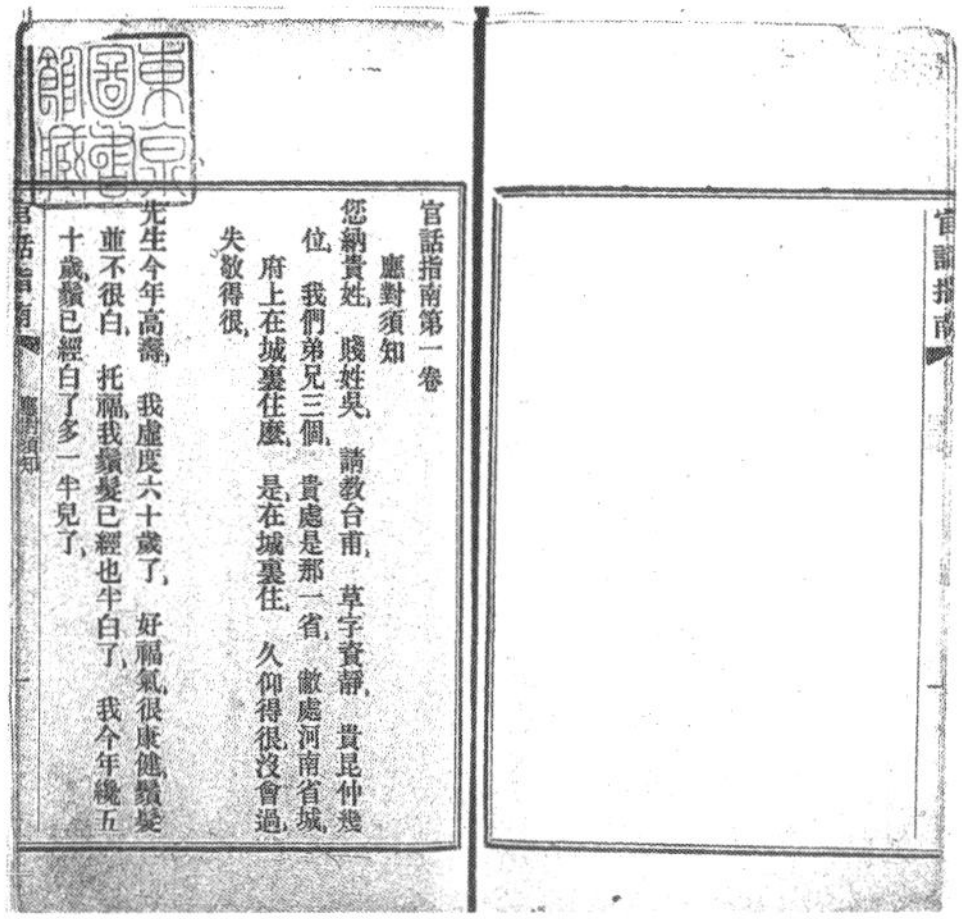
官話指南第一卷
應對須知
您納貴姓，賤姓吳，請教台甫，草字資靜，貴昆仲幾位，我們弟兄三個，貴處是那一省，敝處河南省城，府上在城裏住麼，是在城裏住，久仰得很沒會過，失敬得很，
先生今年高壽，我虛度六十歲了，好福氣很康健，鬚髮並不很白，托福我鬚髮已經也半白了，我今年纔五十歲，鬚已經白了多一半兒了，

図 11　呉啓太・鄭永邦『官話指南』楊竜太郎出版，1882 年，「第一巻」1 頁より（画像は国立国会図書館 NDL による（https://ndlonline.ndl.go.jp/#!/detail/R300000001-I000000500033-00））

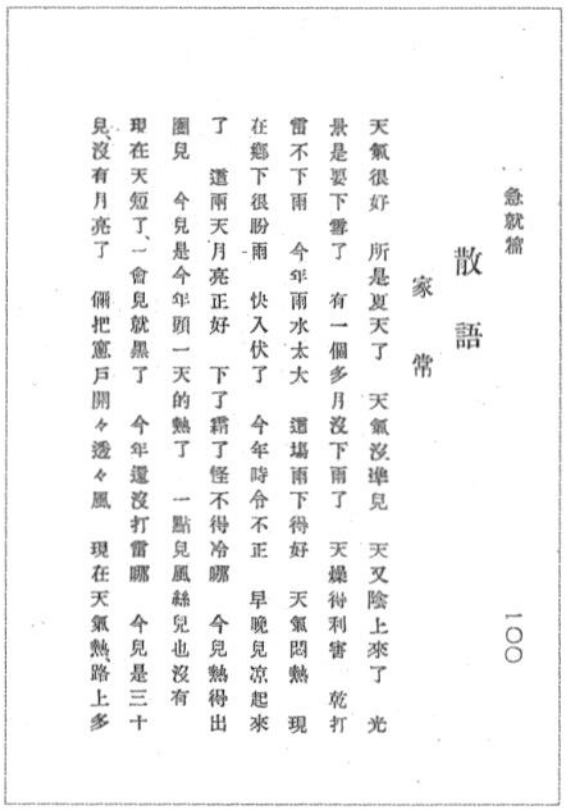
急就篇　一〇〇

散語

家常

天氣很好　所是夏天了　天氣沒準兒　天又陰上來了　光
景是要下雪了　有一個多月沒下雨了　天燥得利害　乾打
雷不下雨　今年雨水太大　這場雨下得好　天氣悶熱　現
在鄉下很盼雨　快入伏了　今年時令不正　早晚兒涼起來
了　這兩天月亮正好　下了霜了怪不得冷哪　今兒熱得出
圈兒　今兒是今年頭一天的熱了　一點兒風絲兒也沒有
現在天短了、一會兒就黑了　今年還沒打雷哪　今兒是三十
兒、沒有月亮了　偺把窗戶開々透々風　現在天氣熱、路上多

図12　宮島大八編『官話急就篇』善隣書院, 1904年, 100–101頁より（画像は国立国会図書館NDLによる（https://ndlonline.ndl.go.jp/#!/detail/R300000001-I000000524491-00））

を言いつける会話を収録する「使令通話」、外交場面の交渉を紹介する「官話問答」の四篇からなっている。北京官話による世間話や商業会話、外交交渉といった各場面で使う中国語が詳細に紹介されているにもかかわらず、図11で示したように、そのテキストの側には発音記号や表記法がほとんど記されておらず、句読点付きの漢字文しかなかった。「発圏法」[26]に起源を求められる漢字のイントネーションを示す丸記号の表記方法と、文のなかの漢字の軽重念を示す記号である縦の棒や横の棒が「凡例」で紹介されているが[27]、当時の印刷技術では困難が伴ったためか、本文ではほとんど付記されていない。なお、一八八二年の初版である『官話指南』から派生し、四声と重念の符号を印刷した飯河道雄篇『訳注声音重念附　官話指南自習書』（全三巻）が、一九二四年から一九二六年まで、大阪屋号書店から刊行された。

『官話指南』と並び称される戦前の会話体の中国語教本として、宮島大八が設立した民間塾の善隣書院から、『官話急就篇』（図12）が一九〇四年に刊行され、戦前の中国語学習場で広く使われていた[28]。その内容は、発音・四声・名辞・問答ノ上・問答ノ中・問答ノ下・散語、さらに附として家庭常語・応酬須知といった部からなっている。発音の部では子音に近い「音頭」と母音に近い「音脚」、四声の部では「上平」「下平」「上声」「去声」が書かれているが、発音方法と発音記号についての紹介は皆無であった。図12に示したように、本文の全編も漢字文から構成されている。『官話指南』と『官話急就篇』では様々な場で交わされた口語である官話が文章化されたが、発音記号と表記法はほとんど使用されなかった。この二冊の教本の流通範囲は広かったものの、教師の指導がなければ、教本一冊で中国語音の自習をすることはほぼ不可能であっただろう。

発音記号を用いた中国語辞書

明治期になると、江戸時代から使われていた日本語仮名とは異なり、北京官話の発音をローマ字で記述するウェード式ローマ字が教本類で見られるようになる。[29]しかしながら、漢字の発音としてのウェード式ローマ字が詳細に記述されたトーマス・F・ウェード(Thomas Francis Wade, 1818-1895)編『語言自邇集』(初版一八六七年、再版一八八六年、三版一九三〇年)は、東京外語で中国語の教材として最も権威的と認められていたものの、一般の学習者は買えないような高価な書物であった。[30]当時、翻刻版の『清語階梯語言自邇集』が東京の一部の書店で販売されていたが、[31]民間では、むしろ安藤彦太郎が唐通事の稽古について、「父子相伝の芸道的な精神に支えられた高度な技術教育」[32]であると指摘したように、出版された教本に依らない教授法が存在していた。例えば日清戦争後、一八九五年に私立学校の韓清語学校[33]に通って中国語を学びはじめた岩村成允の回想によれば、「此時は支那語の教科書もなく皆筆記でした。無論字書もありませぬ」[34]というのである。教科書と辞書がないかぎり、岩村がその当時いかなる発音を習得したのかはほぼ知るよしもない。ただし、彼は北京出身の張滋昉から北京官話を、元唐通事の鄭永寧から南方の語音を教わった可能性はあるだろう。

一方、日清戦争後のこの時期、伊澤修二、大矢透ほか著『日清字音鑑』(一八九五年)を始めとして、中国の北方語を正確に記述しようとする発音辞書が現れつつあった。[35]例えば、岩村成允が編纂した『北京正音　支那新字典(*New Chinese Dictionary*)』(一九〇五年)[36]のタイトルで使われた「正音」ということばは、当時、正則とみなされた北京官話の正しい発音を意味する。この辞書は、発音の表記としてウェード式ローマ字を使い、仮名も併用する。辞典の部は二三〇ページにわたり、発音を四〇五の音に分けて「AからYUNGまで」の各音に該当する漢字を四声順にならべて簡単な意味が付してある(図13)。その後、字の部首と発音から検索できる「画引部首目録」「画引表」「同字異音表」が付されている。この発音が明記された辞書が、私立学校や塾から離れた独学者や、中国語の正しい発音に迷った学習者の役に立った一例として、六角恒廣によれば、成都で四川の方言を習得してきた秩父固太郎が一九〇五年にこの辞典を見て、「今まで耳から入った音と文字との関係がよくわかり、また北京官話の音とこの土地の方言の音と似たものや異なった音などが少しずつわかってきた」[37]という。同時期、中国語教師であり奉公会の会員であった石山福治が編纂した『支那語辞彙』（一九〇四年）、『日漢辞彙』（一九〇五年）もあった[38]。伊澤修二、岩村成允、石山福治が編纂したこれらの辞書は、書物の体裁と注音の方法は異なるが、いずれも日清戦争後に日本人学習者に向けて刊行された、ウェード式と仮名を併用して北京官話を注音した先駆的なものだといえる。

しかし、この時期の中国語教本類の全体を見れば、上記の辞書で用いられたウェード式ローマ字や日本語仮名は、テキストの教本のなかにほとんど記されていなかった。すなわち、発音記号を漢字・漢字文の側に記載するかどうかという点において、教本のテキスト空間と発音辞書のテキスト空間とが、かけ離れている状態にあったのである。そのため、独学で中国語の会話を学び、あるいは公文書や書簡などの「時文」を中国語音で読もうとする場合、テキストの教本とは別に、発音記号を記した辞書も必要になる。実際、前述したように、発音記号が提示されていない場合、漢字だけからなる中国語文を、便宜上日本語の語順に直して読む例が見られた。すなわち、音読するはずの中国語のテキスト空間は、発音記号の有無によって、訓読のテキスト空間に変えられることにもなる。

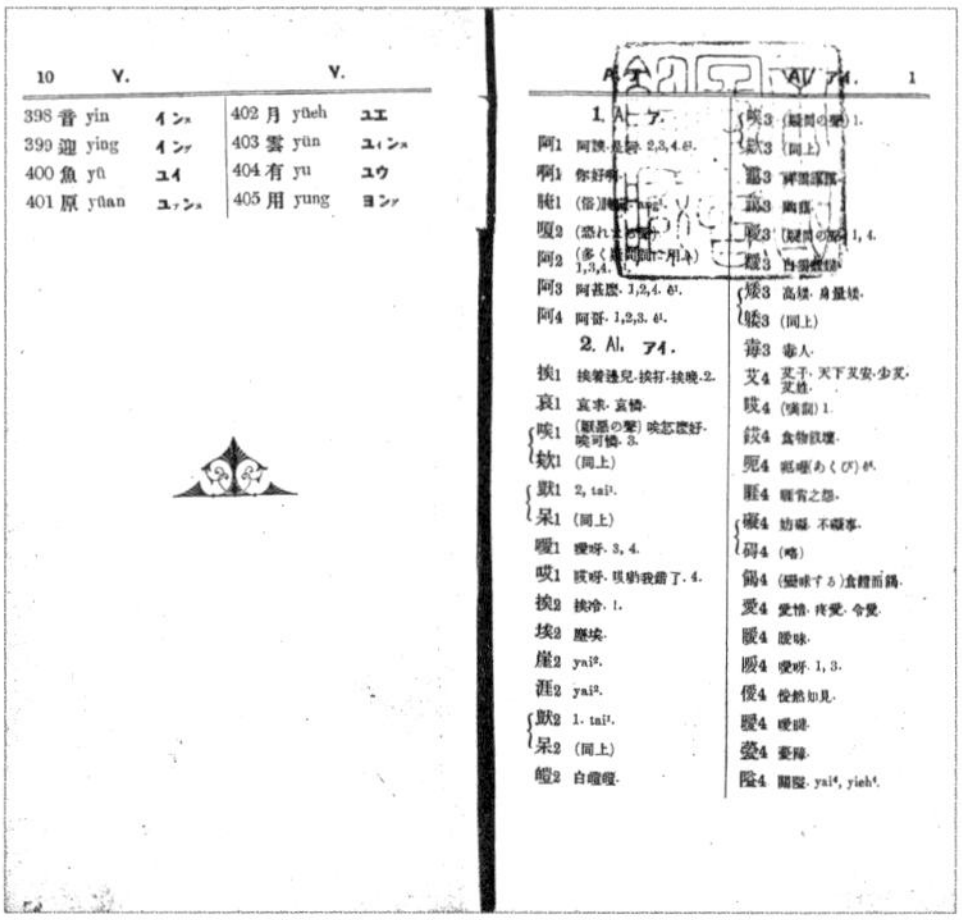

10 Y. Y.

398	音	yin	インヌ	402	月	yüeh	ユエ
399	迎	ying	イング	403	雲	yün	ユィンヌ
400	魚	yü	ユイ	404	有	yu	ユウ
401	原	yüan	ユァンヌ	405	用	yung	ヨング

図13　岩村成允『北京正音　支那新字典』博文館，1905年，「発音表」10頁，「字書」1頁より（画像は国立国会図書館NDLによる（https://ndlonline.ndl.go.jp/#!/detail/R300000001-I000000500120-00））

第二節　声のことばを具現化する発音記号と表記法

以上、日清戦争直後までの主として漢字文から構成された中国語のテキスト空間を確認してきた。本節では、日清戦争以後、とくに一九二〇年代以降のさまざまな発音記号と表記法が、いかに「耳の拡張」の技術として、印刷物のテキスト空間に入り込んでいったのかに着目し、具体的に各発音記号と表記法がいかなる形で使われていたかということを分析する。

日清戦争後から敗戦まで、中国語の発音に用いられた表記法の種類と使用範囲は、各時期の特徴によって以下のようにまとめられる。一八八〇年にトーマス・F・ウェードによる『語言自邇集』が翻刻され、日本人向けの教本として『清語階梯語言自邇集』として慶應義塾出版部から刊行されて以降、ウェード式ローマ字が中国語の発音記号として、日本人向けの発音辞書や教本類でもっとも使われていった。日本語仮名は、ウェード式と同じ程度多用されたが、その使用には、発音を正確に反映できない点や、各教師によって綴り方が統一されていないといった問題点が残されていた。一九二〇年代には、さらに国際音声記号や民国期の中国で考案された注音符号、国語ローマ字が、日本国内で出版された中国語関係の参考書で紹介され、教本類でも徐々に使用されるようになった[39]。一九三〇年代以降は、初版の『官話指南』で提示されたイントネーションを表記するための丸の点や短線が、ほとんどの教本類において漢字の側に付け加えられるようになった。同時期に、中国語のテキスト空間は以上のようなさまざまな発音記号によって綴られるようになって、「耳の拡張」としてのテキスト空間がラジオ講座とほぼ同じ時期に形成された。以下では、注音符号や、視話法に由来すると考えられる口の動きの図解、日本語仮名を中心として一九二〇年代から一九三〇年代までの使用状況を考察する。

注音符号とその他

国語の発音統一と識字率向上のための言語政策の一環として、一九一八年に漢字の形から由来し、漢字に対する振り仮名のように使う発音表記の「注音字母」(一九三〇年に「注音符号」に改称、以下は注音符号)が、中華民国政府教育部から公布された。注音符号の存在は遅くとも一九二〇年代には、国語運動の進展状況とともに日本の中国語教育界で認識されるようになった。小樽高等商業学校で中国語を教えていた石橋哲爾は、一九一九年から一九二一年まで、文部省留学生として中国各地を視察し、国語運動の発展について以下のように記した。

世界何処ノ国デモ文明ノ進歩ト共ニ其国語モ亦進化発展シテ止マナイモノデアリマス。〔中略〕数千年来文字ノ国トシテ将又《はたまた》守旧ノ国トシテ時ニ其ノ紆遠ナコトヲ思ハシメタルニ拘ハラズ今カラ九年前即チ民国二年春ニハ国字改良国音統一ヲ思ヒ立チ教育部ニ於テ読音統一会ヲ開キ三十九ケノ注音字母ヲ制定シマシタ(40)。

精神的ニモ物質的ニモ革命後ノ支那ノ変リ様ノ烈シイノニ驚キマシタ勿論国語(支那語)ノミ十年前ト同様ニ沈滞シテ居ルコトハ出来マセン此亦非常ナ変リ様デ彼ノ「官話指南」ノ時代ハ過ギテ居リマス彼ノ本国ニ於テ既ニ進化発達シツ、アルノニ日本デノミ十年或ハ其以前ノ支那語ヲ教フルトイフコトハ恥ヅカシイバカリデナク実用ニ適セヌコト、思ヒマス(41)

以上の石橋の観察によれば、国語運動は「革命後ノ支那」における「文明ノ進歩」の象徴とみなすことができる。『官話指南』はもはや時代遅れのものであり、注音符号を日本の教本に取り入れることが目下の急務になった。石橋は自著『支那語捷径』の一九三九年の改訂増補版では、注音符号を説明した後、練習問題「新定注音字母練習」を最後に取り入れた。図14に示したように、一八八二年の『官話指南』(図11)とは好対照に、漢字の側に注音符号が明瞭に印刷されている。編者の石橋が印刷所に頼んで、活字鋳造や新しい組版を考案してもらったという可能性もある。

この時期、東京外語支那語部教授を務めていた宮越健太郎も、中国訪問中に、民国教育部第四届国語講習所において汪怡と王璞のもとで実習した際、注音符号や中国の言語学研究に接したという。一九三五年に出版した『注音符号詳解』で、彼は「現在の注音符号が既に工夫研究の余地なしとは未だ言ひ得ないが、漢字を注音するに、現在に於ては之以上の理想的方法が無いのである[42]」と述べている。また、一九二六年に出版した『華語発音提要』の付録では[43]、「Wade 氏式羅馬字綴ト萬國音標文字ト對照」「萬國音標文字ト中國音標文字（注音字母）ト對照」「中國標準音（所謂國音）ト京音（北京音）トノ對照」の三項目を設け、北方語の発音表記としてウェード式と国際音声記号、注音字母を対照させたのみならず、国語運動のなかで「国音」と「京音」の対立状況にも目を配って両者の発音を対比した[44]。石橋哲爾と同じく、当時の宮越も中国の国語運動の目撃者であり、その経験が自著の教本類に反映されたということがわかる。

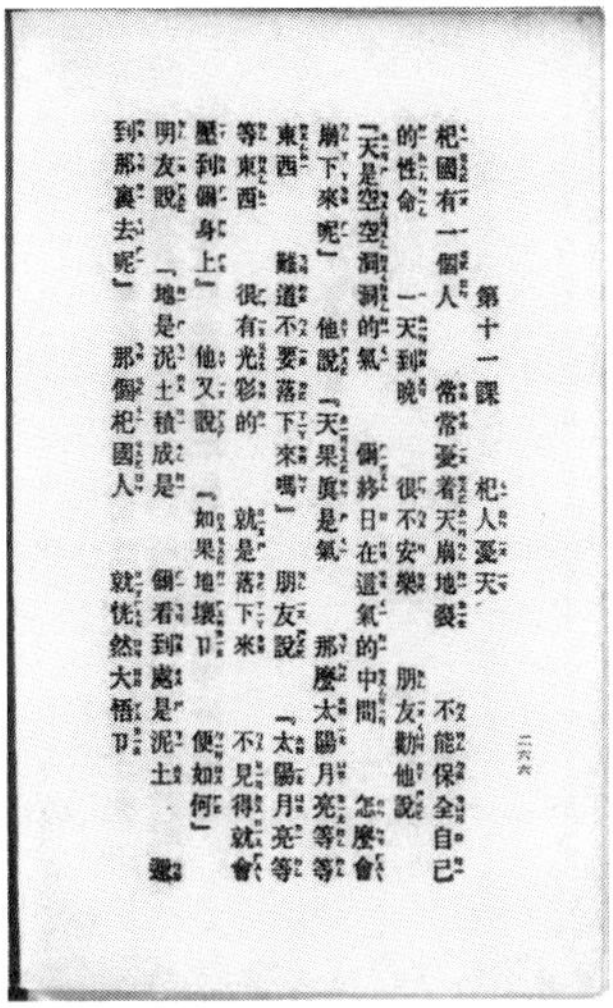
二六六

第十一課　杞人憂天

杞國有一個人　常常憂着天崩地裂　不能保全自己的性命　一天到晚　很不安樂　朋友勸他說「天是空空洞洞的氣　個終日在這氣的中間　怎麼會崩下來呢」　他說「天果眞是氣　那麼太陽月亮等等東西　難道不要落下來嗎」　朋友說「太陽月亮等等東西　很有光彩的　就是落下來　不見得就會壓到個身上」　他又說「如果地壞了　便如何」　明友說「地是泥土積成是　個看到處是泥土　到那裏去呢」　那個杞國人　就恍然大悟了

図 14　石橋哲爾『支那語捷径　改訂増補』266 頁より

注音符号を使う戦前の教本類は、ウェード式ローマ字と日本語仮名と比べれば主流ではないが、発音を正確に記述できるという点で高く評価されており、岩井武男編著『標音詳解　華日辞典』（一九三五年）や、宮越健太郎編『中国国語』（全四冊、一九三一—一九三五年）[45]、倉石武四郎『支那語発音篇』（一九三八年）でも使われていた。『支那語発音篇』において、著者の倉石は発音習得のため注音符号に依拠すべき理由として、ウェード式ローマ字が「西洋人に便利なる為に考案されたもので、支那語の音理を覚るには極めて不利である」とし、一方、注音符号は「筆画の最も簡単なる漢字を選んで象徴化したもの」、「其の濫觴に溯れば寧ろ仮名を学んで考案された」ものであり、「同じく漢字を使用する国民の極めて

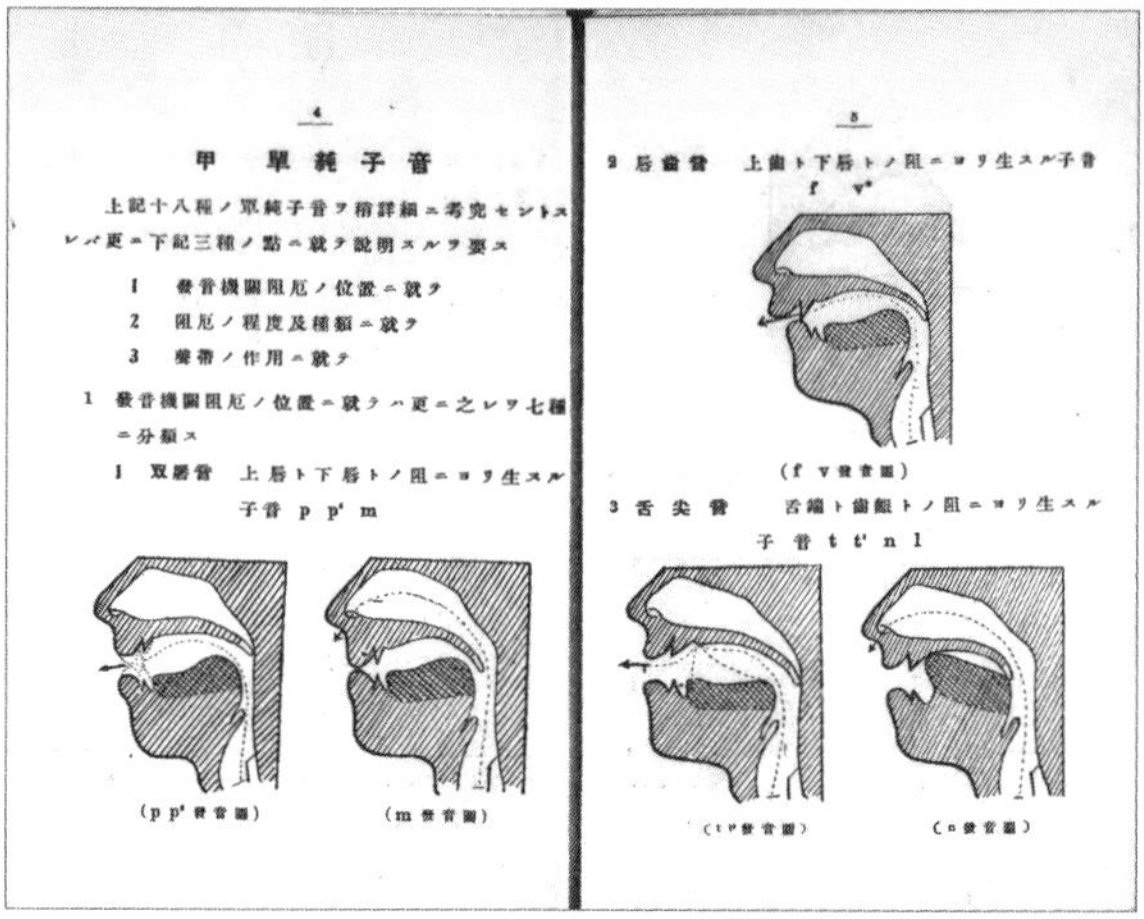

図15　宮越健太郎編『華語発音提要』4-5頁より

親密なる関係」が注音符号に体現されているというように、日中両国の書きことばの親近関係を強調した(46)。

同時代中国の国字国語運動に対する関心のなかで、注音符号のほか、表記法である国語ローマ字とラテン化新文字の考案と普及状況も一九三〇年代に日本に紹介された(47)。カナモジ会会員の下瀬謙太郎とエスペランティストの齋藤秀一がそれらの熱心な紹介者であったことは、表記問題が外国語としての発音教育のみならず、漢字の近代化を含む射程をもっていたことを如実に物語っている(48)。一方、中華民国政府の「国音字母第二式」と呼ばれる国語ローマ字に対しては、その綴り方が煩雑で、「吾人は国語羅馬字(G.R.)を用ひる必要は余りあるまいと思ふが、支那語の分る人でも支那の国語ローマ字が読めぬやうでは困りものである(49)」という意見が見られる。ラテン化新文字に対しては、その誕生地が社会主義の言語改革が推進されていたソビエト連邦であり、「ソヴェート同盟が支那を赤化する手段(50)」、「ロシアなどから政治的に利用されるので困る(51)」という危惧も存在した。このように、同時代中国の国語運動の動向とそのなかで考案された発音記号、表記法のうち、当時の日本でしばしば「中国語のルビ」と呼ばれた注音符号だけが中国語教本類で応用されたのである。

口の動きの図解

『華語発音提要』では、上記の「萬國音標文字」とよばれる国際音声記号や注音符号だけで満足することなく、視

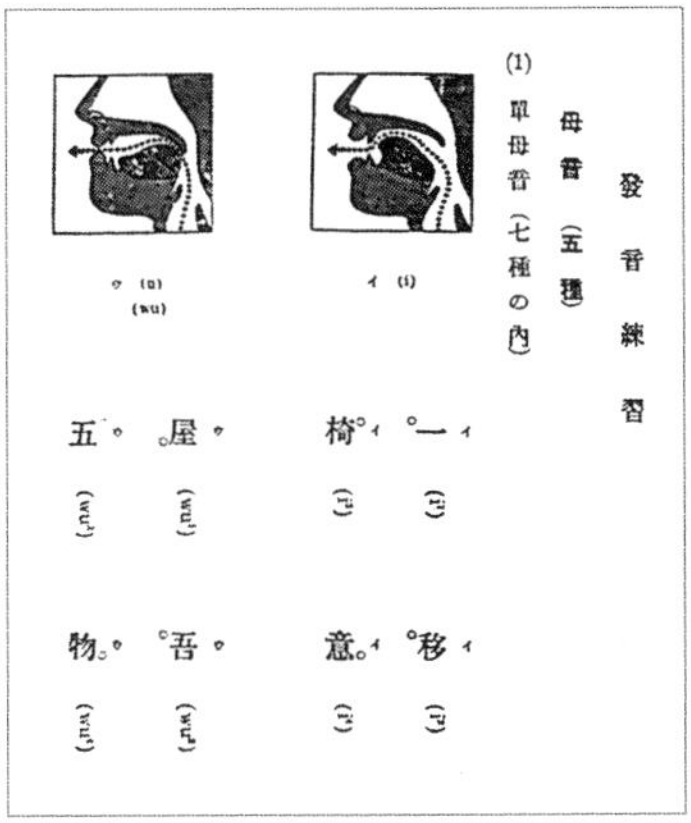

図17　『ラヂオ・テキスト　支那語講座』1938年春期，日本放送出版協会（六角恒廣編『中国語教本類集成第九集第一巻』319頁より）

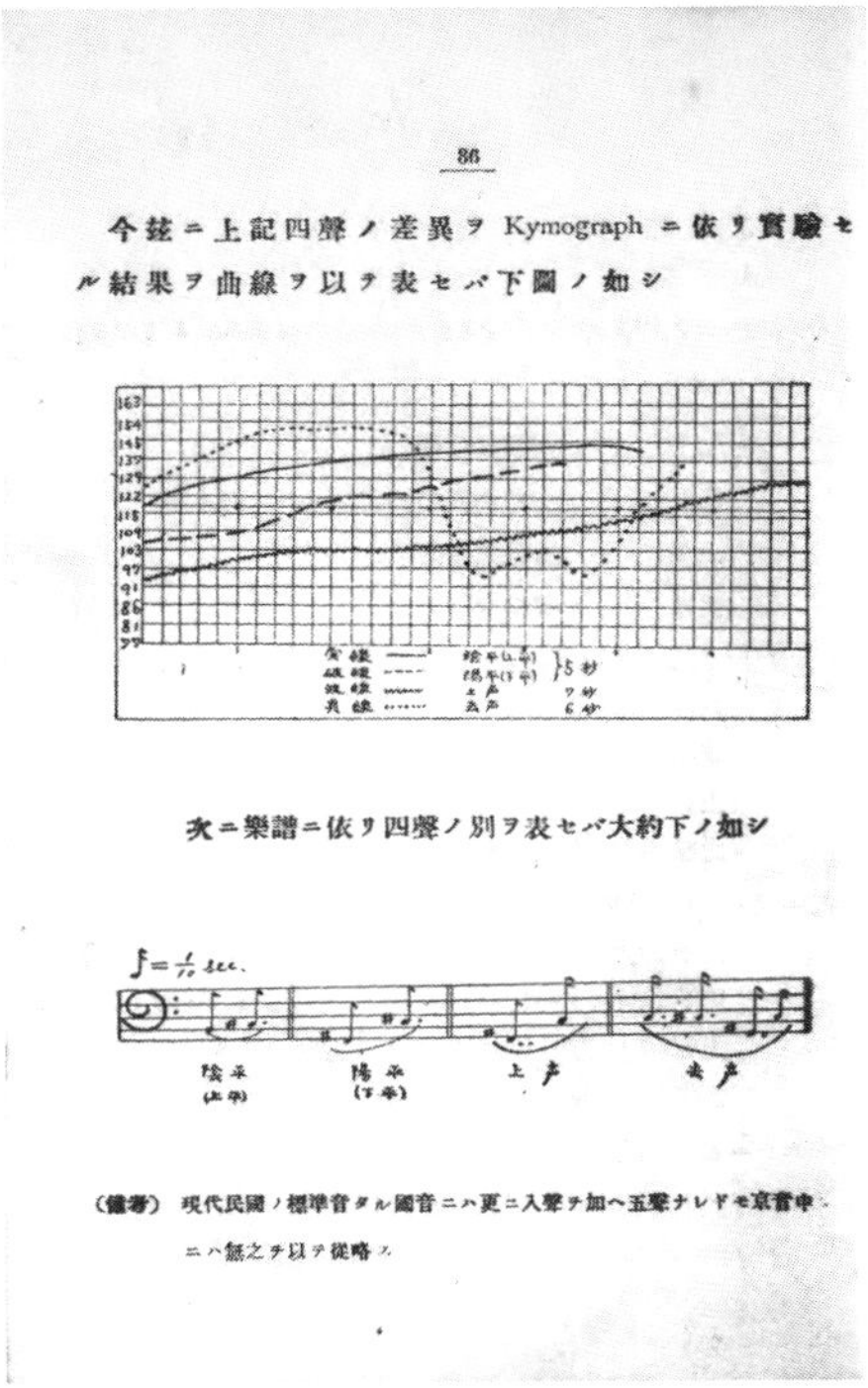

図16　宮越健太郎編『華語発音提要』36頁より

話法（visible speech）のような口の動きを表す「舌体升降ノ図」(52)も掲載し発音を解説していた（図15）。また、中国語のイントネーションである四声については「Kymograph ニリ《ママ》実験セル曲線ヲ掲載シ其等差別ヲ明瞭ナラシムルト同時ニ規準タラシムルコト、セリ」(53)として、曲線ないし五線譜を使って発音の高低と長短を視覚のなかで具現化した（図16）。これらのデータの出典は記載されていないが、民国教育部国語講習所で実習したときに得られたものの可能性もあるだろう。

なお印刷メディアにおいて、視話法のような「舌体升降ノ図」は、まさに人の口から発する音を、耳で聞くことの代わりに目で視る、という役割を担っていた。口の動きの図解は音声メディアとの親和性が強く、一九三八年のラジオ「支那語講座」のテキストにも導入されており（図17）、倉石武四郎『倉石中等支那語　巻一』（一九四〇年）、工藤旨浩編著『支那語発音の仕方　注音符号解説』（一九四〇年）

といった活字の教本にも多く見られるようになった。

日本語仮名

日本語仮名を中国語の漢字の表音記号とする方法は前述したように、すくなくとも一七世紀末から一八世紀の白話小説の読解と唐話の学習において使われたことがわかる。明治時代以降は、伊澤修二、大矢透ほか『日清字音鑑』(一八九五年)、岩村成允『北京正音　支那新字典』(一九〇五年)といった発音を詳解する辞書においても、ウェード式ローマ字と併用されていた。昭和戦前期においては、学習雑誌の『支那語』や『支那語と時文』、『支那語雑誌』(蛍雪書院、一九四三年に出版社が帝国書院に変更)の誌上で、執筆者の所属を問わずに広く使用された。また、多くの速習用の会話体の教本類では、ウェード式が巻頭の解説で紹介されたにもかかわらず、本文に入ると、日本語仮名だけが中国語文の側に記されていた。その一例として、一九三七年に朝日新聞社から出版された『支那語早わかり』のなかの「五、食事について」という箇所が典型的である。図18で示したように、「我很餓了」という中国語の口語を記した漢字文の右に、小さい文字である「ウオ　ヘン　オー　ラ」の日本語仮名が表記されており、「僕は腹がすいた」という日本語訳の文が下に並べられた。イントネーションの表記法として、「オー」の上にはさらに「∧」の記号、各漢字の右上・右下・左上・左下のいずれかに「○」の記号が付されている。

このように日本語仮名を使って中国語文を表記することで、新しい発音記号を記憶する負担も減らせることは確かだろう。しかし、発音ないしイントネーションを記すにあたって、仮名や表記の選択方法には教師によってばらつきがあった。一九四〇年の雑誌『支那及支那語』で発表された「支那語発音教授の実際と発音符号」という文章からは、当時の仮名表記の混乱した状態を見て取れる。

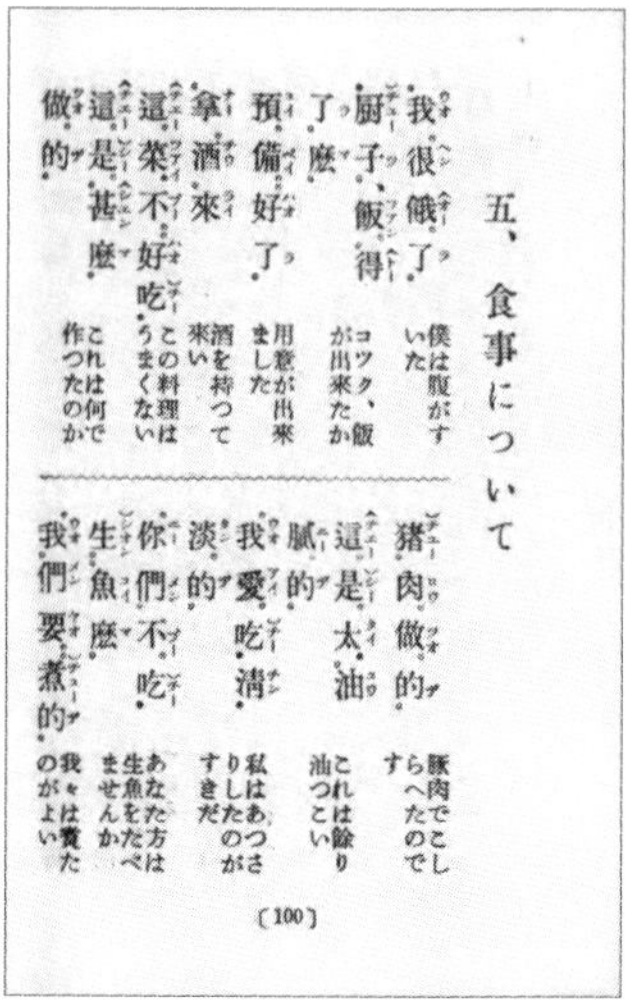
五、食事について

我很餓了　僕は腹がすいた
厨子、飯得了麽　コツク、飯が出来たか
預備好了　用意が出来ました
拿酒來　酒を持つて來い
這菜不好吃　この料理はうまくない
這是甚麽做的　これは何で作つたのか

猪肉做的　豚肉でこしらへたのです
這是太油膩的　これは餘り油つこい
我愛吃清淡的　私はあつさりしたのがすきだ
你們不吃生魚麽　あなた方は生魚をたべませんか
我們要煮的　我々は煮たのがよい

〔100〕

図18　朝日新聞社編『支那語早わかり』100頁より

殊に我国の仮名文字は百人百様夫々異なつた仮名文字を用ふることを以て得意然としてゐる状態でそこに何等の統一といふものが発見されない〔中略〕。今茲に一個の「上」といふ文字について如何に多くの異なつた仮名が用ひられてゐるかを紹介すれば次のやうである。

上　シヤン　井上、宮島、矢野諸氏
[54]シアン　吉野、宮越、宮島、神谷、有馬、土屋諸氏
シヤング　権氏
シヤン　西島氏
[55]シアング　宮島氏
[56]シヤン　足立氏
[57]シヤン　岩村成正《ママ》氏
シアん　石山、江口諸氏
[58]シアン　宗内氏
[59]スアン　秩父氏[60]

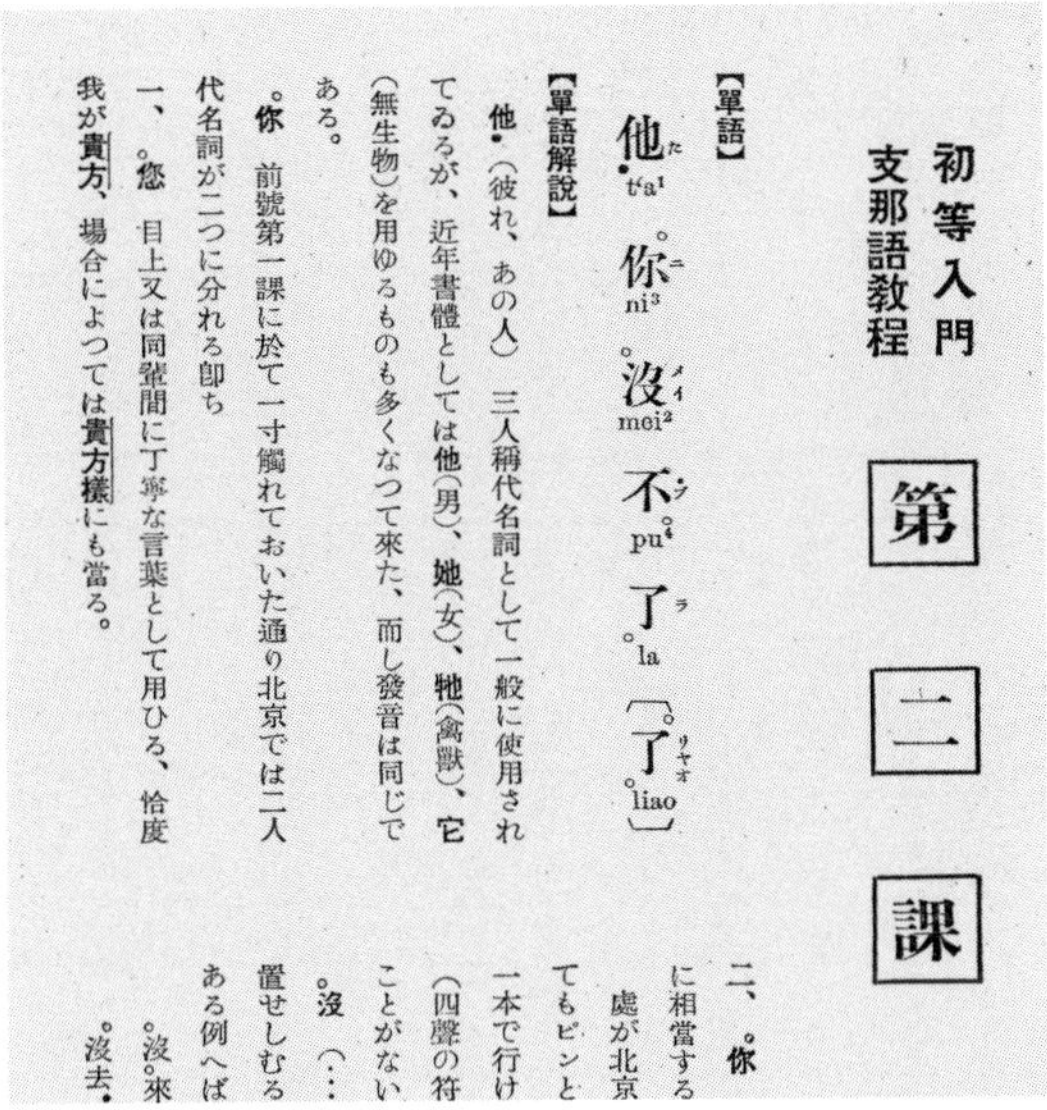
初等入門
支那語教程　第二課

【單語】

他《た》 t'a^1　你《ニ》 ni^3　沒《メイ》 mei^2　不《プ》 pu^4　了《ラ》 la　〔了《リヤオ》 liao〕

【單語解說】

他・（彼れ、あの人）三人稱代名詞として一般に使用されてゐるが、近年書體としては他（男）、她（女）、牠（禽獸）、它（無生物）を用ゆるものも多くなつて來た、而し發音は同じである。

。你　前號第一課に於て一寸觸れておいた通り北京では二人代名詞が二つに分れる卽ち

一、。您　目上又は同輩間に丁寧な言葉として用ひる、恰度我が貴方、場合によつては貴方様にも當る。

二、。你
に相當する
處が北京
てもピンと
一本で行け
（四聲の符
ことがない
。沒（…
置せしむる
ある例へば
。沒。來
。沒去・

図19　平岩房次郎「初等支那語課程第二課」より
（『支那語と時文』第1巻第5号，5頁より）

こうしたなかで、中国語音を正確に表示するために、一部の講師は日本語仮名とウェード式の組み合わせを考案した。例えば、図19の天理外国語学校支那語部教師、平岩房次郎による「初等支那語課程第二課」では、「他」「你」「沒」「不」「了」の単語の側において、日本語仮名

とウェード式の二種類の発音表記が施されており、「了」については「ラ・la」と「リヤオ・liao」の二つの発音が記されている。

第三節　表記法をめぐる選択――技術、学習者、イデオロギー

以上、中国語教本のテキスト空間にひしめく発音記号と表記法が、印刷メディア上の「耳の拡張」の技術として、多様な様式で駆使されてきたということを考察した。時期的に見れば、発音記号と表記法の多様化は、民国期の国語運動における発音表記の新たな考案、さらに音声メディアのラジオ講座の放送と、同時代性を有している。この意味で、印刷メディア上のさまざまな中国語の発音記号と表記法は、まさに〈声〉の時代の産物といえよう。

本節では、前述した考察を踏まえて、発音記号と表記法がいかなる思惑で選定されたのかという問題に着目する。一九四〇年頃、中国語教育の現場において、発音記号がもつ重要性が徐々に中国語教師に意識されるようになった。例えば、一九四〇年に『支那及支那語』誌上で発表された「支那語発音教授の実際と発音符号」において、発音記号の使用が、学習の能率にかかわる重要な問題として捉えられている。

固より発音符号は発音教授の一便法に過ぎず、飽くまでも実際的な発音を教授するやう指導しなければならないが、然し実際教授する上に於て如何なる発音符号を如何に教授するかといふことによつて、その効果と能率の上にも可成り大きな影響を及ぼすものである。従つて発音符号は何を以てするやといふことは支那語を教授する最初に当つて必ず先づ考へなければならない問題である。[61]

発音記号と表記法の選定は、もちろん教師の教育方法や習慣と不可分であるし、「ウエード式綴り方に慣れた者が、

国語羅馬字《ローマ》の拼法を不便とするは已むを得ない[62]」というように、特別な理由がなくてもある種の発音記号から使い始めたがゆえに別の発音記号を用いないという偶然性も免れない。しかしながら、一九四〇年頃の表記法の選定にあたっては、日本の言語政策と対中文化政策も教師たちの視野に入るようになった。以下では、技術、学習者との関係という二つの要素を確認した上で、発音記号と表記法の選定に影響する第三の要素であるイデオロギーとしての表記法の問題を取り上げる。

発音記号と技術

ここで、技術という要素は具体的には、発音記号と表記法が印刷上たやすく実現できるかどうか、新聞雑誌上の中国語の地名・人名の表記と一致させるべきかどうか、といった実際に応用する際の効率・能率、また、他のメディア・体裁と連絡するための適格性を指す。例えば、魚返善雄[63]は「支那語の表記法」(一九四〇年)において、注音符号が日本で応用される問題点の一つとして、「印刷に際して活字がなく(支那でも一二軒以外には完全なものはない)、有つても組版に特殊の職工を要し、非常に不経済」であるということを挙げており、「注音符号やローマ字にカナを隷属させてしまつたり、無暗に複雑な符号を使つたり、印刷所泣かせの新文字をやたらに作り出すのは禁物」と注意を促した[64]。また中国語教本のテキストの組版で、ローマ字の発音記号を選ぶ際には、常に横方向に並べて組版するローマ字を、いかに縦に組版される漢字と組み合わせるのかが問題になる。「「直情逕行」する漢字の行くてを横這ひの「蟹文字」が遮り遮りしてゐたのが今までの支那語読本の姿であつた。横這ひでは頭(子音)も尻つ尾(母音)も見さかひがつかず、また漢字と並べ書くことができないため、学習上種々の不便が起る[65]」という問題があるので、結果的に新しい活字の鋳造に着手しなければならない。

このように、魚返は組版の問題を解決するために、漢字に合わせるためにローマ字を縦に組版する「注音羅馬字」の鋳造に取り掛かっていた[66]。それとほぼ同時に倉石武四郎は、「注音漢字、すなはち注音符号のルビつきの漢字母型」

の制作によって、漢字と注音符号の組版の問題を打開しようとしていた(67)。

発音記号として、日本の仮名を選ぶか、それとも外国で使われるローマ字や注音符号を使うかということを考えるに当たっては、日本の他の印刷メディアと連絡しなければならいという意見も見られる。以下のように、教育の場面で注音符号の使用を勧める大阪外語教授・金子二郎(68)が、新聞雑誌では柔軟な対応を取るべきだと論じている。

支那の地名、人名の如きは支那音で読むことを励行して、差し当り新聞雑誌等に出て来る地名、人名には読音をつける様にしたいと思ふのであるが、それには先づ標準となるべき「仮名による支那音綴法」を、複雑な符号を使はず、約束を多くすることなくして簡便に、誰でも読める様な一定した形式として持ちたいものだと思ふのである(69)。

学習者にとっての使いやすさ

学習者との関係においては、多くの中国語教師が、学習者の中国語能力、教本の使用される具体的な場に応じて発音記号を選択していた。例えば、宮越健太郎が『華語発音提要』で発音表記として国際音声記号を推薦する理由を以下のように記している。

1．本書ハ華語研究者ヲシテ簡単ニ正確ナル発音四声ヲ会得セシメンガ為ニ編纂セルモノナリ

2．従来我国ニ於テハ華語ノ発音ヲ表示スルニ當リ多クハ英人 Sir T. Wade ノ式ヲ採用シ来タレドモ多年ノ経験上幾多不備ノ点アルニ鑑ミ本書ニ於テハ万国音標文字ヲ使用シ以テ発音ノ正鵠ヲ期スルコト、セリ(70)。

この記述で注目に値する二カ所を確認したい。まず、『支那語捷径』を改訂して注音符号を加えた石橋哲爾と同じ

く、宮越もウェード式の表記の不正確さに気づき、その欠点を国際音声記号で補おうとした。また、国際音声記号を用いた『華語発音提要』で狙いとする読者は一般の学習者ではなく、中国語の発音を研究し教育する側に立つ「華語研究者」という層である。

ところで国際音声記号と注音符号の使用を賞賛することは、日本語仮名の排除につながるものではなかった。これらの使い分けは、宮越による中国語教本の出版活動の全体図から見て取れる。例えば、一九三〇年代に編纂した『短期支那語講座　五版改訂』（一九三四年）、『満洲語五十講』（一九三七年）といった教本類では、日本語仮名が使用されている。注音符号も、『注音符号詳解』（一九三五年）、『中国語』（全四冊、一九三一—一九三五年）で使い続け、学習雑誌の『支那語』においても紹介した。さらに、一九三一年に宮越が担当したＡＫのラジオ「支那語講座」では、専門家向けの『華語発音提要』の編纂方針に近い態度を取っていたようで、国際音声記号と注音符号が用いられた。

発音記号の使い分けを自覚し、その方針も検討した教師として、金子二郎が挙げられる。金子は、「支那語の音を表記する必要は如何なる場合に起るかと言へば、先づ二つに大きく分け得られよう。（一）専門学者が音声学上の目的のために使用する場合」、「（二）一般が諸種の便宜上使用する場合」[71]というように想定し、「（二）一般が諸種の便宜上使用する場合」のなかの中国語教授の場面では、「これは亦学生の素養、目的、時間数によつて同一の取扱ひは出来ないのであるが、大体実際教授に当つては必ずしもただ一様式の表音法にのみ依らねばならぬものでなく、寧ろその時々に応じて凡ゆる方法を動員することが原則としては好ましいことで、支那語を学ぶのにまで英語を使ふのは怪しからんと言ふが如き論は勿論問題にすべきでなく、英語音に慣れてゐる学生に対してはウエード式も大いに有効であらう」として、英語に慣れない日本の中等学校の低学年等に対しての教授は、「注音符号によるべきものであらう」[72]としている。

イデオロギー的な選択

一九四〇年頃、表記法の選定において、技術面のことと学習者に対する配慮以上に、日本の言語政策と対中文化政策といったイデオロギーも、中国語教師の選択にとって重要な要素となっていた。その際に、矢面に立たされたのが、国語統一と識字教育を最終目標として中華民国で考案された注音符号であった。すでに一九二〇年代から、注音符号の正確さについては、宮越健太郎、金子二郎ら中国語教師に認められていた。しかし、やがて大東亜共栄圏の内部では日本語仮名こそが共通の文字であり、中国の「国語」の記号より広い応用範囲を持つべきだという意見が現れ、論争を引き起こすことになる。一九四〇年に、竹内好らが主宰した雑誌『中国文学』の第六三号において、魚返善雄が「支那語の表記法」という文章を発表し、注音符号の七つの「不満足な点」を列挙した。言語学上および教育上における不便のほか、「(六)またその符号の外形がいかにも非文化的、非科学的に見えて、西洋の言語を少くとも一種類以上学習してゐる日本人学生には却つて軽侮の念を起させがちである」(73)という。発音記号の応用に関する問題の射程が、日本の対中認識の領域にまで広げられたのである。魚返は、中国を侮蔑する世間の評価を気にしていたためだろうか、アルファベットより「非文化的」な形を取る注音符号が、対中感情の悪化を惹起しかねないと懸念したようである。

しかし、彼がもっとも懸念したのは、「国家の地位、文化の程度、教育の均衡、学習の難易、印刷の技術等を全然無視」し、「支那一国の国語国字政策の一端をそのまゝ日本に移植」するということである(74)。「非文化的」かつ「非科学的」な注音符号より優れているのは、「古来独立の文字として用ひられて来たものであり、又将来東亜共通文字の一種として交通通信及び其他の方面に広く用ひられる可能性(75)」をもつ日本語の仮名文字である。ウェード式ローマ字がイギリス人にとって都合がよく、ドイツには中国語発音を表記するドイツ式ローマ字、フランスにはフランス式ローマ字があるように、日本語仮名が日本人にとっての「自国本位の綴りかた」と強く主張する本論説の裏には、中国が国家の地位や文化の程度で日本に劣るため、中華民国の国語政策も最終的に日本語の仮名文字を頂点とする大東亜の言語圏に編入されるだろうという予想が読み取れる。

同年『支那及支那語』八・九月号において、魚返に反論する金子二郎の「支那語の記音法」が掲載された。金子は、注音符号に向けられた魚返の七つの欠点を詳細に検討し、「外形がいかにも非文化的、非科学的に見え」るという六点目については「論外である」と記した。また、「政治的とまで行かなくとも文化政策的な立場から、将来仮名を東亜の共通語たらしめんとするのならば、これは又別の見地から考へねばならぬ問題であり、問題は又別の姿を採る」[76]というように、語学教育とイデオロギーの問題を混同すべきでないと説いている。それを受けた魚返がさらに、『支那及支那語』で以下のように金子に応答した。

東亜の新事態に対しては、政治的にも文化政策的にも従来とは異なつた態度が取られなければなりますまいが、それは東亜の安定勢力としての日本の舵を取る為政者ばかりでなく、その下に在つて文化事業の一分野に従事する者によつても一応は心得られて然るべきものではないかと考へます。〔中略〕
換言すれば、我々は日本人の立場に立つて、その教育課程に含まれた「外国語」の一種として支那語を教へ或は学ぶのであるか、それとも——やや極端な言ひ方をすれば——支那人になつた気持でそれをやらうといふのであるか。[77]

魚返は中国語教育における注音符号の全廃を主張していたわけではなく、一九四四年には単著の『支那語注音符号の発音』を出版している。[78] ただし、「支那語再談義」(一九四〇年)では、やはり、「東亜の新事態」にかかわる政治的な立場と文化政策を度外視できないことを強調し、東亜の文化事業の担い手として日本の中国語教師が取るべき責任を説いている。

この時期、すなわち魚返の論説が発表される二年前に、対中文化政策の一環として、中国語は一般の兵士にも勧められた。「将校以下余リニ通訳ヲ依頼シ過キテ非常ニ支那語ヲ勉強シ居ラス下士官兵亦然リ／之ニテハ一般戦術的野戦ニハ斥候ニモ出ラレス」「将校下士官カ斥候トシテノ能力ノ欠乏ニアリ」「捜索能力ヲ欠」[79]いているというように、中国語は軍用訊問、捜査、偵察、行軍の諸場面において、軍事情報の探知や中国の軍民の鎮圧・統治をするための道具とされた。さらに、鉄道沿線、守備区域、衛生隊、占領下の官庁、また飲食店、理髪屋、入浴場、自動車乗場、市場、青年団大会、婦人会等の民衆が集まる場所において、宣伝チラシや「安民布告」、通告を制作するにあたっても、中国語が不可欠であった。軍事専用の中国語教本において、ほとんどの場合、日本語仮名が発音の表記として使われたのは、上記のような軍事活動の効率的な遂行のためであったと考えられる[80]。

一九三〇年代後半のこの時期、対中宣伝ビラの制作に漫画家や小説家も動員されたように[81]、総力戦のなかの対中文化政策を行う使命は、陸軍の兵士に限らず、文化事業に携わる個々の人の身に降りかかってきていた。魚返はこのような時局の緊迫性、中国語を学ぶ姿勢をめぐって考え、「「外国語」の一種として支那語を教へ或は学ぶのであるか」、それとも「支那人になつた気持でそれをやらうといふのであるか」という選択肢を挙げて、そのなかで前者を選んだのである。

発音表記として正確とはいえない日本語仮名を通して身につけた中国語が、はたして中国人が聞き取れることばなのかという問題については、考慮が欠けていたように見えるが、むしろこれは、魚返が思う日本人の中国語学習が「支那人」になる気持ちを必須な条件としないことに由来する。さらに言えば、「自国本位の綴りかた」、すなわち、仮名を発音記号として勧めたのは、「単なる「ふりがな符号」に非ずして東亜共通の独立文字としてのカナ書き支那語（即ち満洲語）[82]」の誕生を期待していたからである。「カナ書き支那語（即ち満洲語）」については「支那語の表記法」（一九四〇年）では詳しく説明されていないが、『支那語の発音と記号』（一九四二年）で論じた「満語カナ書き案」とほぼ一致するものだと考えられる[83]。後者の記述から、これは満洲国で研究されていた中国語音を書き記すための仮名文字と同一のものだと推測できる。中国語を仮名文字で書き表す理由として、「日本のカナは東洋民族の最も古く、最も輝かしい発明の一つである。いやしくも東洋人である限り、カナぐらゐは一通り心得てゐるやうにならなくてはいけない」と記述してある。[84] 一九四一年に注音符号が満洲国で禁止されるようになったことを考えれば、[85] その一年前に発表された魚返の注音符号批判は、満洲国の言語政策を強く意識していたことは言を俟たない。もっとも、ここでは、魚返の論点と中国語に対する観念を批判するというよりは、彼の論説をその時代の中国語教師がもつ心境の一種の反映として観察したい。前章で見た中国語をめぐる一九三〇年代後半の放送研究雑誌誌上の議論と同じく、教育上の応用や技術の問題とされるはずの発音記号と表記法も、大東亜の言語圏というアジェンダ・セッティングのなかに編入される運命を免れなかった。

倉石武四郎は、魚返と金子の論争に直接的には加わらなかったが、発音記号の選択問題において魚返と反対の立場に立ち、「本式」の中国語学習に適応した注音符号の使用を支持している。彼が『中国文学』誌上で発表した論説「支那語教育について」は、まさに魚返への反駁のように読み取れる。

> 本式に外国語を学ぶ気になれば、その外国語のために作られた発音記号により、――むしろ、他の言語に適用できない位の記号により、その外国語に打ちこみ、その外国語の特質を会得しなければならない。
> 注音符号は支那語のために出来たものであるから、他の言語に適用しなくても、更に差し支へない。むしろ、支那語の発音を、三十七個の符号と、その組合せとによつて纏めあげた手ぎはを買つてやらねばならない。他の言語に適用しないだけ、その言語には最上の適合性を持たせたとも云へる。そして、かやうに纏つたことには、長い支那語学の歴史があり、その歴史が歩んだ跡こそは、支那語の本質に沿うたものである。支那語教育に携はるものが、その歴史を知らず、あるひは更に、その歴史を侮ることは、その教育に不測の禍を及ぼさないとも限らない。[86]

以上、倉石は「自国本位」を優先する魚返説に反対し、「本式」な中国語、言い換えれば中国語らしい中国語の習得のために、そのような中国語の特質に最もふさわしい発音記号である注音符号の必要性を説いている。このような注音符号の適合性は、中国語学の歴史に由来するがゆえに、中国語の本質を表しているというのである。この考えに従えば、魚返が構想した「東亜共通の独立文字としてのカナ書き支那語(即ち満洲語)」は、中国語の歴史に沿う表記と言い難く、「歴史を侮ることは、その教育に不測の禍を及ぼさないとも限らない」という批判の標的となりかねないものであっただろう。

興味深いことに、この批判に対する魚返の応答は、彼自身が当初提起したイデオロギー的な選択の問題のみならず、発音記号が表すことのできる語音の範囲という点にまで広がった。魚返はまず、倉石が注音符号を支持した理由が「漢文の支那語による吸収」、俗にいうと「漢文征伐」という強い信念にあるとしたうえで、しかし注音符号は「一部世人の蒙を啓く点が少くない」と述べる(87)。また、中国語の発音記号としてローマ字を使っていたら、「注音符号の使用可能な標準語のみに限らず、上海語でも広東語でもこの要領でドシドシ処理してゆくことができ、しかもその結果は世界の各国人にそのまゝ理解されるのである(88)」とも述べた。すなわち、ローマ字は、中華民国の標準語に限らず方言の語音も表すことができ、しかも世界各国で通用する普遍性を持ち合わせている点において、注音符号に対する優位性があるという。ここに、発音記号の選択問題でイデオロギーをめぐるやや長い論争を経て、どのような発音の中国語を学ぶかという問題がようやく顕在化したのである。

以上、本章では声のことばとしての中国語が、紙媒体のテキスト空間でどのように表現されていたかということを、学習者にとっての「耳の拡張」として捉えて、明治以降の音読のテキストの形成、テキストのなかの発音記号と表記法の種類を考察してきた。中国語の発音を表現するこれらの発音記号と表記法が、返り点や送り仮名で構成された正統な漢文のテキスト空間に攪乱的な要素を加え、視覚によるテキスト空間に変化をもたらした。一九三〇年代、ラジオ講座とほぼ同じ時期に、中国語がさまざまな発音記号によって綴られることを通して、「耳の拡張」としてのテキスト空間が形成された。一九三〇年代後半、発音記号や表記法を選ぶ基準には、それまでの印刷技術や学生の学力への配慮に加え、発音記号を使ううえでのイデオロギーの問題が現れた。後者に関して、日本語仮名と中国の注音符号の優先順位をめぐる論争は、この時期の対中文化事業の行方、東アジア地域における日本語の普及と中国語の使用との関係も暗示している。イデオロギー的な選択をめぐる論争はさらに、発音記号の活字鋳造の技術的問題や、中華民国の標準語だけに集中するかあるいは方言も含めて学ぶかという問題とも複雑に絡んでいた。

前述の通り、本章は発音記号と中国語の漢字文の空間的関係を考察するため、また、この空間的関係の視覚的特徴を特定するために、テキストのページにおいて漢字文とそれを注記する発音の記号が構成した空間を「テキスト空間」とした。一方、齋藤秀一が「支那語教育におけるローマ字の利用」(一九三九年)において、「我が国の発音教育の能率が上がらない原因が漢字に頼り過ぎる点にあるとすれば、まづ何よりも先にこれを改めなければならない(89)」と唱えたように、そもそも漢字を使わずにローマ字や注音符号だけで中国語のテキストを構成する選択肢はある。その際には、漢字文がテキストには存在しないため、テキストを訓読する発想は生じ難い。このように読者が自ずと視覚的に異質な記号に注意を払うようになれば、話しことばの習得にスムーズに集中できるかもしれない。しかしながら、教師たちが漢字によって構成される中国語のテキストを手放したくなかったためか、あるいはローマ字等の活字の組版にはたやすく移行できなかったためか、漢字文に頼らない中国語のテキストは戦前期の教本類にほとんど見られない。

中国語の発音表記をめぐる選択の問題は戦後まで続いた。一九五三年に倉石武四郎は、『ラテン化新文字による中国語教本』を出版し、それをかわきりに、それまで提唱してきた注音符号から転向し、漢字文のテキストを最小限に使いつつも、ローマ字としてのラテン化新文字、その後はローマ字のピンイン字母を優先する方針に舵を切った。一九五〇年代後半以降の日本の中国語教育界において、中国語学習の発音の重視と中華人民共和国の言語政策への共感のもとで、ローマ字表記のピンイン字母を優先する方向に収束していく状況については第六章で論じたい。

注

(1) 六角恒廣『中国語関係書書目(増補版) 1867―2000』。

(2) 氷野善寛「昭和初期の子供向けの中国語教材の一端」などを参照。戦前期に吹き込まれた中国語学習のレコードとしては、青柳篤恒『レコード添付実用北京語速成講座』(レコード一〇枚、出版年不明)、秩父固太郎『初等支那語レコード』(一九三四年)、徐仁怡吹込『実用支那語レコード』(レコード一二枚、一九四〇年)。学習カードには、本田清人編『学習必携　支那語カード』大阪屋号書店、「カード兼用日用支那語かるた」が挙げられる。

(3) 桜井隆『戦時下のピジン中国語』を参照。

(4) 視話法(visible speech)は、万国共通のアルファベットを思案したアレクサンダー・メルヴィル・ベル(Alexander Melville Bell)が一八六七年に、*Visible Speech: The Science of Universal Alphabetics, or, Self-interpreting Physiological Letters, for the Writing of All Languages in One Alphabet: Illustrated by Tables, Diagrams, and Examples* で発表した音声記号である。日本での使用について、メルヴィル・ベルの次男で、電話の発明者であるグラハム・ベルから示唆を得た伊澤修二が、北京官話、厦門語の表記法にも視話法を応用したことがある(埋橋徳良『日中言語文化交流の先駆者』などを参照)。

(5) マーシャル・マクルーハン『メディア論』二七七頁。

(6) ウォルター・J・オング『声の文化と文字の文化』一六六―二四〇頁、アンドレ・ルロワ゠グーラン『身ぶりと言葉』一九三―二〇〇頁を参照。

(7) ティム・インゴルド『ラインズ』五八頁。

(8) マクルーハンとインゴルドに共通する観点は、話しことばを手書き・記録する正しい綴り字や、表音アルファベットが、人間の声と身振りを拡張する技術的手段であり、印刷技術の出現がさらにことばに圧力(press)をかけてそれを標準化していったというものである。

(9) マーシャル・マクルーハン『メディア論』一九七頁。

(10) 同上、一七八頁。

(11) 同上、二七四頁。

(12) 奥村佳代子『江戸時代の唐話に関する基礎研究』、奥村佳代子「唐話資料「和漢俗語呈詩等雑事一、二　漢文一」所収「長短話」と『訳家必備』」、紅粉芳惠「近代以前の日中語学習書から見る中国語教授法」、Sinclair, Paul and Blachford, Dongyang. "The *Kago Suihen* Textbook Serious and Japan's Business Language Education in Early Twentieth-Century Shang-

hai", 宋桔『《語言自迩集》及其近代漢語語料』などを参照。

(13) 漢字の平上去入《へいじょうきょにゅう》の四声《しせい》を示すために、一つの漢字の四角の隅のいずれかに圏点を施す声点の方法が存在していた。金文京の考察によれば、声点についての説明は『史記』の唐代の注釈である張守節『史記正義』「発字例」に見られる(金文京『漢文と東アジア』五八頁)。

(14) 吉川幸次郎「支那語の不幸」『文藝春秋』一九四〇年九月号、二六八―二六九頁。

(15) 同上、二七三頁。

(16) 例えば金文京は、漢籍を筆写する際に原文の声点をそのまま保留したことや、「ヲコト点」の起源は声点にある可能性を論じた(金文京『漢文と東アジア』五七―五八頁などを参照)。声点についての研究の蓄積は豊富で、例えば、こまつひでお「声点の分布とその機能(I)」などが挙げられる。

(17) 石崎又造『近世日本に於ける支那語俗文学史』。『水滸伝』の江戸時代における受容については、Hedberg, William C. *The Japanese Discovery of Chinese Fiction* を参照。

(18) 川島優子「白話小説はどう読まれたか――江戸時代の音読、和訳、訓読をめぐって」中村春作等編『続「訓読」論』を参照。

(19) 古典研究会編『唐話辞書類集』を参照。

(20) 奥村佳代子『江戸時代の唐話に関する基礎研究』二八四頁などを参照。

(21) 川島優子「白話小説はどう読まれたか――江戸時代の音読、和訳、訓読をめぐって」中村春作等編『続「訓読」論』三三五頁、齋藤希史「「支那学」の位置」八頁を参照。

(22) 六角恒廣『漢語師家伝』、高田時雄「トマス・ウェイドと北京語の勝利」狭間直樹編『西洋近代文明と中華世界』、宋桔『《語言自迩集》及其近代漢語語料』などを参照。

(23) 安藤彦太郎『中国語と近代日本』、板垣友子「官話急就篇の初版と増訂版との比較」、内田慶市・氷野善寛編『官話指南の書誌的研究 付影印・語彙索引』などを参照。

(24) 『官話指南』は、一八八二年に出版された後、多くの改訂版、派生書物が出版されて、長年にわたり日本人や欧米人に使用されてきた中国語学習用の教科書である(氷野善寛「『官話指南』の多様性」、内田慶市・氷野善寛編『官話指南の書誌的研究 付影印・語彙索引』などを参照)。

(25) 呉啓太・鄭永邦「凡例」『官話指南』二頁。

(26) 「発圏法」は中国で漢字の四角に丸をつけて漢字のイントネーションを記すための記号、またその記し方である。「圏破」などとも呼ばれている。漢字の左下に丸をつける場合は上声、右上は去声、右下は入声である。民国期には、「発圏法」から発想を得た記号が、注音符号にも使用されたことがある。『官話指南』で紹介されたイントネーションを示す丸の記号は、伝統的な「発圏法」の記し方とは異なる(徐麗・石汝傑「《官話指南》的版本和語言」七九―八〇頁、黎錦熙『国語運動史綱』一四五―一四九頁を参照)。

(27) 「凡字之四聲、上平、則在字之右肩如一圈、如聲字是也、其下平、在字之右脚加一圈、如讀字是也〔引用者注：本文の「讀」の右下に小さいまるの記号がある〕、其上聲、在字之左肩加一圈、如請字是也〔引用者注：本文の「請」の左上に小さいまるの記号がある〕、其去聲、在字之左脚加一圈、如四字是也〔引用者注：本文の「四」の左下に小さいまるの記号がある〕、凡字之應出氣者、在字之左肩加一豎、如茶字是也〔引用者注：本文の「茶」の左上に小さい縦の棒の記号がある〕、凡字之應重念者、在字之右邊畫一横、如船字是也〔引用者注：本文の「船」の右に小さい横の棒の記号がある〕、凡字之重音、在字之左邊加一横、如京字是也〔引用者注：本文の「京」の左に小さい横の棒の記号がある〕」というのである(呉啓太・鄭永邦「凡例」三―四頁)。

(28) 安藤彦太郎によれば、『急就篇』(一九三三年に「官話急就篇」から改題)は、敗戦までの四十数年間に一七〇回以上版を重ねたという(安藤彦太郎『中国語と近代日本』四〇頁)。なお、日本語訳を補足した杉本吉五郎編『官話急就篇総訳』が一九一六年に発行され、重念の記号を施してウェード式を応用した打田重治郎『急就篇を基礎とせる支那語独習』が一九二四年に大阪屋号書店から出版された。

(29) 例えば、日本では、『語言自邇集』を翻刻した日本人向けの教本として、『清語階梯語言自邇集』が一八八〇年に慶應義塾出版部から刊行された。また伴直之助が一九〇四年に編纂し出版した中国語の学習誌である『清語ト清文――Far East』(東枝律書房)において、ウェード式のローマ字が使われている。

(30) 東京外語で『語言自邇集』を使い北京官話が教授された状況については、六角恒廣『中国語書誌』二六頁を参照。『語言自邇集』が高価であったことについての記述は、中田敬義「明治初期の支那語」『中国文学』第八三号、一九四二年、一四頁を参照。

(31) 田中慶太郎「出版と支那語」『中国文学』第八三号、一九四二年、四〇頁を参照。

(32) 安藤彦太郎『中国語と近代日本』六八頁。

(33) 韓清語学校は、一八九五年に「日清戦役後韓清両国語習練ノ必要」があるとして、渋沢栄一等によって設立された(渋沢青淵記念財団竜門社『渋沢栄一伝記資料』一七八頁)。

(34) 岩村成允「外交と支那語」『中国文学』第八三号、一九四二年、三〇頁。

(35) 六角恒廣によれば、「『日清字音鑑』が出るまで、中国語の発音表記は主としてカナで、それも一定の表記上の約束はなかった。ウェード式発音記号が使われたのは、これが嚆矢といえよう」という(六角恒廣『中国語書誌』六三頁)。

(36) 岩村成允は一八九七年に外務省に設置された中国語研究の留学生試験に合格し、同年北京に赴いた。北京滞在中、中国人との幅広い交際のなかで、辞書の編纂に取り組み始めた。後に芝罘《しふう》領事館に勤務するようになってからも辞書の執筆は続けられ、一九〇五年八月にポケット本の『北京正音　支那新字典(*New Chinese Dictionary*)』が博文館によって出版された。

(37) 六角恒廣「秩父固太郎――満洲の重鎮」『漢語師家伝』二八四頁。岩村成允も辞書を編纂した際に中国語の独学者を意識しており、辞書の「自序」で以下のように書いている。「方今日清両国の交誼に往来益繁く邦人の清語を学び清文を講ずる者日に多きを加ふるは洵《まこと》に欣《よろこ》ぶべき現象なりとす而して気運の趨《おもむ》く所会話時文の新著陸続梓に上るも未だ適当なる字書有るを見ざるは豈に斯学の欠点に非ずや予竊《ひそか》に之を憾み敢て自ら量らず公務の余一小字書を編し題して支那新字典と曰ふ未だ精詳なる能はずと雖《いえども》初学以て津梁《しんりょう》と為すを得ば蓋し少補なからずと云ふ」(岩村成允「自序」『北京正音　支那新辞典』)。

(38) 石山福治の経歴と著作について、李晶鑫「石山福治(Ishiyama Fukuji)的生平及著作」が詳しい。

(39) 以上の発音記号の使用状況について、栗山茂「支那語発音教授の実際と発音符号」『支那及支那語』一九三九年三月号、二一―五頁、魚返善雄「支那語の表記法」『中国文学』第六三号、一九四〇年、一七四―一八六頁、孫雲偉「昭和初・中期北京語語音における仮名表記の改善」を参照。

(40) 石橋哲爾「訂正増補改版ニツイテ」『支那語捷径　改訂増補』八頁。

(41) 同上、九―一〇頁。

(42) 宮越健太郎「緒言」『注音符号詳解』八頁。

(43) 同書の内容については、「在支研究中民国教育部第四届国語講習所ニ於テ汪怡王璞両師ニ就キ実習セルモノヲ基礎トセリ」と述べられている(宮越健太郎「例言」『華語発音提要』二頁)。

(44) 一九二〇年代に中国の「国語」の標準的な語音をめぐって、北京語の語音を主張する「京音」派と、入声の保留などを唱える「国音」派の対立があった(黎錦熙『国語運動史綱』一五二―一五九頁、Chen, Janet Y. *The Sounds of Mandarin*, pp. 42-50などを参照)。

(45) 宮越健太郎編『中国国語』は、一九三七年一一月一五日に文部省検定済みになり、中学校・実業学校外国語科用とされた。

(46) 倉石武四郎「序」『支那語発音篇』二―三頁。

(47) 例えば、曹欽源「中国国語運動」『中国文学月報』第二四号、一九三七年、五―一一頁、下瀬謙太郎「国語羅馬字を語る」『中国文学月報』第二四号、一九三七年、一一―一五頁、齋藤秀一「ラテン化運動について」『中国文学月報』第二四号、一九三七年、一五―一八頁などが挙げられる。

(48) ここで言うところの漢字の近代化の問題については、安田敏朗『近代日本言語史再考V』で齋藤秀一と下瀬謙太郎をそれぞれ論じた第六章と第七章が詳しい。

(49)編輯部編訳「国語羅馬字の読み方(上)」『支那及支那語』一九四一年一一月号、三八頁。
(50)齋藤秀一「支那語教育におけるローマ字の利用」教育・国語教育編輯部『総合国語教育三十講』二三八頁。
(51)魚返善雄「支那語とその研究」『日本語と支那語』二八七頁。
(52)宮越健太郎編『華語発音提要』一五頁。
(53)宮越健太郎「例言」『華語発音提要』一頁。
(54)この「シ」の上に円弧が付されている。
(55)この「シ」の上に円弧が付されている。
(56)この「シ」の右上に黒い点が付されている。
(57)この「シ」の上に円弧が付されている。
(58)この「シ」の右上に黒い点が付されている。
(59)この「ア」の上と下の両方に円弧が付されている。上の円弧がさらに「ス」の上に延長されている。
(60)栗山茂「支那語発音教授の実際と発音符号」『支那及支那語』一九四〇年三月号、三一四頁。
(61)同上、一頁。
(62)下瀬謙太郎『支那語のローマ字化をめぐって　民国政府の国字国語運動のあらまし』九三頁。
(63)魚返善雄(おがえり・よしお、一九一〇—一九六六年)：一九二六年に上海東亜同文書院に入学し、その後中退した。一九三〇年代から東京高等師範学校教授、東京帝国大学、文理大学、慶応義塾大学の講師、同大学語学研究所所員を歴任した。一九三七年にカールグレン『支那言語学概論』を翻訳し出版した。一九三八年頃に日本放送協会対中国ニュース放送のアナウンサーを担当した。戦時中に中国語音の著作を多く発表し、戦後は『菜根譚』『西遊記』『水滸伝』といった古典文学を翻訳した。
(64)魚返善雄「支那語の表記法」『中国文学』第六三号、一九四〇年、一八五—一八六頁。
(65)同上、一八三頁。
(66)同上。
(67)倉石武四郎『支那語教育の理論と実際』一五二—一五三頁。
(68)金子二郎(かねこ・じろう、一九〇五—一九八六年)：一九二六年に大阪外語支那語部を卒業、同校支那語部教授、同校支那研究会編『支那及支那語』の中堅的な執筆者。同誌で発表された文章に、「支那口語文法序説」「支那に於ける語文運動に関する覚書(その一)漢字改革運動の理論と方案」、胡適著・金子二郎訳「国語文法概論」、王力著・金子二郎訳「支那語学概論」が挙げられる。戦後の一九五七年に『初級中国語読本』(上巻・下巻)、一九六〇年に『中国語入門』(大安)を出版し、一九六五から一九六九年にかけて大阪外国語大学学長、一九七〇年から一九八五年にかけて大阪府日中友好協会会長を務めた。

(69) 金子二郎「支那語の記音法」『支那及支那語』一九四〇年八・九月号、三頁。
(70) 宮越健太郎「例言」『華語発音提要』一頁。
(71) 金子二郎「支那語の記音法」『支那及支那語』一九四〇年八・九月号、二頁。
(72) 同上、七頁。
(73) 魚返善雄「支那語の表記法」『中国文学』第六三号、一九四〇年、一八五頁。
(74) 同上、一七五頁。
(75) 同上。
(76) 金子二郎「支那語の記音法」『支那及支那語』一九四〇年八・九月号、六頁。
(77) 魚返善雄「表音法再談義」『支那及支那語』一九四〇年一〇月号、三〇頁。
(78) 魚返善雄『支那語注音符号の発音』を参照。
(79) JACAR Ref. C11110821100、将校以下支那語を一層勉強すへし 将校研修資料 第五九号(防衛省防衛研究所)。
(80) 例えば、軍事普及会『陣中速成 軍用日支会話』、杉武夫編著『現地携行 支那軍用会話』、陳白秋『現代実用支那語講座 第十四巻 陣中会話篇』、藤木敦實編著『支那語軍事必携』が挙げられる。
(81) 土屋礼子『対日宣伝ビラが語る太平洋戦争』、一ノ瀬俊也『宣伝謀略ビラで読む、日中・太平洋戦争』を参照。
(82) 魚返善雄「支那語の表記法」『中国文学』第六三号、一九四〇年、一七六頁。
(83) 魚返善雄『支那語の発音と記号』一七二頁。
(84) 同上。
(85) 安田敏朗『帝国日本の言語編成』二五九頁、安田敏朗『近代日本言語史再考V』三五〇頁を参照。
(86) 倉石武四郎「支那語教育について」『中国文学』第七一号、一九四一年、一六頁。
(87) 魚返善雄「記号の問題」『中国文学』第七三号、一九四一年、一一八頁。
(88) 同上、一二〇頁。
(89) 齋藤秀一「支那語教育におけるローマ字の利用」教育・国語教育編輯部『総合国語教育三十講』二四八頁。

第三章　何のための「支那語」か

——中国語ブームのなかの学習誌（一九三二—一九四四）

一九三〇年代に中国語学習の重要性を意識しはじめたのは、日本放送協会だけではなかった。一九三二年に創刊された中国語学習誌『支那語雑誌』の「発刊之辞」には、以下のように記されている。

　近時日本の対支対満関係の逼迫、発展は一般世人をして頓《とみ》に支那語の重要性を認識せしむるに至つた。而かも実は支那語の重要性は今日に初まつたことではなく、夙《つと》に一部欧米人士間に於てさへ之が研究の完成は遥かに日本を凌駕するものある程であつた。現時の日本に於いては之が十全なる専問《ママ》的研鑽の必要は勿論のこと乍ら、今日の日本に最も緊急に要望せられてゐるのは、軍人、官吏、実業家、学生のあらゆる層を問はず一人でも之が初等知識獲得者の多からんことである。

　抑《そもそ》も一国の国情を理解するためにはその国の人間を知ることが必要であり、人間を知るためにはその人の語る言葉を知ることが必要である。この意味に於ても支那語は、単なる実際上の事務遂行の上の便益以外に支那及満洲を知る一つの重要な鍵でもある。

　本誌はこの時代の必要に鑑み、万人が僅かの余暇を利用して楽しく、気軽に支那語の初等知識を獲得すると同時に支那の事情の一端を理解するに便ならしめんとの意図の下に刊行された[1]。

ここでは、中国大陸と満洲を知る鍵として、また、階級を超えて「万人が僅かの余暇を利用して楽しく」得られる知識として、中国語の教養が位置づけられている。

第二章で述べたように、一九三〇年代の大衆レベルでの中国語受容について特筆すべきことは、多種多様な紙媒体の教本類や学習誌が出版されており、それらが電波を受信できるかどうかという物理的な制限を受けることなく、ラジオの「支那語講座」に比べて農村、外地の遠隔地まで流通していたことである。中国語の発音を具現化する発音記号を満載していたこれらの紙媒体の教本は、外国語としての中国語に対する理解、ないし基礎的な中国語の習得に大きく寄与したと考えられる。

教本類出版の最盛期を迎えたとりわけ満洲事変以降、「手ごろの大きさの字書が、割合安価に求め得られるやうになつた」(2)。それと同時に、内容面では粗製乱造の傾向が見られるようになり、編纂者のなかには「功利的な、打算的な人間が多い」と同時代の教師が酷評することもあった。

> 「この頃の物価騰貴に随分もつたいない話さ」と友は云ふ。支那語の出版物を云つてゐるのである。洛陽の紙価ために貴《たか》しぢやないかと答へて笑つた。若し実際にそうだつたら本当に悦《うれ》しい限りだが、書肆《しょし》が店頭に立ちて、手にとれば、随分その書物の書かれてゐる目的が判らないのが多い。慨嘆すべきである。
>
> 支那語の書物を書いたり、支那語を教授したりする仁は、考へてみるとまことに心臓人である。心臓人と云へば又笑つてもすませるが相当功利的な、打算的な人間が多い。従つてそれがそこに現れて来る(3)。

これに対して、前述の『支那語雑誌』の創刊のことばにあるように、一九三〇年代に学習誌を編集・出版した多くの中国語の教師たちは、中国語の普及や中国語学の再編を目指すという高い理想を語っていた。それに対応して、これらの学習誌も文化誌・翻訳誌・研究誌という多重的な性格をもっていた。それでは、なぜ中国語教本の出版において、上記の相反するように見える特徴が同時に存在していたのだろうか。そして、このことは、一九三〇年代以降の大衆レベルの中国語学習ないし中国語をめぐる知的環境にどのような意味をもたらしたのだろうか。

本章では、中国語教本出版の最盛期に注目し、そのなかで誕生した一連の学習誌の理想が、時局下の出版ブームとの間でいかなる齟齬を生みだし、その理想がいかに変質し、あるいは挫折したのかという過程を分析する。まず中国語学習誌の全体像と性格を概観し、文化誌・翻訳誌・研究誌という多重的な自己規定を確認した上で、学習誌の誕生が日中関係の時局と不可分であったことを確認し、中国文化界の状況を日本に伝達する初歩的な「翻訳」の媒体としての機能を分析する。続いて、戦前にもっとも長く続いた学習誌であって外語学院出版部から出版された『支那語』の出版戦略を考察する。売れ行きを重視し読者と緊密な連帯関係を作ることに成功した『支那語』が、「支那語出版報国」という新たな理想を実践していった過程を分析する。最後に、執筆側の理想と読者側の需要との間のギャップが拡大し、中国語研究における模索が難航するなかで、話しことばとしての中国語教育法の理論的な探究が行われたことを、大阪外語支那研究会の雑誌『支那及支那語』を中心として論じる。

第一節　中国語学習誌の誕生

講義録から学習誌へ

そもそも、中国語の学習を目的に雑誌として活字化し、一般に発売するようになったのはいつ頃なのか。明治以降、専門的な語学雑誌は中国語に限られたものではなく、英語とフランス語の学習誌も刊行されてきた。鈴木保昭の考察によれば、明治時代にあらわれた「英学雑誌」の数は二〇種類にも及ぶ(4)。斎藤兆史は、明治初期にエリートが英語を熱心に学んで西洋の文物を取り入れたのに対して、明治四〇年前後に「英語雑誌」が相次いで創刊されたことについては、英語が学習の対象として客体化され、また政府の手から離れて産業として自立した面があると論じた(5)。そのなかには、ナショナリズムの色彩が強く日本文化発信型の『英語之日本』もあれば、英文学作品の紹介を重点にして対訳の練習を設けた『英語青年』もある。斎藤は、この時期の「英語雑誌」の創刊ラッシュの背景に、新しい国際意識とナショナリズムに影響された一面や、英語が学力選抜の基準となり、大衆が受験に対応する必要が生じたという「英語教育の大衆化」の状況を指摘している。(6)

一九三〇年代の中国語教師・渡會貞輔の論考によれば、学習誌に先立って、連続的に発行された中国語の講義録が存在した。一九〇一年五月に、善隣書院附属支那語学校から第一号の「支那語講義録」が発行されたという。「問答、文件〔引用者注：書類〕、翻訳、音声、音読及小説等の諸項に分け」(7)ているという点からは、後の学習誌という体裁の前身といえるが、毎月一回発行で第七号をもって休刊となった。一九〇四年には、前衆議院議員・京都鉄道取締役兼支配人という肩書の伴直之助が編集した『清語ト清文――Far East』が、東枝律書房から毎月一回の頻度で二〇号まで発行された（価格は金一〇銭）。現存する資料から判断する限り、『清語ト清文』は日本語母語話者に向けて発行された近代の専門的な中国語学習誌の嚆矢であると考えられる。(8)誌面を見れば、ウェード式ローマ字とカタカナを併用した「発音譜表」や発音の解説、文法の解説、「時文」の訓読、「時文」の日本語訳といった内容が確認でき、中国語を学びたい人をターゲットとしていたことは間違いないだろう。日露戦争の直後に「満韓経営」(9)を大々的に掲げていた『清語ト清文』だけでなく、大正期に流行っていた講義録にも「支那商業尺牘講習録」や「支那語速成講座」、また旅順や満洲の中国語教師が参与するものがあったことからわかるように、(10)その学習のあり方は、日本の満洲経営ないし大陸経営の実利に大いに左右されるものであった。

一九二〇年代には、中国語学習誌の新しい動向が、それぞれ北京と上海で現れた。まず一九二二年に、北京西城宝禅寺街三一号において、黄子明という編集者が自力で白話研究社を立ち上げ、『支那語雑誌　白話』を刊行しはじめた。中国語教育法の不完全さを感じた彼は、「学ぶ人にとつて興味的に其語学の力を促進させる」(11)雑誌を目指して、当時の中国語の新しい文体である白話文で書かれた「評論」「時事」「社会」「風刺」「怪現象」「故事」「劇」「詩」「伝説」「奇談」といったジャンルの文章を掲載した。この雑誌は、変化しつつある中国語の文体を現地で体感したことから生まれたものだが、経営難により翌年には休刊に追い込まれた。

また、一九二八年には上海の東亜同文書院の中国語教員からなる東亜同文書院華語研究会によって、中国語研究・学習のための『華語月刊』が同地で創刊された。『華語月刊』と旧来の講義録や『清語ト清文』、『支那語雑誌　白話』の大きな違いは、教材的な内容だけではなく、中国語に関する論考も掲載する研究誌としての性格にある。松田かの子は同誌の掲載記事を検証し、「華語研究会は、『華語月刊』上で自身の研究成果を発表し、また学習者に教材を提供しようと考えていた。よって『華語月刊』は学習誌と研究誌の両性質を併せ持って[12]」いたと論じ、中国の国語統一や文字改革に関する動きも精力的に取り上げていたと指摘した[13]。『華語月刊』が有する性格を考える際には、東亜同文書院の中国語教育への評価は避けることができないが、それを主題として教材や教育法から検証した研究の蓄積はすでに多くある[14]。しかし、この時期の東亜同文書院と日本国内の中国語教育界とは直接的な繋がりが少なく、両者の間に教育面でのコミュニケーションもほとんど見られないため、日本国内の状況を主として取り扱う本研究では、東亜同文書院の中国語教育には深く立ち入らない[15]。

一九二〇年代に、中国語の会話や「時文」という旧来の範囲から踏み出し、同時代のより豊かな表現に目を向け、かつ中国の国語統一を視野に入れた学習誌が、まずは中国大陸で創刊されたことは興味深い。これはその言語が使用されている土地において、言語の変化により接触しやすかったために、敏感に反応することができたためと考えられる。日本国内の中国語教育と学習は、大陸の状況からある程度隔てられていたものの、海外の学習誌の存在は把握されていたはずである。その証拠として、一九二二年頃、『支那語雑誌　白話』の発行をめぐって、編集者の黄子明は東京外語支那語部の教員らから助言を受けていた[16]。同誌の発行と経営の問題に関する詳しい説明は次節に譲りたい。

一九二〇年代後半以降、教育法の改善にともない、「講座」と題する一連の教本が出版されたことは、学習誌流行の前奏であったと考えられる。渡會貞輔によれば、「昭和に入つてから講座物が流行し宮越先生、清水、杉両氏の短期支那語講座(三冊)、宮島吉敏氏の支那語講座(二冊)、加藤龍雄氏の現代支那語講座(八冊)、杉氏の最新支那語講座

（六冊）、宮越、神谷両先生外数氏の現代支那語講座といつたやうに全く講座万能時代を現出し全く応接に遑《いとま》なき有様であつた」という。[17] このなかで言及された、宮越健太郎、清水元助、杉武夫共著の『短期支那語講座　附満蒙語会話』の内容をみると、「発音篇」「読本篇」「会話篇」という大きな分類の下、語彙と文章の傍に解釈を記している点が大きな特徴として見て取れる。それまでの中国語教本には文法や解説が施されることがほとんどなく、教育現場においてさえ中国語には文法がないとされたこともあった。[18] 一九三〇年前後になってようやく、一般に向けて体系化した中国語の教育法が開発され、学習の内容が活字化されるようになったのである。さらには、「講座」という名前が暗示するように、学校の講義や講習会で直接学ぶかのように、教師から直接教わることが可能であると読者に訴えたかったのかもしれない。このように、「講座物」は講習会で用いられた講義録を大衆レベルでさらに発展させたものであり、連続的に発行された学習誌の前奏とその補完物だともいえよう。

学習誌の体裁と流通範囲

表3に示したように、支那語学会から『華語新声』が発刊された一九三一年から、『支那語』『支那語と時文』『支那語雑誌』（蛍雪書院、一九四三年以降は帝国書院）の三誌が『支那語月刊』に統合された一九四四年まで、日本国内では九種の中国語学習誌が発行されていたことが確認できる。なお、天理外国語学校崑崙会から発行された『支那語研究』については、中国語研究の専門誌であると判断できるので、ここでは学習誌と区別して取り扱い、表3の一覧には入れていない。また、一九三〇年に大連で発行された『善隣』[19]と、那須清『旧外地における中国語教育』（一九九二年）で言及された満洲国語研究会『満洲国語』、六角恒廣『中国語教育史稿拾遺』（二〇〇二年）で紹介された南満洲鉄道株式会社員会発行の『協和』も含めれば、一九三〇年代以降、外地と内地で発行された中国語学習誌は少なくとも一一種類存在したことになる。

日本国内で発行された九種の学習誌は、存続した期間に長短の差があるが、全て月刊で、誌面の大きさが縦二二cm

表３　戦前に発行された日本人向けの主な中国語学習誌一覧

中国語学習誌	創刊-停刊	出版元	編集者，主要執筆者
『清語ト清文――Far East』	1904-1905	東枝律書房（京都）	伴直之助（前衆議院議員，京都鉄道取締役兼支配人）.
『支那語雑誌　白話』	1922-1923	白話研究社（北京）	白話研究社・黄子明.
『華語月刊』	1928-1943	東亜同文書院支那研究部（上海）	東亜同文書院華語研究会（東亜同文書院の中国語担当職員）.
『善隣』	1930-1945	善隣社（大連）	中谷鹿二（善隣書院出身，元陸軍通訳・満洲日日新聞記者）等.
『華語新声』	1931.6-1932.11	華語新声社（東京）	発行兼編集人，上野豪彦，岩村成允，宮越健太郎，神谷衡平，田中慶太郎（文求堂書店），奥平定世（大阪商科大学）等.
『支那語雑誌』	1932-1933	春陽堂（東京）	小田嶽夫（東京外語卒，外務省中国領事の経歴あり）.
『初級　支那語』	1932.9-1932.12	外語学院出版部（東京）	宮越健太郎（東京外語教授），神谷衡平（東京外語教授），杉武夫（大阪商科大学教授）等.
『支那語』	1933.1-1944	外語学院出版部（東京）	東京外語の講師のほか，高等商業学校，陸大陸士，満洲における中学校，政府機関等での中国語講師.
『新興支那語』	1936.11-1938	尚文堂（東京）	奥平定世（東京外語支那語部卒），有馬健之助（東京外語支那語部卒），田中清一郎等.
『支那語と時文』	1939.7-1944	開隆堂（東京）	奥平定世，塩谷温（東京帝大元教授），平岩房次郎（天理大学），有馬健之助等.
『支那及支那語』	1939.2-1943.10	宝文館（大阪）	大阪外語支那研究会（吉野美彌雄，金子二郎，伊地智善継，小田信秀，高田久彦等），商業学校の中国語教師.
『支那語雑誌』	1941.1-1944	蛍雪書院（東京），1943年以降は帝国書院（東京）	宮原民平（拓大教授），魚返善雄（東京帝大・慶応大講師），實藤恵秀（早稲田教授）等.
『支那語月刊』	1944-?	帝国書院（東京）	神谷衡平，竹田復（東京帝大助教授），宮越健太郎，實藤恵秀等.

×横一五㎝ほどのサイズ、頁数が三〇頁から五〇頁ほどであるということから考えれば、体裁は非常に似通ったものである。

中国語の講義録と「講座物」の延長線上に、情報の流通を加速化させるメディアである中国語学習誌が現れたことは、以下の二つの側面から理解できる。第一に発行の頻度から見れば、発行が一回で終わる一般的な中国語教本と比べて、雑誌発行は連続的であり、コラムの連載や最新の受験参考記事といった内容により、絶えず読者の学習意欲を刺激する機能を持っている。第二に、一般の書籍よりも、多量かつ散漫な情報が載せられていることが特徴である。一人の講師ではなく、複数の執筆者から学ぶことが可能である。

それでは、学習誌によって加速された中国語学習情報の流通は、どれほどの範囲に及んでいたのだろうか。学習誌の発行部数を記録する資料は極めて少ないが、小林昌樹編『雑誌新聞発行部数事典』によれば、宮越健太郎主幹『支那語』第一〇巻第一〇号(一九四一年)は、国家総動員法違反を理由に発禁処分を受けており、その号の発行部数は五二〇〇部だったという記録が残されている[20]。同じ時期の論壇雑誌『改造』の発行部数は一号で六万から七万部もあり、英語専門誌の月刊誌『英語研究』は月一万部ほどで、『支那語』の二倍である[21]。『支那語』と同じく五〇〇〇部台だった雑誌として、外交時報社が発行した論壇雑誌の『外交時報』が挙げられる。地方における規模のより小さい雑誌や会報の類は、月の発行部数が数百部しかなかった。これらの雑誌と比べれば、語学の専門誌として『支那語』の発行部数が少なかったとは言えない。同時期に発行された日本放送協会「支那語講座」のラジオテキストと比較してみると、一九四〇年度に発行された「支那語講座」テキスト四冊の発行総数は四万部弱で[22]、一冊の平均的な発行部数は一万部前後であったと推定される。『支那語』のほかに『支那語雑誌』(螢雪書院、一九四三年以降は帝国書院)といった他の学習誌の市場を考えると、中国語を学ぶために学習誌を利用する人は、ラジオ放送を利用する人より多かったと推測できる。とくに電波を受信できるかどうかという物理的な制約を受けていないため、ラジオよりも広く農村、外地の遠隔地まで流通していたことはたしかである。学習誌の編集後記と模擬試験の受賞者名簿からみれば、朝鮮、ハルビン、天津、上海、大連、台湾といった外地にいた読者が少なからず存在していたことがわかる。このような外地での販売は売捌《うりさばき》に頼って実現された。例えば、『支那語』の「大売捌」として、東京堂、北隆館、東海堂、大東館が挙げられる。なかでも東京堂は、当時の朝鮮・満洲における雑誌取引の最大手であった。

第二節　時局のなかの学習誌の理想

戦争のための中国語なのか——主体性の問題

それでは、一九三〇年代から敗戦まで盛衰を繰り返していたこれらの中国語学習誌の存在を、いかに理解すれば良いのだろうか。体裁がほぼ同じであった中国語の学習誌がなぜ、これほど多く現れたのだろうか。これについて六角恒廣は、「昭和の時代に入ると、昭和六（一九三一）年のいわゆる「満洲事変」を始め、六年後の「日華事変」そして第二次世界大戦へと戦争が続いた。そのような環境のなかで中国語は一種の黄金期を迎えた。それを反映して中国語の学習雑誌も多く刊行されたが、その八、九割は発刊しては消え、消えては発刊し、というありさまであった」[23]と論じ、学習誌の隆盛を中国語の「黄金期」の「反映」として捉えた。しかし、当時の風潮のいかなる側面をどう「反映」したかということについて、さらなる解釈は行われていない。

一方、藤井省三は、学習誌『支那語』に代表される中国語教育が、「侵略のための工作となるいっぽうで、同時代中国文化の紹介も継続した」[24]と指摘した。さらに学習誌『支那語と時文』の創刊号に塩谷温が綴った巻頭言を分析して[25]、「当時の言論統制の状況では、すでに中国侵略に批判的な発言は許されなくなっていた」[26]として、学習誌で提唱された中国語学習と、中国への侵略戦争とが表裏一体であったことを説明した。

しかし、なぜ学習誌が中国侵略に加担しながら、中国文化の紹介もしていたという、矛盾するかのような傾向を持っていたのだろうか。また、批判的な発言が許されなかったことは事実であるとしても、そのような言論統制の状況でわざわざ新しい雑誌を発行し、巻頭言で中国語学習を奨励した意図はどこにあったのだろうか。このように、藤井の研究に対してはさらに検討すべき点がある。それはすなわち、実質上の侵略戦争と文化交流に関して、当時の教師と学習者がいかに中国語を認識しており、またその認識に基づいていかに行動していたのかという主体性の問題である。第一章で論じたように、一九三八年に日本放送協会「支那語講座」からすでに「日支の提携は言語より」の提唱があった[27]。これが公共的なラジオ放送におけるものであったことから考えると、建前であっても、中国語は侵略戦争のために学ぶ言語ではなく、友好と平和のための言語であるという認識が、日本社会である程度受け入れられるものであったといえよう。

したがって、まず考察すべきことは、一九三〇年代から学習誌の発刊と編纂に熱心に取り組んでいた中国語教師たち自らが、中国語学習の意義と必要性をいかに認識していたのかということであろう。以下では、代表性があり、かつ一次資料もより揃っている支那語学会『華語新声』、宮越健太郎主幹『支那語』、奥平定世主幹『支那語と時文』、大阪外語支那研究会『支那及支那語』、宮原民平主幹[28]『支那語雑誌』を中心に、それらの学習誌の自己規定を辿ってみよう。主に巻頭言と編集後記に基づき、中国語学習誌の創刊動機や主幹編集者たちがもっていた中国語観を探る。とくに創刊号の巻頭言は、一般読者や教育関係者の目線を意識した上で綴られた可能性も否めないので、対外的宣言としての発言をより客観視するために、本音の一部を吐露したとも考えられる編集後記や、誌面の記事とその内容、雑誌関係者の回想とあわせて分析する。結論からいえば、ほとんどの雑誌は、中国語教育の向上という目標に留まらず、「支那語文化」や「支那語研究」にも多く言及し、中国語学に貢献しようとする志向を強く表明していた。

中国語学と中国研究の理想——学習誌の自己規定

一九三一年に、外務省書記官の岩村成允のもとで、奥平定世、神谷衡平、塩谷温、清水董三、宮越健太郎、宮島吉敏、宮原民平といった中国語教師、中国文学者らによって、「華語の研究並に普及を目的とする華語研究家[29]」からなる同人組織の支那語学会が東京で発足された。あわせて、同会の機関誌かつ学習誌の『華語新声』が創刊された。「支那語」という当時の一般的な呼び方を流用するのではなく、わざわざ「華語」を雑誌名としたのは、「支那」のことばではなくて「中華」のことばを学ぶという意味合いを盛り込もうとしたためであろう。このことは、以下の創刊号の巻頭言における「江河の辺に培れた燦然たる古代文化」という文言にも見られるように、同誌がもつ革新性を表している。

言語の相違は国際間に一の牆壁《しょうへき》を造る。〔中略〕日華両国は交驩《こうかん》実に二千年、然も尚今日に至つて仍然《じょうぜん》隔靴掻痒の憾《うらみ》があるのは、抑々何故であるか。

同文同種共存共栄の空言を唱ふる前に、お互が自由に語り合ふて隔壁なきに至り、熟知して捨て得ざるの心境に達することが必要である。

吾人は先づ彼の国の言話、彼の国の事情を研究しよふ。更に彼の江河の辺に培れた燦然たる古代文化の深奥を探らう。是が吾人の研究の全部であり、本誌の目的の全体である。(30)

さらに『華語新声』創刊号の編集後記には、以下の文言も見られる。

埋もれた支那文化の再吟味を為す！　夫れが本誌の使命である。シエクスピアーやミルトンを支那に見出し、両江の辺に生れた人類文化の源を、もう一度世紀の光に当らしめるのは日本人に否アジア人に与へられた大きな使命である。(31)

無署名で書かれた以上の巻頭言と編集後記では、雑誌の目的と使命の異なる側面が強調されているが、いずれも中国語だけに目を向けているわけではなかった。巻頭言では、「彼の国の言話」を研究して、それを通して中国古代文化の深奥といった「彼の国の事情」を研究することが目的とされた。さらに編集後記では、「支那語文化」にあるシェイクスピアやミルトンにも劣らない価値を認め、その「支那文化の再吟味」が「本誌」及び「アジア人に与へられた大きな使命」だと述べている。創刊号にはほかにも、南京国民政府が一九二八年に公布した国音を紹介する「北京語は支那の標準語なり」（東京外語教授・神谷衡平）や、「支那文学」を理解するうえでの音節・音調の重要性を説いた「支那文学の重要性」（大林一之）、「児女英雄伝講義」（拓殖大学教授・宮原民平）といった二、三頁ほどの短い中国語、中国文学関係の論考が掲載されていた。これらの記事は、創刊号の巻頭言で示された教育と研究に対する考えや意欲と呼応するものだといえよう。他方で、『華語新声』は中国語の学習誌でもあり、学習のための記事も掲載されていた。創刊号に掲載されたものとしては、大阪商科大学教授・杉武夫「華文和訳の解説」、「間違ひ易い支那の熟語」、岩村成允「外務書記生試験支那語解釈問題」の三本がある。

以上のように、『華語新声』は、学習誌でありながら、中国語の研究誌や、中国語の文化と事情を紹介する雑誌でもあるという多重的な性格を有していた。そして、これは『華語新声』に限ったものではなく、戦前の中国語学習誌全般における最大の特徴であった。例えば、次節で述べるように、後に学習誌・受験誌に転換した宮越健太郎主幹『支那語』であっても、「初級的のものばかりでなく中級に高級に言語語学や文学的の研究方面へも益々発展して行かなければならなくなり」、「「研究欄」を設けました、これからこの欄で多くの学的価値ある研究が続々発表せられます、御期待の程を切望[32]」として、黎錦熙著・宮越健太郎訳「新著　国語文法」やカー・パシコフ著・東京外語助教授・出村良一訳「支那語発達の基礎的段階」といった記事を掲載した時期があった。

また、一九三九年に創刊され、大阪外語支那研究会（一九四一年に大阪外国語学校大陸語学研究所と改名、以下、大陸語学研究所）によって編纂されていた『支那及支那語』も、「支那語学再建と全面的支那研究」に寄与する責任について、以下のように述べている。

従来支那学とは専ら所謂漢学を指すかの如く取扱はれ他の一般的研究は却つて軽視せられ来つた結果、基礎的学術的研究に於て欧米の後塵を拝する〔中略〕支那語学再建と全面的支那研究への努力の責任であり正しき支那語と囚はれざる支那知識の普及への努力の義務である。この小雑誌はかかる見地よりしてこの諸物資節約を要する時期に拘らず敢へてする意義充分ありとの確信を以て創められた。「使へる支那語とあるがままの支那の追求」。この一句こそ我等の態度の端的な表現である。(33)

創刊号の編集後記では、『支那及支那語』を「研究雑誌」「月刊講座」「評論雑誌」として位置づけている。

本誌はその名にも明らかなる如く純然たる支那語研究雑誌乃至支那語月刊講座ではなく又語学を離れた支那研究雑誌乃至評論雑誌でもない中間的の研究雑誌である。(34)

編集方針の転換や経営難によって、異なる性格の雑誌に変貌することもあったが、すくなくとも編者の多くは創刊当初、中国語学と中国研究に貢献するという理想を、内容編成においても実践していた。とくに、中国語文学や語学の分野において専門書の翻訳がまだ少なかった当時、学習誌は同時代中国の国語運動や文字改革、文化界の状況を日本に伝達する初歩的な「翻訳」の媒体として機能していた。

もっとも注目すべきは、学習誌に表明された中国語に関する知識への見方として、中国研究や中国文化に対する理解の改善は、中国語学習そのものを通して実現するものだ、という考え方が通底していたということである。序章で論じたように、一九二〇年代までの帝国大学の中国研究において、話しことばとしての中国語の教育と学習がしばしば軽視されていたことを考えると、一九三〇年代の学習誌で表明されたこれらの考えは一層興味深い。上記の『支那及支那語』の巻頭言における「従来支那学とは専ら所謂漢学を指すかの如く取扱はれ他の一般的研究は却つて軽視せられ来つた結果、基礎的学術的研究に於て欧米の後塵を拝する」[35]という一文のように、「支那学」の疲弊という問題もすでに議論の俎上に載せられていた。一九四三年八月号の宮原民平主幹『支那語雑誌』においても、漢学界に対して反発する見解が見られる。具体的には、漢学界の「親の光り」の風習を「支那語学界」に持ち込まないよう訴えるものであった。

「親の光り」「師の光り」——それは尊ぶべきものではあるが、むやみに誇るべきものではなく、ましてそれに頼り切るべきものではない。同時にまた、親や師としても、子や弟子ばかりを愛顧したり、或はこれを以て自家の防壁とすることは、もはや時代に合はなくなつてゐる。由来漢学界——及びそれに親近性のある支那語学界——は、その対象や環境との特異性の故に、封建制を脱却することが比較的おくれてゐると言はれるが、今後の学界においては従来と変つて、天下の子弟を公有とする態度が取られなくてはならない。[36]

また同号の編集後記では以下のように、中国語学の再建を熱弁している。

ある人に言はせると、支那語は「通弁語学」だといふ。なるほど、過去に於てはそういふ時代もあつたであらう。しかし現在多くの少壮支那語研究家たちの間には、もつと科学的にこれと取組まふという真剣な努力があるのだ。〔中略〕支那語の文法的構成、それ自体の中に、支那人の論理があり、思想があり、歴史がある。〔中略〕支那に於て、支那的な考へ方が分析され、研究されるべきであらう。

それには、この「支那語」を新しい意味で見直さなければならぬのだ。その支那語を、立派な語学として登場させるためにも、我々支那語に些かたりとも関係ある者は余程覚悟するところがありたいものだ。[37]

以上のように、「支那学」と漢学界に対する不満が、学習誌に携わった教師の間で共有されていたことがわかる。それと同時に、「通弁語学」と呼ばれる中国語を見直し、科学的な研究を通して中国語学を「立派な語学として登場させる」という責任も意識されていた。ゆえに学習誌で語られた上記のような種々の理想を、戦争遂行のために作った大袈裟な建前としてだけ捉えるのは不十分だろう。

他方、たしかに学習誌は「天下の子弟を公有とする」という目標に適した体裁であったが、これから論じるように、中国語学習の普及を通していかに中国語研究ないし中国研究を改善させるかという問題があったものの、学習誌では十分に論じられていなかった。中国語受容において起きた大きな地殻変動が実を結ぶのは、戦後、倉石武四郎らが着手した教育や研究の制度上の改革を待たねばならない。しかし、そのような改革への期待が戦争の最中にすでに萌芽したことは、改めて指摘しなければならない。

時局の追認と「同文同種」の袋小路

高い理想ないし真摯な告白が語られたにもかかわらず、中国語学習誌に表れた時局を追認する態度もやはり強かった。中国語学の振興と時局の追認の態度が相反することなく学習誌で共存していたことは、しばしばそれ自身の言語観に混乱を招いた。

多くの学習誌は創刊当初から、中国語研究と中国語学習の意義を日中関係や中国情勢と結びつけていた。例えば、一九三二年に創刊された宮越健太郎主幹『初級　支那語』では、「満洲国独立と共に日満の政治的、経済的、文化的関係は益々密接となつて来ました。支那語の必要もいよ〳〵直接的となり、支那語研究者は勿論、実地に彼地にあつて大いに活躍されむとする諸氏にとつて誠に本誌は無二の伴侶となることを契《ちか》ひます」[38]というように、満洲国の建国を意識して同地に渡る日本人が読者のターゲットだと明確に述べられている。また、一九四一年に創刊された宮原民平主幹『支那語雑誌』の「創刊の言葉」は、日本の当面の問題を「支那事変の処理問題」と「日本を盟主とせる大東亜共栄圏なるものの建設」の二つに帰して、「此等の諸案件の遂行途上、政治・経済・文化の各層に於て共栄圏内相互の交渉が繁くなつて来るにつれて、最初に取上げられるのは何と云つても言葉の問題であります」、「百年二百年の後ならいざ知らず、大和民族現前の使命達成には支那語の活用は不可欠だつたのであります[39]」として、「共栄圏内相互の交渉」と「大和民族現前の使命達成」のための中国語学習を説いた。

もちろん、時局から距離を置いた学習誌もあった。奥平定世は、ＪＯＢＫ「満洲語講座」から降板した三年後の一九三六年に、『新興支那語』の編集作業に着手し、一九三七年の休刊まで政治の話題を敬遠し続けた[40]。同誌がわずか二年で休刊された理由は特に記されていないが、編集方針が読者の要求と一致しておらず、売り上げが振るわなかったと推測できる。

学習誌が時局、文部省と連動し、学習熱を創出するにいたった過程を最も明確に裏付ける事例は、一九三九年の『支那語と時文』の創刊である。結論から言えば、『支那語と時文』は、「支那語の修得と共に、文部省も既に命令せる如く、「時文の修得」とを眼目として、修学者のよき友として進む可く生れ[41]」たということからわかるように、中国語学習を奨励する文部省の提唱に応じて創刊された雑誌であった。

『支那語と時文』の執筆者であった辛島驍[42]の回想によれば、「開隆堂主人が、此の雑誌の発行に奮起された[43]」という。また、東京外語卒の北浦藤郎によれば、「日支事変が始まるころ開隆堂という本屋があった。あそこで先生〔引用者注：塩谷温〕に呼ばれまして、私と奥平、それから坂井喚三さんが来てまして、たぶん坂井さんの発案だろうと思うんだけれども、支那時文の雑誌をやらないかというお話があった[44]」。開隆堂書店は一九二六年に東京神田で創立した出版社で、戦前の旧制中学や高等学校、専門学校、大学予科に向けて、英語や漢文などの参考書、教材を多数刊行しており、文部省普通学務局編纂の『支那文講習教材』を出版したこともある[45]。坂井喚三に関する資料は多くないが、この頃に文部省督学官を務めていた人物だと考えられる[46]。同誌創刊号の編集後記では、塩谷温の門下生である奥平定世が、「編輯に当りて、坂井督学官の心からなる御注意と御激励に感謝の意を表すと共に、開隆堂主中村寿之助氏の切実なる援助に感謝するものである」[47]と書いており、誌面の内容や構成にいたるまで、文部省関係者や開隆堂からの助言や注文があったことがわかる。

上記の回想だけから雑誌の具体的な発案者を特定することは難しいが、注目すべきことは、「時文」教育をめぐって、開隆堂と文部省、塩谷温の三者が、すでに協力関係をもっていたことである。第一章で述べたように、文部省は、時局の把握に役立つ同時代の中国の新聞・雑誌の記事、公文書、書簡、白話文などを指す「時文」の学習が必要であるとして、一九三九年二月九日の文部省訓令をもって、「時文」を正式に師範学校・中学校・実業学校の必修科目として国語漢文科に導入していた。その前年に日本各地で中学校の国語教師に向けて「時文」の講習会を開いている。その教壇に立つ教師のなかには、後に『支那語と時文』の発起人になった塩谷温と坂井喚三がいた。塩谷温は、一九三八年二月に文部省が各地で開催した「時文」の講習会で講演をし、東京の講習会では「時文」について教えた。開隆堂とは親しい付き合いがあり、開隆堂の看板も彼の筆によるものである。[48]一九三九年に塩谷は漢和辞典の『新字鑑』と教科書である『中等学校支那時文読本』を開隆堂から出版しており、それらが朝鮮総督府が開いた「時文」の講習会でも用いられるなど、彼は中国語「時文」教育の大御所と呼べる存在であった。[49]坂井喚三は一九三八年二月に広島と鹿児島の「時文」講習会で教えており、塩谷温と一九二七年に『漢文課題新選』を共編した。

以上からは、文部省が主催した「時文」の講習会や、「時文」が中学校の漢文科に導入されたことから刺激を受け、関係者が奮起して「時文」学習の補習教材を作ったという『支那語と時文』創刊の経緯が読み取れる。この創刊の経緯は、編集者としての中国語教師が世の中の風潮や読者の学習意欲に直接応えたものであるというより、むしろ文部省を頂点とした公教育の制度において、文部省と出版界と教育者の三者が合意したことによるものであった。

それでは、時局の追認と、中国語学習誌の高い理想の間に、矛盾は生じなかったのだろうか。以下では塩谷温が執筆した『支那語と時文』の巻頭言「善隣の至宝」を手がかりに、この時期の中国語学習誌に表れた言語観を概観する。

平和恢復の手段としては、先づ頑冥不霊にして帝国の真意を解せざる、蔣政権を徹底的に膺懲することは、先決問題ではあるが〔中略〕どうしても日支両国人の心と心とを通ずる文化工策、啓蒙運動に由つて、排日侮日の非を覚らしめ、蔣政権の抗日政策の誤りを正さなければならない。

日支両国は同文同種の間柄である。同種の中に小異はあるけれども、東西両洋相対峙する時は、固より同種たるを妨げない。血は水よりも濃厚である。西力の東侵に対しては相依り相援けねばならない。この大勢に通ぜず、鷸蚌《いつぼう》の争を繰り返すに於ては、空しく漁人たる西洋人の利となるは、火を覩るより明である。在昔王仁が論語千字文を献上してから、始めて文字が伝はり、之を国字とし採り入れ、音訓に依つて巧に仮名を造り、自由自在に日本文を綴ることが出来、又返り点送り仮名をつけて、さしも佶屈聱牙《きっくつごうが》な漢文を、そのまゝ訓読するに至つた。日支両国同文の交は既に二千年の伝統を持つて居る。その間に論語・孝経を初め、儒家の経典が多く伝へられ、是に由つて日本道徳が確立し、国体観念が明徴にせられた。抑々惟神《かんながら》の道は固より清く尊いが、例へば猶璞玉《はくぎょく》のごとくである。玉磨かざれば光無し。之を磨く砥石は外来の文化であつた。即ち漢学と仏教と西洋文明である。就中《なかんずく》支那の文化が直接に最も多く影響を及ぼして居る。これを同道の交りといつて差支はない。同文同道の交りこそ、日支両国を結ぶ、善隣の至宝である。至宝だとて、深く之を貯蔵して居る丈では何の役にも立たない。之を実際に活用するには言語の力を藉らなければならない。支那語を通して、始めて適正に支那を認識することが出来るのであつて、両国の親善は語学より始まる。曩《さき》に文部省が中等学校の教授要目を改正して、支那時文を課するに至つた理由もこゝに在るのである。而して余は更に進んで支那語を必修科目に加へられんことを望む次第である。本誌の刊行に当り、聊か所感の一端を述べて、祝賀の辞に代へる。(50)

ここで塩谷温による「善隣の至宝」をほぼ全文引用したのは、この文章を通して、当時の漢学者と中国語の教育者がいかに「時文」と「支那語」の関係を認識していたのかを、垣間見ることができるからである。塩谷の主張は三つの部分に要約すると以下になる。①日中間の平和回復には、蔣介石政権を膺懲して両国の人々の意思を疎通する文化工作が必要である。②儒教経典が日本に伝わった後に、日本で定着して日本の国字・ことばになった漢字・漢文・訓読の方法、及びそれらによって綴られた日本の文章は、日本の道徳と国体にかかわってきた。日本は「支那」の文化からもっとも影響を受けたので、このような「同道の交わり」が善隣の至宝である。③「善隣の至宝」を活用するためには、「支那語」を通して中国認識を深め、両国の親善を推し進めなければならない。

ここで、「善隣の至宝」の比喩で表された「同文」による日中の文化交流において、漢文・「時文」と「支那語」がその方法として両立されたのである。しかし、漢文と「時文」は、訓読法で読まれるものだと想定されるが、対中国文化工作で活用する際には、それとは別のことばとしての「支那語」が必要とされていた。一方、「支那語」を学ぶ方法について、それが訓読法か音読法かは説明していない。すなわち、「支那語」を漢文や「時文」と同じ範疇で捉えることで、あるいは、「支那語」を漢文や「時文」の概念にすり替えることで、塩谷は「日支両国は同文同種の間柄」だと主張することができたのである。

『支那語と時文』の誌名が暗示するように、この学習誌では、中国語会話・白話文を話しことばの外国語として学ぶ学習法と、目で読む「時文」の訓読法を両立させようとした。しかし、話しことばとしての中国語と訓読法の漢文・「時文」との相違が意識されたときには、「同文同種」というスローガンと、そのスローガンのロジックで成り立った「日支親善」の大義名分は崩壊しないものだろうか。このように、『支那語と時文』における時局の追認、具体的には「同文同種」という文言は、「支那語」に対する言語観と「支那語」を学ぶ動機を袋小路に追い込んだのである。

戦時下の多くの中国語学習誌において、中国語は中国の人々との意思疎通の道具として、中国研究や中国理解の手段として、また、「支那事変」の解決や「大東亜共栄圏」の建設にとって不可欠で、日本と「大和民族」の運命を左右する言葉として、その学習と研究の意義が認められていた。しかし、その方法として、昔からの訓読法と同時代の音読のどちらを取るのかという問題をめぐっては、学習誌では必ずしも十全に説明されなかった。例えば『華語新声』は、中国語を学ぼうと提唱しながらも、中国の「古代文化の深奥」を探ることを目標としており、その古代文化を吸収した際に活用された訓読法については、正面から批判しなかった。多くの場合、中国語の奨励は漢文やその訓読法と衝突しないように語られていた。また、大東亜共栄圏の建設に対する関心が高まるなかで、宮原民平主幹『支那語雑誌』では、「支那語」と題しながら、「我国従来の支那語学習の欠陥を補ひ、北方語の行はれてゐない地方に活動する人々の便を計り、さしづめ蒙古語、上海語、福建語、広東語、馬来語《マレー》講座の特設欄」[51]が設けられた。明治以来、「支那語」で指されることばは、ほぼ漢語の北京官話であったが、ここでは漢語の方言ないし漢語以外のモンゴル語、マレー語にまで範囲が拡大したのである。

第三節　商業学習誌と読者の受容——『支那語』の理想の変質

前節で論じたような時局の追認だけでなく、商業雑誌としての特性もまた、学習誌の理想の実現を難しくした。一九三〇年代に創刊された一連の中国語学習誌は、文部省検定済みの教科書とは異なり、学校外で一般の人々によって使われ、あるいは学校の補習教材とされていた場合が多かったと考えられる。このような学習誌の発行・販売、購読の様態、すなわち商業雑誌としての特徴から考えれば、市場や読者による受容のあり方が雑誌の発行ないし内容面に影響していたという側面は看過できない。本節ではこのことについて、商業的に成功した学習誌の『支那語』を中心に論じる。

『支那語』の出版戦略

第一節で見たように、一九三〇年代以降に学習誌が次々と創刊されていった事実から考えれば、学習誌の潜在的読者、すなわち中国語学習者が少なからずいたと推測できるが、すべての学習誌の刊行が順風満帆というわけではなかった。表3に示したように、『華語新声』『支那語雑誌』『新興支那語』の三誌は、創刊されてから一、二年のうちに休刊に追い込まれた。ほとんどの雑誌は休刊の理由を明記しなかったが、売れ行きの低迷や資金不足といった経営難が大きな原因だったと考えられる。例えば、一九二二年に北京で発行され、一年後に休刊になった『支那語雑誌　白話』の編集者は「休刊告白」でその理由を以下のように述べた。

> 休刊の理由　それは　さつぱり売れなくて収支償《つぐな》はず　私にとつて極めて痛い欠損がズン〳〵増える一方であることゝ　その上　私の他の大事な仕事が最近非常に多忙になり　且つ其責任も亦益々重くなるばかりで　もう時間に余裕がなくなつたことの此二つの原因であります（中略）当初　支那語界の有志のお勧めと　日本人に於ける支那語普及の最近趨勢から観て　少くも七八百部位は出るだらうと云ふ予想の下に独力で始めたのでした　併し　務めて経済の安全を期し　執筆も　編輯も　校正も　庶務も　会計も　一切私一人でやり　発送と集金とは家内とボーイにやらせて極度の節約に努めましたが　奈何せん　当初の予想は惨じめに外れてタツタ二百部しか出ませんでした　がつかりしました[52]

雑誌の発行を継続するために順天時報社の援助も受けたが、印刷所への借金もあり、「貧乏世帯の為め　東京大坂の大新聞に一欄の広告すら登載し得ないと云ふ経済上の拙劣」[53]があったと書いてあるように、日本国内での販路もうまく開拓できなかったようである。

なお、以上の叙述のなかで注目に値するのは、中国語の学習誌が売れるだろうと予想しており、しかもその際、「支那語界の有志」であった「東京外国語学校教授の宮越賢《ママ》太郎さん　清水元輔《ママ》さん」[54]が勧めてきたという点である。

東京外語支那語部の教員たちが国内で中国語学習誌の発刊に本格的に取り組んだのは、一九三二年に発行された『初級　支那語』(一九三三年に『支那語』と改題、以下『支那語』)が嚆矢であったが、その一〇年前にはすでに学習誌という体裁に関心を寄せ、学習雑誌の経営と販売について市場を観察していた可能性がここから見て取れる。しかし、宮越と清水は一九二〇年代初頭から長い間、日本国内での学習雑誌の創刊に向けて動くことはなかった。戦前にもっとも長く続いた中国語学習誌『支那語』が外語学院出版部からようやく世に出たのは、春陽堂の『支那語雑誌』の創刊とほぼ同時期、日本放送協会ＡＫの「支那語講座」が放送されはじめて約一年後の一九三二年になってからである。[55]

その後『支那語』は、一九四四年に『支那語月刊』に統合されるまでほぼ月一回の頻度で発行され、とくに一九三〇年代後半に多くの増刊号が作られるほど、販売の好調が続いていた。同誌は一九三三年に、「初級的のものばかりでなく中級に高級に言語語学や文学的の研究方面へも益々発展して行かなければならなくなりました」[56]と宣言したが、高級で教養的な内容は読者に好まれなかったためか、「研究欄」や「言語語学や文学的の研究方面」[57]の内容はその後じきに減少した。発刊されてから八年目を迎えた時、編集部は「支那語の普及、支那語の大衆化」[58]を強調する形へ編集方針を転換していった。学習誌同士の競争のなかで、多数の読者の嗜好や関心と合致するように改めたと考えられる。

藤井省三は『支那語』の出版について、「教科書の粗製乱造、中国侵略という時局への露骨な便乗という宮越およびその側近の東京外語支那語グループの行動」[59]であり、「中国語ブームは空前の語学学習の市場を東京外語支那語グループにもたらし」[60]たと評した。ただし藤井の研究では、語学学習の市場と『支那語』の編集方針がどういう関係にあったかについては詳しく論じられていない。以下では、学習誌に起きた中国語ブームが、編集側と読者側の緊密な連帯関係によって作られたものであること、また、日中全面戦争の時局下において「支那語出版報国」[61]という新たな理想が語られるようになった経緯を概観したい。

学習誌の『支那語』は、読者に接近し、多数の読者を獲得するように誌面を構成するための第一歩として、「懸賞模擬試験」の欄を設置する。[62]「華文和訳」「和文華訳」という日本語と中国語の対訳を出題するこの欄が、一九三三年頃からほぼ毎号掲載されるようになり、読者の間で人気を集めた。出題は、日常生活で多用される会話あるいは口語の叙述を中心としたものである。例えば一九三六年三月号では、「済みませんがもう少し詰めて下さいませんか、此処は柱が邪魔になつてよく見えませんから」、「彼は何が気に喰はぬのか誰彼となく当り散らしている、さはらぬ神に祟なしだ、君近寄らぬがいいぜ」[63]という日本語文の中国語訳の出題があった。

編集部は、出題した次の号で解答と答案概評、入賞者の名前を公開し、さらに入賞者に雑誌の購読券を贈呈することで、読者の継続的な購読につなげた。受賞者名簿をみれば、朝鮮、ハルビン、天津、上海、大連、台湾といった外地の読者も少なからず存在したことがわかる。長年にわたる懸賞欄の応募者が逝去した際には、編集部の名義で哀悼する記事を掲載したこともある。[64]また、模擬試験に熱心に取り組む読者から「支那語通信添削」を行ってはどうかという提案を受け、[65]編集部は直ちにそれを検討し、「質問応答部を拡張し地方愛読者諸氏の便宜のため」、読者が雑誌に掲載された模擬試験の問題を「任意選定し之に訳文を施して送付して来た場合迅速且つ懇切に添削して返送する」という「添削通信教授」の方法を採用した。[66]さらには、誌面に掲載された模擬試験を他の受験参考書の出版と結びつけ、出版戦略として両者の内容を統合させる方法を練ってもいる。[67]

とくに一九三〇年代後半には、東京外語の中国語教師が執筆陣から離れ、陸軍大学校と陸軍士官学校、さらに満洲、朝鮮の学校・政府機関に勤めていた中国語講師が執筆陣の大半を占めるようになり、誌面に各種の中国語受験の内容が盛り込まれていった。[68]李素楨《リソテイ》の考察によれば、近代以降実施された中国語試験について、外地とくに満洲地域の試験として、一九〇〇年代にはすでに関東庁による巡査を対象とした中国語検定があり、後に満鉄の検定試験と満洲国政府といった検定機関が増加し、受験生の範囲も拡大していった。[69]一九三八年以降、満洲における中国語検定試験の受験は最盛期を迎えた。[70]この年に、満洲国政府による『語学検定試験規定』の改訂によって、満洲地域の日本人住民全員に初めて出願資格が与えられ、同年、受験者数は五五〇一人に上った。[71]それとは別に、日本の内地でも、中等学校における支那語教員の資格免許を得るための文部省検定支那語試験（「文検支那語」）が一九三五年から実施されはじめた。(72)

こうした中で、各地の受験生から試験の参考問題を求める声が『支那語』の読者欄に頻繁に寄せられるようになった。なかには、種類を問わず「各方面の試験問題の研究も是非取扱つて下さい」という熱心な要望も見られる。

文検支那語科受験者の為めに指導的記事例へば試験問題並にその解答及び勉強法等を載せて下さい。（台南宮田・薛生）(73)

「試験に出さうな語句」「受験参考散語萃選」共に結構ですが各方面の試験問題の研究も是非取扱つて下さい、月々数問題中の若干丈けでもよいと思ひます、尚ほ「散語萃選」に相対するやうな「日文華訳」もあつて欲しいと思ひます。（大連市・狭山生）(74)

私は大阪外語の別科二年生ですが将来支那語の実業教員或は支那語を以て身をたて度いと思つて居りますが如何なる方法で勉強し且つ如何なる書籍を読んだらよいでせうか。（一受験生）(75)

なるべく早く受験欄を拡張して下さるやうお願ひします、尚ほ懸賞問題でなくとも結構ですから例月のものよりもう少し程度の低い問題を模擬試験として出して下さい。（台湾一受験生）(76)

希望に対して編集部は、「日を追ひ月を逐ふて読者が増えるにつけ責任の愈々重且つ大なるを覚え大いに為すあらんものと編輯部では頑張つてゐます」(77)「最近受験する方が多くなつたやうですから受験欄の拡張等の事も考へて居ります」(78)「数々の御注文、誠に結構な事ですから来る四月号からなりとぼつ〳〵実行いたしませう」(79)と読者欄で返事をし、読者の期待に応えるように誌面を調整するという意思表明を再三にわたって行った。一九三八年頃からは受験関連の内容が明らかに増え、同年四月号からは「試験に出そうな語句」の連載が始まった。同年一二月号には「関東庁職員支那語奨励試験問題及び回答（乙種）」、同年の臨時増刊「実務翻訳号」には「康徳四年満洲国語学検定試験三等日文満訳回答」、一九四〇年五月号には「憲兵支那語通訳試験問題及解答」「受験参考」をそれぞれ掲載した。執筆陣のなかでもとりわけ、満鉄学務課顧問を務め満鉄による中国語試験の出題者でもあった秩父固太郎が重用されていたようで、彼による寄稿がしばしば記事の先頭に掲載された。

読者を最大限獲得するために中国語教本の市場に迎合する『支那語』のこうした戦略は[80]、一般人向けの中国語講習会の開催と、外語学院出版部による中国語教本の広告の掲載という両輪によって強化されている。一九三八年頃になると、東京外語と東亜同学会が主催した「外語支那語講習会」が、東京外語を会場として定期的に開催されていたようである。参加資格は「男女・学歴・年齢を問はず」、会費は初級、中級の「各級共金五円」、「各級の教材は校内東亜同学会事務所にて実費でお頒ちします」という[81]。これは学費と教材費さえ払えば、学習誌『支那語』を執筆する各教師に直接に教わることができるというものであり、こうして東京外語も万人に開かれる教室になっていく[82]。また、学習誌の『支那語』自体が、自社の中国語教本を商品として読者に売り込む広告塔としての役割も果たしていた。一九三五年頃から、五〇頁程度の雑誌の本体のほか、常に一〇面以上の広告が刷られていたが、その多くは『支那語』に執筆する教師たちの著書であった。例えば、宮越健太郎、清水元助、杉武夫共著『支那語講座（全）附満蒙語会話』の宣伝文は、以下のように、内容よりも装幀の美しさや世間の評判をセールスポイントとしたものである。「本書は短期支那語講座全三巻を各篇一纏めとして一冊とし装幀を極美洋装とし、紙質を改良し、内容も更に改訂をほどこしたものである。本講座が異常な好評を博して居るのは今更言を俟ない。尚ほ本部は分冊を欲せらるる方の為には勿論これも用意して居る[83]」。

「支那語出版報国」とそれぞれの心情

それでは、学習誌や中国語教本の発行を商業的な成功と結びつけた編集部は、自らの出版戦略をどのように認識していたのだろうか。一九三八年五月の臨時増刊「実務翻訳号」の編集後記では以下のように宣言されている。

> 吾々支那語に志すものは常に新らしい時代に順ふて進まなければならない、今日は徒らに惰眠を貪つてゐる場合ではない、吾々は如何にして支那語を学問的に分科的により深く研究して支那語の学問的水準を高むべきかに就いて奮起しなければならないと同時に実用支那語の本質とは如何なるものであり如何にして研究すべきかに就いて能ふ限りの努力を惜しんではならない時であると思ふ。
>
> 吾等同人はいづれも激職にありながら現在は支那語研究の転換期にあることに対し深き認識を有して実用支那語の紹介に熾烈なる熱意を持つてゐる、されば読者諸氏よ暫く借すに時日を以つてし吾等の主張の具体化を凝視せられよ、吾等は必ず諸氏の期待に背かざらんことを誓ふものである。（S生）[84]

「新しい時代」において、中国語の「学問的水準」を高めることとは別に、実用の中国語の普及をしなければならないという熱意が上記の文章では語られている。これは、対外的に表明するある種の建前として、大げさに表現されただけのものとも言いきれない。というのも、編集部の個人的な談話においても、目下の蓄積によって「一段と団結をかたくして「支那語」引《ママ》いては学界のためやつて行かう」[85]というような理想が確かに示されていたためである。さらに、一九三八年の第一二号に掲載された杉武夫編『日支対訳支那語演説挨拶式辞集』（外語学院出版部）の広告には、「日満支の精神的結合の叫ばる今日、本書の如き三国提携の上に寄与するところ大なるべき待望の好書を刊行し、之を広く江湖に推奨し得るは、支那語出版報国を理想とする私の最も欣快とするところ」[86]であるというように、中国語教本の大量出版という理想が「支那語出版報国」という表現で語られている。

序章で論じたように、中国語教育史を専門とする六角恒廣は、外国語の教育と学習について、その使用目的によって、「文化語学」と「実用語学」の二種に分けることができると論じつつ、戦前の中国語教育は「実用語学」がほとんどであったとしていた。「社会における政治・経済・文化の各分野において、外国との間の業務上の相互交流に役立てるための外国語、また外国に居住するものが生活上に必要とする外国語、あるいは一時的に外国に旅行するために必要とされる外国語等々の外国語を総称して実用外国語という」のに対して、文化語学とは「外国の政治・経済・文化などの各分野における学習ないし研究に必要とされる外国語、または自国の研究成果などを外国語で発表し紹介するために必要とされる外国語、あるいは外国との間でなされる、学習・研究などの相互交流に必要とされる外国語」である。(87)

この枠組みに即してみれば、一九三〇年代後半の『支那語』誌上の内容が「文化語学」だったとは言い難いだろう。しかし、戦前の中国語受容の全体像を捉える際に、その受容されていた中国語が「実用語学」なのか、それとも「文化語学」なのかという二分法ではやはり不十分である。例えば、教えられた中国語が大陸での実生活や官吏登用の受験に役立つ「実用語学」であったとしても、教育者の語りとして、ラジオ講座の講師・岩村成允が述べた「日支の提携は言語より」、外語学院出版部のいう「日満支の精神的結合」「支那語出版報国」のように、国レベルの文化交流ないし相互理解のための「文化語学」に接近するような表現が見て取れる。このように、表の理想としての「文化語学」とその裏にある実利のための「実用語学」は、しばしば矛盾なく受容のプロセスにおいて共存していた。

また、学習者個人のレベルでは、中国語を学ぶ動機はさらに多種多様であり、実用語学と文化語学の間で揺らぐこともあった。例えば、一九四二年に文検中国語を受験した学生は、その受験の契機について以下のように述懐している。

> 私の支那語はもと〳〵文学を読むために始めたもので、意味さへ解れば発音などどうでもよいといふ考へであつた。であるから、実用本位の時文とか会話など、はじめから眼中に無かつたのである。しかし其後「これではいけない。これでは飯をくへぬ」と悟つて、理窟は一先づ後廻しとして、第一に実際の役に立つ支那語を習ひ、

そして一方資格を取るために文検を受けようと決心した[88]。

中国語受験に合格するという実利に刺激されて学びはじめた学習者は少なくなかっただろうが、中国大陸の風土、人情への憧れや中国語ないし中国人女性に対するエキゾチックな関心も同時に存在していた。例えば、一九三八年から北京で滞在しはじめた満鉄のある社員は戦後、以下のように回想している。

> 在満邦人の間には北支、特に北京に行きたいという澎湃たる憧憬があった。〔中略〕そこ〔引用者注：北京〕へ数千年の長い年月を要して、あの雄大な城壁に囲まれた人間が三百万も悠々住める箱庭を創造した。いわゆる人為的桃源の都であろう。特に南池子、北池子の北海公園に通ずる舗装道路、閑静な家並、たゝずまいは最も好印象を残す。アカシヤの槐樹、あの白い花から発散する強烈な芳香、脚踏車で並走する小姐達、旗袍児〔引用者注：チャイナドレス〕の切れ目から脚線を膝の上まで露出し、颯爽とペタルをふむ優婉な肢体が目に浮かぶようである。その姿にも増して清冽な北京会話の抑揚が小姐達の紅唇から聞けるのを陶然として、同じく自転車で跡をつけて走った経験が幾度もあった。〔中略〕北京に来てようやく中国語の勉強をしようと真剣に考えはじめたのも、一つに前期《ママ》の好色的野心から、二つには当時満鉄では語学奨励金三等通訳試験合格毎月五円、二等一〇円、一等二〇円と手当があった〔。〕それが第二の目的で勘定に入れていた[89]。

以上のように、中国語受験に合格し実利を得るといった目的のほか、個人の経験に由来する偶然性や私的感情、嗜好も学習の動機に少なからず影響を与えていた。このような学習者の私的感情・嗜好と、教育者の側が提唱した国レベルの親善関係、そして受験内容とが重なり合いながらも、完全には一致していない状況が、中国語教本と学習誌の出版の盛況を可能にしたと考えられる。例えば、巧みな出版戦略により成功し、売れ行きが拡大していた『支那語』

の誌上においても、同誌を購読する受験生からは、「支那の手紙や小説類の研究をやり度い」[90]、「読者の短篇小説とか其他娯楽的な作品を掲載して戴けないでせうか」[91]といった同誌の方針に合致しない意見も寄せられていた。一つの雑誌だけでは満足させきれなかった読者の要求が、他の学習誌にも市場をもたらしただろう。「時文」の解説に重点を置く『支那語と時文』と、娯楽性と受験対策のバランスを取っていた『支那語雑誌』は、それぞれ『支那語』の欠けた機能を補い、一九三〇年代後半の中国語教本の出版市場を分割していた。

第四節　学習誌と学術誌の狭間に生まれた話しことばの教育法――『支那及支那語』を中心に

ここまでに論じたように、中国語学習誌の創刊者の多くは、創刊当初、中国語学と中国研究に貢献するような理想を内容編成において実践しつつも、時局と合わせて編集方針を改めた場合もあった。しかし、中国語教本や学習誌の大量出版に与しない教師もいた。当時の中国語教育者が抱えていた困難について、一九三七年頃に『新興支那語』を出版していた奥平定世は、次のように記している。

雑誌発行は一つの啓蒙運動の手段である。利益中心のものもあれば又学術研究発表のものもある。われらはこの啓蒙運動を第一の主眼とする。今までに支那語を学んだ経験のない人に対しても、又学習しつつある人に対しても、亦それと同時に習得したと自認する人に対しても。反つて亦我我一同が自ら省顧する機会として自らの蒙を啓くためにも。

われわれは、学界画期的な研究を発表したい。又その努力は払つてゐる。然し性来の愚鈍、世の所謂大家の持ち得る程の自信はない。自ら以て斯く任ずる仁は最近の満洲案以来丁度今頃の筍、雨後の如くに出てゐるが実に

その毅然たる。亦壮。但し若竹の優雅なきが淋し。(92)

「学界画期的な研究を発表したい。又その努力は払つてゐる。然し性来の愚鈍、世の所謂大家の持ち得る程の自信はない」とあるような中国語研究を進めるうえでの苦渋は、他の多くの教師たちも味わっていた。第二節で論じたように、戦前の中国語学習誌からは、学習誌でありながら文化誌・研究誌への志向も併せ持った多重的な自己規定が読み取れる。この傾向はとくに、大阪外語支那研究会が編纂した『支那及支那語』で顕著に見られる。本節では、『支那及支那語』誌上における研究志向の難航とそれへの対処を、中国人研究者の学術論考を翻訳する活動から分析し、日本国内の中国語学習と中国語研究を調和させるような話しことばの研究志向が、戦前の中国語教育にもたらした革新的な意味を検討する。

中国語研究の困難とその対応——中国人による語学研究の「翻訳」

『支那及支那語』は一九三九年に大阪外語支那研究会によって編纂され、東京の宝文館から発行された中国語学習誌・同人誌である。(93)創刊当時から一九四二年までの執筆陣は主として、吉野美彌雄、関恩福、金子二郎といった同校支那語部の教員らと、「支那研究会員」の同校支那語部関係者ら、また各地の高等商業学校の教員らから構成されていた。(94)本章第二節で論じたように、「支那語学再建と全面的支那研究」に寄与する責任や「使へる支那語とあるがまの支那の追求」、「正しき支那語と囚はれざる支那知識の普及への努力の義務」(95)といった理念が『支那及支那語』の編集者の間で共有されていた。ただし、誌面上で実践された「支那語学再建」や「支那研究」という研究志向は、今日にいう一般的な学術研究とは異なるニュアンスをもっている。いわゆる「支那語学」や「研究」の意味合いを理解するためには、これらを当時の知的状況の文脈のなかで把握しなければならない。

まず、『支那及支那語』の誌面構成とその変遷を簡単に概観すると、以下のようにまとめられる。創刊号から一九三九年五月号までは、中国語の発音を考察する「研究」、中国の時事と民俗・文化を紹介する「談叢」、日本語文学の中国語訳、中国語文学の日本語訳を掲載する「翻訳」、中国語を講習する「小教室」、中国と中国語に関する書物についての批評、感想、紹介を掲載する「書架」といったコラムが中心であった。一九四〇年以降、「用紙の配給制限がますく〳〵強化して来」[96]たことに伴い、初級者向けの語学学習の内容はほぼ消えて、この雑誌は翻訳と語学の論考を中心的な内容とする中級レベルの学習者あるいは中国語教育者向けの同人誌となった。とくに一九四二年以降には研究的な志向が強まった。研究的な内容が増えるにつれて、高畑彦次郎、吉川幸次郎、倉石武四郎、頼惟勤[97]といった帝国大学系の執筆者が現れた。

誌面に掲載された中国語研究関連の記事は、執筆者による中国語に関する独自の論考と、語学論考や文学作品の翻訳の二種に分けられる。前者については次項で詳述することにして、まず、語学論考と文学作品の翻訳・対訳に関する記事としては、林芙美子作・張健華訳「泣虫小僧」(一九三九年三月号など)、謝冰瑩作・田村芳実訳「一個女兵的自伝」(一九三九年三月号など)、王力著・金子二郎「支那語学概論」(一九四〇年一月号から連載)、住田照夫「支那訳忠臣蔵」(一九四〇年一月号)、謝冰心作・倉石武四郎訳「乙女の旅より子供の国へ」(一九四〇年二月号)、芥川龍之介作・魯迅訳「羅生門」(一九四〇年六月号など)、胡適著・金子二郎訳「国語文法概論」(一九四一年六月から連載)、胡適著・金子二郎訳「国語文法研究法」(一九四一年八月号から連載)、黎錦熙著・小田信秀訳「国語運動史略」(一九四一年一二月号など)、趙元任著・編集部訳「北京語の語調の研究」(一九四二年五月号)、陸志韋著・金子二郎訳「支那語と西洋語に於ける動詞用法の比較」(一九四二年八月号など)、趙元任著・編輯部編「中国方言に於ける破裂音の種類」(一九四二年八月号)、羅常培著・編集部訳「現代支那方音研究の展望」(一九四二年九月号)、劉復著・高田久彦訳「『四声変化実験』の一例」(一九四二年九月号)、カールグレン著・高田久彦訳「現代支那方言の記述音声学」(一九四二年一二月号から連載)、黎錦熙著・倉石武四郎、伊地智善継訳「比較文法」(一九四三年一月号から連載)がある。

とくに一九四二年頃から、大阪外語支那語部の後身である大陸語学研究所による独自の論考の数が減り、その代わりに同時代中国の国語運動で活躍していた言語学者の論考が数多く翻訳されるようになった。一九四三年の『支那及支那語』の総目次の分類によれば、「支那語学」の記事がおよそ半数を占めており、そのなかの大半が同時代の中国語学の論考を翻訳したものであった。(98)『支那及支那語』の編集部は、翻訳が日本の中国語研究を深めるのに不可欠なプロセスであるとして以下のように語っている。

自分は日本の支那学殊に支那語学に関してはまだまだ翻訳を必要とすると思つてゐる。就いては夫々の部門に於ける専門知識を有する人と翻訳能力を有する人とを一致せしめるやう、即ち支那語の更に広い、深い普及が、ここに於ても又必要欠くべからざることになつて来ると思ふ。(99)

なかでも、前述の翻訳の記事からみれば、民国期の中国語研究の成果を吸収することに一番熱心であったことは間違いない。一九三〇年代後期、大陸語学研究所で行われた『支那語発音字典』の編纂作業でも、中国大辞典編纂処の『国語辞典』、『国音常用字彙』、『北平音系十三轍』、全国国語教育促進会審詞委員会編『標準語大辞典』を大いに参考したという。(100)一九四三年、大陸語学研究所は黎錦煕の『国語文法』を翻訳し、『黎氏支那語文法』として刊行したが、黎氏の文法は「図解法」として名高く、戦後日本の教育現場でも多く使われた。

中国語研究者の王力は、中国語学研究の学術史を概説する『中国語言学史』において、民国期の中国語研究とその代表的な中国人研究者を①文法研究（馬建忠、楊樹達、黎錦熙、王力、呂淑湘、高明凱）、②カールグレンの方法をもとに上・中古音を研究する歴史言語学（趙元任、李方桂、羅常培）、③方言、少数民族の言葉などを扱う記述言語学（羅常培、趙元任、劉復ら）に分類した。(101)『支那及支那語』で翻訳された論考の著者は、ほぼ上記の研究者と重なっている。すなわち大陸語学研究所は、同時代の中国の研究動向をつぶさに観察し、そのなかで影響力があり、かつ優れている研究の所在を理解していたと言えよう。

他方、中国語研究を積極的に取り入れるこれらの翻訳の作業は、日本における中国語学の停滞に対する無力感に動機づけられたものでもあった。『支那及支那語』が刊行されてから時間が経つにつれて、若い編集者と執筆者から次のような不満の声が高まった。

> 日本のこの学問の一般の状態も、やはり不満足なものであつた。それが証拠に、論文一つ載らなかつたのではないか。卒直にいはねばならない。実のところ、わたしたちは、必要なかつ時間の要する仕事をもつてゐる。もちろん、雑誌に載せらる底《ママ》のものではない。いま時、こんな小つぽけな雑誌ではあるにしても、もつと紙面を一般の研究者に利用してもらはねばならない。(102)

『支那及支那語』の原稿収集を手近なところで間に合わせるようになったのは、「必要なかつ時間の要する仕事」があったためだという。ここでの「仕事」が何を指すのかは明言されていないが、中国語教育関連の授業や講習会であったかもしれない(103)。そのような時局下にあって「国策語学」に格上げされた「支那語」に「文化語」ないし学問としての前途があるのかどうかということについて、以下のように、同誌の一読者から疑問が呈されたことさえある。

> 今日幸か不幸か、日本に於ける支那語は今次事変を契機として一段の進歩?を来した。現在支那語学者と呼ばれる者は心中快哉を叫び、日に寸暇無き多忙な日を送つてゐる。政府は国策語学のナンバーワンとして、大いに奨励し現在凡そ支那語を語る?ものは行くとして、可ならざるなき勢を示してゐる。幾多の講習会速成講座が雨後の筍の様に創立され、支那語はこゝに過去の隠忍から、見事栄冠を贏《か》ち得たかの観を呈した、吾人はその多幸を願ふものであるが、果してこれで実を結んだと言へるであらうか、もう一度その実の熟さない中に叩き落して、よりよき結実を図る為、新しい施肥をなす必要はないであらうかと思惟するものである。(104)

別の投書においても、「満洲事変直後一時所謂支那語熱なるものは勃興したが、これも束の間、熱し易く冷め易い日本人の性質を此処でも見せつけられた」[105]とあるように、時局下で生まれた中国語ブームの疑わしさに抵抗を示しつつ、中国語研究の方法論における行き詰まりは容易に打開できないという感覚が共有されていた。当時、執筆者の一人で「支那研究会員」であった大原信一[106]は、「我国の支那語は神学的と呼ばれる最初の段階から脱しきつてゐない」という「支那語の貧困」を指摘して、「支那語が社会的に虐待され、言語学者といはれる人々も何故かこの豊饒な沃野に鍬をいれることを欲しなかつた間に、科学的な方法に武装した碧眼紅毛の一群が一歩を先じてしまつたことは口惜しき限りであつた」[107]と嘆いている。

序章で論じたように、一九世紀に欧米で研究が進んだ比較言語学は、「博言学科」という名称で明治期の帝国大学文科大学に導入されたことがある。しかし、その卒業生であった後藤朝太郎と高畑彦次郎、胡以魯が行った研究を除けば、中国語学の研究は低調であった。そして、それ以降、中国語研究をめぐる制度上の知識環境には大きな変化がないまま、一九四〇年代に至った。『支那及支那語』の誌面において行われた精力的な語学研究の翻訳は、中国語をめぐる知的環境への察知と反省に基づいた動きであったといえよう。

「支那語らしい支那語」の話しことばの教育法

前述したように、『支那及支那語』における中国語学の研究は主として翻訳に頼らざるを得なかったが、それでも独自の論考も掲載されていた。そのなかでも、本項では、とくに話しことばの研究における模索が、戦前の中国語教育実践に革新的な意味を持っていたことを、人脈にも留意しつつ論じる。宋新亜は「同時代の中国・中国語を学び教える闘い」において、同校教授の吉野美彌雄が『支那及支那語』に執筆した「時文」批判に注目して、そのような批判が訓読法の実用的な性格に向けられたものであり、中国語にある「教養価値」への探求につながったと論じている[108]。

一方、後述するように、話しことばとしての中国語教育・研究は、学術的な性格を持ちながらも、戦時中に中国語の実用性に対する社会的需要が高まるなかで、軌道修正を余儀なくされたこともあった。このため、訓読法に依拠しない話しことばの教育と研究について、それが実用であるか教養であるかという枠で捉えることにはこだわらず、その実態、変化を見つめることにしたい。

さて、『支那及支那語』に掲載された中国語学に関する独自の論考としては、金子二郎「支那口語文法序説」(一九三九年六月号など)、吉野美彌雄「同字異義の研究」(一九三九年九月号など)、金子二郎「支那語の記音法」(一九四〇年八・九月号)、富田竹二郎「ウエード式記音法の再検討」(一九四〇年八・九月号)、魚返善雄「表音法再談義」(一九四〇年一〇月号)、高畑彦次郎「支那・チベット語族と南方語族に対する支那語の言語学的寄与」(一九四二年四月号)、編輯部編「支那音韻学用語解」(一九四二年五月号など)、編輯部編「北京語の声調研究」(一九四二年五月号など)、伊地智善継「いわゆる「軽声」についての諸問題」(一九四二年七月号)、伊地智善継「支那語教授法への反省と一つの試み」(一九四二年九月号)、高倉正三遺稿・吉川幸次郎「蘇州話訳稿」(一九四二年一一月号)、小田信秀「黎錦熙小伝」(一九四二年一一月号)、伊地智善継「琉球写本官話問答」(一九四二年一二月号)、大原信一「「重念・軽声」と強さアクセント」(一九四三年三月号)、小林武三「支那語文法の基礎的探究——言語本質への素朴な反省」(一九四三年四月号)、大原信一「支那初級小学国語読本の語彙調査」(一九四三年七月)といったものが挙げられる。

以上のように、この雑誌は「口語文法」「北京語の声調」「蘇州話」「軽声」「重念」といった話しことばとしての中国語にかかわる研究課題に加え、文法論、国語運動史、語彙調査といった広範な研究領域にも目を配っている。たしかに、四、五頁ほどのこれらの論考は、全体的としてまとまった体系を構成していたわけではなく、明確な方向性があったとも言いがたい。ただ、中国語の文法書や発音の教育法が極めて乏しかった当時、これらの論考は日本の中国語界において革新的かつ意欲的なものであったことは間違いない。

「支那語月刊講座」として自己を規定していた『支那及支那語』は、初学者のために「小教室」といったコラムを設け、大阪外語で夏季講座を開設するなど、実践的な中国語教育にも取り組んでいた。[109]また、話しことばの教育法にもつ高い関心は、「語学教授の方法」「方言」「発音記号」「〝聴〟と〝説〟〔引用者注：〝聞くこと〟と〝話すこと〟〕」「日本人の支那語」といった巻頭言から見て取れる。[110]「日本人の支那語」と題した巻頭言では、日本の対中感情について、「「親しき中に垣をせよ」と云ふが、親しきに過ぎて狎侮《こうぶ》して居ることは事実である」と批判し、中国語の学習法についても、「文字が同じいから文字を眼の方から先きに覚えてしまつて、その発音と調子を疎かにすると言ふ風があるからである」という「眼と頭で知つてゐる」ことの弊害を指摘した上で、「支那語を学ぶには袢を着けた様な気持を捨てて、支那服を来て声楽でも稽古する気持になつて、支那人の語調をよく真似て繰返し繰返し練習」する方法を推奨した。[111]〈声〉を重視して中国語らしい中国語を習得するために「支那人の語調をよく真似」るというのは、「チャンコロ」「支那人」「イクジ無しの支那人」などと中国人を軽蔑する日清戦争以来の感情に反発するものだったともいえる。[112]

話しことばとしての中国語を重視する『支那及支那語』及びその発行元である大阪外語支那研究会の姿勢は、大阪外語支那語部教授の金子二郎及び同部卒業生の伊地智善継[113]と、京都帝国大学教授の倉石武四郎との人脈的なつながりからも理解できる。一九三〇年に北京留学から帰国した倉石は、中国服を着て京都帝国大学で教鞭を執る風変わりな「伝説」的人物として知られていた。[114]

伊地智は一九三九年に大阪外語を卒業してから商社に入社し、天津支店に配属されたが、まもなく辞職して帰国したばかりの頃に、金子に連れられて倉石の自宅を訪問した。倉石による中国人作家・謝冰心『寄小読者』の翻訳のプリントを金子が読んで感銘を受けたことが、この訪問のきっかけであった。『寄小読者』は、米中間を往来した作家が、その生活体験を児童の読者に伝える白話文学であり、一九二三年から北京晨報社の『晨報附刊』に連載されていた。倉石は一九三〇年代から『寄小読者』を中国語教育の新しいテキストとして評価しており、一九四〇年の兵庫県立豊岡中学校における授業で使用したこともある。[115]金子と伊地智によるこの訪問を契機として、倉石が『支那及支那語』の編集指導を行うことになり、また伊地智が倉石のもとに弟子入りすることに繋がった。それまで、「古典ばかり」の帝大系と「現代語か現代文学しかやらない」外語系の間には隔たりがあったが、ここにおいて両者が接触する契機が生まれたのである。

金子と伊地智による倉石の訪問について、倉石の『中国語五十年』では以下のように述懐されている。

わたくしが『寄小読者』の翻訳を出しますとき、はじめにその一部分をとりだして小さなプリントをつくりました。〔中略〕それをフッとご覧になってわざわざわたくしを訪ねて来てくださった方がある。それは大阪外国語大学の学長もされた金子二郎先生です。それのみならず、自分がこれから育てようと思っている弟子がある、それをあずけるからどうでもしてくださいといわれるのです。その弟子というのが今の大阪外国語大学教授の伊地智善継さんです。なぜこんなことをいうかといいますと、これは、わたくしども東京大学・京都大学など、もとの帝国大学系統の学校と、外国語学校とが手を握るようになった最初の因縁だからです。さきほどから申しましたように、外国語学校の先生のつくられた本は利用していましたけれども、それはほんの教科書や字引として利用していたというだけで、本当にお互いが相談しあって、これからどうしようなどと考えるようになりましたのは、これが最初でした。〔中略〕同じようなことをやりながら、いわゆる帝大系では古典ばかりやっている、外国語学校では現代語か現代文学しかやらないというのでは、お互いに片ちんばですから、そこで初めて両方が手を握って一緒にやりましょうという端緒がひらかれたことは非常にしあわせだったと思います。そういうこともありまして、大阪外語ではその当時『支那及支那語』という雑誌が出ていたのですけれど、それがある程度、行きづまりました時に、それをわたくしのところへもってこられて、いわば編集者兼指導者になってほしいとたのまれました。そこで『支那語文化』という名で――三号雑誌という言葉がありますが、これは二号雑誌で終りました。というのは戦争がとてもひどくなり、どうにも出版できない状態になってしまったからです。(116)

他方で、この訪問について、伊地智は次のように回想している。

日本に帰った年の暮、金子二郎先生につれられて、京都左京区浄土町の倉石武四郎先生のお宅を訪問したことがあった。日本に帰ってすぐ金子先生宅にお伺いした時、中国の様子や古本屋に出ている書物の話をしたことはたしかである。またそれ以前に、かなり大量の古本を母校宛に送ったことも事実である(当時中国から本を送るばあい、検閲にひっかかる恐れがあったので、金子先生の御示唆によって母校宛に送った)。そういうことがあったので、学問をやりなおすために日本に帰って来たと、先生は考えられたのかしれない。しかし、私自身にそのような殊勝な考えがあったわけでない。倉石先生は和服を着けられ、金子先生と話しをされていた。私は倉石先生の前に座っていたが、両先生のことばは殆ど耳にはいらなかった。しばらくして、それでは明日から研究室に出てきて下さい、と倉石先生にいわれた時、事態が呑みこめないままに思わず「ハイ」と答えてしまった。そして、その翌日から、大阪駅七時一五分発彦根行のＳＬにのって、京都へ行くのが日課になった。[117]

伊地智は一九四〇年に京都帝国大学中国語学文学選科に入学し、「青木正児先生の「支那文学史」の講義と「桃花扇」の演習を受講し、倉石先生の「支那語学概論」の講義、黎氏(引用者注:黎錦熙)「比較文法」の演習を受講した」[118]という。一九四二年に伊地智は大阪外語助教授に任命され、京都帝国大学退学を余儀なくされたが、帝国大学の講義を熱心に傍聴し続けた。「盗聴生としてその後数年にわたり倉石先生の講義・演習を受けることができた。顧炎武の「音学五書」、段玉裁の「説文解字注」、劉師培の「文学教科書」、王力の「中国音韻学」、劉鉄雲の「老残遊記二集」等を教えていただいた。同時に、週一回東方文化研究所(現人文科学研究所)に通って、「毛詩正義」の会読の末席に加えていただいた」[119]という。

伊地智が『支那及支那語』で執筆活動を続けた時期は、彼が京都帝国大学で言語学関連の講義を受講した時期と重なる。同誌に掲載された最初の文章である「いわゆる「軽声」についての諸問題」(一九四二年七月号)は、倉石が推薦した趙元任の諸論文に感銘を受けて書かれたという。(120) この論考では、「重念」と「軽声」という中国語の細かい音感・イントネーションの問題を取り上げ、「これが支那語の教育体系として、極めて便宜的な方法であり、かつ理論的な整理方法であることを結論したい」と論じている。(121) さらにいえば、一九四三年に一月号から連載されていた黎錦熙著・倉石武四郎、伊地智善継訳「比較文法」も、上記の回想で言及された「黎氏「比較文法」の演習」の受講を機としたものだという可能性が高い。

以上から、『支那及支那語』の編集や、伊地智と倉石の執筆活動を通して、倉石に代表される帝大系の言語学や音韻学の研究動向が、大阪外語支那研究会に伝わったことがわかる。倉石は、一九四〇年頃に中等学校の中国語教育のために注音符号の「総ルビ」を注記した『倉石中等支那語』(全三巻)を編纂するとともに、兵庫県立豊岡中学校や、京都市立第二商業学校、徳島県阿波中学校で、それらの教材を発音教育に応用した効果について実験的に観察していた。(122) およそ二年後の一九四二年夏、倉石の教育実践を直接参照した証拠こそないものの、大阪外語のキャンパスで行われた初学者向けの夏季講座においても、注音符号を使った、中国語の発音の新しい教育法を試みる実験が行われた。一五人の初学者に対して、漢字の発音を教える旧来の教授法ではなく、①漢字を使わずに注音符号を教える、②音の最小単位を字音としてではなく語音として教える、③最初には音調の細かい解釈をしないという方法であった。『支那及支那語』に掲載された金子の報告によれば、その結果は「極めて有望で」あり、「大部分の者が教本に出て来た言葉は立派な支那語(暗誦式や粒読式ではない)としてつかんでしまった」という。(123) 同誌の編集後記では、漢字の発音を教えることの問題点と、実験音声学がもつ意義を以下のように強調した。

従来の訳読主義が外国語教授法として無力なことは最早誰しも気づいてゐる所であるが、さて新しい方法となると、実際教授に応用すべき科学的基礎理論が我が支那語界には正直な所全くない有様である。これは我々日本人の手によつてどうしても早く実験音声学的メスが支那語に加へられねばならないといふことになるのであるが、今の所せめてもの参考にと思つて本号に劉復の実験を紹介してみた。これは彼の郷里江陰方言であるが、北京語についてもこれぐらいの実験結果をなるべく早い時期に持ちたいものだと思ふ。(124)

さらに、同号に掲載された伊地智善継「支那語教授法への反省と一つの試み」(一九四二年)は、音声学を必要とする理由について、同時代中国の言語生活は激しく変化しているため、旧来の訓読法や会話を重視する「華語会話」はいずれも誤訳が非常に生じやすい点にあると訴えた。彼は黎錦熙の「国語教科書」を参照して、「〔引用者注：黎錦熙は〕現在の支那語が、非常な変換期にあることを認めてゐる。新しい文明の生活技術が、支那語に変容を強制したためである。「新名詞」が大量に輸入され、古い用語が新しい意味をもつて再生し、支那語学者が西洋流文法の適用を警戒するとしないにかかはらず、インテリの白話(語文ともに)は、西洋風日本風に変化しつつある」ため、「古い支那語教科書の支那語が、いかに淘汰されねばならぬかを、われわれは考へねばならないのである」(125)と述べた。このように、「支那語がいかに古い歴史をもつた言語であるとしてもそれが言語として完成されたまとまつたものと考へることは不可である。単音節語が膠着語の方向に変化しつつも、文字の形体に制約されて、特異な現象をもつたものであることを、個々の現実の事態に即して直視すべきである」(126)と論じたうえで、中国語教授法の改革として、字の発音を教えることから「詞」〔引用者注：ここでの「詞」は中国語で、文のなかで意味を持つ最小単位を表す日本語の「語」あるいは「単語」の意味に近いと考えられる〕の発音を教えることに転換し、音韻論の語学研究を行う必要性を説いたのである。

これらの中国語教授法の根本的な変革に対する意思表明は、しばしば「科学的」や「実験」といった言葉とともに表されており、日本社会における非科学的な中国語受容に対する不満、そして世間で高く評価され先進的とされる欧米語学に抱いた劣等感が読み取れる。例えば、大原信一「支那語音声学の生長のために」(一九四二年)は、以下のように記した。

勿論、支那語学の成形は、言語学者や音声学者の適切な助言と援助の下にこの方面に志す若い人々が自ら苦しみ自ら建設してゆかねばならない事情にあることを思へば、真に科学の名に値するものに到達するには幾多の困難と少からぬ時日を予想しなければならぬとしても、支那語は何か宿命的に他の語学より後れてゐて絶望だといふ風の定説だけは一日も早く粉砕してしまはねばならない。(127)

その後、『支那及支那語』は一九四三年に『支那語文化』と改題された。その理由について編集後記では、「現代支那語の科学的研究を主とする傾向から、より一般的な支那文化全般を問題とする方向に転換することを研究してみてゐる(128)」と記されている。雑誌の編集方針が研究誌・学術誌から「支那語文化全般」の内容へと軌道修正されたことに伴い、中国語学の研究論文は少なくなり、そのまま二号をもって停刊したようである。(129)雑誌の研究志向はこの時期に頓挫したと言わざるをえない。それでも、『支那及支那語』ないし大阪外語支那研究会が、中国語の研究と教育の間で話しことばの教育法を探究していった当初の試みは、戦前の中国語研究や中国語教育の革新性として評価すべきであろう。

本章の第三節では、『支那及支那語』における研究志向が、純粋な学術研究というよりは中国語教育の方法論に近いものであったものの、そのなかで中国語教育法の革新のための理論的な探究が深められていったことを明らかにした。さらに、大阪外語支那研究会と京都帝国大学教授・倉石武四郎の学術交流によって、新しい中国語の教授内容と目標が生まれた経緯を考察した。次章では、こうした事情がより大きな流れへとつながっていく経緯として、一九三〇年代において岩村成允がリードした支那語学会と倉石武四郎それぞれの中国教育体制に対する改革案、それに対する中国語界と文化界の反応を分析する。話しことばとしての中国語の教育法を公教育のカリキュラムに導入する提案は、やがて漢文、「時文」の訓読法と対決する局面に置かれることとなり、中国語教育は中国語受容という大きな文化的な課題として広く注目されることになったのである。

注

(1) 「発刊之辞」『支那語雑誌』創刊号、春陽堂、一九三二年、二頁。
(2) 内之宮金城「支那語学習法」『支那語』第七年第四号、一九三八年、三二頁。
(3) 「編集後記」『新興支那語』第二巻第七号、一九三七年、五〇頁。
(4) 鈴木保昭「明治の英学雑誌」一頁。
(5) 斎藤兆史『日本人と英語』一三一二一頁。
(6) 同上、一六及び三二頁。
(7) 渡會貞輔「支那語雑誌小史(承前)」『支那語』第五年第三号、一九三六年、一九頁。
(8) 六角恒廣の考察によれば、中国語を含めて英語、ドイツ語、フランス語、ロシア語、イタリア語、スペイン語、朝鮮語の八カ国語の学習誌『外国語学雑誌』も存在した(六角恒廣『中国語教育史稿拾遺』二五〇頁)。
(9) 「自序」『清語ト清文――Far East』第一号、一九〇四年。
(10) 渡會貞輔「支那語雑誌小史(承前)」『支那語』第五年第三号、一九三六年、二〇頁。
(11) 「本誌の意義」『支那語雑誌　白話』第一号、一九二二年、一頁。
(12) 松田かの子「『華語月刊』と東亜同文書院の中国語教育」一六三頁。
(13) 同上、一五四―一六六頁。
(14) 例えば、石田卓生『東亜同文書院の教育に関する多面的研究』、中里見敬「東亜同文書院の伝統的中国語教授法「念書」とその戦後における継承」などが挙げられる。
(15) 東亜同文書院と日本国内の中国語教育界がどのように繫がっていたかについては、現存の資料からはほとんど分からない。いま把握できる事実として、東亜同文書院の卒業生である清水董三が一九三〇年代に日本国内の支那語学会の運営に参与したことがある。
(16) 黄子明「休刊告白」『支那語雑誌　白話』第一二号、一九二三年、一三三頁。
(17) 渡會貞輔「支那語雑誌小史(承前)」『支那語』第五年第三号、一九三六年、二一頁。
(18) 例えば、一九三〇年代に早稲田大学附属第一早稲田高等学院文科で中国語を学んでいた安藤彦太郎は、当時の中国語授業の様子を以下のように述べている。「善隣書院出身で頑固一徹な老先生の渡俊治先生ひとり、テキストは学院三年間『急就篇』一冊、これを丸暗記させるのである。発音表記は旧式のウエード式一点張り、文法について質問しようものなら、「支那語に文法があるか！」と大喝された」(安藤彦太郎「津田左右吉の愛弟子「郭明昆先生」」の「民族の心」」五一頁)。

(19) 中谷鹿二が編纂した『善隣』の発行状況と誌面の内容については、李素楨『日本人を対象とした旧「満洲」中国語検定試験の研究』が詳しい。

(20) 小林昌樹編『雑誌新聞発行部数事典』一〇九頁を参照。

(21) 同上、五〇頁及び三六頁を参照。

(22) 『昭和十七年　ラヂオ年鑑』日本放送出版協会、一九四二年、一三七頁。

(23) 六角恒廣『中国語教育史稿拾遺』二六一頁。

(24) 藤井省三『東京外語支那語部』一六〇頁。

(25) 塩谷温「善隣の至宝」『支那語と時文』第一巻第一号、一九三九年。

(26) 藤井省三『東京外語支那語部』一六四頁。

(27) 「ラヂオテキスト支那語講座　昭和十三年秋期号(下巻)」六角恒廣編『中国語教本類集成第九集第一巻』三六九頁。

(28) 宮原民平(みやはら・たみへい、一八八四―一九四四年)：一九〇四年、拓殖大学の前身である台湾協会学校に入学。在学中に陸軍省学生通訳官に志願して、日露戦争に従軍した。卒業後に北京に留学し、帰国後拓殖大学で教授、「支那語」の科目を担当。中国戯曲、元曲について多数の論文・翻訳を発表。

(29) 「華語新声　創刊号」六角恒廣編『中国語教本類集成第九集第二巻』三一三頁。

(30) 同上、三一七頁。

(31) 同上、三二四頁。

(32) 「支那語　新年特輯号」六角恒廣編『中国語教本類集成第九集第二巻』三五六頁。

(33) 「支那及支那語　創刊号」六角恒廣編『中国語教本類集成第九集第三巻』四六頁。

(34) 同上、五七頁。

(35) 同上、四六頁。

(36) 「学界時言」『支那語雑誌』一九四三年八月号、三頁。

(37) 「編集後記」『支那語雑誌』一九四三年八月号、六四頁。

(38) 「初級支那語　創刊号」六角恒廣編『中国語教本類集成第九集第二巻』三三八頁。

(39) 「支那語雑誌　創刊号」六角恒廣編『中国語教本類集成第九巻第三巻』七五頁。

(40) 奥平が書いた編集後記では、雑誌を「興味をもつて読了出来るやうに。初学者にも相当のものが読め、一度学習した人には、一層の根拠を与へる。学術的に、而もそれを平易に。斯う云つた気持で皆が筆を執つた」と述べた(「編集後記」『新興支那語』第一巻第一号、一九三六年、五〇頁)。

(41) 「支那語と時文　創刊号」六角恒廣編『中国語教本類集成第九集第三巻』六九頁。

(42) 辛島驍(からしま・たけし、一九〇三―一九六七年):中国文学者、東京大学文学博士。一九二八年東京帝国大学文学部支那文学科卒、京城帝国大学講師、一九三九年に博士論文「支那現代文学の研究」を東大に提出し、一九四六年に博士号が授与された。

(43) 辛島驍「時文教授上の注意」『支那語と時文』第一巻第四号、一九三九年、二九頁。

(44) 「先学を語る　塩谷温博士」東方学会編『東方学回想Ⅱ　先学を語る(二)』一五四頁。

(45) 開隆堂出版『心の創造　開隆堂』一九八九年。

(46) 「支那語と時文　創刊号」六角恒廣編『中国語教本類集成第九集第三巻』六一頁、「第三十一回関東聯合教育会速記録」一七頁を参照。

(47) 「支那語と時文　創刊号」六角恒廣編『中国語教本類集成第九集第三巻』六九頁。

(48) 「塩谷温氏を聞く」開隆堂出版『心の創造　開隆堂』五一頁を参照。

(49) 辛島驍「時文教授上の注意」『支那語と時文』第一巻第四号、一九三九年、二八頁を参照。

(50) 「支那語と時文　創刊号」六角恒廣編『中国語教本類集成第九集第三巻』六一頁。

(51) 「支那語雑誌　創刊号」六角恒廣編『中国語教本類集成第九集第三巻』七五頁。

(52) 黄子明「休刊告白」『支那語雑誌　白話』第一二号、一九二三年、一三三頁。

(53) 同上。

(54) 同上。

(55) 一九三三年に春陽堂の『支那語雑誌』が休刊になった後、『支那語』の表紙に「本邦唯一の月刊支那語雑誌」という宣伝文が掲げられた時期も見られる。

(56) 「支那語　新年特輯号」六角恒廣編『中国語教本類集成第九巻第二集』三五六頁。

(57) 同上。

(58) 「編輯室より」『支那語』第八年第三号、一九三九年。

(59) 藤井省三『東京外語支那語部』一六三頁。

(60) 同上、一六二頁。

(61) 一九三八年一二月刊の『支那語』第七年第一二号に掲載された「外国《ママ》学院出版部主　藤井嘉作」による『日支対訳支那語演説挨拶式辞集』の広告文に使われたことばである。
(62) 同じ時期、試験欄は一九三一年の支那語学会『華語新声』の誌面にもあった。
(63) 編輯部「三月号懸賞模擬試験問題」『支那語』第五年第三号、一九三六年、四五頁。
(64) 「本誌永年の読者であり且つ又懸賞欄の応募者であつた朝鮮平北・形岡奈留吉氏の御逝去を御報せすると共に敬んで茲に哀悼の意を表します。(編輯部一同)」「読者欄」『支那語』第五年第四号(春季増大号)、一九三六年、六〇頁。
(65) 「吾々受験生・独習者は自分の欠点が判らぬ為失敗を繰返すのでありますが貴院で支那語通信添削を開始して頂き度いと考へますそれが出来ねば是非共模擬試験の延長としてでも添削を実施されん事を切望します。(大阪一受験生)」(「読者欄」『支那語』第五年第七号、一九三六年、二九頁)。
(66) 「急告」『支那語』第七年第五号、一九三八年、四九頁。
(67) 「出版予告」『支那語』第四年第八号、一九三五年、四八頁。
(68) 創刊当初、宮越健太郎、清水元助といった東京外語支那語部の教員が執筆陣の中心にあった。その後、内地の商業学校や陸軍関係の教諭も執筆陣に加わった(例えば、京橋商業講師・岩井武男、横浜高商助教授・武田博、大阪商大・有馬健之助、陸軍教授・麻喜正吾、山口高商助教授・鐘ヶ江信光、陸軍士官学校教官・藤木敦実、陸軍通訳官・平井和夫など)。一九三〇年代後半になると、外地の中国語講師の執筆が多く見られるようになる(旅順工大予科教務・渡會貞輔、満鉄学務課顧問・秩父固太郎、奉天中学教諭・三原増水、京城警察官講習所講師・高木富三郎、大連第一中学校講師・長谷川寛など)。
(69) 李の研究によれば、一九〇九年から一九三七年までの時期が、満洲における検定試験の発展期である。この時期の外地の中国語試験として、関東庁職員支那語試験、関東庁警察官支那語通訳試験、外務省支那語試験、満鉄中国語試験準備試験、満洲国政府語学検定試験、満洲駐屯憲兵隊通訳試験、青島守備軍憲兵通訳筆記試験、大連民生署巡査通訳兼掌資格試験などが挙げられる(李素楨『日本人を対象とした旧「満洲」中国語検定試験の研究』二二頁を参照)。
(70) 李素楨『日本人を対象とした旧「満洲」中国語検定試験の研究』一三―二二頁を参照。
(71) 同上、六頁及び二五頁を参照。
(72) 文部省検定支那語試験については、邵艶「「文検支那語」に関する研究ノート」が詳しい。
(73) 「読者の声」『支那語』第七年第一二号、一九三八年、二六頁。
(74) 「読者の声」『支那語』第九年第七号、一九四〇年、四九頁。
(75) 同上。
(76) 「読者の声」『支那語』第九年第一二号、一九四〇年、四九頁。

(77)「読者の声」『支那語』第七年第一二号、一九三八年、二六頁。
(78)「読者の声」『支那語』第九年第七号、一九四〇年、四九頁。
(79)「読者の声」『支那語』第九年第二号、一九四〇年、四九頁。
(80)例えば、第四年(一九三五年)第一二号の『支那語』には「関東局支那語奨励試験問題及解答」という記事が掲載された。また同年九月号の巻末に、外語学院出版部編『受験参考　満洲語問題の捉へ方』の広告が掲載されており、「満洲国及び本邦に於ける各種(満鉄・満洲政府・関東庁・憲兵官試験等)の支那語試験問題を通覧し出題者の意向を付度し其の系統を探ね此後主題さるべき問題を把握して数百種の問題を掲げ模範解答を付した」という宣伝文が記されている。
(81)「外語支那語講習会」の広告は一九三八年頃に『支那語』に掲載されている。ここでは『支那語』第七年第七号の広告を参照している。
(82)『支那語』第七年第七号(一九三八年)の広告によれば、「東京外国語学校教授　宮越健太郎氏　東京外国語学校教師　包象寅氏　善隣高商教授　木村愛香氏　陸軍士官学校教官　藤木敦實氏　陸軍士官学校教官　麻喜正吾氏　東洋大学教授　北浦藤郎氏　東京外国語学校教授　内之宮金城氏　陸軍士官学校教官　田中清一郎氏　山口高商助教授　鐘ヶ江信光」という講師陣の構成であった。さらに「各講師が聴講者各位の質問に応ずるは勿論、更に徹底を期するため数名の助手を置きました」というように、授業の助手も置かれたようである。
(83)『支那語』第五年第五号、一九三六年。
(84)「後記」『支那語』臨時増刊実務翻訳号、一九三八年、六四頁。
(85)「編輯室より」『支那語』第九年第五号、一九四〇年、五一頁。
(86)『支那語』第七年第一二号、一九三八年。杉武夫編『日支対訳支那語演説挨拶式辞集』の広告文の署名は「外国《ママ》学院出版部主　藤井嘉作」とされている。
(87)六角恒廣『中国語教育史稿拾遺』二一九―二二〇頁。
(88)「文検支那語受験指針　第三巻第五号」六角恒廣編『中国語教本類集成第九集第三巻』四〇七頁。
(89)寺居信一「想思北京」那須清編『北京同学会の回想』一三一―一三四頁。
(90)「読者の声」『支那語』第九年第五号、一九四〇年、五一頁。
(91)「読者の声」『支那語』第九年第一〇号、一九四〇年、四九頁。
(92)「編集後記」『新興支那語』第二巻第六号、一九三七年、五〇頁。
(93)『支那及支那語』は、一九四一年の第三巻第八号以降、編集者名が「大阪外国語学校大陸語学研究所」となった。また、一九四三年一一月に『支那語文化』と改題された。

(94) 執筆者の高等商業学校の教員としては、栗山茂(高松商業学校教授)、牧治雄(同志社高等商業学校教授)、須藤義男(神戸北神商業嘱託)、宇佐美一男(佐世保商業学校教諭)が挙げられる。

(95) 「支那及支那語　創刊号」六角恒廣編『中国語教本類集成第九集第三巻』四六頁。

(96) 「御願ひ」『支那及支那語』一九四〇年八・九月号、一九四〇年、二八頁。

(97) 頼惟勤(らい・つとむ、一九二二―一九九九年):一九四三年、東京帝国大学文学部支那哲学支那文学科卒業。戦後復員ののち、京都帝国大学教務嘱託。一九五二年、お茶の水女子大学専任講師、のち一九五九年に助教授、一九六四年に教授。中国音韻学を専門とする。

(98) 「支那及支那語第三巻総目録」『支那及支那語』一九四二年一二月号、五〇―五一頁。

(99) 「編後」『支那及支那語』一九四〇年一二月号、五〇頁。

(100) 「大陸語学研究所編『支那語発音字典』について」『支那及支那語』一九四二年一月号、二八頁。

(101) 王力『王力文集　第十二巻』二二五―二五七頁を参照。

(102) 伊地智生「編後」『支那及支那語』一九四二年一二月号、五二頁。

(103) 一九三九年から、大阪外語支那研究会が主催した中国語の講習会はすでに存在していた(大阪外国語学校支那研究会編『支那及支那語』一九三九年七月号などを参照)。

(104) 「来稿　支那語に於ける転換期と学者の使命(一読者)」『支那及支那語』一九四〇年四月号、二九頁。

(105) 「我等の主張　〝聴〟と〝説〟」『支那及支那語』一九三九年一二月号、一頁。

(106) 大原信一(おおはら・のぶかず、一九一六―二〇〇三年):一九三七年に大阪外語支那語部卒業後、同校大陸語学研究所員。京都女子大学教授、大東文化大学教授、同志社大学商学部助教授を歴任。主な著書にカールグレン著、大原信一等訳『中国の言語』(一九五八年)、『近代中国のことばと文字』(一九九四年)、『中国の識字運動』(一九九七年)などが挙げられる。

(107) 大原信一「短評・支那及支那語　支那語音声学の生長のために」『支那及支那語』一九四二年一一月号、三一頁。

(108) 宋新亜「同時代の中国・中国語を学び教える闘い」を参照。

(109) 「支那及支那語　創刊号」六角恒廣編『中国語教本類集成第九集第三巻』五七頁などを参照。

(110) 以上はそれぞれ、創刊の同年である一九三九年の六月号、七月号、八月号、九月号、一〇月号の巻頭言である。

(111) 「我等の主張　日本人の支那語」『支那及支那語』一九三九年一〇月号、一頁。

(112) Sato, Kazuki. "“Same Language, Same Race”: The Dilemma of *Kanbun* in Modern Japan", 野田正彰『陳真　戦争と平和の旅路』三七頁などを参照。

(113) 伊地智善継(いじち・よしつぐ、一九一九―二〇〇一年):一九三九年に大阪外語を卒業し、商社に入社。一九五〇年代、倉石武四郎監修の中国語学習誌『中国語』で中国語文法に関して多数の文章を執筆した。一九七七年から大阪外国語大学学長を務めた。

(114) 倉石武四郎「学問の思い出　座談会＝倉石博士を囲んで」一六頁。

(115) 倉石武四郎『支那語教育の理論と実際』二四五頁。

(116) 倉石武四郎『中国語五十年』五三―五五頁。

(117) 伊地智善継「序　中国語、そして私」『伊地智善継・辻本春彦両教授退官記念　中国語語学・文学論集』一―二頁。

(118) 同上、二頁。

(119) 同上。

(120) 同上、三頁を参照。

(121) 伊地智善継「いはゆる「軽声」についての諸問題」『支那及支那語』一九四二年七月号、一一―一六頁。

(122) 倉石武四郎『支那語教育の理論と実際』二〇三―二二二頁。

(123) 金子二郎「一つの試み」『支那及支那語』一九四二年九月号、二―七頁。

(124) 「編後」『支那及支那語』一九四二年九月号、五〇頁。

(125) 伊地智善継「支那語教授法への反省と一つの試み」『支那及支那語』一九四二年九月号、一一頁。

(126) 同上、九頁。

(127) 大原信一「短評・支那及支那語　支那語音声学の生長のために」『支那及支那語』一九四二年一一月号、三一頁。

(128) 「編後」『支那及支那語』一九四三年五月号、五〇頁。

(129) 倉石武四郎の回想によれば、『支那語文化』は二号まで発行された(倉石武四郎『中国語五十年』五四―五五頁)。確認できた第一号と第二号の記事は以下の通りである。第一号は倉石武四郎「黄承吉とその学問」、漢学師承記研究会訳「漢学師承記」、入矢義高訳「清平山堂話本「梅嶺にて陳巡検が妻を失ひし事」」、金子二郎訳「沈従文「ランプ」」、金子二郎「ほんやくらいさん」、倉石武四郎、近藤光男「漢学師承記のことども」。第二号は吉川幸次郎「韓昌黎集私記」、頼惟勤「帀韻の分類について」、漢学師承記研究会訳「漢学師承記(二)」、入矢義高訳「清平山堂話本「梅嶺にて陳巡検が妻を失ひし事」(二)」、金子二郎訳「沈従文「ランプ」(二)」。

第四章　中国語は学問のことばになりうるか
——二人の中国語講座講師の選択（一九三二—一九四二）

中国語教育史家の六角恒廣は著書『近代日本の中国語教育』において、「科学的中国語学」に向けて日本が歩んだ過程について、「昭和になってからの「支那語」界一般は、無意味な経験を重んじ、科学的な中国語学をうちたてる努力をおこたった。そのような状況のなかで、「支那語」教育の停滞を破ろうとする新しい動きがみられるようになったのは、1937、8年（昭和12、3）ないし1940、41年（昭和15、6）のことである(1)」と述べたことがある。ここでの「科学的な中国語学」とは何であるか、同書でもほとんど説明されなかった。第三章で前述したように、支那語学会の『華語新声』や大阪外語支那研究会（後に大陸語学研究所による編纂）の『支那及支那語』において、中国語は「非科学的」であると言及されていた。一方、例えば『支那及支那語』の誌面でしばしば用いられた「科学的」や「実験」といった文言は、日本社会における「非科学的」中国語受容に対する不満と表裏一体であり、そこからは教育体制や世間から高く評価され、研究が進んでいた欧米語学に抱いていた劣等感が読み取れる。

このように見れば、「科学的」／「非科学的」という叙述は、教育者による中国語界を奮起させるための一種の内面化されたイデオロギーとして機能していたといえよう。このため、「科学的」／「非科学的」の枠組みだけを用いて当時の中国語受容に起きた変化を記述することは不十分だと考えられる。本章では中国語教師の言説と行動を詳しく考察し、またそれらに対する漢学界や文化界、輿論の反応を分析する。とくに、従来の中国語教育史で看過されがちであった中国語教育者・関係者、とくにそのなかの改革者が求めた中国語の「教養化」「学問化」という目標を考察する。

前述のように、一九三一年に発足した支那語学会が発行した学習誌『華語新声』において、中国語教育と中国語研究を革新する意欲がすでに現れていた。本章ではまず、支那語学会をリードして、一九三八年から日本放送協会「支那語講座」にも出講していた中国通の外務官僚、岩村成允の中国語観を手がかりに、支那語学会が一九三四年に文部省に提出した「支那語教育普及ニ関スル意見書」の意図と意義を明らかにする。中国語教育のカリキュラムを大きく変えようとした「支那語教育普及ニ関スル意見書」は文部省内で具体的な政策に移されることはなかったようだが、支那語学会に続いて中国語教育の改革を実行しようとした京都帝国大学の倉石武四郎の『支那語教育の理論と実際』（一九四一年、以下『理論と実際』）は、支那語学会の案以上に、漢学界と文化界に大きな波紋を起こした。本章の第二の着目点は、支那語学会の案と倉石案の異同、また、倉石案が注目された原因を探ることにある。

両者の案においては、いわゆる「支那語」を中等学校、高等学校ないし大学に外国語授業として設置する際、いずれも漢文教育とそれを支えてきた訓読法がかなりの程度意識されていた。漢文の訓読法を旧来の「教養」と呼ぶのであれば、話しことばとしての中国語を新しい「教養」として普及させると、それまでの伝統と種々の齟齬が生み出されることも予想できる。新旧の「教養」の衝突あるいは折衷を観察するために、本章では「漢文」と「支那語」、また両者の間にある「時文」という文部省の政策によって広まった教授内容について、それぞれがもつ意味合いと範疇を手がかりとする。

思想史の研究分野では、中世から近世にかけての訓読法と日本語・日本文化の形成や、漢文文化圏との関係をめぐって思想的な課題が掘り起こされてきたが[2]、近代以降や昭和戦前期における日本の漢文教育と訓読法の行方、とくに中国語界でも話題になった訓読批判はあまり注目されてこなかった。陶徳民や金文京は、明治以降の漢文直読論を受け継いだ代表的な研究者として青木正児と倉石武四郎の二人を挙げ、「直読論が学界からの圧力を受けた理由は、第一次世界大戦後の国家主義的な思想の台頭により、訓読が日本精神を発揚する手段として再評価されたからにほかならない[3]」と論じたことがある。しかし、そもそも倉石の訓読批判が世に知られるようになったのは、一九四一年三月に『理論と実際』が出版されて以降のことであった。日中戦争が泥沼化し大東亜共栄圏の理想が語られていた当時、漢学界や知識人の間で訓読批判に対する反応はすでに変化しつつあった。以上のように、一九三〇年代後半以降から敗戦までの中国語受容の状況はまさに、訓読にまつわる思想的問題として捉えることができるが、これまでの研究ではほぼ看過されていた。

なお、本章で取り扱う二人の中国語教育者・改革者の岩村成允(一八七六―一九四三年)と倉石武四郎(一八九七―一九七五年)は、それぞれ戦前と戦後の中国語界を牽引した人物であるが、彼らの言語認識と教育活動に着目する研究はまだ十分に行われていない(4)。それぞれ外務省と帝国大学という所属の違いがあったにもかかわらず、岩村と倉石は中国語の「教養化」と「学問化」において多くの共通認識を有していた。また、それぞれが戦前の日本放送協会「支那語講座」の最後の講師、そして戦後のNHK「中国語講座」最初の講師であるという点から考えても、二人の思考と言動を追うことで、中国語受容の「貫戦史(transwar history)」に対する理解の一助とすることができるだろう。

本章で使用する資料について言及しておく。まず中国通の外務官僚・岩村成允については、文化事業の現場で積み重ねた中国経験を踏まえた上で、彼が執筆した記事の内容を精査し、中国語に関する考え方とその変化を捉える。また、戦前日本の中国語界の重鎮が集まっていた支那語学会は、今となってはほとんど記録が残されていない組織であるが、その存在は前述した一九三一年から発行された学習誌・同人誌である『華語新声』、一九三五年に同会から発行された機関誌である『支那語学報』から確認できる。支那語学会の関連資料は極端に少ないため、本章で考察する同会の発足や活動は、主として一九三四年に文部省に提出された「支那語教育普及ニ関スル意見書」と、同会が発行した『華語新声』、『支那語学報』に掲載された学会の記録や編集後記に依拠しているが、誌面及びその執筆者の教育歴や執筆活動も併せて視野に入れる。

倉石武四郎『理論と実際』は、明治以降とくに昭和戦時期における中国語教育に存在した問題点、また、多くの中国関係者・中国語教育者が抱えた中国語ないし漢文認識の葛藤を指摘し、当時の中国語教育、さらに中国認識に警鐘を鳴らした著作であったことは間違いない。近現代日本の中国語観を考察対象とする本書は、『理論と実際』の内容を精査するというよりは、この著作がなぜ大きな反響を及ぼしたのかという問題を念頭に置き、それを一九三〇年代以降の中国語教育に関わる輿論と論説のなかに位置づけることを目指す。本章の第二節では具体的には、『理論と実際』と支那語学会「支那語教育普及ニ関スル意見書」との相違、また、『理論と実際』で論じられた具体的な課題に対する中国文学研究会や中国語教育界、漢学界からの応答を分析する。第二節で使用する資料は主として、『官報』における衆議院の議事録や総合雑誌『文藝春秋』で取り上げられた中国語教育関連の言説、中国語の専門雑誌である『華語集刊』(神谷衡平、宮原民平、清水元助編)と『支那語研究』(天理外国語学校崑崙会)、及び儒学者、漢学者の同人組織・斯文会の機関誌『斯文』に掲載された関連記事である。

第一節　岩村成允が牽引した支那語学会と中国語教育改革の行方

学者肌の中国通による漢文・「時文」教育批判

日中関係や中国事情への社会的な関心が高まりつつあった一九三〇年代以降、中国語教育と中国研究の制度に対するさまざまな疑問も関係者の間で増えていった。例えば、中国語教育と中国語・中国研究はいかなる関係にあるべきか、また、中国語関係者と中国語教師は中国研究でいかなる立ち位置にあってどのように行動すべきか、さらにいえば、文化事業や教育行政とはいかに連動すべきか、という問題意識が顕在化した。一九三一年に発足した支那語学会の活動や人事からは、こうした問題に対する当時の中国語関係者の向き合い方、さらに、一九三〇年代における中国語という知の受容の全体像を垣間見ることができる。本節ではまず、支那語学会の理事・岩村成允の中国語観を考察する。

岩村成允が一九三八年以降、日本放送協会「支那語講座」で講師を担当したことについてはすでに第一章で紹介した。彼は「支那語講座」における「支那現代文」の放送で中国語音のままの発音教授法を堅持していただけではなく、外務省の中国通官僚にして[5]、堪能な中国語話者、中国語教師であり、さらに東方文化事業の参与者、支那語学会の理事という複数の顔を持っている人物であったということからしても、戦前の中国語受容におけるキーパーソンであったことは間違いない。

近代以降、駐在外交官などといった外交分野の経歴を経て、現地語を身につけ、その国の事情に精通していき、学者になったというケースは欧米では見られる。例えば、一八四〇年代以降にイギリス外交業務の通訳生から上海副領事に昇進したトーマス・F・ウェードは、一八六七年に、後に世界中で多く使われることになる北京官話の教科書『語言自邇集』を出版し、帰国後の一八八八年にケンブリッジ大学の初代中国学主任教授となった人物である[6]。また、幕末の外交舞台で活躍したアーネスト・サトウ(Sir Ernest Mason Satow, 1843–1929)は、通訳者、日本文化に関する研究書の著者として広く知られている[7]。岩村成允も彼らと同様、外務官僚でありながら、「学者肌」の人物であった。彼は外務省時代に堪能な中国語を生かして『北京正音　支那新字典(*New Chinese Dictionary*)』を編纂し、中国語新聞・雑誌の収集と分析の業務に携わっていた[8]。

外務省業務のかたわら、「支那研究」の方法にも関心を寄せており、一九一五年には、日本の植民地経営を支援する民間団体である東洋協会(前身は台湾協会)の機関誌『東洋時報』に、「支那研究に必要なる新聞と図書」が掲載された。ここで岩村は、日本国内の中国研究の不足点を指摘しつつ「支那通といふものもあるが、広く書物を読んだ者でなければ到底支那の事情に精通することは出来ない[9]」と説いている。この記事は四回にわたって連載され、当時日本と中国で発行された中国研究の参考になる日本語、中国語、欧文の出版物が、「地図」「政治其他一般事情(全国の部)」「法制及行政」「法令と条約」といった分類に沿って網羅的に紹介された[10]。

連載の最終回では、研究への志と外務省での事務とがなかなか両立できなかったことについて、「余は支那研究に志してより既に二十余年、其間支那に十余年を費やしたるも、常に俗務に妨げられて深く研究を進むる能はず、従《したがっ》て書物を知ること多からず、又是れまで述べた中に多少言ひ漏らしたものもあるが、特殊事項又は一地方に関する専門の書物を除き、大体に於て支那研究に関する図書を挙げたと思ふ、若し初学の士の参考の一助ともならば誠に幸である(11)」と遺憾の意を述べている。さらに、「欧米人の支那研究は頗る盛であつて、著述の出版も遥に我国の上に在るは」、「これ彼国人の財力の豊富なるに基因するならん」と推測して、「政治家も実業家も学者も今後益々支那研究の歩を進め優越なる地歩を占めんことを望んで止まないのである(12)」と論じた。中国研究の改善は一国の財力が関わるものであるとして、彼は学者だけではなく、政治家と実業家の努力も呼びかけたのである。

　岩村の領事としてのキャリアは一九二六年に終わり、一九二七年からは外務省本省で書記官として中国関係の事務に携わった。一九二〇年代後半以降、新しく発足した東方文化学院京都研究所の研究事業をめぐって、文化事業部の担当者になった。ちょうど、京都帝国大学で教えていた倉石武四郎が同研究所で研究員を兼任していた時期である。岩村と倉石のそれぞれの著作において、相手のことに言及した箇所は見られないが、同じ職場にいる中国語関係者として互いの存在は知っていたはずである(13)。東方文化事業に関連して、岩村は一九三二年に欧米における「東方文化研究」の状況を視察するために出張を命じられた。その同行者は東京帝国大学教授の塩谷温であった(14)。帰国後、岩村は外務省内で「欧米諸国における東洋学術研究の現状」と題する講演を行い、欧米一四カ国の「東方文化」研究の現状を自らの観察と分析を加えて論じ、中国研究が「今後益《ますます》深かい研究を行はなければならぬ」、また「文化の連絡を図るには第一に諸外国の東洋研究家と提携するのが善い(15)」と説いた。さらに、一九三八年から一九四二年までは、東京の東方文化研究所において、「研究ニ関スル事項其他ノ案件ニ付キ審議ス」る評議員を担当していた(16)。この時期、岩村の優れた中国語能力に外務省内の信頼が置かれていたことは、一九三〇年の高等文官試験外交科「支那語」科目の試験委員を担当したことや(17)、満洲国皇帝・溥儀の訪日の際に、溥儀の通訳官を二回担当したことからもわかる(18)。また、しばしば中国大陸への出張を命じられたり、中国人士と交渉する多様な外交場面で先頭に立ったりしていた(19)。それと比べて、岩村と同じキャリアであったほかの在中国外務官僚の語学能力は酷評されたことさえあった。一九二〇年代に南京領事や吉林総領事を務めた深澤暹によれば、「支那に派駐の総領事・領事中、日本人にして支那語を解し之を話し得る者は寔《まこと》に暁天の星の如く、英米其他の領事が上手下手は別とし兎《と》に角《かく》日常の用語や、一寸した交渉事件位ゐ直接自ら支那側と弁じ得る程度、又は其の以上の者多きを占むるの実状なるに拘らず、日本領事の方が却つて全く不通にて一語をも能くせず、必らず通訳生と二人連れでなくば、人なかに出て一歩をも運び難い者が大多数を占めて居」たと述べている。[20] そうした言語を解さない外交官は、訳文のみに頼るしかなく、「重要文書の表面に現れない含蓄《がんちく》（往々表面に列ねた文字より一層大切なる場合もあり）」を見抜くことができなかったとしており[21]、そうしたなかにおいて岩村の存在は貴重であった。

以上のように、岩村成允は一九一〇年代から一九三〇年代までの外務省における豊富な実地経験を持つ中国通であり、堪能な中国語を操る中国語通であった。彼は中国語・中国研究への志を抱きつつも、トーマス・F・ウェードのようにアカデミアで職位を得ることはできなかった。その反面、彼は外務省内の文化事業を通して一九二〇年代以降の「東方文化」研究の質的向上に協力しており、その人物像は書斎型の学者ではなく、さまざまな場を奔走し相互の連絡を行う文化人型の官僚であったといえる。一九三一年に創立された支那語学会で帝国大学と外国語学校の連携が実現されたのも、彼の人脈を生かした部分が大きいと考えられる[22]。

一九三〇年代以降、岩村は民間の中国語教育に参与するようになった。これらの活動を外務省が公式に命じたとは考えにくいが、長年の外交活動で蓄積された中国語の知と中国語に対する認識が、一教師の発信によって民間に還元されたものであるといえる。彼はラジオ「支那語講座」を担当したほか、一九三二年には、社交用の「日用文」と事務用の「公文」を内容とする現代中国語教本の『常識としての支那現代文』を出版している。一九三九年には、『支那現代文釈義　新聞篇』を東洋文化未刊図書刊行会から出版し、「政治記事の読み方」「社会記事の読み方」「文化記事の読み方」「社説の読み方」などの全八章に分けて中国語の新聞記事を詳解した。

それでは、このような人物は中国の情勢と日本における中国語受容をいかに考えていたのだろうか。岩村の執筆活動は活発だとは言い難いが、そのなかの中国語に関する論考としては、一九三七年に東亜同文会から刊行された『日本、満洲、支那の国号に関する研究』、一九三八年の『帝国教育』に掲載された「支那の文化再認識と支那語教育」、一九四〇年の『斯文』に掲載された「支那時文と漢文なる名称に就いて」の三篇がある。また、彼の中国観がより明確に提示されたのは、一九三九年八月に東洋協会の『東洋』に掲載された「支那及支那人」であり[23]、同文章は後に外務省調査部が編纂した『支那統治に関する論叢』に収録されている[24]。これらの文章が公表されたのは、岩村が外務省の主要な業務から身を退いた後の一九三八年であったため、省としての公式見解とは一定の距離がありえる。

『帝国教育』に掲載された「支那の文化再認識と支那語教育」で岩村は、古代から明治維新以降までの中国文化の伝来や中国語研究を概説した上で、中国文化の再認識と中国語教育の改革の必要性を論じている。その観点は、以下のようにまとめられる。盧溝橋事件に端を発した「戦争は実に東洋未曽有の惨禍であつて、幾十万の人命を損し幾十百億の軍費と財産を消耗するか測るべからざるものがあ」って、北京には臨時政府、南京には維新政府が樹立されたが、蔣介石政府による排日政策と戦争の惨禍とは「到底急速に支那国民全般に亘りて日支融合の実現を見る能はざるべく憂慮せらるゝのである。我々は今後如何にして日支の提携を図るべきかと云ふに政治的経済的連絡の必要なる事は固より論を俟たざるも、其の根柢をなすものは、実に思想的の融合、文化的連繫の実行にある[25]」という。

このなかで、「第一に必要なるは支那人が日本語を学ぶと共に日本人は支那語を学ばねばならぬ事である。日支人の間に一言の話が通ずるだけでも親みを生ずる、然るに言語が通ぜざれば意思は完全に疎通しないのみならず、支那人の思想が判らない、日本人が支那の新聞雑誌を閲読せず、百般の文章を解せざれば支那の事情に通暁する事は不可能である。此の故に支那の文化を再認識すると共に支那現代の言語文章を学ぶことが日支提携の為に急務であると思ふ[26]」という。さらに、中国語の文章を読むだけではなく、中国人と会話できる中国語を身につける利点として、「支那語を学べば支那人と会談し得るのみならず、それに依つて支那人の実生活が判り支那人の国民性を覚る事が出来るのである、支那人が表面如何なる事を言ふも其の心底に潜める状態が我方に映つて来るのである[27]」として、「何事も通訳や翻訳に絶対信用を置く事は危険である」[28]とも書かれている。

以上のように、岩村の考える中国語学習と中国語研究の必要性は、戦争の終結と「思想的の融合、文化的連繫」を根底とする「日支の提携」にあったと読み取れる。また、この論理は、「現在及将来の対支経営には是非共多数の支那人に接触しなければならぬ。我国人の支那語研究の必要は実に我国策であると云ふも過言ではない」[29]というように、日本による継続的な「対支経営」を支持するものでもある。

上記の論説に続けて、「幕末頃に至り支那語研究が衰へ殊に明治以降は大いに欧米崇拝の風潮が起りてより、支那を軽視し支那語を研究する者は極めて少くなつた」、したがって「我国民中英語を解し欧米の事情に通ずる者は、相当多数あるも、支那語に通じ支那事情を解する者は極めて少数である」[30]という中国語研究の不振を顧みた上で、「支那語教育の急務」が学校教育におけるカリキュラムの改革、漢文教育の革新にあることを暗示した。中国語のカリキュラムについては、以下のように述べている。

支那語は外国語学校の外少数の実業学校で教ふる処はあるも、中学校で之を正科として教授するは日本全国数ケ所に過ぎない。高等学校や語学校以外の専門学校で其の入学に支那語を以て受験し得べき制度がない、各大学に於ても支那語の科目がある処はあるが、多くは随意科で之亦頗る閑却せられ不振と云ふ外はない、従つて政府及団体等の重要なる地位に在る者にして欧洲語を解する者多数なるに反して、支那語を解し支那の事情に精通する者は極めて寥々たる有様で、各学校の校長等にも支那語に対する理解が乏しいから、自然之が教育は振興されなかつたのである。[31]

ここで注目すべきなのは、高等学校の入試試験には中国語が設置されていなかったために、「政府及団体等の重要なる地位に在る者」のなかで「支那語を解し支那の事情に精通する者は極めて寥々たる有様」という、対中国文化事業に長年携わってきた官僚ならではの鋭敏な観察であろう。以上に続けて、漢文教育の不足が指摘された。

尚ほ漢文は従来我国で相当に重要視せられ中等学校以上の学校で之を教授して居るのは結構である。併し此漢文は古文であつて現在支那で一般に使用せらるゝ文章でない、我国の所謂漢文は我国体に適合すべき思想の養成、精神修養等の為に教授する古典的のものが多く現在実用の文章でない、即ち其の文章は支那の周秦漢の時代より唐宋時代までに主に使用せられたもので、我国で言へば万葉集、徒然草、平家物語、源氏物語とも云ふべき文章である。原来漢文とは支那の文章、仮名交りでない文章のことで、古文に限らないのであるが、通例漢文の教員には支那の現代文を解せざる者が多い、若しも国文の教員が徒然草や平家物語等の古文に通暁するも、現代の新聞雑誌や小説が読めないで、現社会と全然没交渉であれば、教員として立つことは出来ないであらう。(32)

ここで、とくに最後の「若しも国文の教員が徒然草や平家物語等の古文に通暁するも、現代の新聞雑誌や小説が読めないで、現社会と全然没交渉であれば、教員として立つことは出来ないであらう」という一文からは、漢文科目の担当教員が現代中国語を理解しないという当時の状態を疑問視して、旧来の漢文教育とは別の、現代中国語教育の展開を期待したいという意図が読み取れるだろう。しかしながら、漢文教育の改革を意図するようなこの議論において、訓読法を廃止するかどうかという問題にはまったく言及がない。むしろ、「我国体に適合すべき思想の養成、精神修養等の為に教授する古典的のもの」を、「中等学校以上の学校で之を教授して居るのは結構である」という消極的な肯定が読み取れる。すわなち、岩村が提案した〈声〉の中国語学習・中国語研究の革新は、漢文訓読法とは矛盾なく並行するものだったのである。

明治から戦前にかけて、中国語学習・中国語研究を奨励する言説においては、漢文の訓読法がしばしば批判の槍玉にあげられた。(33)しかし、そのような、訓読法の廃止論は、漢学者から猛烈な反発を受けることになる。(34)漢文の科目や漢文の教授法はしばしば国体と結び付けられ、自由な論争を許す空気はほとんどなかった。例えば一九二〇年代に、訓読法に疑問を投げかけた青木正児の論説「本邦支那学革新の第一歩」を読んで感銘を受け、京都帝国大学に入学した倉石武四郎は、漢文の直読法をめぐる学会で生じた緊張感の漂う雰囲気について以下のように回想している。

当時は、さういふ問題がだん〴〵と取りあげられ、東京のある学会で、教育学のある教授が漢文の直読を論ぜられたことがある。それは漢音で直読せよと云ふ微温的のものであつたが、その会で、ある先輩から「君は発言しない様に」といふ注意を受けた。わたくしが伝統に対する危険人物であるといふ印象が、わたくしの身の危険を庇護しようといふ好意となつて現れたのであるから、わたくしは静かに人々の言葉を聞くにとゞめた。(35)

岩村が一九三八年に「支那の文化再認識と支那語教育」を執筆した際に、以上のような漢文訓読法を直接批判するリスクが分からなかったはずはない。「支那の文化再認識と支那語教育」で訓読法を正面から批判しなかったのも、この時期に文部省が行っていた「支那時文」教育の奨励に対してある程度の期待を抱いていたからであろう。彼は同文章で、「文部省は本年二月より三月に至り全国の師範学校、中学校、商業学校の漢文教員の中より適当なる者を選抜して東京、大阪、神戸、広島、松山、福岡、鹿児島の大学又は専門学校等に集合せしめ、専門の講師を派遣して、各地で通計二十時間支那時文の講習を行つたが、本年度も更に多数の場所に於て時文又は支那語の講習会を開く計画ありとの事なるは誠に悦ぶべき趨勢である」(36)と書いたように、「時文」の講習会の次には「支那語の講習会」が開かれることを予想していたのである。

しかしながら、第一章でも論じたように、その後、日本放送協会ラジオ「支那語講座」で「支那現代文講座」を担当した一九三九年の際に、岩村は「時文」を使わず、わざわざ、やや珍しい呼び方であった「支那現代文」に拘った。その理由は、「従来文部省から公表された法令などに「支那時文」なる名称があるが、其定義は明かでない、〔中略〕

余は現在支那一般に行はるゝ文章は実用文たると否とを問はず総て「支那現代文」と称するが適当であると思ふ[37]」というものであった。

「時文」を「支那現代文」という呼び方に変更したという岩村の方針は、単純な呼称だけの問題として捉えるべきではない。「時文」という呼称を廃止する意図に、「時文」教育ないし旧来の漢文教育への批判が含まれていたのである。このことは一九四一年の『斯文』に掲載された岩村の「支那時文と漢文なる名称に就て」という論考からわかる。この論考では、岩村が当時日本で使われた「時文」と清朝の終わり頃まで中国で使われた「時文」、さらに、日本で使われた「漢文」のそれぞれの意味合いを検討し、日本における漢文と「時文」の用法の曖昧さを指摘している[38]。例えば、「漢文の大家等は漢文とは経子史《ママ》集などの古文を指し、時文とは近代の文体を指すと解釈する者が多いやうである。之れは「斯文」や其他の著書雑誌等でも判かるのであるが、併し近代文で書いた経子歴《ママ》史〔引用者注：ここの「経子」とは漢籍の分類のなかの経書と諸子類〕等に関するものは漢文とするか時文とするかは十分判然しない[39]」という。続いてこのようなことばの混乱への対応策として、彼は「漢文」という概念を拡充するという大胆な案を以下のように提示した。

> 支那の文章を総称して漢文といひ、之を古文と現代文に大別すとしては如何であるか、尤も支那では目下古文を使用してゐるものもあるが、それは純古文体もあり現代式古文もある。此純古文は時代の潮流に従ひ漸次勢力を失ひつゝあつて、現代式及口語体に変化しつゝある、故に現代文には目下使用しつゝある法令、条約、公文、書翰文、新聞体から学術的文学的のもの一切を包括するのである。
>
> 以上の卑説に対し誤謬あれば、大方の指正を仰ぎたい、そして此説を是認さるれば、漢文科教員は当然支那現代文にも通暁しなければならぬこととなり、此点から実行困難となるかも知れぬが、それは別問題であることを附言する[40]。

これはすなわち、「漢文」と「時文」を明確に使い分けられないのであれば、「時文」という名称を廃止し、そのかわりに「支那現代文」を使い、同時に「支那の文章を総称して漢文といひ、之を古文と現代文に大別」するという提案である。このように、「漢文」という概念の外縁が「支那現代文」にまで拡大されるなら、自然に「漢文科教員は当然支那現代文にも通暁しなければならぬこと」になったのである。裏を返せば、岩村は「漢文」という概念をすり替えることによって、「漢文科教員は当然支那現代文にも通暁」することが必要だという結論を読者に提示したのである。漢文科教員が「支那現代文にも通暁」することが実際に困難であったとしても、この提案が一九四一年に儒学者、漢学者が集まっていた斯文会の機関誌『斯文』に掲載されたこと自体が重要である。

岩村による「支那時文と漢文なる名称に就て」という文章が、一九三八年に発表された「支那の文化再認識と支那語教育」と同じく、「支那現代文」をいかに読むか、また、漢文の訓読法を廃止するかどうかという問題に言及していないことは注目に値する。これらの読み方の問題について、岩村が気づかなかったとは考えにくい。むしろ、それまでの彼の中国語教育の経験と中国語観から考えると、「音読は時間の許す限りやりたいと思ふ」[41]、「何事も通訳や翻訳に絶対信用を置く事は危険である」[42]とあったように、彼は音読に好意的であり、決して訓読法の推奨者ではなかった。すなわち、彼は『斯文』への投稿において、「支那現代文」をいかに読むか、漢文の訓読法はいかにするか、といった儒学者や漢学者の間で争点になりかねない問題をあえて避けていた可能性が高い。それは、〈声〉のある中国語現代文の教育を普及させる提案を『斯文』に掲載させようとする戦略的な選択であった。

支那語学会の結成、活動、時局への対策

旧来の漢文教育を改革して同時代中国の「現代文」を奨励するような、前項で考察してきた岩村の主張は、支那語学会の機関誌、中国語学習誌である『華語新声』に掲載された彼の論考「現代文を奨励せよ」(一九三一年)、また、一

九三四年に同会によって文部省に提出され、後に頓挫した「支那語教育普及ニ関スル意見書」にも見られる。一九三〇年代後半の岩村による「時文」批判には支那語学会の場で行われた思考と実践の土台があり、支那語学会の活動には岩村の中国語改革の理念が多く反映されていたのである。支那語学会の実態や活動を明らかにし、さらに同会を戦前の中国語受容という大きな文脈のなかに位置づけるために、以下ではまず、同会の会則や主な事業、機関誌『支那語学報』誌上の研究関心を考察する。そして次項では、「支那語教育普及ニ関スル意見書」で表明された同会中国語教育改革の意図を検討する。

　戦前日本における中国語界の重鎮が集まる「支那語学会」の結成過程と初期の活動は、一九三一年に同会が発行した『華語新声』の記事から確認できる。「支那語学会生る」という創刊号の記事には、「華語の研究並に普及を目的とする」という同会の結成のきっかけや、発起人の氏名、会の趣旨が以下のように記されている。

> 華語の研究並に普及を目的とする華語研究家の会合は予てより希望されて居つたが、愈文部省令に基く中等諸学校の華語採用を機とし、左記発起人諸氏の熱心なる斡旋により、其の第一回懇談会を去る四月二日東京神田教育会館に開催した。
>
> 　発起人（五十音順）
>
> 岩村成充《ママ》氏　宇佐美右之氏　奥平定世氏　神谷衡平氏　塩谷温氏　清水董三氏　宮越健太郎氏　宮島吉敏氏
> 宮原民平氏
>
> 当日は第一回の懇談会にも拘らず出席者四十余名、文部省より、木村、龍山、石井、長の各督学官臨席し、各自忌避なき意見を交換した。
>
> 一、此の種会合の定期開催。
> 一、会を永続的且つ強固ならしむるやう発起人に一任。

一、会の全国的普及。
の希望多く其の結果近く発起人総会を開き、会則其の他を定め、会員相互の連絡を図らんことを議し、益華語の研究及び普及に尽力せんことを申し合せ盛会裡に閉会した(43)。

図20　1932年支那語学会春季総会の写真(『華語新声』第2巻第4号より). 前列右より宮原民平(1人目), 岩村成允(3人目), 宮島大八(6人目), 石井督学官(7人目)

六角恒廣は支那語学会について、「この会は、戦後の学会と異って、科学的な研究団体とはいえない。だが中国語界をある程度まとめた(44)」と述べたことがある。しかし、ここでいう「科学的な研究団体」ということばの意味合いは捉えづらく、なにが「科学的」でなにが非科学的であるか、ということは解釈されなかった。『華語新声』第一巻第二号に公表された「支那語学会創設趣意書」「支那語学会会則」「支那語学会事業概要」、第一巻第三号の「支那語学会会員募集」、第一巻第四号の「支那語学会秋季大会開催」の記事からみれば、同会には会則の設置、会員の募集、会合の開催、機関誌の発刊といった今日の学会に近い形の基礎的な事務が整備されたことはわかる。さらにいえば、同会の第一回懇談会に参加した四〇人の出席者の構成として、陸大陸士、外務省、日華学会、外語学校、大学、商業学校、予備校、講習所の中国語講師だけでなく、新聞・出版の中国語関係者や文部省の督学官も参列していたことから、同会の注目度も垣間見える(45)。

会則の第一条には「本会は支那語学会と称し支那語研究者

を以て之を組織す」、第二条には「本会は支那語の研究及支那語教育の向上を謀り兼ねて会員相互の親睦を敦うするを以て目的とす[46]」とあるように、支那語学会が創立された目的には、中国語研究と中国語教育の質的向上の二方面があった。それに応じて、「一　会報を発行して支那語学界の消息を明にす／二　随時講演会、研究会等を開催す／三支那語に関する調査並質疑応答／四　其他支那語普及に関する諸事業[47]」という四方面の事業が想定されている。第一の会報の内容と形式は現存する資料からは特定できないが、ほぼ月刊の『華語新声』に「学会消息」と「個人往来」のコラムが設置されている。特定の学校や教員の派閥を超えた中国語界内部の迅速な相互連絡が重要視されたようである。講演会と研究会は、「支那語研究者」と一般の学習者に向けてそれぞれ実施された。例えば「支那語研究者」に向けて、岩村成允らの斡旋によって、一九三一年に来日した中華民国教育部国語統一籌備委員会の齊鉄恨による国語統一問題についての講演が開催され、講演の内容が『華語新声』誌上に公表された[48]。同年一〇月の「支那語学会創立大会」では、神谷衡平が中国視察の際に把握した南京音を報告し、「ヘメリン其他の研究を補正し、更に四声に就て詳細に北京官話との異同を論ぜられ[49]」た。一般の学習者に対しては、支那語学会の理事と会員に顧問、講師を担当させ、発音・会話・語法・口語体の中国語講読を内容とした「支那語及時文速成講習会」を開いていた[50]。

一九三一年に創立された支那語学会は、後の大阪外語支那研究会と同様、中国語研究の状況ないし中国語が置かれた大きな社会的、文化的環境を憂慮していた。例えば、先述した漢文・「時文」教育に対する岩村成允の批判的な態度は、支那語学会の創立期に遡ることができる。『華語新声』に掲載された彼の文章「現代文を奨励せよ」では、「従来我国にては、支那の文章、即ち仮名の交らぬ文体を、一概に漢文と称して之を尊重し、学校に漢文科を設け、漢文教科書があるが、一般に現代文を軽視して研究せず、専門の漢学者が、新聞雑誌や、書翰文を、十分に了解せず、葉書一枚受取証一通書けぬも恥とせず、それは学者の本分でないと謂つて居る向があ」り、また「中等学校で漢文即ち古文は教へるが現代文は多く教へない様である[51]」として、中国研究の弱点は研究と教育の双方において、「現代文」が軽視されることに原因があったと説いている。一九三一年にＪＯＢＫの講師となり、後に学習誌『支那語』で活発な執筆活動を行った大阪商科大学教授の杉武夫も、この時期に支那語学会に加わっており、『華語新声』誌上で中国語研究の非科学性を英語・ドイツ語・フランス語研究と比しながら、「科学的見地に立脚した研究方法を進め、支那語を英独仏語の水準にまで達せしめることが今日の急務でなければならない[52]」と呼びかけた。

戦前の中国語教師と研究者は、中国語研究の非科学性を自覚していたが、科学的研究とは何かという点については異なった諸見解を示している。例えば、一九三〇年代後半の大阪外語支那研究会にとっては、音声学の成果を取り入れた話しことばの教育法が科学的であったが、杉武夫は「文法に基礎を置くこと、これが支那語研究の第一歩でなければならぬ[53]」と主張した。何が科学的で何が非科学的であるかという判断の基準が明確ではないままに、非科学的であるという文言が中国語界の自己批判のレトリックとなっていったのである。そこには、非体系的な教育法への反省、欧米発の中国語学研究に抱いた劣等感、近代言語学とくにそのなかの実験を重要視する分野や体系化された研究への憧れが強く反映されていた[54]。同時に、純粋な語学研究や、文学的な趣味となることへの抵抗感をもち、中国で経済的な実利を得るための中国語の大衆化を強調する観点もみられる[55]。同誌でもっとも注目を集め、討論を起こした議題も、四声廃止の可否についての教授法の問題にとどまっていた[56]。

一九三二年に『華語新声』は、会員数の低迷や「目下の本誌は、幾多の多事多難に遭遇致して居ります[57]」といった経営難で停刊となった。それでも支那語学会はその後も存続し、一九三四年九月に「支那語教育普及ニ関スル意見書」を文部省に提出したのは既に述べた通りである。この意見書には漢文科教育を改革し、高等学校と大学には中国語の授業を設置することなど、中国語の知的環境を改革する内容が盛り込まれているが、文部省はそれに応じた対策を取らなかったようである。「支那語教育普及ニ関スル意見書」の内容と意義についての詳しい分析は次節に譲りたいが、以下では一九三五年以降の支那語学会の動向を、季刊『支那語学報（*Bulletin of the Sinological Linguistic Society of Japan*）』誌面の変化から概観しておきたい。

一九三五年一一月に、「支那語学会編輯」と記された『支那語学報』の創刊号が文求堂から出版された。それまでの経営問題と、新しい機関誌の編集方針が「創刊之辞」で以下のように述べられている。

当時会員数も至つて少く誠に微々たるものであつた。併し有識諸賢の同情に依り此処両三年の間に会員数も一躍数倍の多きに達した。加ふるに満洲帝国の創建北支政情の変化等に刺激せられて支那語界は俄然として活気づいて来た。由来支那語は戦争語学とまで酷評せられ戦時に於てのみ盛に行はれ、一旦戦争終局となれば直ちに衰微を来たす傾向があつた。かくの如き状態であつたから学者も其の進歩発達を図る熱意に欠くるといふ憾みがあつた。併し今回の活気は一時的のものにあらずして永久的のものでなければならぬ。吾人は内外の状勢に鑑み永久的発展性あるものと固く信じて疑はない。永久の発展を謀るにはそれに相当する機関を設けて不断の努力を払はねばならぬ。従来支那語を学ぶ者の為めに支那語講義録は屢々発行されたが支那語学に関する研究の発表機関は一として存せる者なかりしは吾人の遺憾に堪へざる所であつた。此に於て今年九月同人相会して種々意見を交換したる結果機関誌を発行して会員諸君の論説、研究資料等を本誌を以て発表し、支那語学の向上発達を謀らんとするのである。(58)

「支那語は戦争語学とまで酷評せられ戦時に於てのみ盛に行はれ」るという状況が繰り返されることを避けるために、旧来の学習誌としての編成を変え、「論説、研究資料等」の発表に専念する出版物として新しい機関誌の『支那語学報』を作ったというのである。人事の面においては、文部省、陸大陸士、商業学校、予備校、講習所出身の会員の多くは理事会から降り、後に名の知られた中国語研究者となる魚返善雄と、戦後に中国人日本留学史を研究するようになる早稲田大学の實藤恵秀が、一九三八年頃に理事会に加わった。会員数の増加と各支部の設置もこの時期に見られる。(59) 雑誌に掲載された記事からみれば、『華語新声』の時期よりは中国語研究の内容が充実していったことがわかる。一九三五年春季大会は、中国・曁南《きなん》大学教授で中国音韻学を専門とする張世禄が招待され、「中国語之音韻系統之意義」と題する講演が発表された[60]。同年秋季大会では、宮原民平「支那戯曲ノ翻訳ニ就テ」、許志平「支那語ノ科学的整理」の報告が見られる[61]。さらに同年には、「本会会員の支那語に関する研究、知識の交換を行ふ為め今後随時「研究談話会」を開催す」という趣旨のもと、「日華学会に於て来京中の清華大学教授兼北京大学講師銭稲孫氏を中心としたる「研究談話会」を開催した[62]」という。

一九三五年から一九三六年までの『支那語学報』には、中国語学を史的研究や音韻学研究といった角度から探求した以下のような論考が見られる。石崎又造「古写本「続俗文音釈」」(創刊号)、土屋明治「地方音の研究」(創刊号)、永持徳一「三位一体的研究――支那語、支那語学、支那学の」(第二号)、田中清一郎「中国文字と中国文法に就いて」(第二号)、矢野藤助「上海語の声音に就いて」(第二号)、長澤規矩也「家蔵江戸時代編纂支那語関係書籍解題」(第二号)、竹内幾之助「至元訳語に表はれたる支那語音」(第三号)、實藤恵秀「支那語は単音綴か」(第三号)、渡俊治「急就篇中の詩経」(第三号)がその例である。このなかの永持徳一「三位一体的研究」(第二号)では、口語と文語のことばの「用字、用法、その来源に就いて」を精査し、「更に一歩を進めて、支那の伝説、民謡、戯曲にまで」研究を進めたら、そこに「支那学者と支那語学者と支那語研究者とが相提携して従事すべき、未だ甚だ耕作せられぬ有望なる原野」があるという期待を寄せた[63]。さらに、「支那語、支那語学、支那学」の構造的問題について、以下のように論説されている。

> 或る他の外国語、その国の学術文芸等に対しては為し企て得られぬ分類――支那語、支那語学、支那学。この三つは夫れ〳〵独立の存在である。従つて、支那語に堪能なる人必ずしも支那語学者なりと断定は出来ず、支那語学に造詣の深い人だから支那語に巧みであるとは限らない。その上、支那語に対しては風馬牛の支那学者も存在する。
>
> 斯うは云ふもの丶、同時にまた、支那語、支那語学、支那学の三つは、決して個々別々のものでは無く、互に

相待つて三位一体的研究に値する存在とも云へやう。(64)

中国語をめぐる研究の改革を強く意識していたためであろうか、支那語学会は創立の当初から文部省に接近し(65)、時局に敏感に反応する姿勢を保っていた。しかし、一九三四年の「支那語教育普及ニ関スル意見書」を提出したことに対して、同省から積極的な対応はなされなかったようである。

盧溝橋事件によって日中全面戦争が始まってから、支那語学会はこの「支那事変」を中国語学研究、中国語普及の一つの好機とみなした。まず、政治に近い姿勢に立ち、中国語普及や中国語研究の意義を熱弁した文章として、塩谷温「支那語普及の必要」(第五号)、吉原大蔵「本会の責務と吾人の希望」(第五号)、常盤大定(66)「時局と学者、百年の大計」(第六号)などが挙げられる。以下に引用する浅井周治「占拠地民の同化と語学」(第六号)の論理では、この頃日本放送協会の放送研究雑誌で行われた「対支文化工作」関係の議論と同様、中国語学習は「東亜の平和」を実現する統治の手段であり、国語を普及するための工作であるとみなされた。

最初から同化を強いて、却つて害を為すやうなことなきやう、いはゆる適地主義に則り、慢々的《マンマンデ》の方針でいかねばならない。随つて我が国語の普及にも、決して無理をしないやうにし、我れは漸々支那語に通じ、彼等は日本語が操れるやうに仕向け、以て文化施設の実を挙げて行くことが肝要である。〔中略〕要するに/新占地民に対しては、急激な同化主義は之を避けて、適地主義を採り、先づ彼等と真の親善融和を図り、共存共栄の実を挙げ、以て東亜の平和を確立せねばならない、が夫れには、先づ文化より入り、文化は先づ教育乃至言語より入らねばならないと思ふ(67)〔後略〕。

このほか、「時文」の学習の推奨や抗日勢力に対する中国語の宣伝ビラの掲載といった動きはいずれも、支那語学会内部での時局との妥協ないし協力であったと認識しなければならない。しかし、中国語普及に乗り出した教師に対して、厳しい批判を浴びせる論考も同時に発表されたことは、支那語学会にあったイデオロギー上のグレイゾーンの存在を示すものである。その論考は、元ＡＫ「支那語講座」講師の神谷衡平が、一九三八年の『支那語学報』第五号に発表したものである。塩谷温「支那語普及の必要」のすぐ後に配置され、塩谷の文章に対する当てつけのようにさえ読める。神谷は中国語を時局下で大々的に取り上げることを拒絶する理由を以下のように述べている。

事変の進展と共に支那語学習の必要が遅蒔ながら世間に認められて来た。此の機に乗じて支那語の教師たる者は大いに普及運動に努むべきであると言ふ声も盛んに聞く所である。運動、これもやり度い人はやるもよからう、然し私は絶対にやりたくない。そんな暇に吾々は退いて世間の需に応ずる丈けの準備をとゝのへておかねばならぬ。支那語が必要とならば世間はそれを吾々に需めて来る。何も殊更に鐘や太鼓で宣伝するには及ばない。唯だ吾々はそれに応ずるだけの準備をとゝのへておいて、世間をして失望せしめざる事が肝要である。借問《しゃもん》す、準備は好いか？

此問に対し私は残念ながら、準備は出来てゐないと答へるより外はない。準備が無くて世間の需に応じられようか。況んや之れを宣伝し運動するに至つては、それは余りにも恥を知らぬ、大胆である。無責任である。如何にチンドン屋を雇ひ、ビラを播いて、売出し宣伝をやつたとて、店に列べてある商品が時代遅れの代物や、ろうず物ばかりでは、顧客の附かう筈が無い。一度は買ひに来ても、呆れて二度とは買ひに来まい。必要な物でも其品が悪ければ、世間は已むを得ず、不自由を忍んで使はずに済ましてしまふであらう。今の支那語学界は其売品が時代遅れではないであらうか、ろうず物ではないであろうか。折角需めてゐる世間の顧客を失望させる様な事が無いであらうか？　或人が言うた、支那語と言ふ語学は由来際物である。遠き過去は言ふを待たぬ、近くは満洲事変の後の如き、所謂満洲語熱（局面が北支中支と拡大した今日、此言葉はどうするか）は一時パッと熾んになつたが、忽にして線香花火の火の如くヘナ〳〵ポタリと落ちて消えてしまつた。これは世間がめくらだからだと。成程支那語熱の永続しない原因は、世間の盲目に在るかも知れぬ。然しながら支那語学者も亦其の責任の一半、或は大半を負はねばならぬ事を自覚する必要があると私は思ふ。世間は今真実支那語を需めてゐるのに、支那語学者はそれを与へないのである。否、与へてはゐる、然しそれはパンを需むる者に石を与へてゐるのである。[68]

批判の矛先は二つの方向に向けられている。まずは、「支那語熱の永続しない原因は、世間の盲目に在る」という社会に存在しているより普遍的な認識、さらに、その社会の盲目の潮流にたやすく巻き込まれて、「店に列べてある商品が時代遅れの代物や、ろうず物ばかり」であるにもかかわらず、「チンドン屋を雇ひ、ビラを播いて、売出し宣伝をやつた」中国語界の対応である。時局下で煽てられた中国語熱は幻のようなものに過ぎないと冷静に観察していた神谷の文章は、時局下の中国語界が決して一枚岩ではなく、中国語教師・関係者の対応と態度が実は多様であったことを示している。

上記の二種類の態度とは異なり、時局の機運を利用して改革を促すという認識もまた支那語学会で見られた。[69] これらの改革派の主張は、中国語教育と漢文教育の相互の連携を唱えたという点で、支那語学会が文部省に提出した「支那語教育普及ニ関スル意見書」の理念から継承した部分が多かった。例えば、一九三八年のコラム「随感一束」では、永持徳一が中国語を普及する方策として、「学習を簡易化する」こと、「支那語を我が日常語中に取り入れること」のほか、「第三の方法として、支那語を基調として在来の漢文読方に時代に即した一大革命を加へ」[70]ることを挙げている。同じコラムで西山栄久が、「我々が多年主張して、しかも世間に認められなかつた所の中等教育の外国語として、支那語普及が論ぜられ一般輿論が漸く之に賛同する様になつたことは遅しと雖も兎も角欣快の至りである。因つて拙者は高等専門学校や高等学校の各校長が思ひ切つて先づ／一、入学試験の外国語として支那語を採用する事／次に中学校でも／二、漢文教授と連繫して支那語を課する事／従つて／三、漢文教員の再教育を実行し彼等をして支那時文に習熟せしむる事／四、大学にも支那語専門の講座を設くる事／等を提唱したい[71]」と記した。

上記の改革派の提唱で、外国語としての「支那語」、また「漢文」と「支那時文」が同時に言及された意味、さらにその改革案の全体を理解するためには、その源流となっている「支那語教育普及ニ関スル意見書」に遡るとともに、岩村成允の漢文・「時文」教育批判と結びつけて考えなければならない。

学校教育カリキュラムの設計――「支那語教育普及ニ関スル意見書」の意義

結論からいえば、一九三四年に支那語学会が文部省に提出した「支那語教育普及ニ関スル意見書」（以下、「意見書」）には、漢文科教育を改革し、また高等学校と大学の中国語授業を改革する強い意志が含まれており、とくに、このなかの中国語のカリキュラム設計は、学校教育全般に中国語科目を明確に位置づけた重要な提案であった。全体的にみれば、これは中国語教育と中国研究を架橋しようとし、中国語の地位向上を目指したものである。以下では、「意見書」の内容を、明治以降、漢文の訓読法に対する批判、中国語の奨励に関する教育界で発表された言説と比較しながら分析する。

以下の引用の通り、「意見書」の冒頭では、隋唐時代の日中関係に遡り、文物、制度、風習、宗教のあらゆる場面で言語学習を介して中国文化を吸収してきた歴史が回顧されている。その後、明治維新の「支那ノ学術言語」を蔑視する風潮や、学校教育における外国語としての中国語の地位の低下について説いている。隋唐時代以降の中国文化の吸収は主として漢文経由でなされたが、明治維新後の「支那語科」は話しことばとしての中国語、外国語としての中国語であったという両者の違いは、ここでは明言が避けられ、曖昧にされた点は注目に値する。

往昔我国ハ屢使臣ヲ隋唐ニ派遣シ多数ノ学生ヲ留学セシメタル結果我国ノ文物制度習俗一トシテ彼国ノ影響ヲ受ケサルモノナク上下一般ニ其ノ文化ヲ尊重シ其ノ言語ヲ学ヒタルコトアルハ歴史ニ明ナル所ナリ其ノ後両国ノ正

式国交杜絶シタルモ仏教徒等ノ往来猶繁《しげ》ク徳川時代ニ於テハ和漢ノ学者ニシテ彼国ノ言語ヲ学ヒタル者亦尠カラス然ルニ明治維新後ニ於テハ只管欧洲文明ヲ吸収スルニ急ナリシ為隣邦支那ノ学術言語ヲ学フ者甚シク減少シタルノミナラス却テ之ヲ蔑視スルノ風ヲ生シ外国語学校等ニ支那語科ヲ設ケタルモ他ノ小国ノ言語ト同一視セラレ之ヲ学フ者ハ欧洲語ニ比シ極メテ寥々タルノ観ヲ呈シ現在政府当局ニ於テモ支那ノ言語ニ通スル者殆ント無ク従テ之ヲ奨励スルノ挙ニ欠クル所アルハ蓋シ故ナキニ非ス(72)

続いて、ヨーロッパ諸国の言語状況と国際関係を引き合いに出しつつ、日満支の間の政治、文化、経済における提携関係を結ぶための、国民・個人間の直接的な会話の必要性が強調された。ここでは、読む漢文ではなく、直接に発話する〈声〉の中国語の重要性が暗示されたのである。

抑モ我国ト隣邦満洲及支那トノ関係ハ所謂唇歯輔車ノ如ク其ノ政治経済文化ノ各方面ニ於テ彼此相理解提携スルノ必要アルハ勿論ナルカ国民相互カ精神的ニ融合親和スルニハ各個人カ直接談話ヲナシ得ルニアラサレハ其ノ実ヲ挙クルコト能ハス然ルニ従来我国ノ諸学校ニ於テ教授スル外国語ハ英語ヲ主トシ支那語ヲ教ヘサルヲ以テ朝野ノ有識階級ト雖モ彼国ノ新聞雑誌ハ勿論書翰ヲモ解スルコト能ハサル者多ク従テ隣国人士ト親密ナル交際ヲナシ其ノ国情ニ通スル者少数ナリシ結果自然ニ相互ノ関係疎隔シテ円満ヲ欠クニ至リシ憾アリ翻テ欧米各国ノ状況ヲ見ルニ各国民ハ外国語トシテ隣国ノ言語ニ重キヲ置キ以テ国際関係ヲ密接ニスルヲ例トス(73)

その後、中国で活発になっていく外国語学習と、その整備された外国語教育の制度を紹介し、日本における中国語教育の現状について、中学校や高等学校、専門学校を例として説明している。

最近我国ニ於テモ支那語研究漸ク盛ナラントスルノ状勢ニアルモ各学校ニ於テ之ヲ必修ノ正科トシテ教授スル処未タ多カラス中学校ニ於ケル外国語ハ依然英語ヲ主トシ支那語ヲ正科トシテ教授スルモノ殆ント皆無ニシテ高等専門諸学校ニ於テモ其ノ入学ニ支那語ヲ以テ受験シ得ヘキ制度ナシ之ヲ英語教育ノ盛ナルニ較フレハ其ノ差啻《ただ》ニ霄壌《しょうじょう》ノミニアラス今ヤ昭和ノ日本ハ単ニ欧米ヲ学フノ時代ニアラスシテ国勢ヲ世界ニ伸張スヘキ気運ニ際会シ隣邦支那トノ開係ヲ益緊密ナラシムル必要アルハ勿論満洲国ノ成立ニ伴ヒ之カ発達ヲ図ルハ我国ノ責務ナルヲ以テ是等両国ノ共通国語タル支那語ヲ普及セシムヘキ必要ハ一層増大シタリト謂ハサルヘカラス我当局ニ於テモ時勢ノ要求ニ応シテ従来ノ規定ヲ改定シ以テ支那語教育を進歩発達セシムルコトハ真ニ当務ノ急ナリト信ス本会ハ此ニ鑑ミ敢テ案ヲ具シテ上陳ス冀《こいねがわ》クハ審議ノ上速ニ施行セラレンコトヲ(74)

以上に「意見書」の前半の論点を示したが、「意見書」の後半は「支那語教育普及ニ関スル実行案」(以下、「実行案」)と題して中国語教育の改革案を中学校、実業専門学校、高等学校、帝国大学・官公私立大学、漢文教員の素養、監督指導の職員、文部省の役割という教育行政の七カ条から詳しく論じた。以下は、「実行案」の全文を引用する。

一、中学校及甲種実業学校ノ上年級生徒ニ支那語ヲ必修科トシテ課スルコト

現行ノ中学校令施行規則並ニ中学校教授要目ニハ外国語トシテ支那語ヲ初年級ヨリ課シ得ルコトニ規定サレ居ルモ更ニ第三学年以上ノ上年級生徒ニ対シ必修科トシテ之ヲ課シ得ル規定ヲ設ケラレタシ

日満支三国ノ関係極メテ緊密ヲ加ヘツツアル今日ニ於テ中等学校生徒ニ支那語ヲ課スルコトハ真ニ当務ノ急ニ属ス然レドモ漢字ノ学習ハ困難ナリトシテ国定教科書ニ於テ字数ヲ制限シツツアル今日中学校ノ初年級生徒ヲシテ支那語学習ノ為更ニ多クノ漢字ヲ異リタル読方及用法ヲ以テ習得セシムルハ彼等ニ一層ノ苦痛ヲ与フルノミナラス中学生ニ外国語トシテ支那語ノミヲ課スルハ尚我国今日ノ時勢ニ適合セサルヲ以テ仮令《たとい》現行ノ規定アルモ之カ

実行ノ可能性乏シキヲ恐ル故ニ比較的多クノ漢字ヲ習得セル上年級ノ生徒ニ之ヲ課スルヲ至当ニシテ且ツ支那語ノ普及上効果的ナリト信ス尤モ特殊ノ情況ニ依リ初年級ヨリ支那語ヲ課スルヲ適当ト認ムル学校ニ於テハ仍《な》ホ現行ノ規定ニ依ルモ可ナルヘシ

甲種実業学校ニ於ケル支那語ニ就テモ亦之ニ準ス

二、実業専門学校支那語ヲ必修科トシテ課スル科（コース）ヲ設クルコト

満洲及支那方面ニ活動セント欲スル生徒ヲ多ク収容スル数校ヲ選ヒテ之ヲ課スル科（コース）ヲ設ケラレタシ

三、高等学校ノ第一外国語中ニ支那語ヲ加フルコト

全国高等学校中適当ト認ムル数校ヲ選ヒテ此制度ヲ設ケラレタシ

四、帝国大学及官公私立大学ニ於ケル随意科ノ支那語学ヲ必修科ニ改ムルコト

支那哲学支那文学東洋史学其ノ他東洋ヲ主トシテ研究セント欲スル学生ノ為ニ全国帝国大学及官公私立大学中適当ト認ムル大学ヲ選ヒテ此制度ヲ設ケラレタシ

五、漢文科教員ハ相当程度ノ支那語ノ素養アルヲ必要トスルコト

漢文科ノ中等教員無試験検定ヲ受クル資格ヲ有スル各学校ニハ支那語ヲ必修科トシテ第一学年ヨリ之ヲ課セラレタシ

前項ノ主旨ニ因リ漢文科ノ検定試験課目中ニ支那語ヲ加ヘラレタシ

六、支那語教育ヲ監督指導スル職員ヲ設クルコト

七、毎年一回文部省ヨリ全国各学校ノ支那語教員ヲ召集シテ会議ヲ開キ以テ教授上ノ連絡進歩ヲ図ルコト

上述各項ニ支那語ト称スルハ支那現代文ヲモ含ムモノトス　以上

昭和九年七月

支那語学会[75]

それでは、この「実行案」と「意見書」を全体としてどのように理解すれば良いだろうか。まずは、明治以降の漢文訓読法に対する批判的な言説、そして明治以降の中国語学習・中国語研究を奨励する言説を踏まえて、「意見書」とそのなかの「実行案」の意義を説明したい。

明治以降、中国語の学習と研究を奨励する言説は、遅くとも一八八〇年二月一七日付『朝野新聞』の記事「支那語学の要用なるを論ず」にすでに見られる。[76]また、一八九二年には長谷川雄太郎が自筆起草し、賛成者宛に意見を求めた「支那語学振興ニ関スル建議案」という資料も残されている。[77]日清戦争、日露戦争前後には、対清提携論に基づいて中国語学習・中国語「研究」を奨励する言説がすでに教育関係の雑誌で発表されていた。例えば、大鳥圭介「支那語学を進むるの説(漢文訓読法の廃棄)」(『教育時論』第四七九号、一八九八年)、高田早苗「支那語学研究の必要」(『教育界』第三巻第三号、一九〇三年)、「対清教育策(其三)」(『教育時論』第六〇九号、一九〇二年)が挙げられる。

しかしながら、上記の論説の多くは、西洋に対抗し清国での実利の保障を前提として「支那人」の教育を急務としていた一方、中国語授業のカリキュラムの設計を疎かにしていた。このなかで、長谷川雄太郎「支那語学振興ニ関スル建議案」では、帝国大学から中学校、師範学校において支那語の科目を設置することに言及し、[78]『教育時論』の社説「対清教育策(其三)」では「支那語科及支那学科」に関してそれぞれ新しい構想を提示した。[79]ところが、両者とも自らの提案において、既存の中国研究の学問である漢学や、学校で学ぶ漢文科の訓読法について、中国語の奨励と結びつけて論じることはなかった。

支那語学会の「意見書」と「実行案」においても、漢学や漢文の訓読法をどうするかという問題について、それほど明確には論じていなかった。しかし、「実行案」の中の第五条である「漢文科教員ハ相当程度ノ支那語ノ素養アルヲ必要トスルコト」、「漢文科ノ中等教員無試験検定ヲ受クル資格ヲ有スル各学校ニハ支那語ヲ必修科トシテ第一学年ヨリ之ヲ課セラレタシ」という内容は、上記の中国語を奨励する言説との相違点が明確に出ている。前述したように、支那語学会の「意見書」では国民・個人間の直接的な会話の必要性が強調されており、その文脈のなかの「支那語」は読む漢文ではなく、発話する〈声〉の中国語である。すなわち、ここで第五条は、漢文科教員に相当程度の中国語の素養を要求しているのである。

しかしながら、よく知られているように明治以降、学校教育のなかの漢文科は「国語及漢文科」「国語漢文」という名称で呼ばれ、国語教育の一環あるいはそれに隣接する分野として規定されており、教授法も訓読法に沿って行われてきた。[80] ここで、漢文科教員には中国語の素養が必要であるとする見解は、訓読法だけでは漢文を正しく理解することが難しいという批判的な態度と、表裏一体のものなのではないのだろうか。「意見書」から確実に読み取れるのは、漢文の訓読法を直接に批判するというよりは、漢文の訓読法と発話できる〈声〉の中国語とを漢文科という同じ土俵に並べたということである。中国語を普及させると同時に訓読法も保存する態度は、訓読法と正面から対峙するチェンバレン(Basil Hall Chamberlain)「支那語読法ノ改良ヲ望ム」(一八八六年)、青木正児「本邦支那学革新の第一歩」(一九二〇年)、倉石武四郎『理論と実際』(一九四一年)と比べれば穏健な戦略と言えるだろうが、[81] 漢文科において訓読法を話しことばの中国語で補足するという提案はやはり大胆な企てであった。

支那語学会による「意見書」とそのなかの「実行案」では、中国語の普及が第一の目標とされているが、それ以上に、日本社会における中国語の地位向上、さらに中国語を学問として成り立たせたいという切実な願望が表明されていた。前述の支那語学会において発せられた言説からみれば、後者こそが「意見書」と「実行案」の真の狙いだったという可能性は高い。具体的には、第三条の「高等学校ノ第一外国語中ニ支那語ヲ加フルコト」、「全国高等学校中適当ト認ムル数校ヲ選ヒテ此制度ヲ設ケラレタシ」という案は、英語・ドイツ語・フランス語だけを設置する高等学校の外国語教育のカリキュラムを改革し、中国語という外国語を用いた大学での学習や研究に向けて準備できるような知の環境を用意しようとしたものである。このようにして、第四条の「帝国大学及官公私立大学ニ於ケル随意科ノ支那語学ヲ必修科ニ改ムルコト」、「支那哲学支那文学東洋史学其ノ他東洋ヲ主トシテ研究セント欲スル学生ノ為ニ全国帝国大学及官公私立大学中適当ト認ムル大学ヲ選ヒテ此制度ヲ設ケラレタシ」という議論へ自然と繋がっていくことになったのである。

序章で論じたように、一八九〇年代以降、「支那語学」「支那語文学」という名称を掲げた科目が東京帝国大学に設置されたが、訓読法で中国語文献を読解する伝統はなお強く、中国語の発音や文法を教える「随意科」の授業は学生間で人気が乏しかった。一九一一年から一九二七年にかけて京都帝国大学文学部「中国語学中国文学」専攻を卒業した学生は毎年一、二人しかおらず、一九三〇年代に毎年五、六人に増えたが、それでもなお毎年十数人ないし二十数人の卒業生を有する「英語学英文学」「ドイツ語学ドイツ文学」とは桁が違った。(82)帝国大学の予備校ともいえる旧制高等学校の外国語科目には中国語が設置されておらず、そのため学生の間で中国語への親しみが薄く、ひいては中国語を学問のための外国語として認識しにくいといった、中国語の知をめぐる制度上の問題が、支那語学会の「意見書」と「実行案」を起草する上で認知されていたと言えるだろう。帝国大学で中国語を広く普及させることは「支那哲学支那文学東洋史学其ノ他東洋ヲ主トシテ研究」する分野にかかわる重要な課題であるが、帝国大学ですら中国語の授業が整備されておらず、学生の学習、ないし学者の研究が充分に進展していなかった現状への憂慮が、この第五条に暗示されている。

以上のように、支那語学会が文部省に提出した「意見書」の意義としてはまず、漢文科での教授法である訓読法の限界を意識して、それを正面から批判することを避けつつも、漢文の学習に対して〈声〉の中国語の補足的な役割を提起した点が挙げられる。また、中国語そのものの普及だけでなく、中国語全体の文化的な地位の向上、学問・研究のための中国語という課題を視野に入れ、高等学校から「支那哲学支那文学東洋史学其ノ他東洋ヲ主トシテ研究」する帝国大学、官公私立大学にいたるまで中国語を必修科目とすることを提案したことも意義の一つである。

最後に、「意見書」と「実行案」の作成プロセスと起草者の問題について触れておきたい。内容面からみれば、ある程度まとまった中国語カリキュラムの設計を供した支那語学会の「意見書」は、後の倉石案の骨子と重なる部分が多く見られる。[83] 倉石による改革案がどのように形成され、「意見書」・「実行案」と思考的な連鎖があったのかを考えるうえで、「意見書」と「実行案」の起草者が誰なのかというのは興味深い問題である。

「意見書」の文末には「支那語学会」の署名はあるが、支那語学会の誰によって、いかに起案されていったかというプロセスまでは、資料からはっきり解明できない。しかしながら、「意見書」と「実行案」の文面には、岩村成允の中国語教育、中国研究の理念をそのまま反映した箇所があり、岩村が「意見書」と「実行案」の立案に大きく参与した可能性は否めない。まず、「意見書」の前半にある「朝野ノ有識階級ト雖モ彼国ノ新聞雑誌ハ勿論書翰ヲモ解スルコト能ハサル者多ク」という一文は、岩村が一九三一年に『華語新声』に投稿した「現代文を奨励せよ」で書いた「学校に漢文科を設け、漢文教科書があるが、一般に現代文を軽視して研究せず、専門の漢学者が、新聞雑誌や、書翰文を、十分に了解せず、葉書一枚受取証一通書けぬも恥とせず、それは学者の本分でない」[84]という一節とほぼ同じ論理構成を取っていた。この論理は、岩村が執筆した『常識としての支那現代文』(一九三二年)と「支那の文化再認識と支那語教育」(一九三八年)でも使われたものであった。[85]

また、「実行案」最後の「上述各項ニ支那語ト称スルハ支那現代文ヲモ含ムモノトス」という一文は重要である。「意見書」の前半では「支那語」が発話できる〈声〉の外国語として位置づけられていたが、最後の「支那語」に「支那現代文」も含むという補足的な一文は、「支那現代文」も外国語であって漢文とは異なっているというロジックを示したものである。ここでのいわゆる「支那現代文」という語は、戦前の中国語教育界で多く使われた文言ではないが、岩村成允がそれを多用する数人のうちの一人であった。[86] この語の使用に岩村が強くこだわっていたことは、日本放送協会ラジオ「支那現代文講座」で「時文」ということばをあえて使わなかったことや、また、『常識としての支那現代文』、『支那現代文釈義　新聞篇』(一九三九年)、「支那時文と漢文なる名称に就て」(一九三九年)といった著作からも見て取れる。

倉石武四郎が支那語学会の「意見書」と「実行案」を参照したという確固たる証拠はないが、倉石が支那語学会の機関誌である『華語新声』(第一巻第一号)と『支那語学報』(創刊号から第七号)を連続的に購入していたこと、そのうちの「意見書」が掲載された『支那語学報』の第五号も含む支那語学会の機関誌が倉石文庫に所蔵されていることは確認できる。このことから当時、支那語学会の活動が彼の視野に入っていた可能性は大きいと言えるだろう。次節では、まず倉石武四郎『理論と実際』の内容を概観し、とくに支那語学会の「意見書」との相違を分析した上で、『理論と実際』の反響に着目する。出版物として世に送られた『理論と実際』は、社会的な影響力において文部省に提出された支那語学会の「意見書」を凌駕し、訓読を強く批判するその論調は、中国語教育界と竹内好が率いた中国文学研究会においても反響を巻き起こした。そこでは、中国語教育の普及だけではなく、中国語受容をめぐる大きな社会文化的な構造が、国語漢文科や漢学、「支那学」と隣接する問題として、太平洋戦争前後の知識人の間で討議されていったのである。

第二節　倉石武四郎『支那語教育の理論と実際』とその反響

一九三八年以降の中国語を取り巻く輿論の変化

支那語学会「支那語教育普及ニ関スル意見書」(一九三四年)と倉石武四郎『理論と実際』(一九四一年)が引き起こした社会的な反響のスケールの違いは、それぞれの改革案が訴えた対象が文部省か一般社会かという相違点にだけではなく、中国語を取り巻く輿論が一九三八年の前後に変化していったことにも求められる。竹内好が「支那学の世界」を題とする文章において、『理論と実際』が出版された一九四一(昭和一六)年という時点の重要性について以下のように述べたことがある。

倉石さんが今日この意見を卒然と思ひついたのでないことは、よくわかる。このことは、帝国大学のえらい先生方にははつきり呑み込んでおいてもらひたい。しかし、倉石さんが言葉を吐いたのは、やはり昭和十六年といふ年なのである。それはどういふことなのか。倉石さんの意見は、反対もされなければ黙殺もされない。常識をもつた人ならばいやでも賛成しなければならない状態で、公然と吐かれてゐるのである。当然な意見なのであるが、その当然さは、世俗と背馳《はいち》しない当然さである。これは、時世に迎合するといふこととは別である。むしろ時世を利用してゐるので、そこに倉石さんの聡明さがあるわけである。(87)

ここで述べられた「時世を利用してゐる」という聡明さは、竹内の倉石に対する評価としてしばしば引用されるが(88)、竹内が強調した「やはり昭和十六年といふ年」という時点の問題は看過されやすい。この時点の問題とはすなわち、『理論と実際』で中国語の普及を唱え、訓読法を猛烈に批判した「倉石さんの意見は、反対もされなければ黙殺もされない。常識をもつた人ならばいやでも賛成しなければならない」という一九四一年頃の中国語を取り巻く社会的な輿論の状況である。

それでは、倉石の説が「当然な意見」として成り立つことができたこのような社会の「常識」は、いつ頃形成され始めたのだろうか。本節では、以上の輿論状況の変化は一九三八年頃からすでに始まり、一九四一年以降に発表された『理論と実際』及びいくつかの言説によって加速され、外国語としての中国語教育と国語としての漢文教育の問題、さらに支那学・中国研究の方法論をめぐる論争が、竹内好を中心とする中国文学研究会、中国語界ないし斯文会の場において一九四二年頃まで続いていったと論じていく。以下ではまず、一九三八年以降の中国語を取り巻く輿論の変化を説明する。

まず、政府の教育政策、文化政策の面についていうと、前述のように、一九三九年二月九日の文部省訓令によって中国語の「時文」が正式に師範学校・中学校・実業学校の必修科目として国語漢文科に導入されたことにより、名実ともに曖昧な科目「時文」がしばしば中国語界や漢学界で論争を引き起こしていた。日中全面戦争が勃発してから間もなく、一九三八年一月の衆議院で行われた答弁においても、中国語教育の問題が「時文」、漢文と並んで争点となった。民政党総務の川崎克は、国務大臣の演説に対する質疑において、中国大陸で新しく樹立された蒙疆連合自治政府と中華民国臨時政府の存在に言及し、それらと経済的に提携し、文化的施設の建設を行う必要性を説いた。その際に、「而シテ文化的工作ヲ為スニ当リマシテ、最モ必要ナルモノハ思想上ノ理解デアリマシテ、是ハ少クトモ支那語ヲ日本ノ中学程度以上ノ学校ニ、一ツノ学科トシテ、科目トシテ存セシムル必要アルト共ニ、又支那ニ対シテハ日本語ヲ普及セシメ、仮名文字ヲ普及セシムル所ノ必要ガ、第一ノ基礎工作トシテ行ハレナケレバナラヌト吾々ハ思フノデアリマス(拍手)」[89]として、中等程度以上の学校における中国語教育科目・学科の設立を提起した。それに対して文部大臣木戸幸一は答弁で、川崎の案に賛同した後、直ちに議題を中国語から漢文と「時文」へと移すとして、以下のように述べた。

我国ノ中学ノ漢文ガ全ク支那時文ト離レテ居リマシテ、時文ヲ読ムコトノ出来ナイヤウナ状況デアリマスノデ、漢文ノ教師ニ対シマシテ時文ヲ読メルヤウニ致スト云フコトニ付キマシテモ折角考慮ヲ加ヘテ、成ベク早イ機会ニ於テ日支両国ノ間ニ、言葉ニ於テ交通ヲ開クコトノ途ヲ作リタイト思ッテ居ル次第デアリマス[90]

しかしながら、漢文教師に「時文」を習得させることによって、漢文科目の学習内容がいかに変化するか、また、その学習内容が外国語としての中国語とはどのような関係があるか、外国語としての中国語を学ぶのであれば漢文の訓読法は廃止すべきか、といった本質にかかわる部分にはまったく言及しなかった。二日後の衆議院で、民政党議員の浜野徹太郎から「簡単ニ支那時文ヲバ中等程度ノ漢文ト取換ヘヨウトスルヤウナ御考デハナカラウカト信ジマスガ、此点改メテ文部大臣ノ御意見ヲ承リタイ」[91]と質問され、木戸は「漢文科ノ教育ヲ支那語ヲ置換ヘルト云フヤウナ点ハ、余程慎重ニ考慮致サナケレバナリマセヌ」[92]と答えて、中国語科目の拡充について商業学校と中等学校の状況に言及しながらも、明確な政策を提示しなかった。

以上のように、中国語を科目として学校システムに普及・定着させることの重要性は政策決定者間で認識されてはいたが、中国語のことばの性質には不案内であったためか、あるいはそもそも政策の熟議を欠いていたためか、一九三八年頃の文部省内における中国語教育に対する主要な意見は、まだ漢文科目で「時文」というジャンルを新設することによって、中国語教育関連の弱点を補うことに留まっていたようである。当時の文部省内における中国語教育関係行政について、文部省図書局に所属していた一戸務[93]は以下のように回想したことがある。「教育調査部は何か盛んにやつてゐます。盛んにやらうとしてゐるんですが、それに専攻の方は少いんぢやないかと思ひます。ですから、心から言ひ出す方はないやうですね。これが英語とかフランス語とかドイツ語といふならば、幾らもありませうがね[94]」。それまでの高等学校と大学教育でまともな中国語教育を受けずに卒業した官僚が、中国語教育の設計をうまく行うことができなかったという悪循環が働いていたと言えるかもしれない。

いずれにせよ、一九三八年の衆議院の答弁で、文部大臣の木戸幸一は中国語教育を「時文」ないし漢文の科目と混同していたようである。一九三四年に支那語学会が文部省に提案した「漢文科教員ハ相当程度ノ支那語ノ素養アルヲ必要トスルコト」という内容が、文部省内でどのように受け止められていたのかは確言できないが、すくなくとも一九三八年のこの時点ではすでに論外のものになった。あるいは、文部省では「漢文科教員ハ相当程度ノ支那語ノ素養アルヲ必要トスルコト」という提案が、漢文科教員は相当程度の「時文」の素養があることを必要とする、と誤って理解されたのかもしれない。

他方、出版と論壇、中国語界の有識者は新しい動向を見せている。まず、日中全面戦争以前、中国語教本・辞典はほとんどが専門書として扱われ、文求堂書店、善隣書院、春陽堂書店などの小規模の出版社によって発行販売されるのみだったが、一九三七年に朝日新聞社が大道弘雄編『支那語早わかり』を発行し、一九三八年に日本評論社も魚返善雄の『支那語読本』を発行した。一九三九年には日本放送出版協会が「支那語講座」講師・内之宮金城の『初等支那語会話』を出版し、わずか三年間で一四版まで版を重ねた。戦争関係の需要に刺激された中国語教本市場の好景気だったことは否めないが、中国語をめぐる言説が一部の専門家から一般の輿論空間へと拡大し、中国語教育の意義や目的、ないし中国関係の学問体制が問われ始めたのである。

例えば、一九三八年に『文藝春秋』に「英語教育をどうする？　支那語教育を行ふべきか？」[95]という葉書回答が掲載されており、英語教育の方法論と並べて「支那語教育」を実施する意義が注目されたことがある。一九四〇年に、吉川幸次郎が同誌に「支那語の不幸」を発表し、その不幸を①国語と「同文」の万能思想、②「支那語は優しい外国語だという思想」、③「わが国古来の「漢文訓読法」」の三点にまとめている。吉川の「支那語の不幸」は、中国語を音読することがすなわち中国人の心理を理解することなのだという角度から漢文の訓読法を批判した、同時期における重要な論説である。中国語の誤読が政治にもたらす弊害を説く際、汪精衛のラジオ講演「和平建国」を日本の新聞が誤訳した例を挙げ、「支那語の不幸は救はれねばならぬ。学術のためにも、政治のためにも」[96]と締めくくったこの文章に、時局と政治を批判するニュアンスが含まれた点は看過されやすい。

倉石武四郎の『理論と実際』が出版されて、中国語教育の革新や「支那学」の発展に真摯な態度で向き合い、種々の問題点を世の中に暴露する討論がさらに顕在化した。これらの議論では、『理論と実際』に直接に言及した部分は見られないが、それまでの輿論の関心に呼応し、あるいは倉石の著書から間接的に啓発を受けた可能性は否めない。まず、文藝春秋社の「支那語教育の革新を語る」座談会において、文部省図書局の一戸務、東大・文理大講師の魚返善雄、慶大講師の奥野信太郎、東大助教授の竹田復、拓殖大学教授の宮原民平ら五人の中国語経験者や中国語の専門家、及び『現地報告』の記者との間で、「虐待された支那語教育」「漢文教育はどう革新されねばならぬか」「日本の漢文教育の特長」「支那語の難しさ」「日本人に適した支那語」「支那語の翻訳」「日本の支那語学の発展のために」といった論題をめぐって意見が交わされた。

そのなかで、当時の中国語教育と中国語観に特別な意義をもったと考えられる主張は以下の三点にまとめられる。

第一に、中国語が日本社会に虐待されたことが「これから段々に清算されて行く」（竹田復[97]）という認識である。「時局便乗といひますか、支那語が非常に珍重される、それで何でも彼でも支那語、支那語といふやうなことを考へる人もある」（魚返善雄[98]）という戦時下の中国語観に存在している大きな矛盾、また、それまで西洋語学と社会の両方に「虐待」されてきた過去について、彼らは冷静に観察していたのである。竹田復のいう「これから段々に清算されて行く」ということが何を意味しているかは明言されなかったが、社会通念や文部省の政策に対して不満を抱いていたことは確かであろう。[99]

第二に、中国語学の発展のみならず、漢文教育の革新のためにも、漢文の教授内容と中国語の教授内容の連絡、また、教師の資質における漢文の素養と中国語の素養の融合が必要とされた。「支那語の先生にもつと漢文の素養なり文化史的な素養をもつて貰ひたい」（一戸務[100]）という観点がある一方、漢文の「教へる側に支那語の知識は絶対に必要」（竹田復）ともされている。後者の漢文科目では、訓読を全廃するのではなく、「訓読を一方に捨てないで置いて、且つこんどは支那語の知識を以てそこへ加へて行くといふことになれば、そこに非常に正確な知識が出来る」（宮原民平[101]）という改良の方法が予想されていた。中国語で訓読を補完する方法については、「いつも支那語学会あたりで問題になる」（同[102]）と意識されている。

第三に、支那語学会の意見書の主張を受け継ぐような形で、中国語を「国民的教養の一部」、また「東洋学」の学問ないし「殊に指導階級の」教養にするといった中国語の教養論である。これは、主として竹田復によって提起された課題であり、「支那語の問題を漢文とすぐ渡りをつけて行くよりは、やはり支那語といふものが国民的教養の一部になつてい丶ものぢやないかと思ふんです。殊に指導階級のです[103]」という。彼は具体的に、「中等学校の生徒あたりまづ適当な方法で支那語の知識を授けて行くことを第一着手としてすべきではないか。さうして更に第一高等学校とか第三高等学校のやうに文科のクラスの多い所には、これは私だけの意見でなく、皆さんさう仰しやいますが、支那語を第一外国語とし、英独仏語を第二外国語とするクラスを作つたらい丶ぢやないか、さうして、とにかく東洋学を研究するのには、その部門に入るのが一番早いといふものを、差当り二つくらゐ作つてみたらどうかと思ひます」[104]と言い、訓読と連絡するためには、音読の外国語としての中国語をまず「国民的教養の一部」とする必要性を説いた。ここでいわゆる「皆さんさう仰しやいます」というのは、特定の人、グループが発表した意見に対する賛同の表明のようであるが、座談会の記事では竹田に先行して上記の問題を提起した発言は見られない。こうして考えると、竹田は支那語学会の意見書、ないし倉石武四郎の『理論と実際』を念頭に置いていた可能性がある。支那語学会の提案は文部省でほぼ拒否されたようであるが、一九四一年頃の中国語界ではその提案の中心的主張がすでに中国語教育改革者の通念になっていたと言えよう。

以上のように、一九四一年の文藝春秋社「支那語教育の革新を語る」座談会からは、有識者たちが中国語をとりまく社会状況を把握しており、日本国内の中国語教育ないし中国語観の全体的な向上と改善をめざす意志を有していたことを確認した。彼らの議論のなかでとくに注目に値するのは、新しい「国民的教養の一部」としての中国語の確立と、そのような中国語とそれまでに教養と見なされてきた漢文との関係である。

「国民的教養の一部」としての中国語の実現が、個々の教師にとっては漢文の素養と中国語の素養を融合させること、また、科目の教授内容としては漢文と中国語を連絡することによるのであれば、そもそも「漢文」たるものは一体何であるかという問題を改めて問い直さなければならなくなる。実のところ、一九三九年に師範学校・中学校・実業学校の国語漢文科に「時文」が導入されて以降、すなわち「時文」という擬似的な「支那語」が「国語漢文」の範疇に取り入れられたことによって、中国語と漢文の関係を見直す動きが加速された。

中国語界の場合、すでに一九三六年の支那語学会『支那語学報』誌面において、實藤恵秀が「本年の支那語学会春季大会に孫書記官も指摘された如く、日本では漢文と支那語との区別をつけすぎると思ふ」、「漢文（中国の所謂古文・国文）と支那語（中国の所謂白話・国語）とは、父子であり、兄弟である。一方が貴族で一方が平民である道理がない」という意見を発表し、「今後両学界は更に接近協力して東洋文化の研究に邁進したい」、「漢学界との握手」[105]を行うと発言した。また、一九三九年の天理外国語学校崑崙会『支那語研究』に掲載された「漢文教育から支那語教育へ(一)」という記事では、「中等学校に於ける時文教育は決して現代支那を理解せしむる適切なる方法とは認め難い」、「(京大倉石博士所説の如く)中等学校低学年の漢文に代ふるに現代の支那語を以てし現代語より溯つて古文(所謂漢文)に連絡せしむべき[106]」との提唱があった。

漢学界の場合はこの時期に、斯文会の会誌『斯文』から見て取れるように、中学生の漢文の学力が衰退していたことに応じて、漢文教育の全体を捉え直そうとする傾向があった[107]。一九三五年の中学校長協議会では「国語漢文科」を「国語科」に改称することが議論され、それに対して、斯文会会長の徳川家達らは「「国語漢文科ヲ国語科ト改称シ漢文ハ国語ノ一部トシテ取扱ヒ国民的性情ノ涵養ニ力ムルコト」ノ項ハ漢文ノ存在ヲ疑ハシメ名実混乱ノ弊ヲ生シ漢文本来ノ使命ヲ全ウシ難キニ至ルノ虞《おそれ》アルヲ以テ茲《ここ》ニ反対ノ意ヲ表ス[108]」と強く反対していた[109]。ただし、同時に漢文教育法の改善も模索されるようになり、英語教師・日本語研究者の山中襄太による「直読法こそ漢文産みの親育ての親」、「国漢を分離せよ。支那語科も新設せよ」、「「支那語漢文科」と改称せよ」といった革新的な意見も同会の機関誌に登場した[110]。漢学者の間で高まる中国語学への関心は、同誌に連載された石崎又造「日本に於ける支那語学史の一面」という記事の存在からも読み取れる[111]。

このように、倉石武四郎の『理論と実際』が出版される五年前には、中国語教育と漢文の融合を受け入れやすい思想的な土壌がすでにできあがっていたと言えよう。このことから、岩村成允及び支那語学会の提案と直接の関係があるとは言い切れないが、漢学界と中国語界の両方が同時的に中国語関連の改革に着目していたことは興味深い。『理論と実際』が出版された三カ月後、「時文」教育の経験を持つ教師の艸野忠次による「漢文教育に於ける支那時文教授の意義と其の根柢」が『斯文』に掲載された。彼は「支那時文すなわち現代漢文の教育」、とくに「「現代漢文」の教育の妙味が」湧いてくる教育のためには、「民国最近の文学運動によつて起つて来た白話文の研究」に注目すべきとして、「白話文の研究といふことになると、どうしても支那語の学習および研究が必要になつてくる」と説いた。

さらに、「支那語の学習といふことは、たゞ「現代漢文」を面白く教授することができるといふだけの結果に終るものでなく」、「支那語の発音を系統あらしめ、更に我が国の仮名の伝へてゐる古音の姿をたどり、広韻〔引用者注：陳彭年、丘雍ら奉勅撰の北宋の韻書、正式には『大宋重修広韻』〕や韻鏡〔引用者注：中国の韻図。作者、成立年代未詳、鎌倉時代初期に伝わった日本で、中国音韻学の研究に利用された〕に進み、之と共に現代の方音に対照し」た音韻学、すなわち、学問としての「支那語」を進展させることに期待を寄せたのである。(112)

興味深いのは、『理論と実際』は一九四一年の三月に出版されたが、同年六月に掲載された上記の「漢文教育に於ける支那時文教授の意義と其の根柢」では、倉石武四郎の著作である『支那語発音編』『倉石中等支那語および教授資料』『支那時文法入門』『支那語法篇』の四冊が中国語発音を習得するための参考書として挙げられたという点である。さらに同年九月には、本章の第一節で論じたように、「漢文科教員は当然支那現代文にも通暁しなければならぬ」と提案する岩村成允「支那時文と漢文なる名称に就て」が同誌に掲載された。(113)このように見れば、『理論と実際』の出版は斯文会の周辺でも注目されていたはずである。

本項では中国語を取り巻く一九三八年頃以降の輿論を概観したが、その輿論の特徴は以下のようにまとめられる。まず、官僚や文部省の政策では中国語の重要性が認識されつつも、外国語としての中国語そのものの性質に不案内であり、また、外国語としての中国語教育と、国語としての漢文教育の関係について熟考が欠けていた。同時代中国の文章語である「時文」が漢文教育に設置されたことをめぐっては、中国語界や漢学界でも争点となった。第二に、竹田復を代表とする中国語界の有識者らは中国語を「国民的教養の一部」にすることを提唱していた。そこにおいて、中国語の教養化は、漢文の教育・教養の問題、また、「時文」教育の問題と関連付けて論じられていた。第三に、漢学界でも漢文教育法の革新が図られていた。漢文教育と中国語教育を融合する提案は、中国語学への関心が高まっていた『斯文』誌上で発表された。

漢文と中国語とを科目設置、教授内容の面でいかに連絡するかといった問題をめぐって、この時期の漢学界と中国語界には、専門分野を越える思考の連鎖も見られた。例えば、倉石の改革案と支那語学会の意見書が内容面で接近していたことは既に述べた。また、一九四一年に出版された『理論と実践』に直接言及した箇所はなくとも、倉石の観点や文章を引用して自論を展開した例は、山本辰雄「漢文教育から支那語教育へ(一)」(一九三九年)、艸野忠次「漢文教育に於ける支那時文教授の意義と其の根柢」(一九四一年)に見られる。専門分野を越える活発な議論のなかで、伝統的な漢文の教養に中国語の教授内容を加えるという意見が現れたことは、とくに中国語教育改革の好機であったと言えよう。その一方で、旧来の教養を支えてきた訓読法に容赦なく批判を浴びせたのが、倉石の『理論と実践』であった。それでは、漢学界からの好意を無視するように見える倉石の訓読批判はどのような意図で行われ、また、知識人からどのような反響を得ていたのか。次項以降詳しく分析する。

倉石の改革案と訓読批判

中国語界及び漢文界に大きな刺激をもたらした戦前期の倉石の中国語論、その集大成というべき『理論と実際』は、いったいどのようにして世に出たのであろうか。一九四一年三月に『朝日新聞』(東京)に掲載された広告は、同書の意義を以下のように要約している。

> 本書は博士が従来我国に於ける支那語学に関する研究や教養の度が、他の語学に比して著しく後れてゐることを甚だ遺憾とせられ、その革新に資するために特に支那語教育に関する所見を披瀝し提示せられたものである。博士は先づ我国に於ける支那語学不振の原因を解剖し、疲弊を摘出して改革の必然性を説き、更にその改革案に進んで支那の言語・文字の本質の解明より新しい支那語教育の理論を明かにし、然してその理論を実施せる具体的成果を示してゐる。その卓越せる所説は支那語教育の反省を要請し、今後の進展に力強い寄与をなすであらう。(114)

当時、倉石が京都帝国大学の講壇に立ってからすでに一〇年の歳月が経っており、その間学問に対して、「支那学の中でも特に立ち遅れてゐた語学の方面を開拓して、学問全体の水準を高めようと志し[115]」ていたという。大学教育の面では、「清朝音学」(一九三二年)、「小学歴史」(一九三六年)、「支那語法の研究」(一九三九年)といった中国語学専門の講義を次々と考案していたが[116]、中国語を音読する授業で重ねてきた苦労が、中国語教育をとりまく制度的な問題への思索へとつながり、それが『支那語教育の理論と実際』の原点になったのであろう。このことについて、後に自ら以下のように語っている。

その頃の大学は何にも中国語を知らない人が入ってきて、三年の間に中国の古典も中国語で読めるというところまで訓練しなくちゃならないというわけで、大変な負担なのです。何といっても無理なことですから、いろいろ工夫をこらして、少しでもムダを省いてやりたいと念願しましたし、一方では大学よりもっと早く、そのころのことですから中学校高等学校時代に中国語をやらせる道はないかと、われながら苦労しました。こうしてわたくしの経験を書きましたのが、『支那語教育の理論と実際』という本で、岩波書店から出しましたが、ものすごい反響でした。岩波書店の主人は岩波茂雄さんでしたが、この本がたいへん反響をおこしたのをよろこんでくれられました[117]。

以上のように、『理論と実際』を執筆した動機としては、帝国大学の中国古典教育で中国語の音読法を実践し、挫折していた経験が大きかったということがわかる。倉石の考えでは、学生が中国語の音読法で苦労していた原因は、彼らが中学校、高等学校時代にまともな中国語の授業を受けていなかったということにある。そのため、中国語をめぐる教育環境、とくに外国語としての中国語の授業は学校教育のカリキュラムでいかに設置されるべきか、ということが彼の大きな関心であったといえよう。

前述したように、『理論と実際』で提起された中国語教育の改革案は、支那語学会による「中国語教育普及ニ関スル意見書」の骨子と重なる部分が多かった。両者の主張を比較した表4を見てみよう。中学校と高等学校、大学で中国語の授業を設置するといった点では両者は概ね共通している。ただ、中学校の中国語教育における漢文・漢文訓読と「支那語」の関係について、より詳細に論じていたのは『理論と実際』である。本章の第一節で論じたように、「意見書」では、「漢文科教員ハ相当程度ノ支那語ノ素養アルヲ必要トスルコト」と唱えつつも、正面から漢文科で行われた訓読法を批判することは避けられていた。それとは対照的に、訓読法の弊害を明確に指摘し、伝統的な漢学とある程度対峙する姿勢を取ったという点が、倉石の改革案の特徴である。例えば、『理論と実際』に対する当時の評価として「瀕死の漢学に巣喰ふ老先生には、その道は見えないだらう。しかし、平凡人の眼には必ず見えるはずである」[118]、また、「本書は、漢学者にも是非見て頂き度い本である。寧ろ比較的頑固な人の多い漢学畑の人に見て頂き度い位である」[119]といったものがあげられる。

それでは、伝統的な漢学と文献を読む方法としての訓読法を批判する意図はどこにあったのだろうか。結論からいえば、倉石にとって、中国語教育の普及と改革は、訓読法の批判を避けて通ることのできないものであった。すくなくとも外国語としての中国語、言い換えれば音読法の中国語と訓読法の漢文とを明確に区別することが、〈声〉の中国語をアカデミアの文献として広く使われるようにすることの第一歩とされた。すなわち大学の「支那学」において、さらに中等学校、高等学校においても、中国語を外国語科目として教授するという大きな目標のもとで、「支那語教育の理論と実際」が論じられたのである。以下では、『理論と実際』の第一部「漢文教育の衰微」と第二部「支那語学の改革」を手がかりとして、倉石の訓読批判の内容を分析し、その訓読批判の意図を探ってみる[120]。

「漢文教育の衰微」の冒頭ではまず、学問や「国家学術のため」[121]という出発点から、帝国大学で「支那学」を志願する学生数が極めて少ない状況に言及し、「支那学」がこのような苦境に陥った原因を中学校や高校で教授された漢文を読むための訓読法に求めている。さらに、「支那学」とよばれる学問が世間からみれば「漢文」と変わりがなく、

表４　支那語学会「支那語教育普及ニ関スル意見書」と倉石武四郎『支那語教育の理論と実際』における中国語教育改革に関する部分の比較

支那語学会(1934)「支那語教育普及ニ関スル意見書」	倉石武四郎(1941)『支那語教育の理論と実際』目次中の「支那語学の改革」の部
一，中学校及甲種実業学校ノ上年級生徒ニ支那語ヲ必修科トシテ課スルコト	九　中等学校では漢文と支那語とを統一して支那の言語文字の研究に新生命を吹きこまねばならぬ 一〇　もつとも先儒の漢文は作者の読んだとほり訓読して国語の方に振りむける 一一　支那人の文章は支那語科へまはし新しいところ易いところから古いところ難しいところへ進ませる 一二　支那語の地歩を高めて文化語とすると共に中等学校でも支那語を主とするクラスを編成する
二，実業専門学校支那語ヲ必修科トシテ課スル科(コース)ヲ設クルコト	
三，高等学校ノ第一外国語中ニ支那語ヲ加フルコト	一三　高等学校の漢文支那語も中等学校の例にならつて統一し特に支那語を第一外国語とするクラスを募集する
四，帝国大学及官公私立大学ニ於ケル随意科ノ支那語学ヲ必修科ニ改ムルコト	一四　大学でも支那語を西洋語学と同格にし支那学も文学部に限らず法経農工理医の各学部にわたり綜合的施設を行ふ
	一五　支那語教育を小学校の五年生から始め注音符号と絵画とによつて耳から口へと教へる
五，漢文科教員ハ相当程度ノ支那語ノ素養アルヲ必要トスルコト	一六　教員の欠乏は漢文の先生の再教育で補充する，たゞその講習は真剣でなければならない
六，支那語教育ヲ監督指導スル職員ヲ設クルコト	
七，毎年一回文部省ヨリ全国各学校ノ支那語教員ヲ召集シテ会議ヲ開キ以テ教授上ノ連絡進歩ヲ図ルコト	
上述各項ニ支那語ト称スルハ支那現代文ヲモ含ムモノトス	

「支那学」を志願する学生のリテラシーが「漢文」に限られていることについて、倉石は「帝国大学の学制によれば、講座の名称はすべて支那哲学支那文学支那語学」であり、「これらを総括して支那学と称する」が、「世間では普通に漢文といふ言葉を使用してゐる」[122]、「まして大学の志願者を育てる高等学校、高等学校の志願者を育てる中学校において、支那の書物を読ませ、支那の智識を授ける機会は、ほとんど漢文といふ学科に委ねられてゐる」[123]という。以上の論述を経て、「大学の支那学問題を解かうとするには、かならず高等学校中学校の漢文から考へてゆかなければならない」という同書のキーポイントに至った。このように、倉石は中国関連の学問に発生した人材不足の問題、さらに世間一般の「支那学」に対する認識不足という問題を打開するために、まず漢文教育の革新から着手しなければならないということを考えたのである。

続けて同時代の漢文教育に起きた種々の不合理が詳しく分析されている。まず、当時の中学校と高等学校の漢文科目において、江戸時代の日本人書き手による漢文を相変わらずに学習していることは非合理だという。倉石は、日本人の書き手による漢文は「徳川時代の国語の一種」であり、唐宋八大家や文章軌範を学ぶとともに国語を記録し、「支那の文章を音読する習慣を失つた後に発達した」、「今日の語学的常識から云へば、まつたく変態的なものである」[124]と判断した。このような日本人の書き手によって書かれた漢文そのものを訓読する意味は、「語学的にはこれを階梯として支那人の文章に導かうとするものであり、内容的には、先儒の残した漢文を通じて、その思想に触れ、国民精神を振興しようとする」という「一石二鳥の案」[125]にあったはずである。しかし、明治時代と比べて学生の「漢文の学力の減退」[126]が見られた。「国語が今日の様に自覚せられてゐるのに、徳川時代同様の考へかたが許されよう筈もない」状況においては、ますます国語を中心として動く学生たちの考え方と、訓読法に基づく漢文の教授内容とが衝突している。このように、「訓読による教育は、あはれ、一石をもつて二鳥ともに失ふといふ結果」となった[127]。

ここで、伝統的な漢文教育と、それを支えた訓読法を批判的に捉える理由として、中国語の音読法が損なわれたということから説くのではなく、訓読と書き下し文が「国語をゆがめる」[128]ということを強調した点が、竹内好がいう

「倉石さんの聡明さ」[129]であったと言えよう。「国語をゆがめる」という主張はさらに、倉石の中国語観を理解するのに興味深い手がかりである。すなわち、ことばのなかの書記言語の要素より音声言語の要素を重視するという戦後まで一貫した倉石の言語観が、中国語だけでなく日本語にも適用されていることが見て取れるのである。

中国人が書いた漢文をまず訓読して、またその訓読を通した勉強を経て綴った書き下し文が「国語をゆがめ」た例として、倉石は、「「挙」といふ字が漢文につかはれるときは、つねに「あぐ」「あげ」「あげて」などと訓読する」が、「「挙行」といふ様に、国語ならば「おこなふ」と翻訳しなければならない場合にも、また「挙国」といふ様に、国語ならば「国ぢゆう」とか「国ぜんたい」とか翻訳しなければならない場合にも、すべて「あげる」と訓読する」と説明している。[130]「「あげる」といふ国語は、たゞ「挙」といふ字の符牒として使はれたにすぎない。同じく「おこなふ」という翻訳をして差支へない場合も、「挙」の字ならば、かならず「あぐ」と読み、「行」の字ならば、かならず「おこなふ」と読んだのは、国語を符牒にして、漢字の区別を示しただけのものである」[131]という。倉石のいう「国語に対する自覚」は、目で読む「符牒」のような漢字の縛り付けから自立し、日本語にある音の多様な表現に回帰していくことだと考えられる。

漢文およびその訓読法の存在を批判的に捉える第二の理由について、倉石は「更に重要なことは、漢文教育は、ほとんど返り点をつけること、送り仮名を加へることに、語学的訓練を集中した結果、読本に施された返り点や送り仮名を暗記するといふ勉強法を導き、支那の文章として不必要なことをも、訓読のために記憶するのは、已むを得ないとして、支那の文章の構造として一番大切な、文字の排列についての注意が、常に怠られがちになる」[132]と述べた。すなわち、「支那の文章の構造」が中国語の文章を理解するための第一の要義であるという前提で、訓読はあくまでも「階梯として支那人の文章に導かうとするもの」[133]だとされたわけである。訓読法の返り点や送り仮名の暗記が行き過ぎてしまったら、かえって中国語の文章の「文字の排列」への注意を分散させてしまうという点が、訓読法の弊害である。ここで初めて、訓読が「語学的効果」に欠けているということが明記される。「語学的効果」については以下のように記述されている。

訓読は、支那の文章の中から、もつぱら国語に同じところをとり出して教へる方法であつて、この方法が用ひられるかぎり、何年漢文を学ばうとも、一年英語を学んだだけの語学的効果を奏しない筈である。語学教育は、国語と違ふところをとり出して教へなければ、更に効果を見ないものである。(134)

せつかく支那人の文章を読む階梯として取りあげられた先儒の文章も、結局は中学校における一番いやな学科としての印象のみを残して、語学的効果は日に日に失はれてゆくのが、大多数の中等学校漢文科の実情である。(135)

いわゆる「語学的効果」が中国語文章の意味の会得を指すのか、それとも外国語としての中国語を身につけることを指すのかは曖昧だが、しかし、訓読法では「一年英語を学んだだけの語学的効果を奏しない」とあるように、訓読法を外国語の学習法と対比する意図は明らかである。

このように倉石の訓読批判は、訓読が「語学的効果」に欠けているという指摘を介して、外国語としての中国語学習の必要性を認識するように読者を誘導している。とくに、高等学校での漢文教育を論じる部分では、外国語としての中国語教育へ接続するかのように、漢文の「語学的効果」が英語・独逸語の「語学的効果」と対比して論じられた。「英語や独逸語では、相当に力のはいつた語学的訓練を行はれ」、「大多数の学生は、洋書をあさつては、辞典をたよりに日夜努力する」のに対して、「漢籍などは、誰一人として見むきをするものもないのは、主として語学的訓練の欠乏から読書力がつかないことによるのである」という。(136) 一部の高等学校では、すでに中国語の「時文」が教えられていたが、漢文と公文書の類の「時文」(137)、すなわち「二千年の古典と、まるで出産届や死亡届みたいなものとを、連絡もなしに教授して見たとて、致しかたのない話であつて、現代支那には一つの学ぶものもないといふ誤つた印象を与へがち[138]」であるという。以上のように、倉石は中学校から高等学校、さらに大学までに至るまでの中国関連の教育にある、「漢文と支那学とも、はたしてどれだけ自覚的に連絡されてゐるか、危い[139]」という状態を憂慮している。

訓読の弊害が「国語をゆがめる」ことと、「支那の文章の構造として一番大切な、文字の排列についての注意が、常に怠られがちになる」ということにあると説いたうえで、中国語教育の普及ないし中国の学問との連絡ということの意義を読者に説得するため、倉石はもう一つ避けられない問題に目を配っている。それは、「今日の日本は支那から学ぶべきものは何もない[140]」という認識である。倉石は、「東洋的な思想、支那で発達した科学が、世界の学問の中で、どういふ位置を占め、さういふ思想や科学をもつ支那文化を研究することが、西洋文化のゆきつまつた部分を転換する大きな原動力になつてゐる[141]」と表現して、それに応じた時局下の支那学者の使命を以下のように述べた。

大学の自然科学に関する部門が、時局とともに一層新しい研究に努力してゐる様に、支那学こそは、支那に関する智識の源泉であり、支那に対する活動の動力となるべきもので、いはば文化的な意味をもつた新兵器の工場でもあり、東亜民族の化合をめざす化学の実験室でもあつて然るべきものである。国策の一端は、すくなくとも支那学者の負担とならねばならない[142]。

ここで「支那学」を「文化的な意味をもつて新兵器の工場でもあり、東亜民族の化合をめざす化学の実験室でもあつて然るべきもの」とする一文が、どれほど時局下の一般読者から共鳴を得られたかは想像に難くない。同時代の他の中国語教師と同じく、倉石も戦時期の決まり文句のような表現をそのまま流用し、「支那学」と中国語学の振興の合理性を論証したのである。一方、彼は一歩進んで、西洋と東洋の学問の対比を巧みに持ち出し、東洋あるいは「支那」に内在する研究方法、具体的には、「外国語教育の鉄則に依らなければならない[143]」中国語学習という方法を通して「支那学」を行うことを提唱した。本書の本筋から外れる議論であるため、ここでは詳述しないが、西洋と東洋の対比が繰り返し論述されたのは、すでに存在する西洋の学問の枠組みからの東洋＝日本の学問の独立を訴えたかったからだと考えられる。[144]

西洋と著しく異なる「支那」の学問をいかに研究すべきかという問題に対して、倉石が下した処方箋は、西洋と中国の学問の相違を尊重した上で、中国語の文献、とくに同時代の「白話」で書かれた文献を重要視することであった。まず、西洋と東洋の学問の「いちじるしい相違」[145]について、「支那は、自然科学が遅れてゐると云はれる。いかにも、西洋風の分析的方法は、支那の学問の特質ではないから、さういふ方面が西洋に及ばないことは当然であるが、全体を総括的ににらんで、究極の目的をはづさない様にすることは、西洋の学問の到底およばない点である」[146]と言い、「西洋風の分析的方法」ではなく、中国風学問の方法の存在を暗示した。

それでは、「支那の学問の特質」を見極める中国の方法とは何か。倉石は、「支那学」に関連する西洋式の分科的教育の再検討を促したほか、[147]一音節の「概念の連続」という「支那語」の言語的性質に目を向けて、それと「総合的直感的」な「支那」の学問との密接な関係について、以下のように解説している。

支那の学問が綜合的直観的であることは、ちやうど支那語の性質と符節を合してゐる。その民族の思考の方法と、それを表現する方法とは、結局、一つであつて、いはば卵から雞が生れるか、雞から卵が生まれるかといった様なものである。

支那語は、その基本的の性質として、一つの概念が、かならず一つの音節で示され、その概念は常に一つの文字によつて示される。〔中略〕その上、これらの言葉は、たゞ組合せのぐあひによつて、概念相互の関係が示されるだけで、活用や語尾変化を持たないものであるから、支那人の思考の方法は、まとまつた概念と概念とが、ある約束を持つた順序に吐きだされて行くだけであつて、頭脳の中では、どこまでも概念の連続である。いはば、支那人は、天地間のあらゆる事がら、あらゆる品物を、一つ一つ直観によつて一つの概念にまとめてしまふ民族であり、その直観力の発達も、綜合性の強いことも、か丶る長い習慣に負ふものに相違なく、思想でも文学でも科学でも、支那学の世界における特殊な地位は、まさしくこの民族性によつて打ちたてられてゐるものである。それ故、支那の学術を正しく認識し、また適当に摂取するための必要な方法としては、支那語の学習は何より大切なことであり、ほとんど此をさしおいては、支那人の表現した意味をつかむことは困難であり、自然、支那学の特質といふものは、結局、理解されぬことになるのが当然である。[148]

ここで言う「支那語」と「支那人」の思惟の一貫性、さらに両者と「支那の学術」の一貫性はまさに、『理論と実際』の中国語観、中国研究の方法論の通底をなしたものである。倉石はさらに、学問のための「重要な文献の大部分は、白話で書いてある」[149]と強調した。「白話」の文献の重要性は、「支那が五十年このかた、西洋文化または日本文化に触れて、内部的に起した重大な変化は、ちやうど維新後の日本の発展と同様に、その民族の将来について、もつとも大切な問題であるのみならず、支那の過去を研究するものも、これを離れては真の解決を与へることができない」[150]という点にある。

以上のように、「支那学」を研究するためには、どうしても中国語の「白話」によらなければならないことを論述する際に、倉石は改めて訓読批判を行った。「訓読も一種の語学には相違ない」と認めつつも、訓読では「本当の生きた持ち味が出ないのみか、国語の夾雑によつて不純なる概念を多く導かれる」と断じた。とくに、「語学的教養など不必要であるかの様に思はれる」思想史や政治史の研究者に対して、「思想を研究するものにおいて、か丶る不純物質の混入によつて蒙る損害が、いかに致命的であるかは言ふまでもなく、史実が、研究法の不完全によつて、黒白を顚倒してゐることも珍しいことではない」と語っている。[151]

以上のように外国語として学ぶべき中国語の意義、またそれと中国関連の学問との関係を入念に考察した上で、漢文と訓読法にこだわる「日本人の教養」の文化的な心理、裏返せば「支那のことを理解しなくとも差支へな」いとする心理を倉石は以下のように分析した。

徳川時代に訓読が盛に行はれたのは、鎖国時代としての已むを得ない事情によつたもので、たとへば荻生徂徠の一派のやうに、支那の現代音で直読するといふ方法論が成功しなかつたのは、時代の背景なりに組織なりに適合しなかつたからである。それ故、徳川時代の訓読教育は、たゞ日本人の教養といふ点に重きをおき、支那の学問を研究するといふ方向には向かなかつたことも当然であり、たゞ教養とさへ云へば好いために、支那のことを理解しなくとも差支へなく、自然、近代のことは一向顧みられず、二千年三千年前の書物を読むだけが仕事であつた。そして、支那の古代を崇拝するといふ思想が植ゑつけられた。(152)

論語でも孟子でも、訓読をしないと気分が出ないといふ人もあるが、これは孔子や孟子に日本人になつてもらはないと気が済まないのと同様で、漢籍が国書であり、漢文が国語であつた時代の遺風である。(153)

上記の心理を受け継いだ同時代の「支那学者の多数は、徳川時代の遺産をそのまゝ坐食してゐる様なもの(154)」で、「国語の一種としての漢文が、支那研究を妨げた(155)」とある。このように、訓読とその弊害は、あたかも中国語教育の普及と向上の正反対に置かれ、漢文の訓読と中国語の音読は共存も調和もできないかのような筆致で書かれている。このような、訓読を正面から批判し、江戸時代以降の漢文の教養ないし国語の教養と対決する態度は、外国語としての中国語と漢文訓読の関係の再考を促すことを意図していたものだろうが、後に文化界からは疑問視されることとなった。

実際のところ、『理論と実際』の訓読批判は、中国語の発音をもって漢文教育の訓読法と取り替えることを目指していたのではなかった。むしろ、「漢文といふ方法と支那語といふ方法とが、はつきり区別されてゐた」ことが「学問の進歩を妨げ、支那の認識を掩《おお》うた最大の原因である」[156]ため、教育のカリキュラムにおいて両者の折衷案、すなわち「漢文と支那語とを巧みに融合し、二者が持つてゐた特質を失はないのみならず、それ〴〵の特質を綜合した更に強い特質を創造」[157]することを最善の方法としている。その一年前に『改造』で発表した「支那語教育の新体制」においても、「漢文と支那語とを総合して、新しき支那語学を建設するには、支那語の読みかたを漢文に推しおよぼし、先づ支那の現代語を充分学習し、それと同じ要領で、漢文も支那音で棒読みするだけのことで、方法は極めて簡単である」[158]と説いていた。

しかし、「支那のことを研究する外国人は、すべて、現代語の教育から始めて、次第に古い書物に溯つてゆく、支那人が支那のことを学ぶのにも、勿論その方法である」[159]と強く主張する一方、中国研究における訓読の必要性について、同書ではほとんど触れられなかった。さらに中学校などの漢文教育においては、「先づ支那の言語文字の教育を行ひ、それが適当な時期または程度に達してから、改めて古い国語との関係をつけて行く」[160]という提案が見られる。具体的には、既存の漢文教育を「国語との密接な連絡のもとに、その読法を教授する」[161]漢文教育と、「純然たる外国語として、支那語科に編入する」[162]中国語教育に分類している。ただ、どの段階で漢文教育と中国語教育を融合させるのか、また、中国語を習得したにもかかわらずなお訓読法で漢文を読む意義は何であるか、といった問題に対しての論述は極めて不明瞭であった。そのため、『理論と実際』の訓読批判はあたかも批判のための批判、あるいは訓読の全廃を支持するようにも読み取られかねないものであった。

以上のように、本項では倉石武四郎『支那語教育の理論と実際』(一九四一年)の改革案と支那語学会の「支那語教育普及ニ関スル意見書」(一九三四年)の主張を比較し、前者は訓読を正面から批判しているという特徴を明らかにし、さらにその訓読批判の論理と意図を考察した。『理論と実際』では、訓読法の批判を避けて中国語教育の普及と改革は語れないというように論理が構成され、訓読法と異なる外国語としての中国語の特徴と中国人の思惟、中国研究の方法の一貫性が強調されていた。それゆえ、同書はもちろん中国語教育の普及と向上を説く部分の分析に紙幅を多く割いていたが、その背後にある最大の目標は、「支那学」において中国語の音読を実践し、とくに同時代の「白話」で書かれた文章を学問に活用することにあった。この目標を達成するためには、学問の予備的人材の語学能力が必要だと考えられており、表4でまとめているように、中学校からのカリキュラムに外国語としての中国語科目を設置することが説かれていたのである。この意味でいうと、『支那語教育の理論と実際』は新しい中国研究のための方法論であり、この方法論のなかで中国語ということばが学問のための外国語と位置づけられたのである。

竹内好の批判、文化界での反応

それでは、中国語への関心が高まりつつあったこの時期において、『理論と実際』に対する文化界の評価はどのようなものであったのだろうか。まず、倉石自らは以下のように回想している。

> 一九四一年の三月、わたくしは岩波書店から『支那語教育の理論と実際』という小著を出した。二六〇ページで定価が一円六〇銭とあるのをみても、今から遠い時代であることがわかる。それは、その当時、かなりの反響をよんだ。洪水猛獣の害にひとしいと孟子 Mèngzǐ なみのせりふで責めたてられた先生があるかとおもうと、万雷の拍手をおくるという批評もあった。(163)

「孟子 Mèngzǐ なみのせりふで責めたてられた先生がある」とあるように、訓読に対して批判を忌避しなかった同書が漢文教師や漢学界の間で、ある程度論争を引き起こしたことは想像に難くない。他方、「万雷の拍手をおくるという批評」を送った人として、倉石の改革案に感銘を覚えたという国語学者の土岐善麿、中国語文学会を主催し倉石と多くの理想を共有した竹内好、一九二〇年代に同時代中国の白話文学を教科書に取り入れていた中国語教育の有識者らが挙げられる。『理論と実際』に対して彼らが行った種々の解読や批判は、同書のもつ多義性を間接的に証明しただけではなく、一九四〇年代に知識人間で中国語への関心がさらに高まり、中国語教育の改革を支持する層が拡大していったことも示すものである。この意味で、『理論と実際』の出版とそれをめぐる論争は、近現代日本の中国語受容の過程において、関連する思想的な問題が顕在化した象徴的な出来事である。本項では主として、土岐と竹内、中国語界の有識者の批判に着目し、『理論と実際』に対する批判がどの角度から行われ、その背後にどのような中国語観があったかという問題を分析する。

土岐善麿は、『理論と実際』を取り上げた書評を二本書いており、それぞれ岩波書店の広報誌『図書』と欧文社が発行した青年向けの月刊雑誌『新若人』に掲載された。歌人、国語の専門家として活動してきた彼は、「支那学」の倉石とは専門分野が異なるものの、ことばの表記の問題には共通した関心を持っており、戦後の中国文字改革視察学術団の中国訪問においても倉石と接触を保っていた(164)。一九四〇年頃には土岐は倉石と会談し、『理論と実際』の中心的な主張を直接に聞いた経験がある。『図書』に掲載された書評で、彼は以下のように述懐した。

> 昨年のいつ頃であつたか、京大のS教授と雑談の折、「倉石さんから支那語の勉強をすすめられてゐますが、なかなか実行するところまでゆきません。一度教室へ来てみてくれと、よく言はれるのですがね」と、温厚篤実そのもののやうなS教授は、その同僚の学殖と信念と実践普及完遂への熱意とを推重しつつそのことを僕に語つて、その後、倉石博士の中等支那語教授資料など数種を贈つてくれた。そのとき、博士の訳された謝冰心作の子供の読ものなども一緒にとどけられたのであるが、かねて僕も支那文化の一面に就ては深い興味を持つてゐることでもあり、特に支那事変の方向と、その処理に対しても当然一国民として重大な関心を寄せざるを得ないので、倉石博士の上京された際、東大の研究室に訪問し、初対面ながら約一時間ほど、日本における支那語教育の実情を親しく承る機会を得た。博士の見解は、実に明快適切な方法論によつて、僕のごときものにも十分理解し得られることであつたし、全面的に同感に堪へないものであつた。日本と支那との交渉関係は、まづ日本における支

那語教育の改善と、それを基礎とした上に進展実現する的確な方式によつて、この歴史的な重大契機に対処し得るとまで考へられる。[165]

倉石が「支那語教育の新体制」で論じた「支那語学の教養がないことは、必然的に支那に関する智識の貧困を証明するものである。これは、ひとり興亜教育上重大なる障礙となるのみならず、わが国策の推行においても由々しき結果を生ずるに相違ない」[166]という一節と同じく、土岐も時局下における中国語教育を改善する意義を明確に意識しているようである。彼はさらに、中国語教育が「日本と支那との交渉関係」を打開する方法であり、「歴史的な重大契機」にかかわる要点だと明記した。土岐は、本書の内容が「要約すれば約一時間でも理解しえられるほど、その内容は簡単な、博士の謂ゆる「極めて平凡なこと」ともいへるのであるが、然も、その「極めて平凡なこと」が、決して平凡でなく、むしろ極めて複雑深刻な現実と位相とをもつて展開しつつあることを考へると、この一小冊のもつ国家的・学問的意義は、極めて重大なものがあるといはなければならない」[167]とその意義を強調している。また、「僕ひとりが軽率にさう早呑込みをしたのではなく、倉石博士が、並に博士の誠実な同志達が、久しいあひだの切実な体験と豊富な資料と精透な論理とによつて得られた結論的な提唱と運動とに、いまわが国民の一人でも多くが参加することの必要を今更のやうにさとつたといふに過ぎないのである」[168]、「この支那語教育の問題は、とりもなほさず、「社会的な」支那学一般への反省を促すものとなる」[169]と呼びかけた。

また、若い世代に推薦するために書かれた『新若人』誌上の書評で、土岐は倉石が説いた漢文教育と訓読法の不合理、また、「支那の学問」と「支那語」、「支那人の思考の方法」の一貫性を本書の要点として紹介し、「読者は新しい知識と興奮と共に、何ともいへぬ愉しい興味をあたへられる。内容は、支那語教育の理論と実際であるが、そこには東亜共栄圏確立の理想と方法における、政治的、経済的、文化的な全般にわたる根本的な問題がはつきりと提言されてゐるのである」[170]と評価した。以上のように、土岐は倉石との直接な交流をも通して、『理論と実際』の主軸となる内容に多く触れており、中国語教育の普及と改善の必要性を認識し、同書の支持者となった。彼は同書を東亜共栄圏の確立、「支那事変処理の文化的な指標」(171)であると位置づけ、国民一般の必読書とした。

『理論と実際』を高く評価し、その改革の実践に励ましを送りながら、それでも「支那学」の没落を予言したのは、中国文学研究会を主宰してきた竹内好であった。一九四一年六月の『中国文学』の特集「倉石武四郎著「支那語教育の理論と実際」批判」で竹内好は、「倉石武四郎氏が「支那語教育の理論と実際」に発表した意見は、僕は賛成である。多くの賛成者があるだらうが、その中で一番深く賛成するのは、僕および僕らであらうと思ふ」(172)と賛同の声を挙げた。『理論と実際』が竹内のいう「僕ら」中国文学研究会で広く反響を及ぼした背景として、同会の機関誌『中国文学月報』(第六〇号から『中国文学』に改題)では一九三〇年から、中国の文字改革や、欧米の言語学研究や中国語の表記法をめぐって専門的な記事が多く掲載されており、中国語関連の問題への関心が同会に一貫して存在してきたことは重要である(173)。倉石自身も『理論と実際』が上梓された一カ月後の一九四一年四月に、『中国文学』に「支那語教育について」を発表している。同号に掲載された長瀬誠による「支那語教学に関する随想」では、倉石の説に呼応するように、中国語が「戦争語学」と呼ばれ、「文化的教養」のない語学と見なされたといった現状について反省的な意見が述べられた(174)。

竹内は「支那学の世界」で、倉石の改革が「絶対に行きどまりのない道である。絶対に失敗のない道である」、「倉石さんは、絶対に敗北することはないであらう」(175)と強い支持を表明した。ただし、その改革案の実現について、「問題はたゞ、その実行のために如何にして権力を獲得するかを考へればいゝ。これは言葉の問題ではない。力の問題である」(176)という提言のような一文も書き込んだ。学問の専門分野で発言権を握ることを促しているのだろうか。ただし竹内によれば、『理論と実際』で説かれた改革が仮に成功したとしても、中国事情を対象とするアカデミアとしての漢学や「支那学」は、「思想そのものが貧困である」(177)ため、没落の運命を免れない。これは、「僕の考へる学問は、存在としてあるものではない。無意味なものなのである」(178)という、学問に対する竹内の基本的な考え方に由来するものだと言える。

要するに、竹内の倉石批評は彼自身の中国語観を暗示している。竹内は、中国関連の学問が「無意味」なものであれば、倉石の改革案も徒労になると考えていたわけでは必ずしもない。むしろ、竹内が考える倉石の改革案の意義、すなわち中国語の普及と向上の根本的な目的は、学問以外の人間の実生活、またその実生活の上に成立する一般社会にあったといえよう。「支那学の世界」で発した「いつたい支那学を支へるものは何であるのか。支那学の立場に立つてものを見る前に、なぜ広い立場から支那学を見ぬのか」[179]という問いに自ら応答するかのように、竹内はその五カ月後に「支那語の教科書について」という文章を発表した。ここでは、中国語研究に不幸を招いた原因を、学問の外にある一般社会と出版文化に求めている。彼はそこで、一九三〇年代に「自ら行商せず、行商支那語をヘタに並べかへるだけで、アヤシゲな文法的体裁を虚飾した卑劣な官立学校支那語」[180]の教科書が繰り返して重版されたのは、「一支那語教科書だけの問題ではない」[181]と論じた。そのような粗悪な教科書の盛況を作り上げたのは、「出版文化」に加え、「支那語の研究、あるひは支那語教育の研究」を「おくれた状態に放つておいた一般社会の罪でもある」[182]と書き記した。

以上のように、『理論と実際』に対する竹内の批判は、倉石の改革案への強い賛同と、中国を取り扱う学問である漢学と「支那学」への不信という二つの側面を有していることがわかる。後者のほうは、「支那学の存続を前提とする前に、なぜ自己の生活を根拠としないか」[183]という問いに由来したといえよう。中国研究が学問になりうるかということについては疑いつつ、現存の学問より人間の実生活を重視していた竹内は、「いくら漢学を相手にしないと云つても、漢学の方でも僕を相手にしないらしく、漢学は不死身で動いてゐる」[184]というように、学問の高い壁に失望と疑念を長らく抱いてきたようである。この意味では、竹内の批評は、倉石自身がまだ察していなかった改革案の行き先を予言したものであったかもしれない。第六章で論じるように、倉石が戦後になってから民間の中国語教育の現場で活躍するようになったことを考えれば、「倉石さんの改革は、瀕死の支那学を甦らせることになるだらうか。僕はさうは思はない。むしろ、かへつて死期を早めるのではないか」[185]という竹内が発した一文はさらに興味深い。

『理論と実際』に対する中国文学研究会からの反響としては、他にも、「支那語学」という学問の定義とその内容の不明瞭さを指摘した永島栄一郎「支那語学と云ふもの」（一九四一年）[186]、訓読法の存続を支持する竹内照夫の批評といった文章が挙げられる。[187]また、『理論と実際』から間接的な啓発を受けたためだろうか、一九四二年の『中国文学』第八三号は「日本と支那語」の特集を組み、陸軍や出版社、外国語学校などの中国語専門家・教育者から原稿を数多く集めて、明治以来の中国語界とその歴史の総点検を行った。以下の引用のように、この号の巻頭言は、中国語学が停滞する原因と責任に関して、「世間はいつ彼〔引用者注：中国語教師〕を学問のできる地位に置いて来たか」という大きな問いを打ち出していた。

今日までのことは、支那語の本質の罪か、はたまた時代の罪か、その一方或は両方のせゐであるとしておかう。もし支那語教師に責任を嫁するならば、彼には抗議すべき理由がある。気まぐれな世間を相手に、常時にも快き生活を保証されず、非常時には半労働者的賃仕事の連続である。学問でないといふのか。世間はいつ彼を学問のできる地位に置いて来たか。[188]

『理論と実際』は中国語教育を職業とする有識者たちの間でも注目を浴びていた。「本著者の如き権威ある学者が支那語教育に関する意見を、大胆率直に述べた纏つた書物」[189]とあるように、倉石の著書は「権威ある学者」が中国語界に寄り添った一冊であると受け止められた。

氏は元来、伝統の絆の固い漢学畠に育まれ来つた人であるが、古典教育に於ては古典も広義の支那語なりと断じて、在来の訓点を用ひてする訓読法を廃して、現代支那音を以てする音読法に換ふべしとして、京大に於ては自ら之を実践した人で、更に所謂支那語教育に於ては、注音符号一本槍で現在の支那語教育、時文教育に当り散らしてゐるので、恐らくはどちらの旧勢力からも好く云はれぬことと思ふ。然し次代を荷ふ若い世代は氏の爆弾動議に万雷の拍手を送つてゐるのである。[190]

『華語集刊』編集部によるこの書評では、倉石の中国語教育の実践が訓読法と対立するものであり、「漢学畠」などの旧勢力の好まないものとして捉えている。ただし書評を執筆した編集部は、漢文を「純然たる外国語として取扱つて支那音で音読して始めてリズムに富んだ古典を味読することが出来る筈」と認めつつも、「古典でも何でも音読しさへすれば意味が分るといふ錯覚に陥り易い[191]」という点に注意を促した。「支那の文語文なるものの本質は視覚に愬《うった》へて理解さるべきもの」であるため、中国語古典の意味を把握するには、中国語の「音読法は飽く迄も正道ではあるが」、「相当巧妙なる翻訳法」である「訓読法も適宜、音読法を害《そこな》はぬ程度に併用した場合には決してその存在理由《レーゾン・デートル》を失はぬと自分は思ふのである。倉石博士もかかる点迄否定されるや否や[192]」という質問を倉石に投げかけた。

倉石による応答の文章では、「わたくしどもの実行してゐますことは、音読と訓読とを統合したもので、あるひは更に時代に相応する改革を施したものと云へませう[193]」と編集部の意見を肯定し、さらに、中国語の古典と日本人の書き手による漢文を読むという昔の「一石二鳥」の訓読法に加え、中国語の発音も学習させる「二石二鳥」の方法にする理由について、「一つは昔だけの訓読の不足または不良化であり、も一つは現代人としての学問研究法を味はつてゐるから」、また、「古典を研究するのは、今さら申すまでもなく非常に困難なしごとです。それは自分と古人との間に時の差が大きいからです。まして外国の古典を研究するには、も一つ国語の差といふ大きな障礙があります。それだからこそ支那古典を研究するほどの人は、国語の差ができるだけ縮まるやうに、まづ支那の現代語を研究していたゞきたいのです[194]」と説明した。

以上のように、『理論と実際』の訓読批判に対する倉石による補足的な説明を見ると、その訓読批判が決して訓読全廃を主張するものではなかったということがわかる。また、訓読批判は中国語の普及、向上のためだけに提唱したものでもない。中国古典を訓読法で読むことは現代人にとって困難であるため、「現代人としての学問研究法を味はうための方法として、中国語の発音も学習することが自然なりゆきであるという論理が読み取れる。しかしながら、『理論と実際』の訓読批判の論述には、不明確な点が多く残されていたので、これに反発する論者も少なからずいた。一九四二年の『斯文』第二四編第七号に掲載された井上寿老「漢文音読論者に与ふる書」には、『理論と実際』で取り上げられた例に対する批判が多く挙げられており、「熟〻《つくづく》漢文音読論者の論旨の在る所を察するに、其の所論の中心は蓋し支那語の教学を振作すべしと曰ふに在る。即ち和読廃止論は支那語研究振興策の棒杖に過ぎない」とあるように、「音読論者」が訓読に示した「極めて冷淡な態度」に反対した。(195) その後、倉石も『斯文』に「漢文教育の問題（一）」（第二五編第五号）、「漢文教育の問題（二）」（第二五編第六号）を寄稿した。ただし、倉石の訓読批判が斯文会などの漢学界や「支那学」の分野で引き起こした論争について、倉石自身がいかにそれらの論争に応じ、また、いかに自己の理論を補足していったのかという問題を明らかにするには、明治以降の訓読批判の思想的な系譜を精査する作業も必要だと考えられるので、今後の課題としたい。

以上のように本節では、一九三〇年代後半に文部省や中国語界、中国文学界、漢学界において、漢文の教授内容と中国語の教授内容の連帯、漢文の素養と中国語の素養を教師の資質として融合させるという意見が顕在化した経緯、また、支那語学会の改革案と骨子を多く共有した倉石武四郎『支那語教育の理論と実際』の中心的論点を考察した上で、同書に対する文化界の批評を分析した。支那語学会の案との最大の相違点として、倉石が意図的に強めた漢文訓読法への批判的な姿勢は、中国語界や漢学界、中国文学研究会で争点となったが、倉石はいずれに対しても訓読法の存続を肯定する態度を取っていたことがわかった。一九四〇年代における外国語としての中国語を受容するうえでの最大の論点は、中国理解の志向を含んだ外国語としての中国語、すなわち〈声〉の中国語を「支那学」といった学問のための語学、また竹田復がいうような「国民的教養の一部」としての教養の語学にできるのかということにあったと言えよう。その際に、音読する中国語の音声の性質が、それまで教養とされてきた目で読む漢文の訓読法と衝突するなかで、アカデミアにおいて両者が折衷ないし共存できるようにするための方法が『理論と実際』をめぐる論争のなかで模索されていた。それと同時に、『理論と実際』で唱えられた「支那学」のための中国語という論題が、竹内好や中国文学研究会にとっては実生活との関係にある学問の本質に関わる問題として受け止められたのである。

本章を通して明らかになったのは、外国語としての中国語教育を改善し、社会のなかの中国語観を向上させる諸議論と諸活動は、支那語学会による『華語新声』の発刊と、岩村成允「現代文を奨励せよ」(一九三一年)が同誌に掲載された時点ですでに始動していたということである。支那語学会による活動の集大成が、同会が文部省に提出したカリキュラムの設計を含む「意見書」であった。文部省内では「意見書」を政策に十分に反映せずに「時文」を漢文科に導入したが、支那語学会による改革案の中心的な主張は、他の中国語界の有識者や、京都帝国大学教授の倉石武四郎、ないし一部の漢学教育者の思想的な連鎖のなかで受け継がれていった。そのなかで、外国語としての中国語の教育を「支那学」の革新に接続させ、文化界でさらなる波紋を引き起こしたのは、訓読批判を行った倉石武四郎『理論と実際』であった。

同書が出版された同月、文部省内に設置されていた英語教授研究所が語学教育研究所に改称されて、同所の研究や調査が非英語の語学へと拡大していった。倉石武四郎はその際に同所の理事となり[196]、その後、他の中国語教師も同会「支那語部会」の活動に参与し、中国語の教授法や科目の設置をめぐる議論を続けていった[197]。支那語学会と『理論と実際』でそれぞれ論じられた改革案は、いずれも中等教育から大学教育に至る大きな構想である。そのなかで提唱された漢文教育と中国語教育との連絡は、今日もなお実現されていないが、〈声〉の中国語教育が戦後の大学で定着し、さらにアカデミアと緊密な関係をもつようになったという実践の原点ではあったかもしれない。

他方、近現代日本の中国語受容において、以上のような類を見ない活発な議論が一九三〇年代後半から敗戦までの時期に集中的に交わされ、漢文教育の範疇さえ揺らぐようになったのは、「支那」に代表される「東洋」への再認識や、「東亜共栄圏確立の理想と方法」[198]、「国民生活の上に根本的変革」[199]といった他者理解の志向を内包した思想的な議題が喫緊のものになったことと無関係ではない。このように、中国語受容の問題は、もはやその言語を使用する一個人の利害や生存を超え、政治と国家の未来にかかった鍵であるとして、中国語を教養化、学問化する議論において理想化されていたと言えよう。なお、〈声〉の中国語における他者理解の志向は、本章で考察した二つの改革案のいずれにおいても確認できたが、岩村成允が蔣介石政府の排日政策を批判したといった事例に見られる通り、アジア太平洋戦争下に唱えられたこの他者理解の対象が限定的なものであったことを忘れてはならない[200]。

注

（1）六角恒廣『近代日本の中国語教育』一九二頁。

（2）中村春作・市來津由彦・田尻祐一郎・前田勉編『「訓読」論』、中村春作・市來津由彦・田尻祐一郎・前田勉編『続「訓読」論』、金文京『漢文と東アジア』、中村春作編、小島毅監修『東アジア海域に漕ぎだす5　訓読から見なおす東アジア』。

（3）金文京『漢文と東アジア』八八―八九頁。

（4）岩村成允の外務省と泰東書院での活動についてそれぞれ、温秋穎「中国通外交官・岩村成允（1876―1943）の情報活動」、松宮貴之「泰東書道院による満洲外交――鄭孝胥と清浦奎吾の交流を中心に」劉建輝編『「満洲」という遺産』を参照。倉石武四郎の言語思想と教育活動の全般を精査する研究はほとんどないが、潘藝梅「倉石武四郎与其中国語教育實践」、陳贇「倉石武四郎と現代中国語教育」などを挙げることができる。倉石の北京留学の時代に注目したものとしては、倉石武四郎著、栄新江・朱玉麒輯注『倉石武四郎中国留学記』、稲森雅子『開戦前夜の日中学術交流』。

（5）本書では、外務省において中国関連のポストに就き、中国情報の収集と分析に従事していた中国スペシャリストを中国通の外務官僚として定義する。劉傑「日中関係のなかの「中国通」外交官――芳沢謙吉・有吉明の時代」劉傑・川島真編『対立と共存の歴史認識』においては、外務省で主として日中関係を担当して、近代日中関係のなかで決定的な役割を果たした「老中国」とも呼ばれる外交官を「中国通」として定義しており、エリート外交官を主な対象としていたが、ここでは、ノンキャリアの中国スペシャリストである外務官僚を視野に入れる。

（6）Cooley, James. C. *T. F. Wade in China: Pioneer in Global Diplomacy, 1842–1882*, 高田時雄「トマス・ウェイドと北京語の勝利」狭間直樹編『西洋近代文明と中華世界』などを参照。

（7）アーネスト・メイソン・サトウ『一外交官の見た明治維新』などを参照。
（8）温秋穎「中国通外交官・岩村成允（1876—1943）の情報活動」。
（9）岩村成允「支那研究に必要なる新聞と図書」五三頁。
（10）岩村成允「支那研究に必要なる図書（二）」、岩村成允「支那研究に必要なる図書（三）」、岩村成允「支那研究に必要なる図書（四）」。
（11）岩村成允「支那研究に必要なる図書（四）」五三—五四頁。
（12）同上、五四頁。
（13）岩村が理事を務めた支那語学会が発行した『華語新声』（第一巻第一号）と『支那語学報』（第一号から第七号）が東京大学東洋文化研究所図書室倉石文庫に所蔵されている。
（14）JACAR Ref. B05015023700, 5. 岩村公使館一等書記官欧米諸国ニ出張ニ関スル件　昭和七年五月（H-1-3-0-1_004）（外務省外交史料館）。
（15）岩村成允『欧米諸国に於ける東洋学術研究の現状』四二頁。
（16）東方文化学院編『東方文化学院一覧　昭和13年』、東方文化学院編『東方文化学院一覧　昭和17年』を参照。
（17）「外交科試験委員」『東京朝日新聞』一九三〇年六月一五日朝刊、二頁。
（18）『東京朝日新聞』一九三五年四月六日朝刊、一四頁、『東京朝日新聞』一九四〇年五月二五日夕刊、二頁を参照。
（19）温秋穎「中国通外交官・岩村成允（1876—1943）の情報活動」一二三—一三六頁。
（20）深澤暹「何が日支間をさうさせたか」二三〇頁。
（21）同上、二二九頁。
（22）『華語新声』と『支那語学報』に記載された支那語学会の人事情報によれば、岩村は同会が活動していた一九三一年から一九三九年まで理事として勤めつづけていた。彼が支那語学会で仲介役として活躍していたことについて、例えば岩村の招致によって、一九三一年に来日した中華民国教育部国語統一籌備委員会の齊鉄恨による国語統一の問題についての講演が開催され、その講演の内容が『華語新声』誌上に公表されたことがある（「学界消息」『華語新声』第一巻第三号、一九三一年、二九頁）。また支那語学会の大会で登壇して「座長」になった様子などは、「支那語学会創立大会——教育会館で盛大に挙行」『華語新声』第一巻第六号、一九三一年、二九頁、「支那語学会春季総会記事」『華語新声』第二巻第四号、一九三二年、二八頁を参照。
（23）一九二〇年代から一九三〇年代にかけて中国情勢についての文章として、岩村成允「現代支那の機構と三民主義」、岩村成允「最近の上海」、岩村成允「国民政府指導原理の動向」が挙げられる。

（24）JACAR Ref. B10070403600, 支那統治に関する論叢／1939年（調査_167）（外務省外交史料館）。
（25）岩村成允「支那の文化再認識と支那語教育」三八―三九頁。
（26）同上、三九頁。
（27）同上、四四頁。
（28）同上、四三頁。
（29）同上、四二頁。
（30）同上、四一―四二頁。
（31）同上、四三頁。
（32）同上、四三―四四頁。
（33）例えば、ビー、エチ、チャンブレン「支那語読法ノ改良ヲ望ム」、大鳥圭介「支那語学を進むるの説（漢文訓読法の廃棄）」近代アジア教育史研究会（代表 阿部洋）編『近代日本のアジア教育認識・資料篇 第9巻』、倉石武四郎『支那語教育の理論と実際』が挙げられる。
（34）例えば、春山作樹「中等教育と漢文科」『斯文』第四編第二号、一九二二年、一二四―一二六頁、塩谷温「現代教育と漢文」『斯文』第五編第四号、一九二三年、三三―三九頁を参照。
（35）倉石武四郎『支那語教育の理論と実際』一九〇頁。
（36）岩村成允「支那の文化再認識と支那語教育」四四頁。
（37）「ラヂオテキスト支那語講座〈続〉昭和十四年春期号」六角恒廣編『中国語教本類集成第九集第二巻』一七頁。
（38）まず「時文」について、「私は曽て或る漢文の大家に時文なる名称を尋ねた処、／一、時文とは戯曲小説等の俗文学である。文部省できめた漢文の教授要項中に時文といふのは之れである。／二、時文とは実用文である。新聞記事や日用往復文の如きは之れである。／三、時文は近代のもので漢文は古代のものである。それで私は戯曲、小説、新聞記事、往復文以外のものは何か、時文は近代のものなれば、何時代以後を指すかと尋ねたが確答するものがなかつた」、「支那では清朝の終り頃まで「時文」と称する文体があつた。それは文官登用試験即ち進士挙人等の試験論文の文体で、其文体でなければ試験に合格が出来ない。之を「時文」と言つたが、科挙が廃止されてから既に三四十年で以後は斯様の名称はなく、現在の彼国人は前朝の遺物視して悦ばない」と述べた。また「漢文」については、「辞書で「漢文」の名称を見ると「漢の文帝の略称」とあり、又「日本人は中国の文章を漢文といふ」とあるのもある。即ち支那で自国の文章を総称して国文といひ、古代の文章を古文といふ。古文真宝、古文辞類纂其他古文の二字を冠した書物は多いが、漢文何々といふ書物は余り見ない。／又日本の辞書を見ると「漢文とは支那の文章」、「仮名交りでない文章」等々の説明が多い」（岩村成允「支那時文と漢文なる名称に就て」『斯文』

第二三編第九号、一九四一年、二三頁)という。

(39) 岩村成允「支那時文と漢文なる名称に就て」『斯文』第二三編第九号、一九四一年、二三―二四頁。

(40) 同上、二四―二五頁。

(41) 「ラヂオテキスト支那語講座〈続〉 昭和十四年春期号」六角恒廣編『中国語教本類集成第九集第二巻』一七頁。

(42) 岩村成允「支那の文化再認識と支那語教育」『帝国教育』第七一五号、一九三八年、四三頁。

(43) 「華語新声 創刊号」六角恒廣編『中国語教本類集成第九集第二巻』三二三頁。

(44) 六角恒廣『中国語教育史論考』三五頁。

(45) 一九三一年の第一回懇談会に参加した関係者の所属は、以下のように分類することができる。文部省督学官、陸軍大学校(宮島吉敏、武田寧信等)、陸軍士官学校(宇佐美右之、藤木敦實等)、外国語学校(宮越健太郎、神谷衡平等)、第一外国語学校(奥平定世等)、早稲田大学(渡俊治)、拓殖大学(宮原民平等)、大東文化学院(田中逸平等)、保善商業学校、東亜予備校、日華学会(高橋君平)、支那時報、文求堂(田中慶太郎)、府立第一商業学校、警察講習所、外務省(岩村成允、清水董三)である。

(46) 会則の第三条から第七条までは、以下の通りである。「第三条 本会会員たらんとする者は会員の紹介に依り委員会の同意を経ることを要す/第四条 本会会員は会費として毎年金一円を前納すべし/第五条 本会に委員会十五名を置き委員会を組織し会務を処理す/委員は当分の内発起人之に当る/委員会は常務を処理する為め会員中より幹事若干名を委嘱す/第六条 本会は会報を発行し会員に配布す/第七条 本会の事務所は当分の内東京市本郷区一丁目六番地文求堂内に置く」(「学会消息」『華語新声』第一巻第二号、一九三一年、二八頁)。

(47) 「学会消息」『華語新声』第一巻第二号、一九三一年、二八頁。

(48) 「学会消息」『華語新声』第一巻第三号、一九三一年、二九頁、齊鉄恨「中華国語運動之沿革」『華語新声』第一巻第三号、一九三一年、一―二頁。

(49) 「支那語学会創立大会——教育会館で盛大に挙行」『華語新声』第一巻第六号、一九三一年、二九頁。

(50) 「学会消息」『華語新声』第一巻第三号、一九三一年、二九頁を参照。

(51) 岩村成允「現代文を奨励せよ」『華語新声』第一巻第四号、一九三一年、二―三頁。

(52) 杉武夫「明日の支那語界の展望」『華語新声』第一巻第五号、一九三一年、一―四頁。

(53) 同上、二頁。

(54) 例えば、近代以前の中国における言語に関しての研究はほとんど漢字の「形・音・義」に関わるもので、体系的な文法研究の誕生はヨーロッパの文法学の導入を待たなければならなかったと言われている(大島正二『中国語の歴史』二二八頁を参照)。欧米発の中国語学研究に抱いた劣等感については、「我国の支那語学者の学的業績が却つて西洋人や支那人に先を越されてゐるかの感があるのは果たして支那語学者の名誉であらうか」(「巻頭言」『支那語学報』第五号、一九三八年、二頁)、「支那語が社会的に虐待され、言語学者といはれる人々も何故かこの豊饒な沃野に鍬をいれることを欲しなかつた間に、科学的な方法に武装した碧眼紅毛の一群が一歩を先じてしまつたことは口惜しき限りであつた」(大原信一「短評・支那及支那語　支那語音声学の生長のために」『支那及支那語』一九四二年一月号、三一頁)といった文章から見て取れる。

(55) 桜井徳兵衛「華語新声の使命と私の希望」『華語新声』第二巻第二号、一九三二年、二三―二五頁。

(56) 平岩房次郎「生きたる支那語への道程」『華語新声』第一巻第四号、一九三一年、一七頁、荻山貞一「伝式教授法に就いて」『華語新声』第一巻第五号、一九三一年、二一―二四頁、荻山貞一「再び四声廃止に就て」『華語新声』第二巻第二号、一九三二年、二七―二九頁、副島大舟「荻山氏の主張たる四声廃止論不賛成に就て」『華語新声』第二巻第二号、一九三二年、三〇―三二頁、矢野春隆「四声廃止の可否に就て」『華語新声』第二巻第四号、一九三二年、一―四頁などを参照。

(57) 「衷心を披瀝して諸先生並に読者諸賢に陳謝します」『華語新声』第二巻第二号、一九三二年、三三頁。

(58) 「創刊之辞」『支那語学報』創刊号、一九三五年、巻頭。

(59) 「本会記事」『支那語学報』第二号、一九三六年、六七頁、土屋明治「支那語界を覗く」『支那語学報』第五号、一九三八年、一六頁を参照。

(60) 「本会記事」『支那語学報』創刊号、一九三五年、五一頁。

(61) 「本会記事」『支那語学報』第二号、一九三六年、六七頁を参照。

(62) 「本会記事」『支那語学報』創刊号、一九三五年、五二頁。

(63) 永持徳一「三位一体的研究――支那語、支那語学、支那学の」『支那語学報』第二号、一九三六年、七頁。

(64) 同上、二頁。

(65) 「華語新声　創刊号」六角恒廣編『中国語教本類集成第九集第二巻』、三二三頁。

(66) 常盤大定(ときわ・だいじょう、一八七〇―一九四五年):中国仏教研究者。一八九八年帝国大学の文科大学哲学科を卒業、さらに大学院に進む。一九〇八年、東京帝国大学講師に就任、中国仏教史を講じた。在職中、中国の仏教遺跡を踏査。退官後、東方文化学院東京研究所研究員、日本仏学院院長を務める(江上波夫編『東洋学の系譜〈第2集〉』五一―五二頁を参照)。

(67) 浅井周治「占拠地民の同化と語学」『支那語学報』第六号、一九三八年、五―八頁。

(68) 神谷衡平「向上と普及」『支那語学報』第五号、一九三八年、七―八頁。

(69) 「編輯後記」『支那語学報』第六号、一九三八年、八九頁を参照。

(70) 「随感一束」『支那語学報』第五号、一九三八年、二二頁。

(71) 同上、二三頁。

(72) JACAR Ref. B04011389000, 学術関係雑件 第二巻(I-1-3-0-6_002)(外務省外交史料館)。
(73) 同上。
(74) 同上。
(75) 同上。
(76) 芝原拓自・猪飼隆明・池田正博校注『日本近代思想大系12 対外観 開国前後の対外認識が生んだ日本人の国家意識』二七一—二七三頁。
(77) 「支那語学振興ニ関スル建議案」六角恒廣編『中国語教本類集成第十集第三巻』二一九—二三一頁。
(78) 「支那語学振興ニ関スル建議案」では、支那語を振興させる方法について、「欧米ヲ学ブノ法ニ倣ヒ先ツ帝国大学ヨリ各地中学師範学校ニ至ルマデ悉ク支那語ノ一科ヲ設ケ教師ヲ聘レ学生ヲ泒(引用者注:派の異体字だと考えられる)シ人民ヲシテ多ク支那ノ語ヲ学ビ多ク支那ノ書ヲ読ミ眼ヲ支那ニ注カシムルニ在リ」と述べられている(「支那語学振興ニ関スル建議案」六角恒廣編『中国語教本類集成第十集第三巻』二三〇頁)。
(79) 「支那語科及支那学科を拡張すべし」という主張が述べられており、具体的には「支那語科は東京外国語学校高等商業学校、及対清貿易と最関係ある、各地方商業学校、若くは中学校に特別科を設けて専ら清国語を、教授し、(即ち東京外国語学校及高等商業学校に於ては従来の支那語科を拡張改良し)支那学科は、文科大学に設け、更に之を文学科及現状科に分ち、文学科に於ては、専ら歴史、哲学、文学、言語(純粋言語学的の者)等を研究し、現状科に於ては、専ら現在の地理、国勢、産業、人情、風俗等を研究せざるべからず」という案であった(近代アジア教育史研究会編『近代日本のアジア教育認識・資料篇 第9巻』一八九頁)。
(80) 西岡智史「昭和戦前期の漢文教育に関する研究」などを参照。
(81) ビー、エチ、チヤンブレン「支那語読法ノ改良ヲ望ム」を参照。
(82) 「入学者・卒業者数一覧表」京都大学文学部編『京都大学文学部五十年史』巻末を参照。
(83) 具体的にいうと、『支那語教育の理論と実際』の第二部である「支那語学の改革」の部分である(倉石武四郎『支那語教育の理論と実際』八二—一二三頁)。
(84) 岩村成允「現代文を奨励せよ」『華語新声』第一巻第四号、一九三一年、二—三頁。
(85) 『常識としての支那現代文』の第一章「総説」では、以下のように記されている。「従来我国にては、支那の文章を一概に漢文と称し、普通教育の学校に漢文科を設け、漢文教科書があるが、一般に現代文を軽視して研究せず、専門の漢学者が、新聞雑誌や書翰文を十分に了解せず、葉書一枚受取証一通書けぬも恥とせず、それは学者の本分でないと言つて居る向もある」(岩村成允『常識としての支那現代文』一頁)。

(86) ほかには、實藤恵秀『支那現代文捷径』(一九三三年)、實藤恵秀『漢文から時文へ』(一九三九年)、松枝茂夫『漢文学講座 支那現代文1』(一九三三年)が挙げられる。
(87) 竹内好「支那学の世界」『中国文学』第七三号、一九四一年、一一一―一一三頁。
(88) 吉原英夫「倉石武四郎氏の中国古典教育論について」八七頁、陳贇「倉石武四郎と現代中国語教育」一八四頁などを参照。
(89) 『官報号外』一九三八年一月二三日、二三―二四頁。
(90) 同上、二七頁。
(91) 『官報号外』一九三八年一月二五日、六六頁。
(92) 同上、六八頁。
(93) 一戸務(いちのへ・つとむ、一九〇四年―?):東京帝国大学支那文学科卒。文部省勤務。戦後、和洋女子大学教授。
(94) 「「支那語教育の革新を語る」座談会」六二頁。
(95) 「英語教育をどうする? 支那語教育行ふべきか」『文藝春秋』一九三八年三月号、二九八―三〇五頁、二八三頁、四六一頁。
(96) 吉川幸次郎「支那語の不幸」『文藝春秋』一九四〇年九月号、二七四―二七六頁。
(97) 「それは、支那といふもの、支那語といふものを、あまり日本の社会が虐待しすぎた結果なんです。それを盛り立てるやうにして来れば、立派に体系づけられた言葉として現はれて来るわけです。これから段々に清算されて行くのだらうと思ひますが、なにしろ今までが今までですからいくら……」(「「支那語教育の革新を語る」座談会」五三頁)。
(98) 「「支那語教育の革新を語る」座談会」六〇頁。
(99) この座談会では竹田復が「文部省あたりは、さういふ、支那語教育といふものがどうしてもしなければならんものである、といふやうな事は考へてをられないんですか」という質問を文部省図書局の一戸務に投げかけた(「「支那語教育の革新を語る」座談会」六一頁)。
(100) 「「支那語教育の革新を語る」座談会」六七頁。
(101) 同上、五八頁。
(102) 同上、六八頁。
(103) 同上、五五頁。
(104) 同上。
(105) 實藤恵秀「盲人の注文――日本の支那語学界へ」『支那語学報』第四号、一九三六年、八頁。
(106) 山本辰雄「漢文教育から支那語教育へ(一)」『支那語研究』第二号、一九三九年、七頁。

(107) 郭俊海「『斯文』における漢字・漢文の教育に関する文献目録(戦前編　１９１９―１９４５)」を参照。

(108) 「中学校長協会ニ於ケル漢文ヲ国語ノ一部トシテ取扱フノ決議ニ対スル意見書」『斯文』第一七編第八号、一九三五年、巻頭。

(109) 飯島忠夫「中学校に於ける漢文科名の廃止に就いて」『斯文』第一七編第八号、一九三五年、二―四頁、濱野知三郎「漢文の名称を尊重せよ」『斯文』第一七編第一〇号、一九三五年、二―四頁などを参照。

(110) 山中襄太「新漢学への復活と語群的直読法――漢文科独立支那語科新設を要求す」『斯文』第一七編第一〇号、一九三五年、二九―三五頁。

(111) 石崎又造「日本に於ける支那語学史の一面(一)――室町時代以前概説」『斯文』第一八編第八号、一九三六年、四〇―四六頁、石崎又造「日本に於ける支那語学史の一面(二)」『斯文』第一八編第九号、一九三六年、四四―五一頁などを参照。

(112) 艸野忠次「漢文教育に於ける支那時文教授の意義と其の根柢」『斯文』第二三編第六号、一九四一年、四〇―四三頁を参照。

(113) 岩村成允「支那時文と漢文なる名称に就て」『斯文』第二三編第九号、一九四一年、二四―二五頁。

(114) 『朝日新聞』東京、一九四一年三月二八日朝刊、二頁。

(115) 倉石武四郎「序」『支那語教育の理論と実際』三頁。

(116) 倉石武四郎博士講義ノートデジタルアーカイブス(http://kuraishi.ioc.u-tokyo.ac.jp/index.html)を参照。

(117) 倉石武四郎『中国語五十年』四七頁。

(118) 竹内好「支那学の世界」『中国文学』第七三号、一九四一年、一一三頁。

(119) 編輯部「「支那語教育の理論と実際」を環りて」『華語集刊』第一輯、一九四二年、一五七頁。

(120) 『支那語教育の理論と実際』は「漢文教育の衰微」「支那語学の改革」「支那語の本質」「支那語教授の実績」の四つの部分からなっている。訓読批判と中国語教育の改革に関する内容は主として「漢文教育の衰微」「支那語学の改革」に書かれている。

(121) 倉石武四郎『支那語教育の理論と実際』三頁。

(122) 同上。

(123) 同上。

(124) 同上、七頁。

(125) 同上、六頁。

(126) 同上、五頁。

(127) 同上、一〇頁。
(128) 同上、八頁。
(129) 竹内好「支那学の世界」『中国文学』第七三号、一九四一年、一一二頁。
(130) 倉石武四郎『支那語教育の理論と実際』八頁。
(131) 同上。
(132) 同上、一三頁。
(133) 同上、六頁。
(134) 同上、一三―一四頁。
(135) 同上、一八頁。
(136) 同上、二五―二六頁。
(137) 「時文」教育の不合理について、倉石は以下のように論じた。ある商業学校では、三年生から中国語を習って、五年生から漢文の中で「時文」を教えるとする場合、「支那音で音読できる生徒が、支那語のできない漢文の先生から、現代の口語文を訓読で教はる、先生も生徒も気の毒に堪へない図である」、また、「漢文と時文と支那語とが、まつたく連絡もなし、主旨もはつきりせず、いたづらに混線してゐる」という(倉石武四郎『支那語教育の理論と実際』二三―二四頁)。
(138) 倉石武四郎『支那語教育の理論と実際』二六頁。
(139) 同上、二七頁。
(140) 同上、二六頁。
(141) 同上、二七頁。
(142) 同上、二八―二九頁。
(143) 同上、九五頁。
(144) 同上、二七頁及び三〇頁などを参照。
(145) 同上、三三頁。
(146) 同上、三五頁。
(147) 同上、三二頁を参照。
(148) 同上、三六―三八頁。
(149) 同上、五〇頁。
(150) 同上、四九頁。

(151) 同上、四八頁。
(152) 同上、四一―四二頁。
(153) 同上、四四頁。
(154) 同上、四一頁。
(155) 同上、四二頁。
(156) 倉石武四郎「序」『支那語教育の理論と実際』二頁。
(157) 同上、三頁。
(158) 倉石武四郎「支那語教育の新体制」五一頁。
(159) 倉石武四郎『支那語教育の理論と実際』九五頁。
(160) 同上、九二頁。
(161) 同上、九六頁。
(162) 同上。
(163) 倉石武四郎『中国語五十年』一二三―一二四頁。
(164) 小田切文洋「土岐善麿と中国(一)」などを参照。
(165) 土岐善麿「倉石武四郎著『支那語教育の理論と実際』」三九頁。
(166) 倉石武四郎「支那語教育の新体制」四九―五〇頁。
(167) 土岐善麿「倉石武四郎著『支那語教育の理論と実際』」四〇頁。
(168) 同上。
(169) 同上、四一頁。
(170) 土岐善麿「新刊四種」二二九―二三〇頁。
(171) 同上、二三〇頁。
(172) 竹内好「支那学の世界」『中国文学』第七三号、一九四一年、一一一頁。
(173) 秋吉収「『中国文学(月報)』と中国語」、朱琳「1930年代~1940年代の日本知識人の中国語観の一側面」も参照。
(174) 長瀬誠「支那語教学に関する随想」『中国文学』第七一号、一九四一年、二〇―二七頁。
(175) 竹内好「支那学の世界」『中国文学』第七三号、一九四一年、一一三頁。
(176) 同上、一一二頁。
(177) 同上、一一四頁。

(178) 同上。
(179) 同上。
(180) 竹内好「支那語の教科書について」『中国文学』第七八号、一九四一年、四二六頁。
(181) 同上、四二七頁。
(182) 同上。
(183) 竹内好「支那学の世界」『中国文学』第七三号、一九四一年、一一四頁。
(184) 竹内好「支那語の教科書について」『中国文学』第七八号、一九四一年、四二七頁。
(185) 竹内好「支那学の世界」『中国文学』第七三号、一九四一年、一一三頁。
(186) 永島栄一郎「支那語学と云ふもの」『中国文学』第七四号、一九四一年、一七一―一七二頁。
(187) 竹内照夫「漢文・支那語教育と支那学との現実――倉石主義の感想」『中国文学』第七三号、一九四一年、一〇七―一一一頁、魚返善雄「記号の問題」『中国文学』第七三号、一九四一年、一一五―一二一頁。
(188) 「支那語界・回顧と展望」『中国文学』第八三号、一九四二年、二頁。
(189) 編輯部「書評　「支那語教育の理論と実際」を環りて」『華語集刊』第一輯、一九四二年、一五三頁。
(190) 同上。
(191) 同上、一五四頁。
(192) 同上。
(193) 倉石武四郎「「支那語教育の理論と実際」に対する書評を読みて」『華語集刊』一九四二年、九六頁。
(194) 同上、九八頁。
(195) 井上寿老「漢文音読論者に与ふる書」『斯文』第二四編第七号、一九四二年、二四頁を参照。
(196) 「本所の新発足」『語学教育』第一八一号、一九四二年、三五―三六頁を参照。
(197) 「本年度語学教育研究大会概況」『語学教育』第一九二号、一九四三年、見返し、「支那語教育の諸問題」『語学教育』第一八九号、一九四三年、三二六―三二八頁。
(198) 土岐善麿「新刊四種」二三〇頁。
(199) 「本所の新発足」『語学教育』第一八一号、一九四二年、三五頁。
(200) 岩村成允「支那の文化再認識と支那語教育」三八―三九頁を参照。

第五章　敗戦後の「中国語」の再建

――東京大学教養学部Ｅクラスの模索（一九四六―一九五四）

敗戦から一九六〇年代を取り扱う第五章と第六章の本題に入る前に、中国語関係者の終戦経験から、近現代の中国語教育の転換点に迫っていきたい。ＡＫ「支那語講座」を担当し、学習雑誌『支那語』の主幹として一九三〇年代に中国語界で活躍し、世に多く知られていた東京外語支那語部教授の宮越健太郎は、戦後は教材や語学記事の執筆を控えていたようである。一九五〇年に出版された旺文社編の『華日大事典』の校閲を担当した彼は、「長い間、干戈《かんか》を交へてきた中日両国間には、今日反目すべき何らの原因もない。いな、同文同種の国、唇歯《しんし》輔《ほ》車《しゃ》の関係の国、と古来云はれた両善隣国は、今こそ、本来の面目をとり戻してその友好性を発揮すると共に末長き文化交流を目ざすべきである[1]」というように平和の祈願を記したが、中国語学研究会などの新しく成立した中国語界にはほとんど姿を見せなかった。戦前の改革者であった岩村成允は一九四四年に世を去り、支那語学会も幕引きになったが、倉石武四郎は戦後の中国語界で活躍するようになり、一九四六年に、後に全国規模の学会となった中国語学研究会を自身の研究室に発足させた。

倉石は一九三〇年代後半から中国語教育の改革に身を投じ、『支那語教育の理論と実際』（一九四一年）などにおいて、中国語文を現代の発音で音読するために、注音符号の使用を説いていた。注音符号の印刷上の問題を解決するため、彼は注音符号を漢字の右側に印刷できるような「注音漢字」の母型を小石川の共同印刷に注文したという。母型製作は最終段階まで進んだが、母型の凹凸を磨いて平らにする磨工が軍用飛行機の磨工として徴用され、東京大空襲により共同印刷の社屋にあった未完成の母型はほとんど焼かれてしまった。この戦時中の最後の仕事について、彼は「これだけの苦労が水泡に帰したことに対し無念やるかたないものがありました」と回想し、敗戦から約三〇年が経ってもなお、「長年の苦心と数々の善意がこうした一塊の鉛と化したことは今もって感慨無量」[2]であったという。終戦の詔勅が下された後に感じた、それまでの戦時下の生活に、まるで「大きな空洞」が開いたような喪失感について以下のように語った。

> わたくしはそのころ京都大学の教授で、毎日のように研究室に宿直をしておりました。宿直をいたしまして、いざという時には消火もしなくてはならないという覚悟でした。一五日の晩もやはり宿直をしまして、一六日の朝、家が近いものですから、家へ帰って食事をして、また大学へまいりました。戦争もすみました、なにか大きな空洞のようなものができて、何をするということもなく、机にもたれておりました。[3]

しかし、行動力の高い倉石は、すぐに敗戦の打撃から回復し、これから若い人たちがやがて帰ってくるということに気づき、そこで中国語研究と教育の未来を思案しはじめた。

> そのうちわたくしフッと、こんなことしていてはいけないのだと思いつきました。というのは、いま戦争がおわって、戦争にかりだされていたたくさんの若い人たちがやがてまた帰ってくるだろう。その時にわれわれがボヤボヤしておったのでは、何とも申し訳ない、ということを痛切に感じました。そこで、最初に自分の研究室を再建するつもりで、新しい時代に副《そ》うような研究をするだけの用意をしておかなければならないと考えつきまして、その研究室の設計、というのも大げさですが、ともかく若い人たちをむかえる研究室の設備をしたいと工夫していました。[4]

倉石をはじめとして、外国語学校などの公教育機関で教職に就いていた多くのベテラン中国語教員らは、国内における学習誌の編纂と出版、中国語の講習会に多忙で、戦場とは無縁だったが、まもなく倉石の研究室や彼が立ち上げた学会に集まってくる若い世代は、異なった形で敗戦を迎えていたのである。まず、若い世代には従軍経験や中国大陸での生活の経験を持っていた人が少なからずいた。例えば、後に倉石と学術の交流が多く、『漢字源』の編纂者としてよく知られている中国語学者の藤堂明保は、二四歳であった一九三九年に兵役につき、安徽省や南京、広州を転戦したのち、一九四三年から陸軍通訳官を務めるようになり、敗戦当時は仏印で敗戦処理に従っていた(5)。藤堂は戦後当初から従軍経験に苦しめられていたようである。一九六〇年代後半になると、「兵隊中国語」に自ら加担した経験が、彼の戦争責任の意思表明ないし中国語教育の方針に大きく影響するようになった。東大紛争と文化大革命の時代における彼の言動や、一九六〇年代後半の中国語学習の状況の詳細は終章で述べたい。また、幼年時代に旅順市で育ち、熱心に中国語を勉強して一九四二年に北京興亜学院に入学した那須清は、北京で敗戦を迎えた後、「ただ漫然と面識のあった京大の倉石先生の研究室を訪れ(6)」、中国語方言の研究に参加し北京語方言の部分を担当した(7)。このように、敗戦後の人的流動が起き、日本国内の中国語界は、中国語を使った従軍生活や現地生活を送ってきた若い人材を迎えたが、新旧世代の異なる価値観やイデオロギーが、その後に衝突していくことになる。

他方、戦争は国内にいる中国語関係者にも少なからず影を落とした。同じく戦後に倉石の研究室で方言研究に携わった牛島徳次は、敗戦前に「「緊急」現役入隊」したことを、「当時のいわゆる「大東亜共栄圏」確立という国策に沿って行われたものと理解し」ており、「ひたすら「忠節を尽くすを本分とすべし」という「勅諭」の実践に励ん」で、「わたしは直属上官である中隊長に、自分はできれば「支那大陸」に行きたい、拙いとはいえ、自分には「支那語」を読み、書き、話せるという特技がある、そういう点からも何かの役に立つはずだ、とそれこそ臆面もなく自薦、志願したことがある(8)」と回想した。戦後になってからは、当時の愚かさを「悔やんでも悔やみきれない(9)」という。

戦前の中国語教育界で大きな影響力を持っていた宮越健太郎が引退していき、倉石武四郎が徐々に活躍していくというこのような戦後直後の中国語界の様子が示すように、敗戦という節目は、中国語の研究・教育・学習の世代交代に大きな影響をもたらした。この変化には、中国語関係者の年齢や出自、教育の経験の多寡だけでなく、戦時中の教育と学習の経験が、戦後の世代に受け継がれるべき無罪のものであるのかどうか、という戦争経験のイデオロギー的な問いかけも強く関わるものであったといえよう。

社会学者の橋本明子は、『日本の長い戦後』において、敗戦前後の道徳規範に起きた変化について以下のように綴った。

日本の「正戦論」では、アジア太平洋戦争は欧米白人の植民地支配から「大東亜共栄圏」を守る、天皇のための「聖戦」を意味した。一九四五年に日本が降伏すると、道徳規範がさかさまになり、「正しい戦争」はたちまちのうちに「間違った戦争」に変わった。(10)

ただ、吉見義明や吉田裕、馬場公彦らの考察によれば、敗戦直後は、この「間違った戦争」という認識の範囲はかなり限定的で、「国民の間にアジアに対する優越意識・蔑視意識が根強く残存し」(11)、「中国はじめ南方のアジア諸民族に対する加害責任や植民地支配に対する責任の意識は、総じて言えば希薄であった」(12)。馬場はさらに、論壇の「中国関連記事を見る限りは、日中戦争の敗因について論じたものはさほど多くはない」(13)と考察した。そのなかで、「旧敵の相貌が鮮明に映ってきた」との印象があるわずかな記事として、中国語関係者の實藤恵秀の「中国知識人に送る」(『新中国』創刊号、一九四六年三月)と、中国文学者の奥野信太郎の「中国の魂——現代中国人の思想と生活」(『朝日評論』一九四七年一月号)が挙げられた(14)。

敗戦直後の一般民衆、論壇と比べれば、中国に戦争を起こしたことに対する中国語界の反省的態度は特筆すべきであろう。さらにいえば、戦後長らくの間、中国語受容は、かつていわゆる「正戦論」の理念を支持しており、あるいは「正戦論」を否定しなかった中国語関係者らが、自らの戦争経験を反省しながら、中国語学を再建していく過程であったと考えられる。敗戦後の二〇年間、中国語の研究や教育が徐々に進歩を遂げていき、戦前よりは体系化された研究の成果が蓄積されていった。それと同時に、新制東京大学における中国語を第二外国語として必修とする中国語クラス（通称「Eクラス」、以下Eクラス）で「支那語」批判が行われたことや、一九六〇年代末の文化大革命の影響のもとで中国語関係者の戦争責任が学習者らによって問い詰められたことはいずれも、戦争経験が戦後日本の中国語受容に多大な影響を与えていたことを示している。

本章では、以上の背景に基づいて、新制東京大学の教養学部に設置された中国語を第二外国語として必修とするEクラスの教室とその周辺を対象に考察する。Eクラスの設置は、敗戦後、「支那語」批判から始まった中国語界の再建、中国語の研究・教育・学習の改革が始動するなかで、近現代日本の中国語教育、中国文化の受容に起きた大きな転換点だと考えられる。草創期の五年間の歩みを復元し、このクラスが新制大学に設置された意味合いと、そこで模索された教養語の実態を検討する。

安藤彦太郎を代表とする一九八〇年代以降の中国語教育史の研究では、戦後の状況について概説的な紹介はあったが、Eクラスへの言及はほとんどない。近年、戦後の中国研究を主題とするオーラル・ヒストリーのなかで、戸川芳郎、溝口雄三、岡部達味といったEクラス卒業生の中国語学習や、その後の中国研究が取り上げられ、中国研究の出発点の多くはEクラスにあったことが明らかになったもの(15)の、クラスの全体像や特徴、講師と学生の行動様式についてはまだ体系的に整理されていない。また近年、グローバルな言語である中国語に対する研究関心が急速に高まりつつあるなかで、グローバル・ヒストリーのなかの中国語に関する研究が増えている。例えば、中国政府が大きく関与していると見られている孔子学院の教育現場と政府の政策の間にあるギャップに注目したジェニファー・ハバートの *China in the World* が挙げられる(16)。また、リー・ウェイとディアオ・ヤンビンを中心として創刊された学術雑誌の *Global Chinese* は、世界各地の話者が使用する中国語の変化や、共通語としての中国語の言語政策に関する論考を収録している[17]。このように考えれば、国交がまだ断絶していた冷戦期の一九五〇年代に、現代中国語を積極的に吸収し、中国語教育・学習のあり方を模索していたEクラスの歴史は、今日の世界と中国の関係や、平和のため、相互理解のための語学教育・学習の在り方について、思考の手がかりとなることも期待できる。

第一節では、「中国語」に対する呼称の変化から、戦後直後の日本社会における中国語観の変化を提示し、中国語学研究会の発足と『新中華』の復刊から、「中国語」を再建する動きを概観する。第二節以降は、東京大学教養学部Eクラスにおける中国語教育、学習をめぐる模索を考察する。まず、Eクラスが誕生した経緯を概観した上で、「教養」を探求した専任講師の工藤篁の理想に着目し、Eクラス内で行われた実用性を忌避した中国語教育の問題点を分析する。その後、中国語の現実性を重視した課外活動と学生運動を手がかりに、Eクラスで養成された中国語に対する態度が、他大学や学会に拡散していった過程を考察する。最後にクラスの草創期の功績と問題点をまとめ、Eクラス式の「教養中国語」の可能性を検討する。

第一節　「支那語」への反省と「中国語」の再建

「支那語」か「中国語」か――どう呼ぶかの困惑

敗戦直後、廃墟から中国語の研究と教育を立て直すための人材が必要とされた。戦争経験の問題が個々の教師に直接問いかけられることはまだなかったが、まもなく、戦前の「支那語」教育を批判し、戦時中の教育活動で取られた姿勢を見なおす意見が、一九五〇年代の中国語界で多く見られるようになった。それを象徴する事例の一つが、中国語ということばの呼称の変化である。「支那語」はほぼ死語になり、徐々に「華語」と「中国語」が併用され、さらに「中国語」が多用されるようになったのである。「支那語」はかつて「満洲語」や「時文」と呼ばれた時期があり、また、同じく中国の言語でありながらも「支那語」が「漢文」から区別して使われてきたことと同様に、「中国語」

と「華語」という新しい呼び方も、当時の人々の言語観を反映している。

中国語の呼称の変化ついて中国語研究者の牛島徳次は以下のように回想した。戦前には、「巷間《こうかん》では「チュウゴク」ということばは存在せず、それに代わるのが「シナ」であり、「シナ」「シナジン」は、「チョウセン」「チョウセンジン」、さらには「タイワン」「タイワンジン」と同じ色合いのことばで、完全な差別語であり、また、実際に差別していた。もっとひどいことばとしては「チャンコロ」があり、これは「シナジン」をおとしめ、罵るときに、おとなもこどもも平気で使った[18]」という。敗戦後には、中華民国が米・英・露とともに、日本の占領について協議するための、連合国最高司令官の諮問機関・対日理事会の参加国になり、「「中華民国」に所属する在日「華僑」と、日本政府の管轄から解放された在日「朝鮮人」は、どちらも「第三国人」と呼ばれ、多年の鬱屈を一挙に爆発させるかのように、社会の各分野特に経済方面で、目ざましい活動、発展を遂げつつあった。／こうした情勢下で、それまで日本人が使っていた「支那」ということばは次第に影をひそめ、「中華」とか「中国」ということばが取って代わって使われるようになった[19]」のである。

「支那」という語源はインド経由の仏典に書かれた「震旦」という言葉にあると考えられており、日本では日清戦争後に多く使われるようになった[20]。「支那」という呼称は当初は差別用語ではなかったとはいえ、日清戦争後に強まった日本の中国蔑視のなかで、次第に差別的なニュアンスを帯びていったといえる。實藤恵秀によれば、「支那」から「中国」へと名称が変化されるきっかけは、一九四六年六月六日の外務次官通達および七月三日の文部次官通達「支那の呼称をさけることについて」である。その後、報道・出版方面でもだんだんと「支那」に代わって「中国」が使われるようになったという[21]。實藤自身も戦後の早い時期から、「中国」の呼称を使い始めた一人であった[22]。

しかしながら、一九五〇年代初頭、「支那」という呼び方が社会のなかで完全に姿を消したわけではない。牛島は、「たとえ口では「中国」「中国語」と言っても、頭の中は依然として「支那」「支那語」であり、今度の「敗戦」は、アメリカに負かされたのであり、「支那」に負かされたわけではない、といった妙な自負心、優越感が残っていたことは、残念ながら否定できない」[23]というように、「中国語」という呼称に対して、微妙な自負心ゆえの心理的距離感を感じ取っていたと述べた。「支那語」の呼び方を廃棄し「中国語」の使用を押し進めた一人である新制東京大学教養学部Eクラスの専任講師である工藤篁は、「支那」ということばが残された三つの分野である「支那料理」「古い美術骨董のたぐい」「古い漢学者の考える支那」を挙げて、その軽蔑的心理を以下のように述べた。

支那料理や古い美術骨董、みなたべたり、お金で買ったりできるものでしょう。また古い漢学者の見る支那は、『古い昔のシナがいいので、現在のシナに学ぶものはない』という気持ちからきているのです。いいかえると、『中国』というものを、金で買ったり、下にみたり、軽蔑したりする気持ちから、『支那』を頭につけたいろいろなコトバが生まれたのです。『支那語』というコトバも例外じゃないですヨ[24]。

工藤はさらに「中国語」ということばを使う心構えを、「『中国』に対するいわれない軽蔑を捨てることから、中国語は始まるのです[25]」、また、「支那語・中国語といういいかたの相違があらわれてきたわけは、学習対象としてのことばが変化したのではない。日本人の中国にたいする「心持ち」の移りかわりがあり、これを反映して、新しい語が社会にひろまったからである[26]」と説き、中国認識の更新に期待を寄せた。

中国語学研究会の発足と『新中華』の復刊

「中国語」という名称が学術団体のなかで初めて定着したのは、倉石武四郎を中心として一九四六年一〇月二〇日に京都大学で中国語学研究会(現・日本中国語学会)の最初の研究会が開かれ、翌年に会報の『中国語学』が発行されたときのことである。初期の会報の執筆陣には、倉石武四郎や金子二郎、吉川幸次郎、鳥居鶴美、伊地智善継、魚返善雄といった戦前に活躍していた中国語教師、中国文学者といった顔ぶれが揃い、さらに藤堂明保や頼惟勤、太田辰夫、工藤篁、香坂順一、相浦杲《あいうらたかし》といった新しい世代が加わっている。「終戦直後のこととて、印刷はもとより、用紙を入手することも容易で」はなく、第三号まで活字で印刷されたが、その後はしばらく謄写版に代わり、主に京都大学の倉石の研究室で編集し印刷されていた。[27] 誌面には、方言研究や、音韻研究、文法研究、辞書の編纂、標準語、表記法、言語学者や文学者に対する批評といった論考が掲載されていた。[28] 戦後の中国語学研究会で刊行された研究は、戦前の支那語学会より総合性が高く、一九五〇年代が日本の「中国語文法研究の幕開けであった」[29] と評価されたこともある。一九四九年に、会員数の増加のためか、同会は関西支部と関東支部に分かれ、次第に全国的な学会組織に発展していった。一九五七年とその翌年に、同会は総力を挙げて、「中国語学研究のあらゆる方面にわたり、適切な課題を網羅し、また実用語学としても十分活用できるよう配慮」することを目指した『中国語語学事典』の上下二冊を出版した。[30]

戦後、「中国」という名称が同会で使われた含意は、『中国語学』創刊一〇〇号記念論文集の金子二郎による「あとがき」で以下のように暗示されている。

あの悪夢のような戦争の後始末が、まだわれわれを苦しめています。中国人の前へ、まともに顔をあげてでられる日をまちのぞんで、われわれは学問に精進してきましたが、国交回復はおろか、改めて中国を敵にまわそうとするような考え方がのさばることを何ともできないまま、昨今の世情混乱に対決させられています。[31]

この文章からは、中国人への懺悔の念が強かっただけでなく、さらに「国交回復はおろか、改めて中国を敵にまわそうとするような考え方」が多く、「世情混乱に対決させられています」というように、中華人民共和国との国交回復を意識していたことが読み取れる。このことは、一九五六年に「漢語拼音方案（草案）」が発表された頃、中国における文字改革政策の動向を後追いして『中国語学研究会会報』で議論が重ねられていたこととも呼応しているといえよう。[32] なお、その頃の『中国語学研究会会報』と『中国語学』（一九五五年に『中国語学研究会会報』から改題）には、「支那語」という表現が戦争に加担した責任を提起する安藤彦太郎や竹内好による記事も見られるが、その詳細はEクラスとかかわる中国語教室学生懇談会を論じる部分で後述したい。

以上のように、「中国」や「中国語」という名称が一九五〇年代の中国語研究会で使われていた含意として、かつての「支那語」が戦争へ協力していたことへの反省と、国交がまだ断絶しているが、新しい言語生活を生み出しつつある中華人民共和国に対する関心という二つの側面が読み取れる。前述したように敗戦後、「華語」という名称が、「中国」「中国語」と併用されていた時期がある。「華語」ということばには、蔣介石政権を相手とする政治的な傾向がまったくなかったとは言い難いが、それよりは、「中華」ということばを使うことによって、中華圏の存在を含意し、旧来の「支那」に対する認識の更新を促すという意志もあったと考えられる。すなわち、「中華」の言語としての「華語」を使うことは、「支那」という呼び方の負の影響を薄めるように機能しているといえよう。

その一例として、一九四四年に休刊となった学習誌『支那語雑誌』の復刊として、中国語学の専門誌である『新中華』が、一九四六年に帝国書院から刊行されたことが挙げられる(33)。第三章で考察したように、宮原民平主幹の『支那語雑誌』は戦時中、「北方語の行はれてゐない地方に活動する人々の便を計り、さしづめ蒙古語、上海語、福建語、広東語、馬来《マレー》語講座の特設欄(34)」を設けるなど、時局下における戦線の拡大に順応して、売れ行きを重視する方針により誌面を構成していた。戦後の『新中華』の巻頭言「華語の回復」においては、戦前の「我々の一部が支那で如何に非人道的であつたか」ということを自省し、戦争の情勢に順応していた中国語関係者の「我々が帝国主義のお先棒たるべく、支那語を学んだのは昔の苦い思ひ出となつた」という(35)。「戦ひは終わつた。自由と真理が強権に打勝つ日が来た(36)」とあるように、占領期の民主主義、ヒューマニズムの宣揚からの影響があったことは否めないが、戦時下における学習誌の編纂と刊行は、自らの行動をある程度自覚しながら行われたということの告白といえよう。

世界史の流れは、もはや一国のみの主義の昂揚を時代錯誤の喜劇として嘲笑するであらう。我々は人間としての精神を回復した。それは中国の人々と交るべき最も重要な条件であり、且つての我々が忘れてゐた人類の一員としての義務である。華語がかゝる基調の上に学ばれる意味に於て、本誌再刊は威大なる使命を有するものである。[37]

『新中華』創刊号に「文木老人」というペンネームで掲載された「我等の課題」は、「新中華」の言語を学ぶ意義を、中国で培われてきた民主主義の実践の見直しと結びつけて説いている。著者はアメリカの政治家のウェンデル・ルイス・ウィルキー（Wendell Lewis Willkie）の『一つの世界（*One World*）』を引用し、ウィルキーが「世界を蔽ふ民主主義の潮流を視察した結果、中国は多分日本に勝つと断言してゐ」たにもかかわらず、「十何年も農村報告を片身離さぬ毛沢東の情熱を日本人は余り知らないのではないか」[38]として、日本の中国認識の不足を批判し、「支那」から「中華」への転換、すなわち、日本における中国という他者の地位の回復を必要条件とした。

他国人の性格の特徴を、余りに偏つて眺め易いのは、我々の一つの悪癖であつたが、これが語学の学習にも悪い影響を及ぼしてゐるやうである。初期には、それでもよかつたであらうが、日本もそろ〳〵国際人としての勉強を始めなければならぬ時期である。偉いと思へば盲従し、弱いと見れば虐めるのは、動物の本能であるが、盲従は之を批判し、虐弱は之を思慮し、正義と権力を平衡ならしめる時代が人類に来たのだ。憶へば、我々はいまより明治維新の昔に立返つて、中国を見直さねばならぬであらう。〔中略〕我々が心の優美さを取戻して、華語を学び中国の人々に接する時、我々は中国の人々が如何に純真な人々であるかを知るであらう。[39]

文木老人「我等の課題」では、学習すべき内容として、「中国社会のエキス」と評価できる「水滸伝」や、「中国人のもの、考へ方を思索するに適した深遠な哲学的課本〔引用者注：教材〕」である「儒林外史」、「中国人の心の優美さ素朴さを描いたものが多い」現代作家である沈従文の文章が挙げられた。[40] このように、『新中華』とその後身である『中国語雑誌』(一九四七年に『新中華』から改題)は、一九五一年の休刊まで、戦前の学習誌『支那語雑誌』(蛍雪書院、一九四三年に帝国書院)から脱皮し、中国語学者と中国文学者の文章を中心とする専門雑誌であり続けた。戦後の中国語界や中国文学界、日本の中国認識への理解に資する価値の高い資料と評価できる。

以上のように、「中国」「中国語」か「中華」「華語」かという名称の違いを問わず、中国語学研究会の発足と帝国書院『新中華』の発刊はいずれも、戦後に「支那語」から「中国語」に転換していった象徴的出来事として見るべきである。その間の占領下の民主主義的な雰囲気や、一九四九年の中華人民共和国の建国といった衝撃の影響もあり、戦前から意図されていた中国語学を再建するという課題が、国際社会のなかの日本の立ち位置や、かつての日本の対中感情・対中認識の限界を問いながら鮮明に提起された。すなわち、中国語の研究や学習が日本の新しい現実に何をもたらすかという問いかけのなかで、「中国語」の新生が強く希求されていたのである。

一方、「中国語」の再建は、「支那語」に対する負の評価と結びつけられる傾向があり、戦前の中国語教育界が行った探求の無視ないし否定を招きかねない側面もあった。以下の引用で天理外国語学校の鳥居鶴美が述べたように、実のところ、戦前の「地味ではあるが真摯な研究」は、「中国語」が戦後に再建された際の土台となったと言えよう。

明治以来、日本における中国語は、中日関係の一起一伏につれて盛衰をくり返して来た。中国語が「戦争語学」など、いう有がたくない名前をちようだいしたゆえんである。われわれはこの不名誉きわまる名前を、この際きれいさつぱりと返上し、中国語研究の本道に立ち返らねばならぬ。

戦後日本人の中国に対する関心は急速に冷却した感があるが、中国語もむろん例外ではあり得ない。またかと歯ぎしりさせられる。今日中国と日本との立場は全く一変したが、中国語の重要性はいさゝかも減退していない。むしろ逆であろう。

だが見方を換えれば、熱っぽいうわずった中国語研究の熱がさめて病気本復の徴を見られぬでもない。事実、一部の人々の間では、中国語の地味ではあるが真摯な研究が、戦前のそれにも増して熾烈に続けられており、またそうした研究に志している若い人たちもかなり多い。[41]

一九四八年に天理大学の中国語同人組織である崑崙会から刊行された『華語研究』第一〇号の「中国語参考書特集号」には、「辞書について」「発音・音韻参考書」「中国現代文学研究入門参考書」という項目のもとで、戦前に刊行された中国語専門書、教本類の整理と内容の点検が行われた。しかし、敗戦直後、東京にあった中国関係の出版社はほとんどが空襲で壊滅したため、中国語のテキストを入手できなくなり[42]、「中国語の本を、古本で買おうものなら眼の玉のとび出るほど高かつた。ともかく、こういう条件のもとでの学習だつた[43]」。また、上記の崑崙会『華語研究』の例を除けば、戦後の中国語界では、「支那語」教育の実績はさほど多く語られない場合が多かった。例えば、新制東京大学教養学部のEクラスにおいて、実用的な語学教育を忌避した工藤篁の考え方には、「支那語」の負の側面を意識した部分が多かった。

第二節　Eクラスにおける教養語の探求——実用性と格闘する教育の理想

「中国研究の基礎として現代中国語をきちんとやるというのが、戦後のいちばんまっとうな行き方なんで、それはわれわれのところ〔引用者注：新制東京大学教養学部Eクラス〕から始まったわけです[44]」と中国研究者の戸川芳郎が述懐したことがある。本章の冒頭で述べたように、Eクラスの設置は、敗戦後、「支那語」批判から始まった中国語界の再建、中国語の研究・教育・学習の改革が始動するなかで、近現代日本の中国語教育、中国文化の受容における大きな転換点となったと考えられる。第二節から第四節までは、中国語が新制東京大学教養学部の外国語として設置され存続していった意味合いを検討することを目的として、具体的には、Eクラス内の教育と学習の実態、及びその周辺で行われた課外活動を考察し、教師と学生の思想と行動の原理を分析する。この考察を通して、Eクラスの教育・学習で希求された理想と、現実の中国への強い関心とが絡み合った実態、また、新しい中国研究が萌芽する原点がEクラスにあったということを解明したい。ここでは、教育者と学習者がそれぞれ中国語教育・中国語学習のあるべき姿をいかに捉えていたのかという問題を、彼らの中国語観・中国認識の一環として捉える。史資料は、現段階までに収集してきた教育者と学習者が発表した言説や活動の記録、卒業生の回想録を中心とする。資料の状況を鑑み、Eクラスが誕生してから五年間の状況を考察の中心として、その間とそれ以降の変化は適宜提示する。

外国語教育の改革とEクラスの誕生

Eクラスの問題に入る前に、戦後の中国語教育と学習が置かれた全体的な状況、及びそのなかでの大学生が中国語学習に示した意欲を概観したい。一九五〇年代初頭に東京外国語大学で中国語を学んでいた輿水優は以下のように回想している。

日本と中国の戦争状態が終結(1945年)し、つづいて中華人民共和国が成立(1949年)して、中国語教育をめぐる環境は一変することとなった。大戦後の日本は、アメリカの占領統治とその影響がつづき、外国語といえば英語という社会であったが、中国語を学ぶ人にとって、新しい中国への関心と、中国に対する認識の変化が、それ以前の中国語学習とは異なるものとなっていた。その当時、日中友好運動の広がりは中国語学習に対する姿勢を変え、その普及と発展に大きく影響したが、冷戦時代であるがゆえに反体制という位置付けもされやすく、実際に大学での中国語履修者に対し共産主義にかぶれているのではないかと、白眼視する向き存在した。一方、中国語教育の領域における、この時期の大きな変化は初めて中国語を外国語として研究しようとする組織が生ま

れ、語学的な研究とともに、旧来の教育に対する批判や、時代に即した新しい中国語教育の模索が始まったことである。(45)

「アメリカの占領統治」「冷戦時代」「共産主義」「日中友好運動の広がり」という時代背景に暗示されているように、戦後の中国語教育と学習は、国内外の政治環境と強く関係していた。まず、占領期の外国語教育は、全体的には英語を奨励することが国策であったと考えられている。(46) 敗戦直後に英会話ブームが起き、一九四六年から始まったNHKラジオ英語会話はすこぶる人気を博した。(47) また、GHQの要請を受けて一九四六年に発足した教育刷新委員会が、一九四九年二月の第九〇回総会で「外国語教育について」と題する外国語教育改革の施策案を採択した。この案では、ドイツや日本の旧来の外国語の教授法である「訳読法」の成績は芳しくないとして、アメリカの「直読法」が推奨された。(48) とりわけ、「外国語教育に関しラジオの利用を強化する」こと、「外国語教育の方法はオーラル　ディレクトメソッドに重点を置く」ことといった発音の習得が重要視された。(49) ここでは、旧制高等学校の訳読主義と距離をおいて、戦後日本の学者や通訳者が「ユネスコ運動の如き国際活動」において活躍できるように、「話せる」、「使える」という新しい外国語学習の目標が創られていったことがわかる。(50)

占領期の軍国主義教育の払拭と民主主義教育のための外国語教育政策の改革は、実質上、英語教育の推進を中心とするものであったが、一九四六年に旧制高等学校であった第一高等学校と山口高校に中国語を必修とするクラスが設置され、これはGHQの「指令」によって実現されたものだという。(51) 旧制一高と山口高校の他、東京都立青山高校と東京都立北園高校において中国語を第二外国語として教授されていたという記述も見られる。(52) 一九四九年の教育刷新委員会の中間報告「外国語教育について」には、「高等学校では外国語を通じて、当該民族の生活の背景である地理、歴史、風俗、習慣及び平易なる文学作品を研究し、その国民性を理解するように導くことが肝要である」(53) という記述が見られるが、残念ながら旧制一高と山口高校にあった中国語クラスの状況を伝える資料はほとんど残されておらず、カリキュラムにおける位置づけも不明である[54]。

高等教育においては、戦後直後の一九四六年に倉石武四郎が主宰した京都帝国大学の「中国文学科」に五十数名もの新入生が志願してきて、教室が満員となる盛況であったと回想されている[55]。後に述べるように、Eクラスと関わりのある中国語学習教室懇談会という学生の組織も、各大学の中国語講習会、中国研究会の大学生から構成されていたものであった。このように、戦後まもなく、中国に関心を寄せ、中国語を学びたいという知の欲求が大学で醸成されていったと考えられる。一九四七年には、「中研〔引用者注：中国研究所〕内の中国語会話会で学生の中国語競賽会が行はれ、明大、産大、外語等の学生が参加し、来日中の謝冰心女史が審査員として同会に臨んだ[56]」という記録がみられる。

大学の外国語教育を指導する政策面の規定から見れば、一九四九年の教育刷新委員会の中間報告「外国語教育について」のなかの「外国語及び外事研究の段階」の「ハ」条「大学」において、その言語地域の諸現象を研究する「Area Study（地域研究）」の目的が強調されていることが注目に値する。

大学教育では、専攻語学を通じて、その言語地域の文化、社会、自然等の諸現象の研究（Area Study）を行う。
例えば、当該地域の言語学及び言語史、文学及び文学史、その他文化現象一般。
当該言語地域の社会組織及びその発達、経済、産業、政治、法制、国際機構等。
当該地域の自然現象、自然資源と民族生活との関係、当該地域における自然科学の特性及びその発達等[57]。

このなかで、中国語に直接言及した「五　特殊語学研究の重要性」という項目では、「外国語の中でも、英語、フランス語、ドイツ語の如き所謂学術語と称せられる外国語は暫く別として、スペイン語、イタリヤ語、ロシヤ語、中国語、その他東洋諸民族の言語研究は、とかく学界から忘れられ勝ちである。今や刷新の途上にあるわが国の教育制度を見てもこれ等特殊語学及び民族の研究は重要視されていない観がある。大学教育において課せられる所謂第二外国語、第三外国語も事実上、恐らく英、仏、独、露、中国語ぐらいで止まるであろう」、「大学では特殊語学を初歩より学ぶ場合には第一年で中学校の語学課程を課し、第二年で高等学校の語学課程を課する」[58]と記されている。

同年、中国語を必修の第二外国語とするEクラスが新制東大の教養学部に設置された。当初、学部名称である「教養」の英文表記として選ばれたのは、「リベラル・アーツ」ではなく、「一般教養」の意味を含んだ「ジェネラル・エデュケーション」であった[59]。この時期の教育政策者にとって、中国語がまだ「学術語学」ではない「特殊語学」であったことは、教養学部の「教養」の意味合い、すなわち「ジェネラル・エデュケーション」との食い違いがあった。

一九五四年頃、東京外国語大学、東京教育大学、東京大学大学院、東京都立大学大学院、九州大学の入試問題に中国語が取り入れられたようである[60]。研究者の間でも「このごろは各方面で中国語をやりたいという人がふえてきた。国文学者、哲学者、経済学者などで、どうしても中国語をやらないと研究ができないという」との認識が生まれた[61]。敗戦直後から一九五〇年代半ばまで、中国語を学ぶ大学生は、数としては多いと言い難いが、学習の意欲が極めて高く、民間の講習会まで足を運んでいた。一九五五年に横須賀で行われた中国語講習会や、一九五六年に大阪で開催されたラジオ中国語講座の講習会に大学生が参加した記録が見られる[62]。

輿水優は自らの経験に基づき、一九五〇年代初期に東京外国語大学で中国語を学んだ学生を、およそ三種類に分けている。中国語クラスの入学者は女性一人を含む四〇人であった。そのなかで一番多かったのは、「それまで中国にいたとか、中国と縁があった人」[63]であった。もう一つは、「いわゆる浪人、過卒者が大半で、二期校だから一期校の落ちこぼれが多いけれど、その中で中国語に結びつく特段の理由もなく、私のように受験の流れで入った、まあノンポリみたいなね、それが一種類」[64]。さらに、「あと一種類は、政治運動に興味があった人。一九五〇年ぐらいだと思いますが、レッドパージ、共産党や共産党シンパの追放を占領下でやったんですね、朝鮮戦争が起こったころです」。中華人民共和国が誕生した「前年の生徒会の選挙演説で、毛沢東の人間革命なんて言っている先輩」など、「レッドパージの次の時代は、中国語なり中国に関心を持った人が政治運動に手をかけていたんです。クラスには、日中友好協会の巡回映写会で、画面の説明をする弁士みたいな活動をする人もいました[65]」という。政治運動に興味があるとはいえない人であっても、中国で生まれた新しい政治に対してある程度好感を抱いていたようである。Eクラス第一期生の丸山昇は、「一年後には中文に志望を固めた動機ははっきりしないが、やはり中国革命の進展があったことはたしかだろう。はっきり革命を支持するほどの思想的自覚があったわけではないが、中国がまったく新しい国になりそうだという魅力はあった[66]」と回想している。

さて、Eクラスの誕生は、上記のような外国語教育の新しい動向といかに関係していたのか。一九四九年に、新制東京大学の発足にあたり、旧制第一高等学校を大学の教養学部に合併する際に、一高にすでに存在した中国語やロシア語の授業を廃止するべきだという意見が、矢内原忠雄教養学部長らから提起されたようである。その際に挙げられた「東大としては中国語やロシア語をジュニアコースでやってもらっても何にもならない[67]」という理由は、「学術語学」ではなく「特殊語学」と見なされがちであった当時の風潮を反映するものだと言えよう。当時、文学部中国文学科の専任教授となったばかりの倉石武四郎はこの件に反対して、中国語の授業を教養学部で残すように力説したようである[68]。彼の回想によれば、「中文は現代の中国語をやるたてまえだから、ジュニアで中国語をやるというのは筋がとおります。さいわい委員会は、このあと(ちょうどひるやすみでした)最後の一回がひらかれるので、そういって中文のために中国語をのこしましょう。しかし、中文以外の人には中国語が適用しないこと、またロシア語はこれを受けいれる学科が文学部にないから、廃止してもよいでしょう」という議論を経た上で、中国語の授業の存続はかろうじて実現したという[69]。

さらに興味深いのは、Eクラスの成立が、アメリカによる中国語教育や、中国を対象とする地域研究への関心やそれについての調査と関わっていた可能性が高いことである。その調査の担い手の一人が、戦前に倉石の弟子となった大阪外語支那語部の伊地智善継であった。伊地智の回想によれば、「そのころ〔引用者注：一九四六年頃〕私はしばしばアメリカ文化センターに通ったが、ある日倉石先生からアメリカにおける中国語教育と中国の地域学的研究の現状をできるだけ具体的に調べるように言われた。どの大学で何時間中国語を教えているか、何パーセントが大学院に進み、学位論文のテーマはどのような傾向にあるかといったことである。約二〇〇枚の原稿にしてお渡ししたが、これは当時の東大の教養部の構想と関係があったらしい。すでに東大教授を兼ねておられた先生はこれを持ってすぐ上京された。私はこれをもとに昭和二十五年「アメリカの中国語学」を『中国語雑誌』に四カ月にわたって連載した(70)という。帝国書院から出版された第二号から第五号の『中国語雑誌』には、たしかに伊地智善継「アメリカの中国語学」が全四回にわたって掲載されている。連載の最終回において、彼はアメリカの中国語学界の印象を以下のように要約している。

アメリカが中国語・日本語・ロシヤ語などの極東語の研究を本格的に取りあげたのは、20世紀も四半期を越えたところであつて、第二次大戦に入つて始めてそれらを実施に移した。これは先づ何よりも、アメリカ人の極東語に関する口頭的能力を高めることに重点が注がれたために、言語それ自身の研究よりも、言語の教育といふ面において、新しい、そして冒険的なテクニークを利用した。この試みはかなり成功したと見るべきであり、その結果、第一に従来の無意味な恐怖心が取り除かれ、極東語を習ひうるといふ自信ができ、第二には、この試みの過程において、これらの言語を教授するにふさはしい言語学的訓練を身につけた教員と、従来からあつたもの以上の、ヨリ優れた初歩的教材を多数作り出したが、中国語についてはとりわけ顕著であつた。このことによつて、アメリカの東洋研究は、大きな影響を受け、外国語の能力を駆使する各種専門家によつて、その多彩な分野が開拓されることになつた(71)。

伊地智が詳細に調査していた「口頭的能力を高めることに重点が注がれた」、「新しい、そして冒険的なテクニークを利用した」アメリカ式の中国語教育が、Eクラスにすべて取り入れられたわけではない。後述するように、初期のEクラスの教室内ではむしろ、アメリカ式の中国語教育で重視される口頭的かつ実用的な能力を忌避する傾向が強かった。他方、伊地智の記述からは、敗戦後に倉石武四郎がアメリカの地域研究や中国語教育法にもっていた高い関心が読み取れる。倉石は、彼自身が一九五三年に編纂した教本『ラテン化新文字による中国語初級教本』において、アメリカ陸軍で作られた *Spoken Chinese* という教材を多く参照し、「一切漢字を使ってない。むしろ初歩が完全に終るまでは書かれたことばを学んではいけないと宣言している」と評価して、「幾人かのグループの共同研究によって自習」し、「丁寧な反復と要領のよい練習法とによって効果があげられる」という実践に心が引かれていた。[73] 興味深いことに、後述するように、*Spoken Chinese* と『ラテン化新文字による中国語初級教本』は、いずれもEクラスの授業、合宿で使われたことがある。実用的な中国語と実用的ではない中国語の相剋がEクラス内に存在していたのである。

以上のように、Eクラスの設立は、占領期における外国語教育政策の改革や、アメリカ式の地域研究と不可分の関係にあった。以下では、Eクラスのカリキュラムや初期の概況を考察する。当時の教養学部において、英語を第一外国語としたうえで、さらに必修の第二外国語とされたのは、ドイツ語とフランス語、中国語、ラテン語やギリシア語の「古典語」であった。[74] ドイツ語の既修のクラス、未修のクラスはそれぞれA、B、フランス語の既修と未修はそれぞれC、Dと呼ばれ、それに続く中国語のクラスは一つしかないが、Eクラスという通称であった。[75] Eクラスが設立されてから一九七四年までの二五年間、五、六名の非常勤講師による補助があったほか、教育の仕事はすべて専任講師（後に助教授）の工藤篁（一九一三―一九七四年）が一人で担当していた。[76] 工藤篁は一九一三年に日本の植民地であった台湾の台北州宜蘭で生まれ、一九三三年に東京帝国大学文学部支那哲学支那文学科に入学し、塩谷温と竹田復のもとで中国近世文学を専攻した。戦前には東京商科大学予科や東京帝国大学文学部で中国語を教えており、語学教育において倉石武四郎と接触したこともあった。[77]

東大に合格した文科Ⅰ類と文科Ⅱ類の新入生が、Eクラスを選択することができた。彼らは駒場キャンパスで中国語科目を含む二年間の一般教育を受けてから、本郷キャンパスの専門分野に進学することになるが、前述したように文学部の中国文学研究室にしか進学できなかった時期もあるようである。[78] 初学者にとっては、わずか二年間の履修期間は長いとは言えない。しかし、学校カリキュラムのレベルから考えれば、外国語としての中国語が帝国大学で選択科目としかされていなかった戦前期と比べ、Eクラスが高等教育機関である新制大学に設置されたこと自体が画期的であったといえよう。すなわち、戦前の支那語学会が文部省に提出した「支那語教育普及ニ関スル意見書」の第四条「帝国大学及官公私立大学ニ於ケル随意科ノ支那語学ヲ必修科ニ改ムルコト」、及び倉石武四郎『支那語教育の理論と実際』で述べられた「大学でも支那語を西洋語学と同格」とするといった改革者らの長年の願望は、かつての旧制帝国大学の頂点であった東京大学におけるこのEクラスの誕生をもって、ようやく実を結んだといえる。

草創期のEクラスは、「外国語としての中国語それ自身の科学化とそれによる中国の科学的研究への志向」を秘めていた一方、「きびしい時局と社会の現実に直面している」[79]と評価されたように、いくつか困難な問題点を抱えていた。専任講師の工藤篁の回想によれば、「駒場の三号館二階の、汚い小教室」でともに学んできた「この十幾年の月日は一瞬にして過ぎ去つたのではない。一日一日が苦闘の歴史であった。教える方も教えられる方も、全く未知の世界を手探りで歩く心地がした」、「世間の無理解と斗いながら、匍匐前進した」、「苦難に満ちた」、「全東大生の中でははるか少数の我々は、理解されず、迫害される」[80]という。

当時のEクラスが「きびしい時局と社会の現実に直面している」と言われた理由は、いくつか挙げられる。まずは表5に示したように、一九五七年頃までは入学者が極めて少なく、文科入学者総数の一％しか占めていなかった。第一期生は竹田晃と丸山昇の二人しかおらず、このうち竹田はもともとフランス語を志望したが、「工藤さんが乗りこんでこられ、膝詰め談判で中国語を選択するようにと迫られた」[81]という。また、Eクラスの講師陣も、それぞれ二十数名の教員を有していた英語クラス、ドイツ語クラスと比べようがなかった。[82] 草創期のEクラスの学生と教員は極め

表5　1949年から1972年にかけてのEクラス入学者数の統計
（工藤篁『中国語を学ぶ人へ――創業の詩』151頁より）

年度	Eクラス入学者数			小計(A)	文科入学者総数(B)	A/B(%)
	文Ⅰ	文Ⅱ				
1949	〔0	2〕		2	949	0.2%
1950	〔1	1〕		2	1141	0.2
1951	〔3	6〕		9	1127	0.8
1952	〔7	8〕		15	1126	1.3
1953	〔10	12〕		22	1167	1.9
1954	〔6	7〕		13	1162	1.1
1955	〔4	6〕		10	1177	0.8
1956	〔4	6〕		10	1166	0.9
1957	〔5	6〕		10	1163	0.9
1958	〔6	9〕		15	1166	1.3
1959	〔11	8〕		19	1159	1.6
1960	〔8	13〕		21	1162	1.8
1961	〔10	15〕		25	1163	2.1
	文Ⅰ	文Ⅱ	文Ⅲ			
1962	〔10	5	4〕	19	1174	1.6
1963	〔9	2	16〕	27	1187	2.3
1964	〔14	10	17〕	41	1167	3.4
1965	〔28	11	24〕	63	1262	5.0
1966	〔25〕	〔15	27〕	67	1343	5.0
1967	〔24	12〕	〔18〕	54	1341	4.0
1968	〔21	7〕	〔18〕	46	1370	3.4
1969		入試中止				
1970	〔22	20〕	〔27〕	69	1372	5.0
	〔(44)	(28)〕	〔25〕	97	1371	7.1
1971	〔44〕	〔34〕	〔44〕	122	1370	8.9
1972	〔49〕	〔32〕	〔34〕	106	1370	7.7

て少なかったという事実が、後のいわゆる「特殊部落[83]」や「異端者[84]」といった少数派としての意識の下地となったと考えられる。

また、Eクラスが教養学部に設置されたといっても、学内には中国語選択者の学力や、中国語で学問を行うことに対する不信が残っていた。例えば、法学部に進学するコースである文科Ⅰ類に入った溝口雄三(一九五三年にEクラスに入学)が、第二外国語を中国語に変更しようとして教養学部の事務室で手続きを行ったところ、「法学部に行く予定のものが、中国語などやったら人生失敗になる[85]」と言われ、変更がむりやりに半年後に延期されることになった。一九五七年九月には、一九五九年度以降の入試の外国語科目のうち、中国語だけでも受験させるという従来の制度を変更し、英・仏・独のいずれかと抱き合わせで受けさせることが決定され、その際には「中国語で受験して理科に入ったものの成績があまりよくなかった[86]」といった理由が挙げられた。さらに、中国語を学ぶ大学生のなかでは政治運動に関心が高い人がいたためか、中国語学習者が要注意人物としてGHQに監視されていたという[87]。社会全体のなかで共産主義に対する警戒心が強く、中国語学習者もこの種の「世間の無理解」に直面しなければならなかったのだろう。

それにもかかわらず、Eクラスの誕生は占領下の教育政策、大学教育の改革に恵まれた一面もある。まず前述したように、敗戦直後に、旧制第一高等学校で中国語の授業が開設されたことが重要であった。新制東大の教養学部は、旧制一高を合併する形で成り立ったので、一高に設立された中国語の授業をそのまま教養学部に移行していくという制度上の選択肢があった。また、新制大学のカリキュラムのなかに一般教養科目を設けるという構想は、大学教育改革の基本方針であり、駒場で重要視された部分的専門的知識の基礎となる「一般教養」・「一般教育」という理念も、Eクラスの専任講師の工藤篁に多く吸収されたと考えられる。次項からは、Eクラス内においての「一般教養」としての語学教育・学習の実態を考察する。

Eクラス初期の授業風景——教材と学生の回想から

専任講師の工藤篁の教育理想を端的にまとめるならば、中国理解ないし中国研究者の養成のための「教養的意味」[88]をもった語学教育である。また、人格教育の性格が顕著であったことが指摘できる。工藤自ら綴った文章から彼の教育理想を考察する前に、本項ではまずEクラスで使われていた教材と、学生が執筆した文章や回想録から、教室の風景を復元し、Eクラス内で行われた中国語教育・学習の特徴を捉えてみたい。

Eクラスが発足された当初、クラスの教育と学習のあるべき姿を工藤篁が明確に論じる文章は少なかったが、一九五三年に中国研究全国学生連合会（以下、中研連）[89]の会誌『学習中国』に寄稿した文章「新時代の中国語学習法——学生諸君への提案」は、中国語学習の意義を、新しい中国に対する認識や、中国の歴史と文化を勉強する実践と結びつけて論じている。「今日の中国は商業的軍事的対象であった「支那」ではない。世界史に新しい世紀を開きつつある中国である。したがって中国語とよばれる今日の教室は、もはや昔日の怠惰をくり返してはならない[90]」とあるように、新しい中国を学習することの必要性の認識は、本章で前述したような工藤の「支那語」批判と表裏一体であった。工藤はさらに、「フランスやドイツやイギリス・アメリカの勉強をしようとすれば、その国のことばの学習を第一歩とすることは常識であるのに、中国の歴史や経済や文化を勉強しようとしながら、かならずしも中国語の学習をしようと」せず、「中研の会員であっても、「中国の学習」が問題になって、中国語にまで熱心でない人がある[91]」ということを問題視して、「中国語を学習しよう。そして学習の過程において正しく中国を見る目を養い、まじめに中国を学習しよう[92]」というように、中国を学習する者にとっては中国語そのものの学習こそが正しい道であると位置づけた。

さて、Eクラスにおける初期の授業風景はどのようなものだったのだろうか。一九六一年に卒業生と在学中の学生によって編纂された資料『創業史　E class NO 10 NEN 1949-1961』で提示された、各年に使用された教本・教材、文学作品を表6にまとめた。この表によれば、いわゆる「倉石ラテン化初級読本[93]」のような発音や会話を教える初学者向けの教材もあれば、老舎『駱駝祥子』、曹禺『雷雨』、魯迅『阿Q正伝』、謝冰心『陶奇的暑期日記』といった近

表６　1949年から1961年までのＥクラスで使用されていた教本・教材，文学作品

年	教本・教材	文学作品
1949		趙元任「最後五分鐘」
1951	「倉石読本」(晃書院)	李季「報信姑娘」，老舎「駱駝祥子」，曹禺「雷雨」
1952	「倉石読本リンガフオン」	李季「王貴与李香香」，周而復「白求恩大夫」，艾青「呉満有」，「豊収」，魯迅「阿Ｑ正伝」，老舎「駱駝祥子」，「納蘭性徳詞」(演習)
1953	倉石ラテン化初級読本	老舎「柳樹井」，「一把椅子」，老舎「駱駝祥子」，孫犁「荷花淀」，「短篇小説剖析」より，魯迅「狂人日記」，趙樹理「伝家宝」
1954	倉石ラテン化初級読本，『倉石中国語教本　巻一』	「一把椅子」，艾蕪「夜景」，魯迅「故郷」，趙樹理「李有才板話」，艾蕪「新的家」，李季「菊花石」，賀敬之等「白毛女」
1955	倉石ラテン化初級読本，『倉石中国語教本　巻一』	老舎「駱駝祥子」，曹禺「雷雨」，納蘭詞(中文進学者秋期ゼミ)，「我要読書」
1956	大原・伊地知「中国語表現文系一」，『倉石中国語教本　巻二』	謝冰心「陶奇的暑期日記」，趙樹理「三里湾」，秦非陽「小燕子　飛行機」，艾蕪「山野」，曹禺「雷雨」
1957	倉石ラテン化初級読本，『倉石中国語教本　巻三』	「老舎短篇小説選」，謝冰心「陶奇的暑期日記」，茅盾「春蚕」，曹禺「日出」
1958	倉石ラテン化初級読本，『倉石中国語教本　巻四』	「老舎短篇小説選」，謝冰心「陶奇的暑期日記」，老舎「茶館」，王実甫『西廂記』，趙樹理「三里湾」
1959	倉石ラテン化初級読本，倉石ローマ字中国語初級，「漢語教科書」	「一千八百担」，魯迅「吶喊」，「関漢卿傑作集」，趙樹理「李有才板話」
1960	「中国語の型」(長谷川)，「新しい中国教本」(平山)	趙樹理「李有才板話」，老舎「駱駝祥子」，「法西斯細菌」，茅盾「春蚕」，魯迅「吶喊」，「狂人日記」，「孔乙己」，「一件小事」，「故郷」
1961	「中国語の型」「新しい中国語教本」	趙樹理「李有才板話」，「福貴」，「最後一幕」

代以降の白話文学作品、とくにプロレタリアート文学も多数を占めている。また、趙樹理『李有才板話』や李季『王貴と李香香』、孫犁『荷花淀』など、当時のいわゆる「人民文学」も多く見られる。日本でいう「人民文学」とは、毛沢東の『文芸講話』を受けて書かれた文学作品であり、生産や労働、人民の自立などをテーマとしている。

前文でも言及したように、敗戦直後、東京にあった中国関係の出版社はほとんどが空襲で壊滅して、中国語のテキストは入手できなくなった。また、新しい市販教材の種類はまだ少なかった。一九五一年に入学した藤井俊男の回想によれば、「私見では、組織的な教本が欠けていた。倉石先生の読本は、かなり組織的ではあるが、大人になりかけていたわたし達の心をひきつけることができなかった。新しい中国を反映した大人向きの組織的な教材が、どんなに欲しかつたことか(94)」という。中国の新しい社会状況を知ろうとしていた学生にとって、初級的な会話のほか、子ども向けの読本テキストないし童謡を編入した一九五〇年頃の倉石の中国語教本は、物足りなく感じられたのである。それよりは、授業で取り上げられたプロレタリアート文学や「人民文学」の物語への関心が高く、駒場祭で上演する二次創作の劇まで発展していった(後出表8を参照)。同じく一九五一年に入学した田仲一成の回想によれば、一九五〇年代の東大Eクラスの参考書は、東京の内山書店に並べられた新華書店の『中国人民文芸叢書』だった(95)。

一九五〇年代に「人民文学」は、倉石武四郎や相浦杲といった中国文学者から注目されていた。例えば倉石が一九五六年に翻訳した『現代中国文学全集第十五巻　人民文学篇』では、西北の農村地区の方言、「土語」の表現が多い「人民文学」について、「働く人民大衆に根をおろした文学が中国の西北から成長しはじめた」ものであり、「それは大衆の文学というが、これまでのインテリの延長としての大衆でなしに、これとは一応ちがった、しかも黄土をとおして中国の底つ岩根をかたちづくっている大衆であり、こうした動きは中国の文学に古来一度だってなかった、といってよいことである(96)」と評価した。このような評価は、さらに中国人の考え方、生き方の重視とつながるものであった。一九五三年に発表された「中国研究の問題点」では、「「中国に学べ」という声にこたえるための方法は決して中国の文字を学ぶことでなく、中国の言語を学ぶことである。あるいは言語というよりも考えかたであり、生きかたであるという方が適当かも知れない」[97]と述べている。この時期の倉石は、中国を研究する上で人民大衆の存在が重要であることを訴え、封建制を擁護する漢字を使うインテリ集団に対して、土語による純粋な人民の声として「人民文学」を浮上させていた。[98]

工藤は一九六〇年代に毛沢東思想や中華人民共和国を支持する態度を表明したが[99]、この時期に「人民文学」と呼ばれた文学作品をEクラスに導入した理由については、倉石と異なる方針を取っていた。すなわち、ただ「内容の近代性と、文体の現代性」ゆえに選んだというのである。具体的には、「大学二年の課程では、学生もかなり程度の高い、文学的教材を要求する」としたうえで、「中国語中級の文学教材は、その内容の近代性と、文体の現代性を条件にすれば、適当なものは数種しかない。第一に老舎の『駱駝祥子』ほか若干の短篇小説、第二に趙樹理の数種、第三に魯迅の『阿Q正伝』ほか雑感集、これだけである」[100]と述べた。一九五一年にEクラスに入学した戸川芳郎の回想によれば、「工藤さんが教養語学として中国語を教えるに当たり、ドイツ語なら論理性とか哲学の匂いを感じさせる言語として、フランス語ならボン・サンス、英語ならインターナショナルな言語としてというようなことがあるなかで、いったい中国語の何が〝教養〟と呼ぶに値するのかという点から出発され」、「巴金や郭沫若では卒論にならんと聞かされました」という。[101]また工藤は、「人民文学」をもう一本の柱は老舎にあり、「教養」たる文学作品は、魯迅のほかのも正面から論じることは少なく、「人民文学」というジャンルをEクラスの教材として優先するという選定基準ではなかったはずである。むしろ、老舎や、趙樹理、魯迅の文学作品の内容の近代性と文体の現代性を重要視しながら、古典文学をも「教養」としていた。彼は「関漢卿傑作集」「納蘭性徳詞」『西廂記』という古典文学も二年生の教材として、「魯迅や人民文学のほかに、民族遺産といわれる古いもののなかにも、世界に誇る珠玉篇のあることを忘れないでください」[102]と学生に注意したのである。

工藤の考える語学教育とその教材とされるべき文学作品との関係、また、彼の教育理想については次項で論じるが、その前に彼が行った講義の風景を確認しておきたい。Eクラスの第一期生である竹田晃の回想によれば、使用したテキストは趙元任の戯曲「最後の五分間〔引用者注：趙元任『最後五分鐘』と考えられる〕」で、すべて自分の知らない注音符号で記されたものであったという。当時、注音符号やラテン化新文字で検索できる辞書はほとんど存在しない状況のなかで、「発音練習などは跳び越して」、文学作品が「比較的早い段階で読まされた[103]」というEクラスの授業において、初学者が遭遇した困難は容易に想像できる。

ところが、このテキストが全文注音符号で書かれているのにはびつくりした。ともかく予習に時間がかかるのには泣かされた。いつたいどう取り組んだらよいものか当惑したものだつた。今とちがつて、初歩的なテキストもなければ、辞書もそろつていない。中国語の本を、古本で買おうものなら眼の玉のとび出るほど高かつた。ともかく、こういう条件のもとでの学習だつた。〔中略〕工藤先生は、二言目には「ヨーロッパ語の文法はすつかり忘れなければいけない」といわれる。それならば、中国語の文法体系はどんなものかと質問すると、「今のところはそれはない。これからみなさんと作つていくのだ―」と。〔中略〕わずか四字か五字に一時間も二時間も費やしたり、「この了は―」「この的は―」という調子で、いわゆる〝寝わざ〟にもちこまれても、それほど驚かなくなつていつた。[104]

また、『駱駝祥子』の「冒頭の「我們所要介紹的是祥子、不是駱駝」を読むのにも、「所」とは何、「要」とは何、「的」とは何と、事細かに追求するわけです」と言われている。このような「一行の、否一語の解[105]」を求めるという方法は、実は旧制高等学校における英・独・仏語の授業で行われた「訳読」に近いといえる。表6に示したように、工藤は教室で倉石武四郎が編纂した教本である「ラテン化初級読本」や『倉石中国語教本』を用いたが、民間の中国語講習会やNHKラジオ「中国語入門」に熱心に取り組んだ倉石とは異なり、発音や会話の練習に重点を置かなかった。この種の教授法に対して、学生の間では「満足をする人と、猛烈反発する人と、僕〔引用者注：竹田晃〕みたいにある部分はわかるけど、という人と、さまざま」というように賛否両論であった[106]。例えば、一九五一年に入学した岡部達味は東大で「中国人とちゃんと話ができるような能力」は教わらなかったことを以下のように回想した。

一応中国語の先生に期待するのは、高度な読書能力を身につけさせると同時に、中国人とちゃんと話ができるような能力を私たちに教えることですね。しかし、実際には、それとは違って文書を読むことばかりなのです。それは必要なことですが、それだけでは済まないですね。たとえば『駱駝祥子』を読ませるわけですね。老舎は北京生まれの満洲人で北京語の達人、というか、北京語使いですね。文章にも素晴らしい表現がある。ところがそれを教えるのに訳読をするわけですが、一句なり、一字なりに、丸一時間、つまり一時限九〇分をかけて説明をする。僕たちは訳読だと思うから、ある程度発音を調べて予習してきますね。〔中略〕ところが、最大限一回に三行ぐらいしか進まないわけですね[107]。

実は一九四九年頃に工藤はすでに、動詞を中心とする多様な表現を可能にした中国語の「態（Aktions-art）」「体（Aspect）」を検討する「ASPECT」論を発表していた[108]。一九六七年頃には「発音ＩＭＶＦ方式」や「Ｓ―Ｐ六色積木文法[109]」といったより体系的な教授法もまとめている。しかし、初期のＥクラスでは、このような現実の世界で実践できる中国語の教育はむしろ忌避されていた。

他方、自由な雰囲気が溢れる授業や、教師と学生の平等な関係、学問の探求につながる主体的な思考の習慣の養成に、大いに感銘を受けた学生も少なからずいた。竹田晃の回想によれば、「朝の一限など、工藤さんが遅れると、丸山さんと二人で寮の中国研究会の部屋へ逃げこむ。すると三十分程して工藤さんがそこまで追いかけてきて、寮生のベッドを借り、三人で車座になって授業をしたこともあった。また冬の寒い日には、暖房のない教室を逃れ、屋上の陽だまりに坐りこみ、オーバーの襟を立ててテキストを開いたこともあった[110]」。また、岡田三郎助は、「工藤先生のＥ

クラスに成した功績は大いなるものがあります。特に「言葉に対する認識は、単なる辞書の丸写しでなく、辞書をよく読み、考えることから始るのだ。」という教訓は、現在でも、私の中に脈々と生きています[111]」という。さらに片山智行は、「今ではこの授業に批判的なひとも多いかもしれないが、（私も前にいったように少々不満があるが）詰め込み的な、呑み込み的な方法を排した点は高く評価したい。基礎のがっちりしていることが、学問の王道であろう[112]」とする。戸川芳郎も、「後に私は京都大学の大学院に学ぶことになるんですが、京都シナ学の学問の特徴として、文献を厳密に読むことが強調されますが、私はあらためて驚くということはありませんでした。すでに工藤さんの特訓を受けていたからです。言うまでもなく、現代語を学んだだけでは古典文は読めませんが、ワード・フォーメーションの分析という方法が、古典文にこそより典型的に適用しうるということも、わかっておりました[113]」という。丸山昇が「工藤さんはいわば癖の強い人で、学者・教師としての評価は人によって極端に別れるが、何も知らない若者に、何か問題意識を持たせること、あるいは問題意識を持ったような気にさせることにかけては、稀な能力を持った人だった[114]」と回想したように、学生が学問について主体的に思考できるようにする指導は、学生の間で評判がよかったのである。

「実用」と格闘する「教養的意味」の中国語

工藤が、自身の教育的理想とEクラスの教育の全体像をより明確に記したのは、Eクラスが発足しておよそ一〇年たってからのことであった。まず、工藤が『創業史　E class NO 10 NEN 1949–1961』に寄稿した「発刊を祝して」では、中国語の「教養的な意味」を強調し、それを「一行の、否一語の解」を求める方法と結びつけた。

我がEクラスは精魂を尽して、中国語教育の教養的意味の発見に努力してきた筈である。そのためには、一行の、否一語の解を求めて、真摯な討論をくり返し、ために一回の授業にわずか三行しか進めなかつたこともあつた。何よりも、厳密さを求めて、つまり一行の、否一語の解に苦しむことによつて、養われた姿勢が、学問に対する厳密な姿勢となり、人生に対する真摯な態度となることを理想としてきたのである。Eクラスの教室に学んだ人は、今さら外国語教育の教養的意味が問題になる、他の教室の迂遠さを嗤う資格を持つ。我々は夏休みの前の二週間にわたる補講、それから那須の温泉を中心とした楽しい合宿の一週間、秋の駒場祭を契機とする課外の自主的活動、冬休みにも、春休みにも、学校の休暇、すなわちEクラスの語学ゼミとして、他の外国語を選んでいる人の、二倍ないし三倍の語学の時間を自主的に作り出し、また運営してきた。その時間数においても、主体的な勉学の態度においても、我々は旧制高校の外国語教育に比して、決して遜色なきを誇りとするものである。

このよき作風は、Eクラスの伝統として今後とも守り育てて行きたいと思う。(115)

上記に引用した一節は、工藤の教育理念と、Eクラスでの中国語学習を読み解くもっとも重要な記述と言っても過言ではない。「中国語教育の教養的意味」が、教室内で「厳密さを求めて、つまり一行の、否一語の解に苦しむことによつて、養われた姿勢」の学習と、教室外では「二倍ないし三倍の語学の時間を自主的に作り出し、また運営してきた」「主体的な勉学」という二つの部分から構成されている。後者、及び後者と前者の関係についての分析は、次節に譲りたいが、ここでは、工藤が中国語の「教養的な意味」を明確に意識していたこと、また、中国語文の「一行の、否一語の解を求めて、真摯な討論をくり返し、ために一回の授業にわずか三行しか進めなかつたこともあつた。何よりも、厳密さを求めて、つまり一行の、否一語の解に苦しむことよつて、養われた姿勢が、学問に対する厳密な姿勢となり、人生に対する真摯な態度となることを理想としてきたのである」とあるように、その「教養的な意味」の追求を一種の人格教育として捉えていた点に注目したい。

この続きでは、Eクラスで育った理想的な人材の像を「新しい中国に対する識見を持つた知識人」であると位置づけている。すなわち、「我がEクラスも、年と共に有為なる人材を集め、新しい中国に対する識見を持つた知識人を社会に送り出し、一年また一年と同窓会員の数を増し、それと共に日本と中国の間に確固たる橋をかけるのである」[116]。このように、教室での細部に厳密にこだわる教育法も、最終的には中国を深く理解する知識人ないし中国研究者の養成を目標とするものであったといえよう。

それでは、工藤は何をもって中国語の「教養的な意味」としていたのだろうか。一九七二年に発表された「私の中国語教育――一般教育課程における中国語教育のあり方」という文章では、新制の東大教養学部の理念に賛同しつつ、「一般教育」「一般教育課程」の中国語教育について、「専門教育」と対置するものとして、以下のように考えていた。

中国語だけを考えて問題をすすめていく、いわゆる一般の中国語講習会とか、あるいは東西両外国語大学、あるいは神戸ないし天理大学のような専門教育としての中国語教育とちょっと違いまして、一般教育のなかにおける、つまり独・仏・露とならぶ、そういう中国語でありますから、まず第一に独仏露中を通じての一般的な命題から話をすすめていかざるをえないわけであります[117]。

工藤はさらに一九六四年に教養学部で教鞭をとっていたフランス文学者の前田陽一が発表した「新しい外国語をいかに学ぶか――目的・態度・方法」[118]を引用して、「教養課程における外国語教育の目的」について、「一　専門教育への準備のため」「二　国際交流の具としての語学能力養成のため」「三　感受性・思考力を訓練するため」の三点を「一般教育における外国語のあり方の一種の憲法」として強調し、中国語教育のあり方もこの三つの原則に従うべきという[119]。このなかで、学生の人格形成に大きな意義をもつ「三　感受性・思考力を訓練するため」の語学教育が、Eクラスでもっとも重視されるものだとして、以下のように論じている。

第三は、我々は一番大切なことだと思っているわけですが、その外国語を通じ、たとえばドイツ語やフランス語、ロシア語、中国語の履修を通じて、学生にそのドイツ語・フランス語・ロシア語・中国語というもののもっている思想から文化から芸術から、人間のもっている、その民族のもっている精神現象の全体、そういうものが、語学の履修を通じてこちらに反映してまいりまして、こちらの人格形成の血となり肉となっていく、まあ、そういう一種の人格教育として、人格形成の場として、外国語教育は非常に重要であるということであります。(120)

以上から、外国語の学習を通して、その言語の「思想から文化から芸術から、人間のもっている、その民族のもっている精神現象の全体」の総合的な理解を行い、それが学習者に「反映してまいりまして、こちらの人格形成の血となり肉となっていく」という人格形成の方法論が読み取れる。このように、工藤の教育理念にある根本的な原則は、専門教育と距離を保ち、外国語教育の普遍的な教育意義を発掘し、さらに学生の感受性や思考力を培養する人格教育であると考えられる。

上記の工藤の教育理念は、教養学部で教鞭をとっていたフランス文学者の前田陽一の教育論に賛同したものであるというだけでなく、新制東大の駒場における「一般教養」「一般教育」(general education)(121)や人格教育の理想をも継承したものだったと考えられる。例えば、東大総長の南原繁は一九四七年に、「人間人格の力は知力よりも強い。大学は知識・学術においてのみでなく、また道徳生活においても大なる努力が払われなければならぬ(122)」と提唱した。一九四九年に新制東大と教養学部が同時に発足した際に、教養学部は「在来のごとく大学に進むための予備的・準備的学校ではない。まさに大学の組織のなかにあって、他の諸学部との内的連関において、むしろ全学の基礎をなす学部(123)」だと位置づけられ、「ここで部分的専門的な知識の基礎である一般教養を身につけ、人間として片よらない知識をもち、またどこまでも伸びて往く真理探求の精神を植えつけなければならない(124)」ということが目指された。

このように、専門教育と距離を保ち、外国語教育にある普遍的な意義を発掘しようとする工藤にとって、「プラクティカルな目的に向かってテクニカルに」教えること、すなわち「一般の中国語講習会とか、あるいは東西両外国語大学、あるいは神戸ないし天理大学のような専門教育としての中国語教育」の方法は、Eクラスの優先事項ではなかった。「もし実用性への要求があれば、他の語学と同じように、専門課程にゆずればいい。一般教養科目は、どこまでも基礎語学でゆきたい」[125]とあるように、これこそが工藤にとって妥協できない方針だったといえよう。

さらに、工藤が考えるEクラスの理想像は、旧制高等学校における外国語の教養を強く意識していたという点において、戦後に実用化していった外国語教育ともまた異なっている。前述したように、Eクラスで文学作品を読解する際に、工藤は旧制高校の「訳読」に近い方法を取っており、「一般教育のなかにおける、つまり独・仏・露とならぶ」一般教育としての中国語の樹立を期待していた。学生から、Eクラスの中国語は実用的であるかと聞かれた工藤は、旧制高校の生徒が辞書を引きながら原書を読む例を以下のように挙げている。

たとえば、レクラムならレクラムをじかに丸善にいってさがしてきて、こまかい活字を読む、それからまあ、辞書もいまほど完全じゃないから、不完全な辞書、〔中略〕そういうものを使ってだよ、ね、そうして苦労して読む、その読むってことが非常に楽しかったんだな。すぐ役に立つか立たんかということは別として、非常に苦労して、そうやって辞書をひきひきロウソクの光のもとで読んでいく、たんねんに読んでいくってことが、ものを分析的に考えたり、あるいはものを総合的に考えたり、あるいは学問や文化を追求する情熱を養ったりしたわけだね、うん。[126]

この叙述は、工藤が考える「一行の、否一語の解を求めて、真摯な討論をくり返し」、「なによりも、厳密さを求めて、つまり一行の、否一語の解に苦しむことによつて、養われた姿勢が、学問に対する厳密な姿勢となり、人生に対する真摯な態度となる」というEクラスの理想と重なるものである。

実用性ないし高い専門性を有する中国語教育をEクラスで控えるという方針は、さらに以下の三つの角度から理解できる。第一に、戦前の中国語教育、すなわち「支那語」教育に向けた批判的な態度である。工藤は「支那語」教育が文化語学と対置される実用語学であり、その実用性が日本の軍国主義と結びつけられたので、大学の教養課程では実用性を解消しなければならないと考えていた。前述した一九五〇年前後に工藤が行った「支那語」批判は、一九五六年にEクラスに入学した星野元男が、「工藤先生には得意の「支那語＝帝国主義」論がある」[127]とあると回想していたように、学生の間でも熟知されていたはずである。終章で論じるように、一九七一年にNHKテレビ「中国語講座」で起きた書き換え問題が中国語界で大きな波紋を起こすことになるが、この事件について論じる工藤の「「中国語を学ぶ」とはなにか――親善語学と友好語学」が『東京大学新聞』に掲載された。ここで工藤は教養課程の語学教育について、侵略戦争のなかで「軍用シナ語」に変容した、実用主義、会話主義による「裏通り」の「シナ語」を克服するべきだと論じたのである。

裏通りの実用語学とは、表通りの文化語学と対置される。大学の教養課程における外国語科のなかに定置されるためには、この実用性を解消しなければならない。さらに歴史的に負いをもつ軍用シナ語的侵略性を克服しなければならない。後者は日本の軍国主義の壊滅とともに否定された。憲兵シナ語のたぐいの編者がきびしく批難されたのはこのためである[128]。

第二に工藤は、中国語研究者、中国文学者の養成において、戦前の「支那語」教育ではほぼ実践されなかった、中国語と中国文学を融合するという構想を持っていた。一九六六年六月に、那須合宿実行委員二年生の伊藤弘吉による聞き取りに対して、工藤は「英・独・仏・露みんなそうです。文学と語学が融合するんだ。当然なんだ。文学専門家はもちろん初級の語学を教えられるし、語学専門の人もだね、文学的な教材でもってやることができるんですよ[129]」と述べた。表5に示したように、草創期の一〇年間に使われた教材を見ると、中国の現代文学作品の比重がとくに多かったことがわかる。一九五三年に「中国語中国文学の学習を通して中国研究に志向される諸君のため」の読書案内において、工藤は中国語学の辞書、文法書、中国文学史、戯曲史のほか、古典文学と現代文学の両方の翻訳書を挙げた[130]。このように考えれば、工藤が考える「一般教養科目」で養う「基礎語学[131]」とは、語学と文学の融合の上に、古典文学と近現代文学を融合させるものだという理想像が見て取れる。

さらに、中国語と中国文学を融合するこの構想は、かつての「支那語」教育、とりわけ、「支那語」教育と漢文教育の関係を意識した上で、新しい学問と教育の領域を立ち上げるためのものだったと言えよう。初期のEクラスでは、駒場で二年間の中国語学習を終えてから、文学部の中国文学に進学するというコースがあるため、中国語と中国文学の二つの教育、学問の分野が制度的に緊密な関係にあった。工藤もこの新しい「中国語中国文学」の誕生を明確に意識し、新制東大の文学部中国文学科で教鞭を取る倉石武四郎が一九五二年に発表した「漢文教育について[132]」を引いたうえで、以下のように論じた。

こうして旧教育の体制の中の漢文とよばれる教科から分離して新しい生命をあたえられた中国語中国文学は、大学の一般教育課程においても専門研究領域においても、外国語外国文学の一分野として、英独仏露と同等に扱われることがのぞましい。「中国語中国文学は外語の言語文学のことだから、一般の外国語外国文学研究の方法に拠るというだけのことである。だから中国の書物は現代のものはもとより古典もすべて中国語で音読し、それを現代の日本語で翻訳する、自然いわゆる訓読といった一種死んだ公式はいさぎよく振りすて」「今のところ全国の旧帝大および外国語大学の中国文学はまったくこの方法で統一されている。」これから中国語中国文学に興味をもち中国研究に志す学生諸君は、倉石博士の所説をよく考えてほしい[133]。

倉石が一九四一年の『支那語教育の理論と実際』で主張した中国古典の音読は、このように工藤篁の教育理念の一つの根幹となり、Eクラスの教育と学習の実践において確かに受け継がれたと考えられる。工藤はまた、一九六七年の岩波書店『文学』第三五号の「中国文学の受容と翻訳」という特集において、中国語と中国文学の関係について以下のように論じている。

まず、彼は「文学や思想の最も重要なものが表現される文体とは、思考そのものを語る言語の姿と切離されては存在しない」ことを前提として、「日本語の特殊な文体であり、この文体を通じて表現される、思考は、日本の特殊な思想と文学なのであって、中国語の思考に重《かさな》りはすれ、決して同一ではない」と述べた。それゆえに、漢文訓読を通して日本現代語に翻訳する「訓訳」の方法を批判し、「中国文学は、外国語、外国文学の手続にしたがって翻訳されなければならない」として、中国語を通じての中国文学の理解と翻訳を提唱した[134]。このように、「中国文学の翻訳者は、文学者であって、かつ、語学者としての、最低要求を充足すべきである。中国の思想書の翻訳者は、思想家であって、かつ語学者であらねばならぬ[135]」という研究者の理想像にも、文学と語学の融合が求められていた。

実用性ないし高い専門性を有する中国語を控えるというEクラスの教授法は、中国語の体系的な文法について、「今のところはそれはない。これからみなさんとつくっていく」という言葉にあるように、大学生の主体的に学習する姿勢を喚起するという思惑もあったと考えられる。一九六〇年代から一九七二年頃まで、工藤は「そこでの経験を東大での授業に生かして、新しい中国語教育を模索しよう[136]」と考えて、「未組織労働者」らを静岡県伊東市に集め、中国語の講習会を一〇〇回近く行っていた。その際、工藤が考案した中国語文法の要素を色彩で理解するという「六色文法」に対し、労働者たちは「大小さまざまの正立方体の六色の積み木を作り、積み木の組み合わせで、文の構造を理解する」という案を出した。工藤はこのような主体性に感銘し、「労働人民はやっぱり自分で開発」できるのに対して、「駒場の学生は、頭はいいのでしょうけれども、その頭のよさというのが、結局習ったことをよくおぼえているという頭のよさであって、このように自分で分析し、自分で解析して、いわゆる毛沢東の自力更生、あるいは魯迅も「歩いたところから道になる」といっている、そういったような方式は非常に苦手なようであります[137]」と記した。

以上のように、初期のEクラスの授業では、専任講師の工藤篁の方針によって、実用のための中国語が、「教養的意味」の中国語の対立面に置かれていたこと、そして実用性を忌避する教授法が、中国語を外国語として真剣に身に付けようとする一部の学生の間で不満を起こしたことがわかった。しかし一九五〇年代以降は、その教授法が徐々に修正されていった。また、学生の主体性を重視する人格教育により、学生たちが他大学や外の社会へと向かっていったことで、Eクラスで求められた「教養」としての中国語は現実性を強めていった。次節では、他大学、社会との接点としての課外活動を通して、Eクラスの「教養」がいかに形成されまた拡散していったのかという問題を考察する。

第三節　Eクラス式「教養中国語」の形成と拡散
――他大学、社会との接点としての課外活動

工藤の教育理念に影響されつつも、Eクラスの学生はそれをすべて鵜呑みにしていたわけではなかったようである。他大学や社会との接点としての課外活動を通して、Eクラス式「教養」の形成が学生の主体性のもとで模索されていった。彼らが豊富な課外活動に向かったことの必然性は、三つの側面から考えられる。一つ目は、第二節で論じたように、主体的に学習する姿勢を喚起させたいという工藤の方針の影響で、語学学習の時間が増やされていたことである。二つ目は、課外の集団活動である講習会や合宿、駒場祭そのものが工藤篁の人格教育の一環であったということである。彼は「人格形成の過程における中国語にしようという課題」について、以下のように述べている。

一番我々が生きがいを感じ、また苦労してとり組んできたのは、第三の、人格形成の過程における中国語にしようという課題であります。そのために、私たち駒場のEクラスでは、ここ十数年来、毎夏休みに栃木県の那須温泉三斗小屋で、一週間の夏期合宿をするほか、しばしば春、秋、冬の合宿もおこない、また十一月の駒場祭で

は、中国劇の上演や秧歌《ヤンコー》おどりをだし、Eクラス同窓会を開催するなど、充実したクラス生活をすごすように努力してまいりました。各年度で特色あるクラス雑誌もたびたび発行されております。おかげで私たち教官は、教室における時間と、学外における教育の時間とほとんど同じくらいの重さでもって、じつはやってきたわけであります。合宿して、一つの釜の飯をくい、それから時間に関係なく徹底的に討論しあい、時にはなぐりあいをして鼻血を出すというようなことをやる間に、自然とお互いの間の壁が崩れ、人間が解放され、中国語というものによってつながった集団としての人間の共通な性格というものができてくるのではないか、またすでにできつつあるのではないかと思うわけであります。[138]

第三の側面は、上述した集団活動に対する工藤の期待に呼応するように、中国に学ぶという思想が、Eクラスの学生の集団主義のなかで内面化され、課外の集団活動の意義がますます中国に学ぶという動機と結び付けられて、強化されていったことである。以下では、主に第一と第三の側面を検討する。

主体的な学習と内面化された集団主義——補習、合宿、駒場祭

Eクラスの設立された当初から、授業の欠席者のために、学生の間で「補講師」を選定して補講を行う習慣があった。「補講で、毎日四時間あまりぶっつづけに中国語ばかりのなかに頭をつっこみながら一週間たつと、それまで完全に何一つわからなかつたやつが、ふしぎに読めてくる」[139]という効果があった。また、合同補講授業以外の時間に行う補講は、卒業生や関係者が共同学習する合宿に発展していった。[140] 一九六〇年頃には、Eクラス内での補講が、お茶の水女子大学との五〇人の合同補講に発展したという記述も見られる。[141]

合宿の集団的かつ民主的な雰囲気について、「渓流に臨む、粗末な部屋に(たしか始めは電気のない部屋だつた)それぞれグループを為して陣取り、各自持参の食糧を供出、民主的なルールに従つて炊事当番其の他の雑務を分担して、

原始共産的生活がはじまつた」[142]と回想されたことがある。合宿の初期には、工藤のリードのもとで、倉石武四郎も参加して学生を指導していた。[143]参加者はEクラスのメンバーに限らず、Eクラスの卒業生や中国研究所員、東大法学部の教員や教養学部事務部の人たち、お茶の水女子大学の学生たちも含まれたようである。[144]「学生運動に没頭して全然勉強しないやつを救済するために始まった」[145]と言われるほどの合宿での学習は、試験を中心とするスパルタ式で、「朝四時間、午後四時間位みつちりとやつた。毎日テスト。その成績は直ちに発表され、いい者は賞められ、悪い者は注意されるというスパルタ式。スポークンチヤイニイズを主に使用、余暇にはレコードによつて発音を矯正したり、漁光曲などのうたをおぼえた」[146]という。表7に示したように、使われた教材は、Eクラスの教室内で使われた文学作品が中心であり、倉石が称賛した*Spoken Chinese*というアメリカで編纂された実用のための、会話体の学習テキストも使われていた。一九五六年にEクラスに入学した阿部康男は、一九五八年、一九五九年、一九六〇年の三度の合宿に参加している。彼にとって「合宿は、Eクラスを考えるとき、どうしても切りはなすことのできないものとなって」おり、「合宿とは、普段の雑事から解放されて、数日を中国語の学習研究に没頭する、そういうもの」であったという。[147]

Eクラスの入学者の増加にともない、一九六〇年に合宿の人数は約六五名にのぼり、そこで「耳から」の方法が論争になったことが、以下のように回想されている。

　中国語教育の方法のうち、「耳から」の方法とでもいう方法が、Eクラスの中で一定の成果を収めて、それが、今までのEクラス的学習に対置されてきた事である。ともかく、対置・ないし対立方法として学生が受取り、それを論拠として論争が行われるという事が、三十五年の合宿で行われたのだ。[148]

上記の回想では、「耳から」の方法とは何かについて詳細に説明されてはいない。ただ、「今までのEクラス的学習

表7　1951年から1971年にかけてのEクラスの合宿と補講の場所と内容(『創業史 E class NO 10 NEN 1949-1961』,『中国語を学ぶ人へ――創業の詩』より整理)

年	合宿の場所	合宿の内容	補講の内容
1951	那須	*Spoken Chinese*, 謝冰心『冬児姑娘』	魯迅『雑感選集』
1952	那須	*Spoken Chinese*, 老舎『竜須溝』	『王貴与李香香』
1953	那須	『春花秋実』,『朱子類語』	
1954			『菊花石』
1955	那須高尾温泉	倉石？ローマ字, 艾蕪「新的家」	「白毛女」(シナリオ)
1956	那須高尾温泉	不明	「阿Q正伝」
1957	那須三斗小屋	老舎短編小説選	
1958	奈良女沢温泉	老舎短編小説選	「青春之歌」,「西廂記」
1959	奈良女沢温泉	「王者」,「西廂記」,「聊斎志異」	夏衍「上海の屋根の下」
1960 1961～	那須三斗小屋	「祝福」シナリオ, 艾蕪短編小説選	
1967	那須三斗小屋	不明	
1968	八王子？那須三斗小屋？	・総論「中国語のactualityとEクラスのはたし得る役割」という問題の意味と討論における基本的視点. ・Eクラス20年の歩みとその意味. ・教養学部のモデルとしてのEクラス. ・中国語と漢文・支那語. ・中国語のactualityとは何か. ・総括　討論で得たことの確認. 新しいクラス像, また那須合宿その他のあり方を考える. ・参考文献　倉石武四郎『支那語教育の理論と実際』,『中国の文化と社会』第1号より第4号まで(149).	
1969～ 1973	那須三斗小屋		

に対置されてきた」という一文、また上記の「補講で毎日四時間あまりぶっつづけに中国語ばかりのなかに頭をつっこみながら一週間たつと、それまで完全に何一つわからなかったやつが、不思議に読めてくる」、合宿で「スポークンチヤイニイズを主に使用、余暇にはレコードによって発音を矯正したり、漁光曲などのうたをおぼえた」という回想から考えれば、ここでの「耳から」の方法とは、実用的で発音を重視する学習法であった可能性が高い。まさに、工藤篁がEクラス内で堅持していた「厳密さを求めて、つまり一行の、否一語の解に苦しむ」学習の対立面にあるものだ。このように、Eクラスの教育と学習は、課外活動の補講と合宿を通して、実用性の忌避から軌道修正されていったといえるかもしれない。

もちろん、このような軌道修正に対しては、工藤の承認ないし予見的な計画が存在していたという可能性は否めない。Eクラスの進学先である中国文学科の倉石武四郎が合宿に参加したことや、「Eクラスの語学ゼミとして、他の外国語を選んでいる人の、二倍ないし三倍の語学の時間を自主的に作り出し、また運営してきた。その時間数においても、主体的な勉学の態度においても、我々は旧制高校の外国語教育に比して、決して遜色なきを誇りとするものである」[150]という工藤の記述はいずれも、彼が補講と合宿において側から助言していたことを暗示している。[151]

駒場祭におけるEクラスによる中国劇の上演は、学生たちが自力で中国文学の原文から日本語に翻訳して脚本を作り、役の割り振り、演出、舞台装置、道具を自主的に企画し[152]、お茶の水女子大学と共演する主体性の高い課外活動であった。後述する駒場寮で発足した、Eクラスの学生が多く所属するサークルである中国研究会も、駒場祭におけるEクラスの活動に多く参与している。一九五九年と一九六〇年にはそれぞれ駒場祭に備えて、「同窓晩さん会」と演劇準備合宿が始まった。一九七一年頃には、民間で中国語を学んでいた労働者たちが応援しにきた記録も見られる。[153]

旧制第一高等学校の紀念祭を前身とする駒場祭は、駒場寮生を中心として自主的に企画され、一般市民に公開する大学祭であり、一九五〇年に第一回が開催された。風刺精神や「「反戦平和」への希求」といった創始以来の原則が静かに貫かれてきたと言われている。[154]大学祭は学生の日頃の考えや心情を集約して表現する機会であり、それを来場した一般市民に訴える窓口でもあった。表8に示したように、Eクラスが演出した劇の多くは、五四新文化運動の精神を受け継いだプロレタリア文学、または労働者の実生活をテーマとした「人民文学」と呼ばれるジャンルであった。また、一九五八年と一九五九年にはそれぞれ「日中貿易」と「人民公社」の展示が行われたという。これらの活動には、学生のどのような思惑が込められていたのだろうか。

『方法としての中国』(一九八九年)の著者で、一九五三年にEクラスに入学した溝口雄三は、中国語劇に熱心に取り組んだ一人であった。彼は、上演のための準備と練習がとても愉快な経験であったと回想している。「昭和二十八年の出し物は「趙小蘭」であつた。近藤邦康君の一本気な青年が非常に印象的である。相手の恋人の少女はお茶の水大の小林さんであつた。何しろ、女子学生と毎日一緒にやり合うのだから愉しくない訳はない」(155)。また、一九五九年に入学した高橋満は演劇を上演する意義について、「駒場のEクラスとしての場を作るという意味を我々相互のコミュニケーシヨンの場としての意義を多分に持つているからであるし、又持たねばならないからである」(156)と述べた。演劇を上演するための準備は、若い男女の学生生活の充実や相互理解をもたらしただけでなく、文学作品を日本語に翻訳し脚本を作るといった細かい解読の作業によって、中国語の能力が鍛えられ、作品ないし中国社会への理解が深められていったと考えられる。

例えば、中華人民共和国建国後における農村地域の恋愛と結婚の自由、女性の解放をテーマとする『趙小蘭』は、「甚だ現実性を帯びて若い男女の中に反応した」という。「車坐になつて一人一人が生い立ちを勇敢に告白し」、「若い男女があけすけに自己の過去を語り合つたものだから一日でみんな仲がよくなつてしまつた」。「練習が終るとすでにいつも夜になつていた。それからみんなでソバを食べ、時には皆で合唱しながら女子学生を渋谷まで歩いて送り、又、大山寮まで送つていつて、深夜に元気よく帰つて来たりした。こういうふんい気の中で吾々は、中国革命のもつ「明るさ」を体得したのである。まことにそれは明るいものだつた」(157)。実際の中国経験がないにもかかわらず、劇の練習から溝口は「中国革命」のリアリティーを味わっていたのである。彼は演劇の意義を以下のように論じている。

表８　1951年から1973年にかけて駒場祭におけるＥクラスの活動(『創業史　E class NO 10 NEN 1949-1961』,『中国語を学ぶ人へ――創業の詩』より整理)

年	駒場祭	備考
1951	展示？	
1952	劇：趙樹理「打倒漢奸」	
1953	劇：「趙小蘭」	
1954	劇：「大家所」	
1955	田漢「獲虎之夜」	
1956	劇：「辮髪」(魯迅『風派』より)	
1957	劇：曹禺「北京人」 展示：「戦前の日本における中国語教育史」	
1958	劇：老舎「茶館」 展示：「日中貿易」	「日中貿易」の展示は駒場・中研が主導した.
1959	劇：「上海の屋根の下」 展示：「人民公社」	駒場祭同窓晩さん会始まる.
1960	劇：夏衍「仏西斯細菌」	駒場祭演劇準備合宿始まる.
1961	「人往高処走」	
1962	「最後的一幕」	
1963	「青春之歌」	
1964	田漢「乱鐘」	
1965	「年青的一代」	
1966	文Ⅰ：「豹子湾戦闘」 文Ⅱ・Ⅲ：「三人行」	
1967	「北大荒人」	
1970	「我們都是同志」	
1971	文Ⅰ・Ⅱ：「三条黄牛」 文Ⅲ：「紅灯記」	工藤篁が教えている伊東の労働者たちが応援してきた(工藤篁「星火燎原運動への提唱」『中国語を学ぶ人へ』より).
1972	文Ⅰ：「巧媳婦」 文Ⅲ：「紅灯記」	
1973	文Ⅲ：一隻馬蜂 ２年：「半夜鶏叫」	

吾々は何故中国の演劇を上演するか、その意義は何か。答。現在の中国が持つている明るさ、前進に対するひたむきな献身を学ぶこと。又、外に対してはゆがめられて伝えられている中国革命の実相を紹介すること。そして、ひるがえつて日本の現在に生きる青年として、吾々は何をなすべきかを確実に自己のものにすること。では、どのようにして吾々はそれを果すか。そのために徹底的に集団の中で自己のそれまでの人生を批判し合おう。そして自己の人生と社会とのつながり方を批判し合い、進むべき正しい道をさぐり出そう。[158]

ここで、「現在の中国が持つている明るさ、前進に対するひたむきな献身を学ぶこと」と、「徹底的に集団の中で自己のそれまでの人生を批判し合」い「進むべき正しい道をさぐり出」すことという演劇の意義が語られているが、溝口がこの文章で記した「明るさ」の体験は、作品のなかの中国社会と、演劇を行う学生の集団活動の両方から感じ取ったものだったと考えられる。作品のなかの同時代の中国の「前進に対するひたむきな献身」の姿勢を演劇で表現するとともに、Eクラスの学生が「徹底的に集団の中で自己のそれまでの人生を批判し合おう」、「進むべき正しい道をさぐり出そう」という課題に取り組むべきだと溝口は考えていた。すなわち、文学作品の集団主義的な雰囲気と、駒場祭の演劇に代表されるEクラスの集団活動の意義は、溝口の思想においてお互いに投影されるものであった。彼の晩年の回想によれば、発展途上国の文学、革命のための文学、及びそれらの文学にある集団主義が、個人主義を重視する欧米文学に馴染んできた身にとってはとくに魅力的であったという。

中学・高校時代はずぶずぶの西洋文化追随者でした。ドイツとフランスの小説や哲学書、フランス映画のジャン・ギャバン、ルイ・ジュウベなど、読むもの観るもの語りあうもの、どれ一つとして西洋風でないものはありませんでした。細胞の全部が西欧文化の匂いを発していたと思いますよ。中国の古典とか小説とか、いっさい目にしておりません。それが大きな転換にあったのは、中国研究会〔引用者注：駒場寮のサークルである中国研究会のことだと考えられる〕で毛沢東の『文芸講話』を会読したのをきっかけにしてのことです。〔中略〕僕が高校時代に読んできたロマン・ロランとかヘルマン・ヘッセのように個人の存在を追求するような作品世界とは原理が異なった、もう一つ別の世界があるのではないかと。僕は当時『文芸講話』も読んでいて、ひょっとしたら新しい文学がここから始まるのではないかと思ったのですね。近代の二重構造性と言いますか、そのころはまだ近代の問題としてとらえていなかったと思いますけど。僕は趙樹理論が卒論でしたから、ずっと文学の質の問題を引きずっていました。駒場の時はもっぱら文学のあり方とか、政治と文学の関係とか、そういう問題にこだわっていました。(159)

溝口の例から、当時の学生がプロレタリア文学の思想を自らの生活とアイデンティティーのなかに内面化し、Eクラスの集団活動の意義と重ねて理解していたことがわかった。このような内面化された集団主義の行動原理はとりわけ、次項で考察する駒場寮で結成された学生のサークル・中国研究会の活動から読み取れる。他方、下記のように、文学作品のなかの中国の現実と、自己の人生経験をいかに融合させて演劇で表現するかという実践の過程において、両者のギャップも一部の学生に意識された。中国を理解するなかで、内面化しきれなかった文学作品の内容もEクラスの学生にあったはずである。

以後稽古の過程に於いて、そこにはおよそ常識的に、経験的に——日常生活から帰納して、表現しようとするものと、主体的に解釈し表現しようとするが、実際にはうまく適用することができないでいる二つの「よどみ」があった、だから濁るだけであつて、それを清らかにするには、濾過する他に、二者を分離する他はなく、決して化合されえなかつた。素人の宿命か力量不足かとにかく残念なことであつた。こういう傾向は多かれ少なかれ

中研内部にもあり、両者にとって誠に不幸というべきだった。(160)

戦う青春のなかの中国語——駒場中研、教室懇談会

中国語の現実性をもっとも重視し、中国語学習の意義をさらに理論化したのは、「左翼学生の根拠地」(161)とよばれる駒場寮五番に活動の部屋が置かれていた学生サークルの中国研究会（以下、駒場中研）である。駒場寮におけるサークルの部屋は、「まつたくひどいところでしたな、陽のあたらない、落書だらけの、机とベツトでもう後は空間のこらないという、香気に満ちた部屋でした。そこに、ほこりといつしよに精神貴族たちがつもつていた」(162)という。その人員構成は、「Eクラスにはいつた学生は、ほとんど中国研究会の会員だつた」(163)と言われるほど、Eクラスと緊密な関係を保っていたが、Eクラスに在籍していない他の教養学部の学生もいたようである。駒場中研の結成は、前述したように、戦後直後に学生運動が高揚し、中国関連の問題に関心が寄せられていったなかで、各大学ないし各専攻で結成されていった中国研究会の存在を背景としている。

「翻訳からスタッフ、キャストに至るまで、女優を衛看から借りたほかは、中研の連中でした」(164)というように、駒場祭の演劇の手伝いもあったが、駒場中研の主な活動は、中国関連問題の学習や研究、ないし社会活動であった。まず、中国関連問題の学習や研究としては、毛沢東の『文芸講話』の会読や、「機関誌「東方紅」を出し一部五円で各教室に売り歩いたりしたが、中研歴史グループ、経済グループ、文学グループに分れて、「東方紅」を中心にして毎週勉強会を続けた」(165)という、宣伝活動と一体となった共同学習が挙げられる。一九五八年の駒場祭に出展した日中貿易の展示は、中国研究所を訪問して収集した「新聞（縮刷版）雑誌、中国白書、経済白書、その他種々の日中貿易に関する研究書」などに基づいたものであって、その年の冬には「文化サークル連合シンポジウム」で「日中貿易を中心として見たる日中関係」というテーマを企画し、中国研究所から講師を呼んだようである。(166)

同時代中国関係の諸事情の勉強と研究は、中国語資料の直接的な解読に依存していた。下記のように、一九五一年

に入学し、Eクラスの代表的な活動家であった戸川芳郎の回想によれば、「当時は中華人民共和国の成立頭初であり、朝鮮戦争の最中でしたが、毛沢東の『実践論』などが翻訳されはじめて、油印《ゆいん》で紹介される頃でありましたし、私たち〔引用者注：Eクラス〕の中国語学習の意欲を向上させるために即応するかのように、続続と新鮮で感動的な新中国の文献が将来されておりました[167]」という。さらに戸川は以下のように、駒場中研にとって、同時代の中国語資料の解読は自己の思想を高める手段であり、中国語の学習は新中国との友好を基調としなければならないと考えていた。

• 中国語の教室は、新中国との友好を基調とする老実《まじめ》な実事求是の中国語学習の場であるべきこと。語学や文学や政経といつた分科意識ではなしに、中国語を通じて新旧の中国を正確に理解すること。
• 中研の人々は、語学学習においても中核となり推進力となつて、思想的水準を高め、つねに日中問題の新しい角度からの提起者となること。この目的のもとに、Eクラスと不可離の関係を保つてゆくこと。

この二つの考えは、私たちの間には漸次浸透し鞏固になつていつたばかりでなく、工藤先生が積極的な立役者の場合さえもありました。〔中略〕当然学生自治会の諸運動にもダイナミックな役割を果たしてゆきました[168]。

以上のように、中国文献の収集、解読、研究といった活動において、中国理解、中国に学ぶということと、中国語学習は表裏一体をなしていた。これは、工藤篁が成し遂げようとした「一般教育」とも異なる地平において、すなわち当時の学生運動、社会の左翼的な運動のなかで、Eクラスの中国学習は新しい現実性を獲得した。「学生自治会の諸運動にもダイナミックな役割を果たしてゆきました[169]」、また「全寮を支え、運動を支える本拠となつていつた[170]」と記されたように、駒場中研の活動は、駒場キャンパスから発した「反戦平和」や学園の民主化、自治組織確立の学生運動、勤評闘争と連動していたと考えられる[171]。駒場における他の学生運動と異なったのは、占領政策やアメリカが主導する片面講和に反対して、中華人民共和国との関係の強化を明確に提示したという点であったといえよう。例えば、中国語関係の資料の「究明により、我々はブルジョアージーの性格、ブルジョアージーの二面性、その矛盾、そして日中関係の正常化を阻むものが何であるかを知る事が出来た[172]」と考えた駒場中研の学生たちは、日本政府の対中政策、日中関係の現状に直接反応して、自主的な学習と研究を展開していったのである。

駒場中研が団体として行った社会活動として、朝鮮で故障した米軍戦車が持ち込まれた日鋼赤羽におけるストライキの応援や、目黒の米軍キャンプ労務者に対してビラの散布を行ったという記録が見られる[173]。団体活動とは別に、Eクラスに一九五一年に入学し、駒場中研のメンバーであった戸川芳郎は、山村工作隊に参加していた[174]。日本共産党に入党したきっかけは、駒場中研で紅軍や中国共産党の存在を知ったことだったという[175]。彼によれば、中研は「日本の革命闘争の中で一番先端を行かなくてはいかん、という意識が強かったです。全国の中研を集めた中研連（中研全国連合会）というところで、「新中国、革命中国を正しく理解しよう」「中国の文献を正しく読もう」「毛沢東思想を学ぼう」ということをやっていました[176]」という。一九五〇年春以降、コミンフォルム批判をきっかけとして日本共産党の内部で国際派と所感派が分裂し、「駒場の細胞でもこの二派は絶えず攻撃と論争が行われ、「赤い星」（国際派）、「明るい学園」（主流派）の機関誌が両方から私たちの手もとに配られていました」。「全学連は殆どみんなスマートな国際派なのです。本郷はみんな最後まで国際派です」という状況だったのに対して、「中研はまさに主流派の牙城であり、その首脳部の堡塁であつたのです。中共の諸戦術を採用しつつあつた当時の主流派の方針と、新中国の革命と隆盛とを身近かに感じた私は、急速にそのいずれにも深く接近してゆきました[177]」という。このようにみれば、一九五〇年代前半の駒場中研には、日本の平和と民主化を徹底する手本が中国革命にあるという思想的な特徴が存在しており、この点は駒場の全学連や本郷の中国研究会とも異なっていたといえよう。

学生活動家であった戸川芳郎の山村工作隊の参加経験は、駒場中研としての集団活動というよりは、個人的な意志に由来したものであったと考えられる。駒場中研に関する記録は多く残されていないが、そのなかで過激な暴力闘争に関与していたと記したものはほとんど見られない。むしろ、駒場中研やEクラスの内面化された集団主義の雰囲気を飲み込めず、積極的に自己改造を試みた学生の回想からみれば、Eクラスでは思想的な多様性も認められたことがわかる。一九五四年に入学した中村嘉孝は、「駒場祭には中国の演劇「大勢の赴く処」で主人公の共産党員を演じてみたりした」が、「ムリに合わせようということから、いろいろ滑稽な現象が生じた。つまり自己改造がなかなかスムースにいかず、しばしば周囲の失笑を買った[178]」と回想している。しかし、「当時のEクラスになにか強制的なシステムや思想が存在したなどということはない。個人の自由は完全に認められていたし、反動的言辞を弄しても、反中国語的なことを云っても、やはり工藤さんにとっては「可愛いいEクラスの諸君」であった。但し進歩的であるほうが、居心地がよかっただろうと思う[179]」という。

工藤篁自身は、左翼の思想的傾向をもっていたにもかかわらず、駒場中研の活動や学生活動家の左翼運動に直接関わったことは極めて少なかったと考えられる。一九六〇年代前半の学生運動に参加していた平田勝の回想によれば、工藤から中国語勉強の厳しい説教を受けたことがしばしばあった[180]。戸川の回想によれば、「工藤さんは私を捕まえるといつも「本を読め、中国語をやれ[181]」と言っており、工藤は学生運動に冷ややかな態度さえもっていた。

> 工藤先生は我々が党活動をしたり学生運動をしたりとかについて、直接何も言いませんでした。他の先生もそうでした。そういう意味では教師のほうから中国の革命思想を学ぶということはあまりなかったですね。工藤先生は、学生がどんなに暴れようが、何しようが、中国《ママ》をやれということで一点張りなのですよ。どんなにこっちが過激なことといっていてもね。先生は、恋愛詩みたいな、詞が好きですからね。そういうものを読みながら、お茶大の学生たちに囲まれながら楽しそうにやっているんですよ、デレデレー、としてさ。大学の教授としてはいかがなものですか。それで私みたいなものが「戦闘意欲を阻害すること甚だしい」と怒って文句を言っても、先生は平気で、「殺風景なやつが来た」なんか言って[182]。

なによりも、工藤の教育的理想は、中国語そのものにあり、Eクラスないし全国の大学生の間での「一般教育」としての中国語の隆盛にあった。一九五三年に中研連の機関誌『学習中国』に掲載された「新時代の中国語学習法——学生諸君への提案」において、彼は学生活動に熱心だが中国語学習を疎かにしていた中研連の学生に、以下のように説いている。

ここに一つの提案がある。教授側でも中国語の教室を、一般外国語の教室なみに提高〔引用者注：その水準を引き上げる〕すべく熱心に討究されている以上、学生側でもいかにして自分達の教室を真摯なものにするか、討議する機会をもってみたらどうであろう。最初は東京、大阪などの大都市に限られようが、中国語学研究会がいまでは全国的な組織になったように、この学生の会議も全国の中国語学習者を網羅し、活発に討論できたら、それはすばらしいではないか。〔中略〕中国語を学習しよう。そして学習の過程において正しく中国を見る目を養い、まじめに中国を学習しよう。まじめ（老実）ということと、科学的であることとは、毛沢東においては一つのものとして考えられている。「まじめ」に、そしてあとで「しっかり」しよう。最初からしっかりしてしまって、正しい姿勢をとることを忘れてしまったら、それは支那語時代に逆行することである。[183]

上記の提言を受けた中研連の大学生は、学術団体である中国語学研究会の第四回大会の開催をきっかけとして、各大学の中国語教室、中国研究会に呼びかけて、「中国語教室学生懇談会」（以下、教室懇談会）を発足させた。日中関係の諸問題を打開することを目標としていた駒場の中研に対して、一九五四年に新たに結成された全国の大学生を網羅する自治組織である教室懇談会は、中国語授業の質の改善を目標として、新しい中国語の学問を創造しようとした。「教室懇談会」は一九五六年まで三年間続き、その間に月例会を二六回行い、ニュースを八号まで発行した。[184] 参加した大学には、「教育大、慶応大、学習院大、東大C、東大本郷、拓大、早大、お茶水、東洋大、東京外大、横浜国大、中大、一橋大、都立大、横浜市大、神奈川大、北大、愛知大、金沢大、大阪外大、大阪市大、神戸外大、天理大、立命館大、高知大、北九州大、西南学院大[185]」とあるように、関東の国立・私立大学だけでなく、関西の外語大学、私立大学も含まれている。

表9に示したように、教室懇談会は活動の足場を教室そのものに置き、授業の時間数、授業進行の速度から、教師の指導法、学習用の辞書・参考書・発音記号、理解できない文法の問題まで、学習に関わるあらゆる問題を取り上げ、互いの大学の授業参観、大会の開催を通じて、頻繁に意見を交わしていた[186]。以下の工藤の回想にあるように、Eクラスの学生がこれらの活動で積極的な役割を果たしたほか、Eクラスの合宿や共同学習、集会の様式も、他大学の手本となったようである。

我々の団結と友愛の精神は、単にEクラスの同人を潤すのみならず、他の学校にまで影響を与えた。特に教室会議を通じての活動とか山の行事を共にする過程において、有形無形の感銘を与えたこと少からざるものがある。例えば、学習院大学の沼津の合宿、都立大学の八ケ岳山麓の集い、外国語大学の甲州某地における共同学習、そして聞くところによるとお茶大においてもいずれかの地に共同学習の成果を求めんとする動きなどは、みなこの影響のもとに生れたものである[187]。

教室懇談会の活動の意義について、一九五三年にEクラスに入学した近藤邦康は、以下のようにして学習の主体性と教室の民主化を強調している。

教室会議はあくまで中国語教育・研究という土俵の上での運動であり、中国語研究の低水準、中国語教課の不当に悪い待遇こそが解決すべき問題であった。ただし、教室での教育とは一応別の研究者の学問的努力によつて

表9　1953年から1956年にかけての教室懇談会の行動(工藤篁『中国語を学ぶ人へ――創業の詩』366頁より)

年	月	回	会場	内容
1953	11		都立大	〔中国語学研究会第4回〕大会
	12	1	東大C	討論
1954	1	2	早大	討論
	2	3	〔東京〕教育大	討論
	3	4	お茶大	討論
	4	5	拓大	討論
	5	6	横浜国大	討論　授業参観決議
	6	7	中大	中大アンケート
	7	8	〔東京〕外大	語法初歩決議
	8	9	東大	学会〔例会参加者〕と討論
	9	10	慶大	学会〔例会参加者〕と討論
	10		金沢大	〔中国語学研究会第5回〕大会
	11	11	学習院大	『語法読本』
	12	12	一橋大	『語法読本』 学会〔例会参加者〕と討論
1955	1	13	都立大	授業参観
	2	14	拓大	例題討論
	3	15	お茶大	例題討論
	4	16	東大C	授業参観
	5	17	〔東京〕外大	パネルディスカッション
	6	18	学習院大	授業参観
	7	19	〔東京〕教育大	例題討論
	8	20	東大	授業参観
	9	21	東洋大	大会予備討論
	10	22	早大	〔中国語学研究会第6回〕大会
	11	23	お茶大	今後の方針
	12		慶大	準備会
1956	1	24	都立大	『華威先生』 会読
	2	25	拓大	『華威先生』 会読
	3		教育大	準備会
	4	26	一橋大	『華威先生』 会読
	5		(〔東京〕外大)	
	6		学習院大	

それを解決するという道でなく、低水準の原因とその結果としてあらわれてくる矛盾とを教室での授業の仕方、教師と学生との関係に求め、学生の主導権による教室の民主化によつてそのような低水準を克服するエネルギーをもりあげる、という道をとった。[188]

駒場中研に参加していた戸川芳郎と木山英雄は、中国語の教育と学習の問題について、「大学の機構教育制度そしてそれを裏打ちしている所の、明治以来何十年と伝えられてきた日本の学問体系の厚み、又学問をそのように育てて来た日本という社会」[189]を関係づけることなしには解決できないことを意識して、「新しい学問の創造運動」としての意義を見いだした。駒場中研の思想と活動の延長線上で、彼らは以下のように論じている。

敗戦によって、侵略戦争の一手段として主要な使い道をもっていた「支那語」は崩壊した。新中国の出現は、過去の罪をまじめに反省し、新しい隣邦を知り、学ぼうとする人々に対して「中国語」という偉大な武器を与えた。中国の政治・経済・文化を正しく学びたい、日本国民と中国人民との相互の理解を深めるために努力したい、相互の繁栄に役立つ貿易に従事したい、等の関心に基いて、私たちは中国語を勉強しているのだ。それは先人が多くもった「支那」に対する蔑視観や、侵略的野心や、なぐさみ的関心とは全く無縁である。[190]

重大なことは、単に我国における中国語学の他の僚友語学からのたちおくれということではなくて、そのような中国語〔引用者注：戦前の「支那語」〕が、中国の歩みの世界史的意義を正しく理解し、政治・経済・文化の一切面を正しい姿勢で研究する科学的な要求にもはや役立たなくなり、私たちに捨てられつつあるということである。[191]

以上のような、「明治以来何十年と伝えられてきた日本の学問体系の厚み、またそれをそのように育てて来た日本の社会」のなかでの「中国語研究の低水準」や、「中国語教課の不当に悪い待遇」を改善しようとした教室懇談会の主張は、一九五〇年代に工藤篁が行った「支那語」批判を受け継いだ部分が大きかったと言えよう。さらに、戸川芳郎と木山英雄が記した「新中国の出現は、過去の罪をまじめに反省し、新しい隣邦を知り、学ぼうとする人々に対して『中国語』という偉大な武器を与えた」という文言においては、中国語学習の必要性が駒場中研による革命中国の学習の延長線上で再確認されている。

教室懇談会による討論の結果の一部は、一九五四年から一九五五年にかけて、中国語学研究会の関東支部例会と全国大会で報告された。一九五四年五月二九日の中国語学研究会の関東例会支部例会の記録によれば、「四時から、学生及び教授側は、それぞれ別に懇親会を開き、学生側は中国研究の問題について語り合い、教授側は各学校の中国文学並びに中国語学の現況、あるいはそれぞれの当面する問題について語り合い、歓談は六時半になつても尽きなかった。学生側は、お茶の水3、早大7、東大5、横浜国大8、横浜市大5（学生祭準備のための少数）合計二十八名。／教授側は中大・北浦、都立大・永島、埼大・田森、文理大・牛島、早大・實藤、安藤、六角、堤、陣内、船津、お茶の水・頼、外大・田中、鐘ヶ江、東大・倉石、工藤、藤堂、神奈川大・沼上、岡本勇、横浜国大・岡本、本橋、横浜市大・波多野、田中厳、田仲、横浜中華学校・喬鐘洲、大安文化貿易・小池、横浜市・〔引用者注：原文でここは空白〕外数氏合計三十余名の盛況であった」(192)。この頃はちょうど、中国語学研究会が教育の諸問題を打開しようとして教授法と教科書を総点検していた時期であり(193)、学生らの意見は重宝されて学会誌でも文章化されていた(194)。Eクラスの学生を中心としたアンケートの結果は、「東大教養学部中国語クラス・中国研究会」の名義で発表された「東大教養学部における中国語の授業についての学生の考え」としてまとめられた(195)。『中国語学研究会会報』第二九号に掲載された宅見晴海の「是非教えて頂きたいこと」では、昔の中国語教育・学習に携わった人々が、「もともと、中国語、ひいてはそのことばをつかう中国人の思惟、中国民族というものを理解しようということを考えないで、自分達の都合のよいように理窟をこしらえていただけなのか、或いは、本当にそれらを理解しようとしても力が足りなかったのか(196)」

と問いかけ、中国語と中国人の思惟、中国民族のより良い理解のための教授内容を強く要求した。

何よりも偏見——よい意味にも、悪い意味にも——の立ち入ることを戒めつつ、本当に中国語、中国人の思惟、中国民族そのものを、理解しようとすることから始められるべきだと思います。教えられる学生の側からいえば、全くの白紙で臨む私たちに対して、教育の過程で、中国語を、ひいては中国人を、中国民族を理解したいという意欲をひき出すようにして頂きたいわけです。でなければ、そうでないのはもとより、せっかく中国の何かを学びたいと意気ごんで来たものも、その入口である、中国語の学習のところで、いつの間にか熱がさめてそっぽを向くようになることでしょう。(197)

また当時、東京外国語大学で学び、教室懇談会に参加していた輿水優は以下のように回想している。

私なんか中国語を始めて半年ですから、学会の大会に出ても、話されている内容がわかりもせず、なにやら、先生方は勉強していない、新しい中国のことを勉強せよ、文法なんかやってないじゃないか、といった趣旨の、学生の発言が印象に残りました。教室会議の活動には、だいぶ反発する先生が多かったんですよ、外語系であるほど反発しました。戦争語学とは言わないが、いまだに古い語学教育を引きずっているとばかり、東大をはじめ、外語系以外の大学の中国語教育の問題に、外語系が敵役のような役回りをさせられている感じでした。(198)

学生の意見には一部の中国語学研究会の教師たちが積極的に対応し、自己反省を惜しまなかった。安藤彦太郎は教室懇談会の討論を「新しい力の源泉」を呼び、「その討論内容には、よし未熟なものがあるとしても、語学は、とくに中国語は、教えるものとまなぶものとの交流の上にたつ以上、わたしたちは、そこから汲みとるべき多くのものを見出せるはずだ。わたしたちのあいだで、学生をふくめた活発な討議をおこす必要がある」[199]と認めたのである。

『中国語学研究会会報』の記事からみれば、一九五〇年代における中国語の教育法、とくに学習者を大きく困らせた中国語文法の教授法の不備、また、それを解決するために、一般教育としての中国語と、専門的学科としての中国語とをいかなる場合に区別し、またいかなる場合に融合させるかといった難問が教師らに突きつけられていたようである。この状況のなかで、学生に牽引されて教師も過去の中国語教育の欠点に目を向けていき、「今迄の中国と日本の関係の中で、中国語がどのような目的と方法によって教育されて来たか、現在中国語教育はどのような位地におかれているか、換言すれば、中国語教育の目的とその方法の歴史と現状を明らかに」するため、歴史と現状を総括する「中国語教育白書」の作成さえ構想されていた[200]。このなかで、安藤彦太郎は一九五四年に、教育の内容よりは教育者の政治的なスタンスに注目し、「教える側の主体性の問題に帰着しよう。つまり、「だれに奉仕する中国語を教えるか」という問題だ。この問題をはっきりさせるために、「いままでだれに奉仕してきたのか」〔中略〕ここを避けて通ることはできない」[201]と述べた。翌年、竹内好は戦前の外語式の中国語教授法による「被害をうけている」自身の例を挙げ、「わたしは、戦争中、商業学校で支那語をおしえたが、その教科書に宮越さん〔引用者注：宮越健太郎だと考えられる〕のをつかったら、難易の順序がムチャクチャで、いやになった。宮越さんの個人攻撃をするのではない。シンボルとしていうのだ」と告白し、中国語教育の歴史については、「日本の中国語は、発生的には二つある。一つは戦争語学、一つは行商語学」[202]だと主張した。

一九八八年に出版された安藤彦太郎の『中国語と近代日本』には、「中国語を実用的な「特殊語学」だというばあい、その「実用」には、戦前における中国大陸への日本の進出の二つの側面に対応して、「商務」と「軍事」の二面があった」[203]というよく知られた文言があり、ここに一九五五年の竹内好による批判は確かに受け継がれている。本章の第一節で論じたように、戦前の中国語界で活躍していた東京外語支那語部教授の宮越健太郎は、戦後には教材や語学記事の執筆を控えていた。一九五三年頃に教室懇談会の活動が行われるようになってから、戦時中の教育と学習の経験は、戦後の世代に受け継がれるべき無罪のものであるかどうか、といった戦争経験についてのイデオロギー的な問いかけが強められていった。

　教室懇談会の角度から見れば、学習の問題点と自己の主張が中国語学研究会の例会で真摯に聞き取られ、一九五四年頃の学会誌において中国語教育全般にかかわる問題として取り上げられ、さらに論争を引き起こしたという意味では、彼らが目指した「学生の主導権による教室の民主化」、教室の問題を「教師と学生との関係に求め」るという活動の理念は、当時すでに一定の成果を収めたといえる。

　さらに、学生運動としての駒場中研及び教室懇談会は、Eクラスとどのような関係にあったのだろうか。この点については、Eクラスの学生が数多く参加しており、Eクラスの理念が多く継承されたという意味において、「内面化された集団主義」「中国に学ぶ＝中国語を学ぶ」というEクラス式の「教養中国語」の学び方が、駒場キャンパス、他大学へと拡大していったものだったと捉えることができる。

　一九五〇年代末のEクラスの学生数の増加に伴い、「学生運動内の対立」や「学生の思想全般の波乱[204]」が起き、駒場中研と教室懇談会の活動はやや下火になったようである。そこにいたるまでの経緯を裏付ける資料は少ないが、ただ、多くの学生運動と同じく、学生運動の実行者である学生たる身分は、大学という制度に制限されており、わずか四年前後で終結を迎える。その際には、自己の生活と実社会との接点が徐々に意識されるようになるだろう。Eクラスと駒場中研の場合、駒場キャンパスに在籍する期間は、二年間のみとさらに短いものであった。Eクラスの教室内における学業の継続と、課外の学生運動や左翼運動の実行は、そもそも矛盾していたという点について、当時の学生であった近藤邦康の指摘は鋭い。

　　あのころ使われた「研究室の活動家」という言葉に、ぼくは今だに一種の屈辱感と悩ましさを覚える。自ら政治活動をする代りに、政治活動家に指導されて研究条件を作る活動をする。安全感とひけめと反撥の入りまじつた奇妙な分業。学問が擬似的政治活動になり、政治活動が擬似的学問になるといった無媒介的統一。それらの混沌のかもし出す異常に熱つぽい雰囲気……。突然、政治が政治自体の道を発見し、学問が学問自体の道を進むこととなつた時（おそらくは清算主義的に）、「研究室の活動家」の足場は空中分解し、この問題はもはや組織的な運動として展開せず、運動を荷つていた個々人の内部へ帰つて行く。(205)

駒場中研と教室懇談会の活動は一九五〇年代後半に下火になっていった。しかし、それらが残した遺産として、例えば、Eクラスと駒場中研から誕生した運動家であった戸川芳郎は、「私の人生において、左翼運動に参加した意義は、何だったのでしょう。街に出て色々なおじさんと話をしたなんていうのは、大学に入る前に経験していたし。やはり現実の政治に直接関わったことで、漢代の文献を読んでいても、そこにおける政治の問題を深く切実に理解できるようになった(206)」ことだと言い、Eクラスの経験が自己の中国研究と現実の政治の問題との関係を思考する原点となったと回想した。教室懇談会について、工藤は「大部分の連中が伝田先生みたいに中国文学科に進学したわけだね。そして、それはみんないまは助手になったり、講師になったり、助教授になったり、ずいぶんいる。各大学で教えてる人はたいがい教室会議関係の人だよ。そりゃあ、教室会議の影響のなかった人というのはほとんどない。会議の目的はいま達せられてるわけだよ(207)」と述べている。教室懇談会に参加していた学生の進路は、資料から十分に確定することはできないが、本項で行った考察からみても、駒場中研と教室懇談会の影響力が、一個人の人生や一学校の教育現場にあっただけではなかったことがわかる。中国語学習と中国研究、中国理解とが緊密な関係にあるべきだという強い意識と、中国語教育・学習の過去と現在のあり方とを容赦なく問い詰める姿勢が、後の世代に受け継がれていき、戦後における中国語受容の言語観の原点の一つとなったのである。

第四節　Ｅクラス式の「教養中国語」の可能性――功績と問題点

本章の締めくくりとして、Ｅクラス式の「教養中国語」の可能性――功績と問題点――をまとめ、今後の課題を提示したい。まず、Ｅクラス式の「教養中国語」は、新制東京大学教養学部で行われていた教育改革に影響され、さらに独自の発展を遂げたという特徴が見て取れる。第一に、語学と文学を融合した「基礎語学」という工藤の教育理念は、教養学部の「一般教養」を意識したものである。ただし、中国研究者の養成のための人格教育と、厳密さを追求する語学訓練には、旧制高校の外国語教育から継承された部分も多く見られる。第二に、Ｅクラスの課外活動、学生運動は、駒場キャンパスを拠点とする「反戦平和」や学園の民主化、自治組織確立を目指す学生運動と連動していたと考えられる。他の学生運動と異なったのは、駒場中研は日本の平和と民主化を徹底する手本が中国革命にあると提示した点にある。

また、Ｅクラス式の「教養中国語」の特徴は、語学学習の目的において、実用性を超克する現実性を強めたという点である。工藤篁にとっては、実用的な中国語が「支那語」教育の象徴であったが、学生は合宿と補講を通して耳からの、実用的な中国語の方向に軌道修正を行った。「敗戦によって、侵略戦争の一手段として主要な使い道をもっていた『支那語』は崩壊した。新中国の出現は、過去の罪をまじめに反省し、新しい隣邦を知り、学ぼうとする人々に対して、『中国語』という偉大な武器を与えた。中国の政治・経済・文化を正しく学びたい、日本国民と中国人民との相互の理解を深めるために努力したい、相互の繁栄に役立つ貿易に従事したい、等の関心に基いて、私たちは中国語を勉強しているのだ(208)」と戸川芳雄と木村英雄が「中国語教室学生懇談会のあゆみ」でまとめたように、現実の中国を相手とする中国語は、相互理解や貿易に役立つ実用的な側面を持つことが想像できる。しかし、そのような実用性は過去の罪の反省を踏まえ、現代の革命的な中国を手本としたものであったため、中国の現実性によって過去の「支那語」教育の実用性を超克するという形を取った。この種の現実性は、後のEクラスでも継承されていった。例えば、以下のような回想が見られる。

一九六四年に大学に入学し、第二外国語に中国語を選んだのが中国との触れ合いのきっかけでした。担当の工藤篁先生は、現代中国語で「目」のことを「眼睛」というが、なぜ「黒ではなく青の旁が使われているのか?」と問いかけました。これが中国・中国人との相互理解と友好を深めたいとの私の意欲を強める原点となりました。四年後、中国と直接交流できる仕事をしたいと考え、日本国際貿易促進協会に就職しました。当時、「日中国交回復」が貿易業界の切実な願望でした。先輩たちの努力と国際情勢の変化により、さらに五年後の一九七二年に日中国交正常化が実現しました。(209)

中国語教育の制度面から、Eクラスの功績を考えてみよう。前章で見たように、戦前の支那語学会は文部省に提出した「支那語教育普及ニ関スル実行案」の第四条で、「帝国大学及官公私立大学ニ於ケル随意科ノ支那語学ヲ必修科ニ改ムルコト」を求め、倉石武四郎も『支那語教育の理論と実際』で「大学でも支那語を西洋語学と同格」にすることを望んだ。このような中国語教育改革者らの長年の願望は、かつての旧制帝国大学の頂点であった東京大学におけるEクラスの誕生をもって、ようやく実を結んだといえる。Eクラスの設立は、占領期の外国語教育政策の改革やアメリカ式の地域研究と不可分の関係にあったが、さらなる独自の発展を遂げた。例えば、古典文学と近現代文学を融合するという一般教育の理想は、戦前期に文学作品をほとんど取り上げなかった「支那語」教育とは大きな相違があった。また、現代中国語を通して中国研究を行う志向が中研連や教室懇談会によって他大学や中国語学研究会に拡散された。上記の意味において、Eクラスの誕生と草創期に挙げた成果は、中国語教育、中国語文化を受容する近現代日本における大きな転換点であったに違いない。この転換の過程で獲得された「教養中国語」の中身は、アメリカ式の実用的な中国語をそのまま模倣したものというよりは、戦前の旧制高等学校の外国語教育や、戦前の「支那語」教育、さらに、同時代の中国の現実性とも対話しながら形成されていったものであった。

Ｅクラス式の「教養中国語」の問題点もいくつか挙げられる。まず、中国語の実用性を忌避し、一文と一語の解を追求する教育法は、確かに当時の学生に少なからず困惑をもたらすものであったといえよう。一般教育と、専門的、また、実用的な語学との結合のためのカリキュラムの設計といった内容は、工藤の文章においてほとんど言及されなかった。一般と専門は融合すべきか、いかに融合すべきかという問題は、彼らの語学実践において充分な答えが出されたとは言えない。

上記のことは、大学の教育行政においてＥクラスが置かれていた位置とも無関係ではないと考えられる。当時、教育行政上のサポートに不足を感じていたことについて、工藤は東大教養学部教職員組合『組合ニュース』(一九六八年)に発表した文章で以下のように指摘した。「中国語の教室は、たとえば文学部の中国文学科の研究室に比して、定員、研究施設、年間経費の点等で大きな開きを感ずる」[210]。また、「直結するシニアコースが限られている。／現在中国語を基礎語学として本当に生かせるのは文学部の中国文学科だけといってよい。社会系(将来は自然系も)をも含めて各方面にひろげられなくてはならない。当面教養学科に「中国の文化と社会コース」を開設したい」[211]という。

こうした背景から、Ｅクラスや駒場中研、教室懇談会の団結は「他のＢ・Ｄクラスでは考えられない間柄」[212]だと言われるほど強かった。この団結は中国語の普遍性よりも特殊性を意識する側面もあり、Ｅクラスのアイデンティティーの一部となっていた。工藤を含め多くの学生も、Ｅクラスを「特殊部落」と呼んでいた[213]。また、「Ｅクラスの中には独仏語の学習を軽視する空気が全然ないわけではなかつた」[214]、「中国哲学科や東洋史学科は古い漢文訓読法で文献を読んでいましたから、中国語クラスの学生は、みな敬遠していました」[215]という卒業後の回想も見られる。

その反面、すくなくとも一九七〇年代初頭までの日本社会では、中国語や中国文学のもつ普遍性を意識する人はまだ多くなかったといえよう。一九六一年に卒業生の岡田三郎助は、「駒場時代にも、出来ますことなら、独・仏語を第三外国語で選択しておくべきでしょう。良きにつけ、悪きにつけ、今日の我が国の文化は欧米の影響を根底から受けているからです」と在籍学生に勧めている。[216]一九七一年に工藤は、ロシア文学と対比し、中国文学が日本の「世界文学」というジャンルにおいてどう位置づけられるかという問題を提起して、「少なくとも現在の日本の知識人のあいだには、内容としての中国文学はその世界性において欠格とされる。だから新島淳良氏は、「中国語の教養性」を疑う」と述べた。[217]日本で受容される中国語のさらなる普遍性、世界性への問いかけは、この時期、工藤の思考においてなお強く存在していた。

Eクラスにある内面化された集団主義と左翼的な思想の特徴は、戦後中国語教育と学習全体のなかでも見られるものである。とくに一九七〇年前後、中国革命への支持は、文化大革命の最中における教師の権威の喪失や教室の解体の誘因となった。この頃の一連の事件や運動は、Eクラスそのものとは直接的な関係がほとんどなかったが、戦争の一翼に加担した「戦争中国語」に対する反省的な態度と、現実の中国のより良い理解のための中国語学習という理念は、一九五〇年代のEクラスのなかですでに主張されていた。Eクラス及びその周辺で行われた中国語関連の思考は、活字資料から示せる範囲よりも広く影響を及ぼしていったと推測できる。

注

(1) 宮越健太郎「序」旺文社編『華日大辞典』。
(2) 倉石武四郎『中国語五十年』六七頁。
(3) 倉石武四郎『中国語五十年』六七—六八頁。
(4) 同上。
(5) 藤堂明保中国語学論集編集委員会編『藤堂明保中国語学論集』、藤堂里子『藤堂明保詠草』を参照。
(6) 那須清『旧外地における中国語教育』一〇七頁。
(7) 倉石武四郎『中国語五十年』七二—七三頁を参照。
(8) 牛島徳次『中国語、その魅力と魔力』四一—四二頁。

(9) 同上、四一頁。
(10) 橋本明子『日本の長い戦後』一〇頁。
(11) 吉田裕『日本人の戦争観』五六頁。
(12) 馬場公彦「戦後日本人の中国観の形成と変化――1945―92年」波多野澄雄・中村元哉編著『日中の「戦後」とは何であったか』九四頁。
(13) 馬場公彦『戦後日本人の中国像』九二頁。
(14) 同上、九三―九五頁。
(15) 長谷川健治・秦玲子(聞き手)「戸川芳郎氏オーラル・ヒストリー」、長谷川健治・秦玲子(聞き手)「戸川芳郎氏聞き書き」、平野健一郎等編『インタビュー 戦後日本の中国研究』、代田智明監修、谷垣真理子等編『戦後日本の中国研究と中国認識』を参照。
(16) Hubbert, Jennifer. *China in the World*.
(17) Li, Wei and Diao, Yanbin eds. *Global Chinese*, Walter de Gruyter GmbH (published since 2015).
(18) 牛島徳次『中国語、その魅力と魔力』一一頁。
(19) 同上、四七頁。
(20) 小島毅『子どもたちに語る日中二千年史』、齋藤希史『漢文脈の近代』、さねとう・けいしゅう「国号の問題」『中国人日本留学史』などを参照。
(21) さねとう・けいしゅう「国号の問題」『中国人日本留学史』二四〇頁。
(22) 實藤恵秀「中国知識人におくる」『新中国』第一巻、一九四六年、一七―二二頁。また、一九四六年に実業之日本社から刊行した雑誌『新中国』の執筆者の多くも「中国」という呼称を使っていた。
(23) 牛島徳次『中国語、その魅力と魔力』四七頁。
(24) 工藤篁「支那語から中国へ――工藤篁先生とのインタビュー」『中国語を学ぶ人へ』三七頁。
(25) 同上。
(26) 工藤篁「新年におもう――支那語から中国語へ」『中国語を学ぶ人へ』四一頁。
(27) 倉石武四郎「百号記念のことば」『中国語学』創刊一〇〇号記念論文集、一九六〇年。
(28) 『中国語学』総目次(一九四七年―二〇〇〇年)などを参照。
(29) 輿水優「中国語教育の「これまで」と「これから」」三頁。
(30) 吉田雅子「『中国語学事典』解説」中川仁監修『戦後初期日本における中国語研究基礎資料 第2巻(上下) 中国語学事

典(下)』五八三―五九五頁を参照。
(31) 金子二郎「あとがき」『中国語学』創刊一〇〇号記念論文集、一九六〇年、五三頁。
(32) 例えば、『中国語学』の第四九号「漢字拼音草案特集号」が挙げられる。
(33) 『新中華』が『支那語雑誌』からの復刊であったことは、『新中華』第一巻第一号の編集後記や、『中国語雑誌』第六巻第四・五・六号の「休刊の御挨拶」から推測できる。
(34) 「支那語雑誌　創刊号」六角恒廣編『中国語教本類集成第九巻第三巻』七五頁。
(35) 「巻頭言　華語の回復」『新中華』第一巻第一号、一九四六年。
(36) 同上。
(37) 同上。
(38) 文木老人「我等の課題」『新中華』第一巻第一号、一九四六年、一―三頁。
(39) 同上、二頁。
(40) 同上。
(41) 「あとがき」『華語研究』第一〇号、一九四八年、八七頁。
(42) 大阪外国語大学70年史編集委員会編『大阪外国語大学70年史』二六四頁を参照。
(43) 竹田晃「前史時代の片棒をかついだ者の弁」『創業史　E class NO 10 NEN 1949-1961』(以下『創業史』)一一頁。
(44) 戸川芳郎「人と学問　わたくしの中国学」二二五頁。
(45) 輿水優『中国語の教え方・学び方』一〇頁。
(46) 赤沢真世「英語科教育の変遷――真の「コミュニケーション能力」育成を問い続けて」田中耕治編著『戦後日本教育方法論史　下　各教科・領域等における理論と実践』、江利川春雄『日本の外国語教育政策史』などを参照。
(47) 平川洌『カムカムエヴリバディ』、江利川春雄『英語と日本人』などを参照。
(48) 「外国語教育について」において「直接法」についての解釈として、イギリス人の応用英語学者ハロルド・パーマー(Harold Edward Palmer, 1877-1949)が提唱した「オーラルメソッド」が挙げられた。
(49) 近代日本教育制度史料編纂会編『近代日本教育制度史料』第一九巻、三〇七―三〇九頁を参照。
(50) 同上、三二三頁を参照。
(51) 工藤篁「中国語教育の移り変わり――労働人民の学習運動の一例」『中国語を学ぶ人へ』六六頁。
(52) 岡部達味「同時代研究としての中国研究」平野健一郎等編『インタビュー　戦後日本の中国研究』一三二及び一三四頁を参照。また丸山昇の回想によれば、彼は一九四八年に旧制第一高等学校に入学し、中国語のクラスに入った。当時の授業は藤堂明保と工藤篁二人が分担していた(丸山昇「回想──中国・魯迅五十年」三五八頁を参照)。
(53) 近代日本教育制度史料編纂会編『近代日本教育制度史料』第一九巻、三二一─三二二頁。
(54) 旧制一高と山口高校に設置された中国語教室を考察した、渡部宗助「Eクラス前史」工藤篁『中国語を学ぶ人へ』三四五─三五七頁を参照。
(55) 倉石武四郎『中国語五十年』七〇─七一頁。なお、一九四九年に新制京都大学が発足するまで、授業体制としては文学科に「支那語学支那文学」が設置されていた(京都大学百年史編集委員会編『京都大学百年史　部局史編1』三九─四〇頁を参照)。
(56) 『中国語雑誌』第二巻第一号、一九四七年、二七頁。
(57) 近代日本教育制度史料編纂会編『近代日本教育制度史料』第一九巻、三二二頁。
(58) 同上、三二二─三二三頁。
(59) 教養学部の英文表記の詳細について、前田陽一「教養学科設置のいきさつ」東京大学百年史教養学部史編集委員会『教養学部の三十年』一〇五─一〇六頁を参照。
(60) 「一九四四《ママ》年度入学試験問題の栞」『中国語学研究会会報』第二七号、一九五四年、一八─二一頁。
(61) 竹内好「中国語教育について」『中国語学』第三六号、一九五五年、八頁。
(62) 「友の会だより」『中国語　1955年10月号』四七頁、「友の会だより」『中国語　1956年3月号』四八頁。
(63) 輿水優著、氷野善寛・紅粉芳惠編『中国語「知」のアーカイヴズ③　中国語と私』二一二─二一三頁。
(64) 同上、二一二頁。
(65) 同上、二一四─二一五頁。
(66) 丸山昇「回想──中国・魯迅五十年」三五九頁。
(67) 倉石武四郎『中国語五十年』八八頁。
(68) 倉石武四郎は一九四〇年四月から一九五八年三月まで、東京大学文学部中国文学科第二講座を担当し、一九四九年三月までは京都大学文学部と併任していた(東京大学百年史編集委員会『東京大学百年史　部局史二』七二七頁を参照)。
(69) 倉石武四郎『中国語五十年』八九─九〇頁、工藤篁「私の中国語教育──一般教育課程における中国語教育のあり方」『中国語を学ぶ人へ』七一頁。
(70) 大阪外国語大学70年史編集委員会編『大阪外国語大学70年史』二六五頁。
(71) 伊地智善継「アメリカの中国語学　四」『中国語雑誌』第五巻第五号、一九五〇年、四七頁。
(72) *Spoken Chinese* の原本は確認できていないが、鱒澤彰夫は「米軍の War Department Education Manual EM 五〇六─五

〇七として刊行された」ものだと考察している（鱒澤彰夫『中国語教育史の新研究』四〇頁）。
(73)「はしがき」倉石武四郎『ラテン化新文字による中国語初級教本』二頁を参照。
(74) 東京大学百年史編集委員会『東京大学百年史　部局史四』六九頁。
(75) なお、Eクラスという通称は現在の東京大学教養学部の教務でも使われているようであるが、この通称を知らない学生もいる。
(76) Eクラスの非常勤講師として、頼惟勤、長谷川良一が挙げられる。
(77)「著者履歴」工藤篁『中国語を学ぶ人へ』三八五―三九〇頁を参照。
(78) 工藤篁「私の中国語教育――一般教育課程における中国語教育のあり方」『中国語を学ぶ人へ』七一頁を参照。
(79) 渡部宗助「Eクラス前史」工藤篁『中国語を学ぶ人へ』三五六頁。
(80) 工藤篁「発刊を祝して」『創業史』五頁。
(81) 竹田晃「人と学問　六朝志怪研究とその周辺」四二二頁。
(82) 東京大学百年史編集委員会『東京大学百年史　部局史四』八一―八二頁を参照。
(83) 工藤篁「私は工藤篁と申します」『中国語を学ぶ人へ』一五―一七頁、佐藤保「『特殊部落』」『創業史』三八―三九頁。
(84) 田中鄭二郎「異端者の存在」『創業史』七七頁。
(85) 溝口雄三「主体への問い――「方法としての中国」をめぐって」平野健一郎等編『インタビュー　戦後日本の中国研究』一〇二頁。
(86)「中国語一本はダメ　三十四年から　東大入試委で決定」『東京新聞』一九五七年九月八日（夕刊）、工藤篁「中国語は頭の悪くなる語学か？――東大入試　中国語存廃問題のあたえる教訓」『中国語を学ぶ人へ』四二―四四頁。
(87) 望月八十吉「遥かな思い出」藤堂明保先生文集編集委員会『藤堂明保　中国へかける橋Ⅱ』二六一―二六二頁を参照。
(88) 工藤篁「発刊を祝して」『創業史』六頁。
(89) 中国研究全国学生連合会（当時の通称は「中研連」）の結成や活動を裏付ける資料は少ない。渡部宗助の考察によれば、「中研連」は「一九四六年一月にはじまった中国研究所土曜講座へ参加した学生が中心になって、同年十一月三日、都下十一の大学、高専有志が集まって「中国研究学生連合会」を結成したのが、その前身である。このときは、自校中国研究会の充実を確認し、翌一九四七年から、中研連の自主的活動として、「部」の設置、加盟校の拡大等をはじめた。五月四日には東大二十五番教室で、「五・四運動記念日青年のつどい」を、七月七日には「中日戦争批判講演会」などの活動を行い、「中研連は「基本的に学生のみの学術研究団体であり、研究の方法として現実的・帰納的・科学的・実証的な立場に立つ」ことを明らかにし」たという（渡部宗助「Eクラス前史」『中国語を学ぶ人へ』三五〇頁）。

(90) 工藤篁「新時代の中国語学習法――学生諸君への提案」『中国語を学ぶ人へ』三九頁。
(91) 同上、三八頁。
(92) 同上、三九頁。
(93) 倉石武四郎『ラテン化新文字による中国語初級教本』だと考えられる。
(94) 藤井俊男「Eクラスを論ず」『創業史』一九頁。
(95) 呉真「日本漢学家談治学経歴――日本的学術生態太残酷了」を参照。
(96) 「あとがき」倉石武四郎訳『現代中国文学全集第十五巻　人民文学編』三五三頁。
(97) 倉石武四郎「中国研究の問題点」『ことばと思惟と社会』一六六―一六七頁。
(98) 漢字の封建性についての批判は、倉石武四郎『漢字の運命』などを参照。
(99) 工藤篁「中国語は外国語である」『中国語を学ぶ人へ』三六頁。
(100) 同上、二七頁。
(101) 戸川芳郎「人と学問　わたくしの中国学」二二七頁。
(102) 工藤篁「自画像　顎と中国語」『中国語を学ぶ人へ』一八頁。
(103) 竹田晃「人と学問　六朝志怪研究とその周辺」四二三頁。
(104) 竹田晃「前史時代の片棒をかついだ者の弁」『創業史』一一―一二頁。
(105) 工藤篁「発刊を祝して」『創業史』六頁。
(106) 代田智明監修、谷垣真理子等編『戦後日本の中国研究と中国認識』三五―三七頁。
(107) 岡部達味「同時代研究としての中国研究」平野健一郎等編『インタビュー　戦後日本の中国研究』一三六頁。
(108) 工藤篁「再論 ASPECT」『中国語を学ぶ人へ』二〇八―二〇九頁を参照（初出は中国語学研究会『中国語学』第三〇号、一九四九年）。
(109) 工藤篁「中国語の発音――より実践的な方法で」『中国語を学ぶ人へ』三〇三―三〇九頁。
(110) 竹田晃「人と学問　六朝志怪研究とその周辺」四二三頁。
(111) 岡田三郎助「どうしても書かねばならぬこと」『創業史』二六頁。
(112) 片山智行「今は昔」『創業史』一九頁。
(113) 戸川芳郎「人と学問　わたくしの中国学」二二七頁。
(114) 丸山昇「回想――中国・魯迅五十年」三六一―三六二頁。
(115) 工藤篁「発刊を祝して」『創業史』六頁。

(116) 同上、七頁。
(117) 工藤篁「私の中国語教育――一般教育課程における中国語教育のあり方」『中国語を学ぶ人へ』六九―七〇頁。
(118) 前田陽一「新しい外国語をいかに学ぶか――目的・態度・方法」『教養学部報』第一二〇号、一九六四年四月一三日、四頁。
(119) 工藤篁「私の中国語教育――一般教育課程における中国語教育のあり方」『中国語を学ぶ人へ』七〇―七一頁。
(120) 同上、七一頁。
(121) 玉虫文一「大学の一般教育―教養学部の意義」東京大学百年史教養学部史編集委員会『教養学部の三十年』六―八頁、南原繁「大学の再建」『新装版　文化と国家』二八六頁。
(122) 南原繁「大学の自由と使命」『新装版　文化と国家』九六頁。
(123) 南原繁「大学の再建」『新装版　文化と国家』二九一頁。
(124) 矢内原忠雄「真理探求の精神を――教養学部の生命」東京大学百年史教養学部史編集委員会『教養学部の三十年』三頁。
(125) 工藤篁「中国語は外国語である」『中国語を学ぶ人へ』三〇頁。
(126) 工藤篁「Eクラスについて」『中国語を学ぶ人へ』一三一頁。
(127) 星野元男「『口の悪い』話」『創業史』四九頁。
(128) 工藤篁「「中国語を学ぶ」とはなにか――親善語学と友好語学」『中国語を学ぶ人へ』五六―五七頁。
(129) 工藤篁「Eクラスについて」『中国語を学ぶ人へ』一三三頁。
(130) 工藤篁「中国語中国文学」『中国語を学ぶ人へ』四五―四九頁。
(131) 東大駒場のEクラスで行う中国語教育と学習は、しばしば「基礎語学」と表現されていた。「基礎語学」は、「専門語学」や学科の専門性と対比される概念であったと考えられる。例えば、工藤篁「中国語は外国語である」『中国語を学ぶ人へ』三〇頁を参照。
(132) 倉石武四郎「漢文教育について」を参照。
(133) 工藤篁「中国語中国文学」『中国語を学ぶ人へ』四五―四六頁。
(134) 工藤篁「中国文学の翻訳と中国語教育」二九―三〇頁。
(135) 同上、三〇頁。
(136) 工藤篁「私の中国語教育――一般教育課程における中国語教育のあり方」『中国語を学ぶ人へ』七六頁。
(137) 同上、八一頁。
(138) 工藤篁「私の中国語教育――一般教育課程における中国語教育のあり方」『中国語を学ぶ人へ』七三―七四頁。

(139) 横矢脩「横矢のひとりごと」『創業史』四六頁。
(140) 工藤篁「わがEクラスの優美にして華麗なる生活」『中国語を学ぶ人へ』八九頁、『創業史』などを参照。
(141) 平山久雄「Eクラスへの希望事項」『創業史』二四頁。
(142) 石川忠久「那須遭難記」『創業史』一三頁。
(143) 同上、一二頁を参照。
(144) 石川忠久「那須遭難記」『創業史』一二―一三頁、平田勝『未完の時代』四一頁を参照。
(145) 平田勝『未完の時代』四一頁。
(146) 石川忠久「那須遭難記」『創業史』一三頁。
(147) 阿部康男「このごろの合宿」『創業史』五八―五九頁。
(148) 金山英一「Eクラスの『転機』についての感想」『創業史』五七頁。
(149) 一九六八年の合宿の内容は、工藤篁「わがEクラスの優美にして華麗なる生活」『中国語を学ぶ人へ』九〇頁を参照。
(150) 工藤篁「発刊を祝して」『創業史』六頁。
(151) また、一九六六年にEクラスに入学した山川明子の回想によれば、「K先生は毎年夏休み那須合宿というのを行っていた。出るも出ないも自由だけど、出ない人には前期の単位をあげる保証はないという、半ば強制的なものだった」という(山川明子『あなたへのEメール』一〇二頁)。
(152) 鈴木野分「劇について書けとのこと」『創業史』六五頁、工藤篁「苦言一束――駒場祭中国劇上演に際して」『中国語を学ぶ人へ』九八頁、高橋満「駒場祭演劇について」『創業史』九三―九五頁を参照。
(153) 工藤篁「星火燎原運動への提唱」『中国語を学ぶ人へ』六四頁。
(154) こうらひろ・綾くりろ「木霊はどこまでとどくか　駒場祭・五月祭――東京大学」潮文社編集部編『大学祭　われらにとって青春とはなにか』一〇六頁。
(155) 溝口雄三「『趙小蘭』という芝居をしたこと」『創業史』三五頁。
(156) 高橋満「駒場祭演劇について」『創業史』九四頁。
(157) 溝口雄三「『趙小蘭』という芝居をしたこと」『創業史』三五―三六頁。
(158) 同上、三五頁。
(159) 溝口雄三「主体への問い――「方法としての中国」をめぐって」平野健一郎等編『インタビュー　戦後日本の中国研究』一〇一―一〇二頁。
(160) 高橋満「駒場祭演劇について」『創業史』九四頁。

(161) 溝口雄三「主体への問い――「方法としての中国」をめぐって」平野健一郎等編『インタビュー 戦後日本の中国研究』一〇〇頁。
(162) みぞぐち さだひこ「駒場寮中研のこと」『創業史』六七頁。
(163) 片山智行「今は昔」『創業史』二九頁。
(164) 同上、三〇頁。
(165) 溝口雄三「『趙小蘭』という芝居をしたこと」『創業史』三六頁。
(166) 三浦徹明「三十三年度Eクラス・中研の研究活動」『創業史』六三―六四頁。
(167) 戸川芳郎「私の場合」『創業史』一七頁。
(168) 同上、一七―一八頁。
(169) 同上、一八頁。
(170) みぞぐち さだひこ「駒場寮中研のこと」『創業史』六九頁。
(171) 駒場キャンパスから発した「反戦平和」や学園の民主化、自治組織確立の学生運動は、山下肇『駒場』、山下肇『東大駒場三十年』などを参照。勤評闘争と駒場中研は、みぞぐち さだひこ「駒場寮中研のこと」『創業史』六七―七〇頁、田村征比古「闘争と平和運動についての私見」『創業史』八一―八四頁を参照。
(172) 三浦徹明「三十三年度Eクラス・中研の研究活動」『創業史』六三頁。
(173) 木山英雄「中研と兵隊」『創業史』三一頁。
(174) 長谷川健治・秦玲子(聞き手)「戸川芳郎氏オーラル・ヒストリー」、長谷川健治・秦玲子(聞き手)「戸川芳郎氏聞き書き」を参照。
(175) 戸川芳郎「私の場合」『創業史』一七頁。
(176) 長谷川健治・秦玲子(聞き手)「戸川芳郎氏オーラル・ヒストリー」二〇三頁。
(177) 戸川芳郎「私の場合」『創業史』一七頁、長谷川健治・秦玲子(聞き手)「戸川芳郎氏オーラル・ヒストリー」二〇五頁。
(178) 中村嘉孝「アウトサイダーの弁明」『創業史』四〇―四一頁。
(179) 同上、四一頁。
(180) 平田勝『未完の時代』六七―六八頁。
(181) 長谷川健治・秦玲子(聞き手)「戸川芳郎氏オーラル・ヒストリー」二〇七頁。
(182) 同上、二〇四頁。
(183) 工藤篁「新時代の中国語学習法――学生諸君への提案」『中国語を学ぶ人へ』三九―四〇頁。

(184) 近藤邦康「中国語学生教室会議をめぐつて」『創業史』三二頁。
(185) 同上。
(186) 戸川芳郎・木山英雄「中国語教室学生懇談会のあゆみ――中国語授業への反省と展望」一二―一四頁。
(187) 工藤篁「発刊を祝して」『創業史』七頁。
(188) 近藤邦康「中国語学生教室会議をめぐつて」『創業史』三三頁。
(189) 戸川芳郎・木山英雄「中国語教室学生懇談会のあゆみ――中国語授業への反省と展望」一四頁。
(190) 同上、一〇頁。
(191) 同上、一一頁。
(192) 「支部だより」『中国語学研究会会報』第二七号、一九五四年、二三頁。
(193) 「全国大会における討論の共通テーマについて広凡な討議を起そう!」『中国語学研究会会報』第二八号、一九五四年、一―二頁、「関西部会提出全国大会討論共通テーマ『中国語教育方法論』」『中国語学研究会会報』第二八号、一九五四年、二―四頁、さねとう・けいしゅう「失敗の経験」『中国語学研究会会報』第三〇号、一九五四年、一一―一二頁、尾上兼英「共通討論テーマについて」『中国語学研究会会報』第三〇号、一九五四年、一二―一三頁を参照。
(194) 以下に挙げた二編のほか、「学習院大学学生の質問」『中国語学研究会会報』第三四号、一九五五年、二二頁なども挙げられる。
(195) 東大教養学部中国語クラス・中国研究会「東大教養学部における中国語の授業についての学生の考え」『中国語学研究会会報』第三一号、一九五四年、一七―二一頁。
(196) 宅見晴海「是非教えて頂きたいこと」『中国語学研究会会報』第三〇号、一九五四年、一三頁。
(197) 同上、一四頁。
(198) 輿水優著、氷野善寛・紅粉芳惠編『中国語「知」のアーカイヴズ③　中国語と私』五六頁。
(199) 安藤彦太郎「共通討論テーマを学生と討議しよう」『中国語学研究会会報』第二九号、一九五四年、二頁。
(200) 尾上兼英「共通討論テーマについて」『中国語学研究会会報』第三〇号、一九五四年、一二―一三頁、安藤彦太郎「共通討論テーマを学生と討議しよう」『中国語学研究会会報』第二九号、一九五四年、一―二頁を参照。
(201) 安藤彦太郎「共通討論テーマを学生と討議しよう」『中国語学研究会会報』第二九号、一九五四年、一頁。
(202) 竹内好「中国語教育について」『中国語学』第三六号、一九五五年、六―七頁。
(203) 安藤彦太郎『中国語と近代日本』一五頁。
(204) 金山英一「Eクラスの『転機』についての感想」『創業史』五七―五八頁。

(205) 近藤邦康「中国語学生教室会議をめぐつて」『創業史』三三頁。
(206) 長谷川健治・秦玲子（聞き手）「戸川芳郎氏聞き書き」一〇九頁。
(207) 工藤篁「Eクラスについて」『中国語を学ぶ人へ』一二五頁。
(208) 戸川芳郎・木山英雄「中国語教室学生懇談会のあゆみ――中国語授業への反省と展望」一〇頁。
(209) 片寄浩紀「日中関係の100年」を参照。
(210) 工藤篁「格差と落差」一〇頁。
(211) 同上、一一頁。
(212) 戸川芳郎「私の場合」『創業史』一六頁。
(213) 工藤は、「被圧迫語学としての日本における中国語学、中国語教育の歴史的なゆがみを認識し、新しい中国語学、中国語教育はいかにあるべきかを追求する――これこそ、私が戦後、一貫して努力してきたことであり、私が教鞭をとってきた東京大学教養学部のEクラス（=中国語クラス）という部落共同体の理念であり、そのたたかいの旗印でもあります」と述べている。ここでいう「部落共同体」の概念は、「彼らは権力者にとってなくてはならぬ重要な技術集団として重用される反面、叛逆や逃亡や技術漏洩を防ぐため、一般庶民から隔離され、一種の閉鎖的な「部落」にされていった」と解釈された（工藤篁「私は工藤篁と申します」『中国語を学ぶ人へ』一六頁を参照）。
(214) 平山久雄「Eクラスへの希望事項」『創業史』二四頁。
(215) 溝口雄三「主体への問い――「方法としての中国」をめぐって」平野健一郎等編『インタビュー　戦後日本の中国研究』一〇二頁。
(216) 岡田三郎助「どうしても書かねばならぬこと」『創業史』二八頁。
(217) 工藤篁「「中国語を学ぶ」とはなにか――親善語学と友好語学」『中国語を学ぶ人へ』五七頁。

第六章　〈声〉の中国語の再出発
――NHK「中国語講座」シリーズの一般教養（一九五二―一九七〇）

第六章では、敗戦後の中国語学習と中国理解、中国認識の関係について、第五章で取り上げた新制東京大学のEクラスと異なる角度から、すなわち、大衆レベルの中国語学習の場で模索された中国語のあり方から論じていく。具体的には、一九五二年から一九六〇年代半ばにかけて放送されたNHKラジオ・テレビ「中国語講座」シリーズ（以下、NHK「中国語講座」）を対象として、語学教育の方針を定めた講師、番組の在り方に関心に寄せた学習者がそれぞれ、いかなる思惑を持って中国語に接近していたかを考察する。その上で、NHK「中国語講座」という語学学習のメディアと、戦後の中国語学習という行為およびその行為に含まれる中国認識との相互関係について分析を試みたい。

戦前の支那語学会と倉石武四郎による教育改革の試みは、新制東京大学教養学部にEクラスが設置されたという意味においては、すでに大きな成果を収めた。ところが、一九五〇年代のEクラスの教育と学習は、戦後の大学教育改革という土台の上になりたった成果と実践でありながら、教養学部の「一般教育」という理想と中国語中国文学専攻の専門性の間でしばしば迷走していた。新制東大のEクラスという限られた場だけでなく、さらに広い日本社会において、大衆レベルの受容も含めた一般教養としての中国語の可能性はなかったのだろうか。かつて一九三〇年代には、中国語学習誌の売れ行きが好調で、日本放送協会「支那語講座」には英語講座に聴取率が迫るほどの勢いがあった。「支那語講座」の後身であるNHK「中国語講座」の視聴のされ方や社会的な影響力は、いかなるものであったのだろうか。本章では、他者理解の志向を含む話しことばとしての中国語教育・学習が、一九六〇年代なかばまでのNHK「中国語講座」において、「文化語学」、一般教養として徐々に形作られていった過程を追っていきたい。

戦後日本の中国語学習を放送メディアから考えるにあたっては、二つの特徴を踏まえることが重要だと考えられる。まず、一般教養や趣味・娯楽性を求める学習者に基礎的な語学知識を教えるＮＨＫ「中国語講座」は、人的往来と情報流通が極めて制限された日中断交期において、一般大衆が中国事情を認識して、理解する重要な手段であった。ＮＨＫ「中国語講座」に対する史的な考察は、大衆レベルの中国認識や日中交流史といった射程を持つ研究になりうる。第五章でも論じたように、中国語教育史の分野では近年、中国語教員や、中国語学習を経験した研究者たちへの聞き取り調査が行われるようになったが、一般の学習者に焦点を当てる研究はまだ乏しい。また、「中国語講座」を取り上げる研究は概説的な紹介にとどまっている(1)。

第二に、現実のなかで中国人とのコミュニケーションを行うことを目指して放送された番組である以上、常に同時代の大多数が話す正しい発音でなければならなかった。しかしながら、発音と表記法の「正しさ」の問題は、単なる形式的な規範に留まるものではない。どの地域の大多数の人々をコミュニケーションの相手として、また、どの地域の標準的なことばを採用するかということは、一種の政治的な選択でもあった。当時、中国語の発音と表記法の「正しさ」に対して、文字改革に乗り出した中華人民共和国政府と国語の普及を図る中華民国政府は異なる見解を示していた。前者は漢字の表音化や「普通話」の創出に注力し、後者は繁体字と注音符号を維持して中国文化の正統的な継承者を自認する。ここで、日中国交正常化以前、日本政府は台北の中華民国政府とは講和条約を結んでいたが、大陸側とは国交断絶の状態が続いていたことが重要である(2)。ピンイン文字や「普通話」を定めた中華人民共和国の言語政策に則った語学学習は、戦時中のように敵国のことばを学ぶという意味合いを含むことになりかねない。実際、冷戦の対立構造の下、中国の物事に親近感を示す者や中国語の学習者はしばしば「アカ」と呼ばれ、場合によっては中国語学習という行為も反体制の性格さえ帯びていた(3)。

それにもかかわらず、一九五八年から現在にいたるまで、ＮＨＫ「中国語講座」においては、中華人民共和国の普通話とピンイン、簡体字がほぼ一貫して使われてきた。なぜ日中の国交がまだ断絶していた一九五〇年代後半以降、中国大陸という地域性がすでにある程度暗示されたのであろうか。このような立場は、後に論じるように、一九五〇年代の講師・倉石武四郎の言語観、教育方法に遡ることができる。いずれにせよ、方言や少数民族の言語を含めた中華世界のことばの多様性が、国民国家の言語政策のなかで制約されていたことは否めない。ＮＨＫ「中国語講座」の制作側も、この限られた選択肢のなかから大多数の中国人とコミュニケーションできるような正しい語音と表記法を選ぶことを迫られていたのだろう。放送の送り手による語音と表記法の選択は、大衆レベルの中国語学習や、中国語ということばに対する認識に影響を与えていたと考えられる。

戦後のＮＨＫ「中国語講座」の一次資料について、一九八〇年代以前の中国語講座の録音と映像資料はほとんど残されていない。そこで日本放送出版協会で保管され、あるいは放送博物館、国立国会図書館に所蔵された一九五二年から一九七四年にかけてのラジオ・テレビ番組のテキストを一次資料とした。さらに、『ＮＨＫ年鑑』など放送局の公式出版物を用いたほか、一九七三年以降に「中国語講座」のテキスト編集に携わった日本放送出版協会の元編集者の一人に聞き取り調査を行った。また、中国語教育の全体的な動向と教育者の教育理念、学習者像を探るため、教師の著作、言説や、中国語学研究会の学会誌、学習者同人組織の機関誌、他の学習誌も総合的に利用した。

本章の構成は主として、番組内容の変遷、また、教育者と学習者の関係の変化の流れに沿ったものである。まず番組の草創期について、初代講師・倉石武四郎の周辺に着目して、彼の言語観とことばを通じた日中交流の志向を検討し、中国語友の会とラジオ講座の聴取者との連帯関係を概観する。続いて、番組がある程度大衆化していく一九五〇年代後半以降、「文化語学」を自覚していた専門家たちの協力姿勢と、聴取者の受け止めかたを考察する。最後に、母語話者による「模範朗読」、中国の民謡が組み込まれた二つのラジオ講座の音声的な空間において、いきいきとした中国語、真実味のある中国が具現化されていく過程、中国語学習の政治的なスタンスが問われていくことにともなう一般教養としての中国語の変貌を分析する。

第一節　音声メディアから学ぶ「生きた中国語」——初代講師・倉石武四郎の実践

「生きて物いう人」を想起する中国語——言語観に表れた日中交流の志向

一九五二年七月から九月にかけて、戦後初の「中国語入門講座」がラジオ第二放送の「ラジオ・クラブ」に開設された。約二カ月間の放送が好評だったことを受け、一九五三年四月以降に通年の講座となり、毎週の土曜と日曜の午前六時三〇分から四五分にかけて第二放送で放送された。およそ二、三カ月分の放送に対応する三〇頁ほどのテキストも出版されていた。最初のラジオテキストの見返しには、「ラジオで中国語講座を取上げてほしいという御希望は今まで数多く寄せられていました。日本と中国との長い歴史や地域の近接している点からいっても、中国語は最も重要な外国語といってよい(4)」という「日本放送協会」署名の文章が記された。

旧東京外語を中心とした戦前の講師陣は刷新され、東京大学で教鞭をとる倉石武四郎が、放送局の依頼を受け初代講師として登壇した。彼は教育改革の場としてラジオ「中国語入門講座」に期待しており、後には「文明の利器」とも賞賛している(5)。ラジオに対する高い評価は、戦前の中国語教育の経験に由来した部分が大きいと考えられる。本書の第二章と第四章で考察したように、漢文と中国語の文章を目から読んで理解する訓読法に対して、倉石は『支那語教育の理論と実際』において、外国語としての中国語のそのままの発音を教える方法を唱えた。また、中国語らしい中国語の習得のために、中国語の特質に最もふさわしい発音記号である注音符号の必要性を説き、「注音符号のルビつきの漢字母型」である「注音漢字」の制作によって、漢字と注音符号の組版の問題を打開しようとしたのもこの頃であった。音声技術を利用し、中国人・傅芸子の発音をレコードに録音した注音符号応用の教本を一九三九年に出版したという報道もある(6)。それが敗戦直前になると、音読法のために使用されてきた注音符号やローマ字について、「漢字のむづかしさ」を救ふためにできた符号たちがむしろ「むづかしさ」を責められることになりさう」と論じ、代わって「漢字の節減」[7]の提唱に転向しはじめたのである。

以上のような、漢文訓読法、さらに漢字と格闘しながら、話しことばとしての中国語の音読法を確立しようとする倉石の意志は戦後にも継承されていく。さらに、この取り組みは、彼が考えるところの間違った中国語教育ないし中国認識への反省とも結びついた。一九五〇年に「拉丁《ラテン》化による中国語教育の試み」という文章で、彼は以下のように述べた。

日本人は中国に対していろ〳〵な意味で多くの失敗をしてきた。中でも、中国のことはその文字だけ見れば好い、ことばなどは要らない、という考えかたこそ最も大きな失敗であった。そのために日本人は訓読の漢文を読んで足れりとして生きた言語をおろそかにし、机上の書物だけを貴んで生きて物いう人を忘れた[8]。

倉石にとって、「生きて物いう人」を想起するためには、口と耳から学ぶという方法を取るしかない。ラジオ講座のテキストにおいても、この方針が徹底されていた。まず、中国語の表記法として、ローマ字表記のラテン化新文字が「放送でマイクを通してお話する上にもこれが一番便利」[9]として最初に示され、もう一種の表音記号として注音符号を続け、漢字の文章は最後に置かれた。すなわち、目で読む中国語を避けるために、ローマ字を最優先とする構成を取っており、漢字文を重要視した戦前の中国語教本の形式、さらには、注音符号を優先するという一九四〇年代前半まで彼自身が堅持していた方針さえも覆した。ローマ字表記を教材で最優先の表記とするこの方針は、後の『ラテン化新文字による中国語初級教本』（一九五三年）、ラテン化新文字からピンインに切り替えた『ローマ字　中国語　初級』（一九五八年）でも維持されていくこととなる。

またＮＨＫ「中国語講座」のテキストにおいて倉石は、紙媒体で音声言語を視覚化するため、中国人の発音を東京大学理工学研究所の機械で記録し、その音の高さと強さを示した「波の線」を加えた[10]。放送内容は親子の日常会話から構成され、「高級な思想などには一切ふれず、学習者が平凡な会話に慣れる」ように設計されている(11)。一九五五年には、「人民文学」の作家と日本で評されていた高玉宝の「半夜鶏叫（夜中に鳴くニワトリ）」をテキストに掲載し、「比較的たくさんの人が耳からきいて楽しめるような語り物(12)」であると解説文で強調した。

この時期の倉石の言語観には、建国直後の中華人民共和国による文字改革に強く共鳴した部分もある。彼は、漢字を統治階級が人民を搾取するための道具として批判していた文字改革者の論理に概ね賛同し(13)、一九五四年のテキストにおいて、以下のように書き込んだ。

> 文字をおぼえて自由に読んだり書いたりできるのは、生活がゆたかで教育が受けられる少数の人だけで、大多数の人民たちは一生涯文字を使うことができないという状態でした。〔中略〕これより先、中国文字改革研究委員会ができて、漢字をやめて新しい音標文字を作ることが熱心に討論されています。その候補者としてはラテン化新文字のほか、漢字を本にした新しい音標文字も考えられていて、今後のことはまだ予想できませんが、中国語がだんだん音標化することには疑いがありません(14)。

中国においてラテン化新文字が漢字に取って代わるのであれば、日本の中国語教育においても漢字に固執する必要がなくなると倉石は考えたのである。日本人学習者にとって学ぶべき中国語は、中国の大衆に開かれたことばだとされた。すなわち倉石の言語観において、新しい時代の中国語をいかに表記するかという問題は、読み書きができない中国の大衆と中国語学習に苦労する日本人学習者に共通した課題だったのである。さらに、漢字廃止を検討してきた中国の文字改革の成果を借りれば、日本における漢字文を訓読する伝統も自滅する、という期待がそこにはあったのだろう。

以上から、倉石武四郎が初期のＮＨＫ「中国語講座」で行った語学教育においては、戦前から持ち続けた中国語教

表10　各時期における NHK ラジオ・テレビ「中国語講座」シリーズで用いられた表記法

講座名と担当時期	放送波	講師	語音	表音記号	漢字
ラジオ「中国語入門講座」 1952年6月-1956年1月	ラジオ第2 放送	倉石武四郎	「北京語」[15]	ラテン化新文字を主とし，注音符号とウェード式を併用	繁体字
ラジオ「中国語入門講座」， 「中国語入門」 1956年4月-1958年3月	ラジオ第2 放送	鐘ヶ江信光	「北京語」	ウェード式を主とし，注音符号を併用	簡体字
ラジオ「中国語入門」 1958年4月-1968年1月	ラジオ第2 放送	鐘ヶ江信光	普通話	ピンイン	簡体字
ラジオ「中国語入門」 1968年4月-1974年1月	ラジオ第2 放送	金丸邦三	普通話	ピンイン	簡体字
テレビ「中国語講座」 1967年4月-1971年3月	教育テレビ	相浦杲， 望月八十吉	普通話	ピンイン	簡体字
テレビ「中国語講座」 1972年4月-1974年3月	教育テレビ	藤堂明保， 香坂順一	普通話	ピンイン	簡体字

育改革への意志と、中華人民共和国の文字改革への強い共感が同時に存在していたことがわかった。「生きて物いう人」のことばを介して他者理解、日中の大衆の交流を促すという志向の下で、二つの言語認識は表裏一体をなしていた。

倉石の言語観と中国語の教育法は、後任の講師たちにも共有されていたようである。表10に示したように、中国語の北京官話に近い語音を中心として教えることと、漢字の字形よりローマ字の表音記号を先に提示する方針は後の番組でも一貫していた。番組の草創期にラテン化新文字を採用したことが、同じローマ字表音記号であるピンインを受容するベースとなったと言える。注目すべきは、簡体字やピンインへの関心が、当時の多くの中国語教師にも共有されるものであったということである。例えば、一九五六年四月頃から、中国語学研究会では、中華人民共和国の文字改革の政策としての簡体字とピンイン方案草案の頒布に対して、さまざまな意見が交換された。そのなかで、多くの中国語教師は、ピンインと簡体字の日本における中国語教育への導入に積極的な態度を示し、「民族共通語」「普通話」といったことばの標準

化の問題に対しても強い関心を持っていた。(16)

中国語友の会とラジオ講座の連絡――二つの学習の場における倉石のリーダーシップ

占領期が終わったばかりの一九五〇年代前半、日本社会ではなお大きな変動が続き、敗戦後における「英語万能の環境」と、「空白に近い日中関係」によって、中国語の教育と研究が「冬の時代」に入ったと言われることもある。(17)初期のラジオ講座の聴取者数も多くなかった。「テストの成績」に基づいた統計によると、一九五四年度の一回の試験応募者数は二〇〇人程度であったという。(18)一九五五年八月頃になると、ロシア語、スペイン語とともに、中国語を学ぶ人が増えたという報道が見られる。この年の東京外国語大学中国語科の志願者は七四〇人であり、NHKラジオ「中国語入門講座」が「なかなかの人気らしく、テキストも三万ほど出たらしい」という。(19)また一九五五年六月には、NHK「中国語入門講座」の試験応募者が八六四人に増えた。(20)しかし、一九五五年に全国の青少年(一五―二九歳)を対象とした「教育教養番組意向調査」の結果からみれば、「中国語入門講座」の周知率は二三%で、六一・六%の「英語会話」の半分にも及ばなかったことからわかるように、(21)この時期の講座の普及率や知名度はまだ英語講座と比較にならない。

ただ、聴取者数は同時期のほかの語学講座より少ないが、学習者の熱心さは放送局にも認知されるほどだった。(22)これは、学習者の同人組織である中国語友の会(以下、友の会)が聴取者に対して行った連絡活動が果たした役割が大きいと考えられる。以下では、友の会の成立過程と活動を概観し、中国語講座との連帯活動を説明する。

一九五〇年、結成されたばかりの民間団体である日中友好協会の内部に、協会の事業として中国語講習会が設立され、倉石武四郎と、京都大学文学部を卒業した竹内実が、初期の責任者を担当した。一年後、倉石が講習会において中国語の新聞を訓読法で教えることに反対したのをきっかけに、日中友好協会は講習会から手を引き、授業のすべてを倉石に一任した。(23)講習会の名称も「倉石中国語講習会」に変わった。同年一〇月頃、倉石中国語講習会の受講生により友の会の準備会が結成された。当時の記録によれば、「倉石武四郎教授主宰の中国語講習会講習生の中から自然と生れ出たが、やがてこれを全国的組織にまで拡大しようと友の会準備会という形で諸般の準備がなされていた」[24]という。「二十前後の学生層が大半だったのに対し、下は高校生から、上は六十以上の老先生方も多く見え、職域も各層に亙り、中国、朝鮮の方々」も参加していた。[25]そしてついに東京と地方の学習者の要望を受け、一九五三年に友の会が正式に発足した。その創立大会において、倉石が会長に推戴され、「現代中国学会、日中友好協会、中国留日同学会、中国人李献璋氏、陳東海氏からそれぞれ祝辞、愛知大学中研の祝電披露」が行われた。[26]

以上のように、友の会の発足は民間における倉石の中国語教育活動と不可分なものであり、戦後初期の日中友好運動の流れもある程度継承していたことがわかる。友の会では、中国語学習を通じた中国理解と日中関係の改善が目標とされ、[27]学習相談や中国語教師の紹介、勉強会の開催、支部の創設などの活動のほか、中国に住む中国人との文通や図書交換も行われた。[28]新制東京大学教養学部のEクラスと同じく、友の会でも学習者の団結が非常に重視されており、むしろ、勉強会の開催や学習者の仲間づくりの活動こそが中心であったと言って良い。倉石や他の講師の授業とは別に、東京では毎週「日曜学習会」が行われた時期があった。[29]さらには、「何人か会員がまとまつているところでは支部をつくつて講習会をしています」[30]とあるように、各地に設けられた友の会支部のもとで中国語のサークルと勉強会が開催されていた可能性が高い。いわゆる一九五〇年代前半の中国語の「冬の時代」において、友の会の存在だけでなく、友の会から発行された雑誌『中国語』も、各地に分散し孤立している学習者に、慰めや励まし、連帯感をもたらしたのである。例えば以下のような投書が見られる。

雑誌「中国語」で友の会のあることを知りました。私たちは「中国語」を使ってサークルを作ろうとしています。全国の友の会のあることを知って心強く思っています。私は1951年東京外語の中国語を出たのですが、田舎に来てだいぶなまくらになりました。わたくしのまわりの人たちが新しく中国語を学びたいというのです。

この人たちに励まされて、わたくしも中国語を学びなおす決心をしました。[31]

《中国語》は我々学習者のシンボルとして希望の光をともしてくれるでしょう。全国のお友達の皆さん！　奮起一番、我われ自身の手で立派に育てあげていこうではありませんか。《中国語》よ！　荒波をおそれず雄々しく前進せよ。そして末長い航海に旅立たれよ。一路平安！[32]

『中国語』の体裁は、戦前の学習誌に近かった。しかし、それと異なる点として、創刊から一九五六年の半ばにかけての毎号、学習者の寄稿を掲載する「友の会だより」というコラムが設置され、そこで勉強の経験や、勉強で考えたことが共有されていた。例えば、友の会の講習会に通う一人の少年は、両親と一緒にある「中国見本市」を手伝った際に、中国代表団から褒められたということを語り、それは友の会のいままでの協力と支えがあったためだと述べた。

それは《中国のひとにほめられ、励まされた》ということを、私が《私じしん》のこととしてでなく、《私たち》のこととして喜んでいるという事実でした。〔中略〕私たちは講習会の初級のころから、中級をつうじ今まで、できるかぎり積極的な《助けあい》をしてきましたね。その協力がおたがいをおたがいの支えとして感じ、自分を《みんなのなかの自分》として感じるまで結びつけたのだとおもいます。少くとも中国語に関するかぎり《私》よりも《私たち》という意識の方が強いのです。[33]

友の会による中国語講座の聴取者との連絡活動としては、まず、ラジオ講座の関連内容を会の内部で広めることが行われた。そもそも、倉石中国語講習会で用いられたラテン化新文字の教材がラジオ講座の主な内容であったため、[34]

このような共通した学習内容が二つの場を連絡する基礎となっていた。例えば、放送内容の要領や聴取者の質問に対する回答が、友の会の機関誌『朋友』(『中国語』の前身)に掲載されたこともある(35)。

また、友の会において倉石自身がラジオ講座のテキストを使って教えたこともあるため(36)、友の会にはラジオ「中国語入門講座」の聴取者が少なからずいたと考えられる。例えば、「昨春中国の状勢を知るにはまず中国語を学ぶにあると気付き、六月に友の会に入会させて戴いて以来一年間NHKの講座と「中国語」で少しづつ学んできました(37)」。ほかにも、「現在わたくしはNHKの講座で勉強しています。独学しているとなかなか思うようにできず、先生について学びたいとも思いましたが、なかなか適当な方が見つからず、《中国語》やラジオの講座が唯一の先生です。そういう人のために独学している人々の体験談などをのせていただいたら大変嬉しく思います。また中国の動きや文通のアドレスなどのせて下さい(38)」という意見も掲載された。友の会の会員同士で、新規入会者にラジオ講座の聴取を勧誘したりテキストの譲渡を約束したりすることさえ見られる(39)。

第二に、「山登りには互いに助け合って行くように、落伍者のない、クラス全体を問題にした教え方、学び方(40)」を行うという倉石の考え方のもと、友の会のメンバーは、ラジオ講座のテストに答案を提出したうちの一〇〇名を選んで友の会の案内状を送り、聴取者を会に引き込もうとした(41)。聴取者の住所を知るために、回答ハガキを収集する日本放送協会「中国語入門講座係(42)」の協力も得ていたことが推測される。一九五五年以降の友の会の機関誌にはラジオ講座の聴取者の姿が見られており、大阪では会員の間でラジオ講座の補習会も開かれた(43)。一九五五年七月の友の会第三回大会において、NHK「中国語講座」の聴取者ら二六名の学習者が出席し、同講座の中級と高級のコースの開設を提言した(44)。

一九六〇年代以降は、友の会による活動に関する記録が少なくなり、倉石中国語講習会の中でその存在は後景化していった。ただ、一九六九年から一九七〇年代初頭にもラジオ・テレビ講座の要点が、友の会の機関誌『中国語』に掲載されていたことはある(45)。

第二節　戦争語学から教養のアジア語学へ

中国語界による多角的な協力

一九五六年四・五月号のテキストの巻頭言において、日本放送協会は「中国語講座」を放送する意義について、「今まで語学の教養といえばヨーロッパ語にかたよりアジアの言葉は教養からは程遠い実用語にしかすぎないような偏見を多くの人が持っていた」が、「世界におけるアジアの比重が大きくなりつつある今日、このような偏見が無意味なことはいうまでもありません。／これからの語学の勉強、特に若い人の語学の勉強はヨーロッパ語の勉強と並んで、アジア語の学習もぜひ望ましいわけです。こうした観点からNHKでは過去3年、倉石武四郎先生を講師として中国語入門講座を放送してまいりました」[46]と述べている。

一九八四年に「ハングル講座」が開設されるまで、中国語講座は長年、アジア地域の言語を教える唯一の語学講座であった。しかしながら当時の社会通念として、戦前の商業活動や軍事活動に多く用いられていた中国語は、教養のための語学とみなされるどころか、軽蔑の念さえ抱かれていた[47]。それゆえ、放送局が記したように、教養としてのアジアの語学にするという目標は挑戦的なものであったといえよう。

中国語講座における一般教養の樹立にあたっては、教育界と専門家が多角的に協力していた。戦後の中国語教育の主要な目標の一つは、中国の文化と、中国人の思想や感情を理解できる「文化語学」の樹立であった。当時の中国語教師・専門家が「文化語学」という意識をもっていたことは、例えば、大学入試試験で中国語が出題され、東京大学と旧制高等学校に中国語の科目が設置されることについて、倉石武四郎が「中国語は今や英独仏と肩をならべて文化語としての地歩を築いた」[48]と述べた事実から見て取れる。「文化語」はまた、『支那語教育の理論と実際』のなかでも言及されたことがある[49]。ここで「文化語」とは、「この民族の中に存する文化を理解[50]することと、「支那文化に対する初歩の教養」[51]という意味合いを含んだ概念であった。「文化語」としての中国語が、日本にとっての「東洋の外国語の代表」[52]であるべきという倉石の見方は、戦後のＮＨＫ「中国語講座」が考える教養としてのアジアの語学とはからずも一致している。

また六角恒廣は、戦時中の会話を中心とした実用的な中国語教育と対比させながら、「文化語学」という戦後の目標について以下のように回想している。「戦後の中国語教育の主要な目標の一つは、文化語学としての中国語教育を目ざすことが大きな課題であった。敗戦前の中国語教育は、戦後になって反省すれば、主として生活会話を中心とした内容が主流で、結果的には中国侵略に奉仕するものとなった。中国の人びとの思想や感情を理解し、そこから何ものかを学びとろうとする文化語学の性格がなかった。そこで戦後の教育において文化語学としての中国語教育が主流となってきた」[53]という。

一九五五年に友の会で提言された中級、高級レベルのラジオ講座が実現することはなかったが、一九五六年四月にラジオ「中国語入門講座」の講師となった東京外国語大学教授・鐘ヶ江信光は、読本式の内容をテキストに導入した。ウェード式ローマ字で注音され、「北京語」で読む李白の詩文[54]や、民国期の白話小説である老舎の『四世同堂』、『駱駝祥子』、抗日戦争や第二次国共内戦を経て生まれた文学作品である趙樹理の『李有才板話』、老舎の『龍須溝』、延安魯迅芸術学院作『白毛女』からの抜粋が各二、三頁の範囲で掲載された[55]。

一九六三年頃から、中国語学の専門家や中国研究者から寄稿された中国語学・中国文学・中国旅行記の記事が、テキスト毎号に掲載されるようになった。一九七一年までの約九年間、ラジオとテレビのテキストには、少なくとも四七人の執筆者から、一〇六本の寄稿記事が掲載された。図21に示したように、そのうち約五割が中国語学の記事、三割が中国文学の記事で、両者合わせて八割ほどを占めていた。記事は、中国語そのものに関する専門知識や文化の紹介に重点を置いたものであった。

中国語学に関する記事としては、語学の専門知識から方言、民話、俗諺、熟語といった題材を二、三頁の紙幅で紹

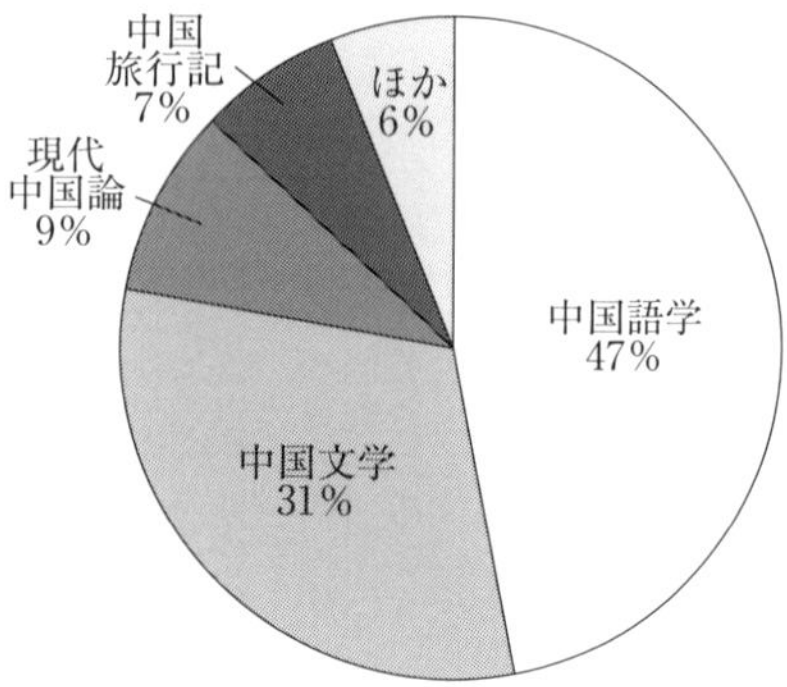

図21　1963年から1971年までのNHK「中国語講座」シリーズにおける106本の寄稿記事の分類別統計

介するものが多い。執筆者には、東洋大学教授文学博士・魚返善雄（「言語学からみた中国語」一九六三年一月号など）、大阪外国語大学教授・伊地智善継（「音声の話」一九六八年八・九月号など）、コロンビア大学のラッセル・メイス（「アメリカにおける中国語」一九六四年三月号）、東京教育大学教授・牛島徳次（「拼音《ピンイン》字母」一九六七年六・七月号など）といった名前が挙げられる。ほかには、東京外国語大学助手・中嶋幹起、東京外国語大学講師・輿水優、東京外国語大学講師・金丸邦三といった若手の研究者と教師も加わり、なかでも輿水は後に一九八〇年代のNHK「中国語講座」の講師となった。中国の専門家、中国語文学者からの寄稿としては、竹内実「中国の思想」（一九六六年六・七月号）や、Eクラス第一期生の丸山昇「中国文学と民族の問題」（一九六五年四月号）、實藤恵秀「中国語と日本語」（一九六三年一月号）、陣ノ内宜男「中国現代詩」（一九六七年六・七月号など）も見られる。総じて言えば、執筆者の所属や地域はバラエティーに富んでおり、中国語学研究会の関係者が多く見られる。寄稿者の経歴や講座の講師が書いた回想録から、中国語界におけるNHK「中国語講座」の知名度の高さが窺える。(56) 中国語学研究会はそれまでも、月一回の頻度で学会誌を編纂し出版していた。このような研究と教育に注いできた多大な熱意を考えれば、NHK「中国語講座」もまた、中国語の一般への普及を実現する重要な手段の一つだと意識されていたはずである。

一九六三年初頭、ラジオ「中国語入門」と合わせて放送された「日曜日の放送」においても、作家・武田泰淳が出演する「中国史上の人物」（一九六三年一月号）や元中華民国公使・清水董三の「中国語と私」（一九六三年三月号）、外務省顧問・孫伯醇と東京外大教授・田中清一郎の対談「中国人の国民性」（一九六三年二月号）といった特集が組まれた。実際に中国に訪問した人による旅行記・体験記も、テキストにしばしば掲載されていた。(57) このように、日中関の人的交

表11　NHK「中国語」シリーズにおける大衆レベルの一般教養としての中国語

	学習者	学習の内容	学習の目標	それぞれの「教養」
戦前の英・仏・独語	旧制高等学校のエリート・コースを代表とする学生など	読本式，近代化に関する専門知識（目読主義）	人格の養成・精神の修養，近代知識の獲得	書斎型，借用型の知識層の教養
戦後の「中国語講座」	大学生，大学卒の中国語初学者，一般民衆	会話体，中国に関する一般知識（口と耳から学ぶ）	「中国を知るため」，「我々自身をもっと中国の人々に知ってもらうため」※	交流志向を有する民衆レベルの「一般教養」

※『NHKラジオテキスト　中国語入門講座　4・5月号』見返しに記載された鐘ヶ江信光のことば

流が限られていた時期において、多くの聴取者に知られていないリアルな中国像が、専門家の解説を通して立体化されていた。幅広い中国語文化論、中国論を一般大衆向けの番組に組み入れるというのは、当時としては斬新な試みであったと言える。(58)

前節で論じたように、一九五五年の友の会第三回大会では、「NHK講座」に対して、「今後の問題として中級、高級の講座をおこさなければいけない」という要望があったが、中、高級講座を開設するかどうかということについては、結局、放送局が決定権を握っていたという記録が見られる。(59) NHK「中国語講座」では、すくなくとも一九八〇年代まで、ラジオとテレビのいずれにおいても、英・独・仏語講座のような中級講座が開設されることはなく、初級のテキストに中国文学を詳説するといった高度な内容を盛り込む紙幅もなかった。(60) NHK講座で学ぶ中級以上の学習者は、北京からの中国語放送も利用していた。このような状況は、放送局が最初に提起した教養としてのアジアの語学という理念と齟齬をきたしていた。実のところ、例えば、一九六五年版『NHK年鑑』においても、中国語はロシア語、スペイン語とともに「特殊外国語入門」に分類され、英・独・仏語とは区別されていた。(61) この意味では、英・独・仏語こそが「教養語学」だという戦前の観念は、戦後のNHK語学講座にも付き纏っていたと言えよう。

しかし、テキストに掲載された中国語学・中国文学の記事は、限られた放送の枠内で、中級レベル以上の聴取者の要求もある程度満足させる方向に機能したといえる。幅広い中国文化を取り込んだNHK講座の編成は、大衆レベルでの一般教養のモデルを提示するものであった。**表11**に示したように、旧制高等学校のエリート・

コースで教えられた英・独・仏語と比較すれば、NHK「中国語講座」で教えられた内容は、近代化に関わる知識や精神修養的なものではない。むしろ、学習者が現代中国に関して基礎的な知識を把握することが重要視された。学習方法でいえば、旧来の「目読主義」とは異なり、口と耳から一般会話を習得する方法を取っている。学習の目標は、日本人が「中国を知るため」、また会話を通して「我々自身をもっと中国の人々に知ってもらうため」[62]であって、交流志向を有する一般教養の獲得が目指されたと言える。

大衆レベルの一般教養の可能性――学習者の大学生と一般聴取者の場合

それでは、制作側が提示した一般教養としての中国語に対して、聴取者はそれをどのように受け止めたのだろうか。聴取者の個々の姿を明確にすることは極めて難しいが、一九五八年に放送文化研究所が行った聴取者に対する調査によれば、ラジオ「中国語入門講座」の利用者の学歴はかなり高く、大学生と大学卒業者が五六%を占めており、年齢的には二〇代の聴取者が一番多かったという[63]。職業別に見ると、社会人の「知能・自由業」の聴取者が「学生」の聴取者を上回る。この調査結果から考えれば、多種多様な聴取者のなかで、大学を卒業してから講座を聞く若い聴取者の割合が一番多いと推測することができる。

大学を卒業した若者たちの学習意欲を理解しようとしたとき、まず考えられることは先述したように、大学生の学習者が友の会に加わったことや、一九五三年における教室学生懇談会の結成を重要な背景として見ることだろう。学習動機には個人差があるだろうが、「中国語をやることによって日本の将来が打開できるのではないか」と考える大学生が増え、「日本の若い知識人の卵たちも徐々に英・独・仏よりは中国語を考えるようになってはきていた」[64]。

一方、前述したように、大学において中国語への関心が高まりつつあったにもかかわらず、教育法と教材にはなお不備が存在していた。竹内好は、各分野の研究者が中国語を必要としている状況について、以下のように指摘している。

国文学者、哲学者、経済学者などで、どうしても中国語をやらないと研究ができないという。ところが、こういう人に向く本がない。きかれる度に、さねとうさんの本〔引用者注：さねとう・けいしゅう『現代中国語入門』（一九五二年）を指すと考えられる〕なんかあげておきますが、まだ足りない。文学と社会科学と、それぞれにむくものを、相手の程度に応じて、たくさん作らなければならない。[65]

この状況は、大学の一部の学習者を民間のサークルや講習会に向かわせた。[66] 東京大学教養学部Ｅクラスの学生がＮＨＫ「中国語講座」を補習教材とした例もみられる。[67]

一九六〇年代以降のＮＨＫ「中国語講座」には、大学生と大学卒業生のほか、一般的な聴取者も増加していたと推測できる。この時期、中国語学習者の増加が各方面で目立ち、静かなブームが起きたと言われた。[68] 一九六三年一二月にＮＨＫが行った調査では、ラジオ「中国語入門」の聴取者は六万四〇〇〇人だと推定されている。[69] 講師の鐘ヶ江信光が講座のテストの回答ハガキに基づいて統計を行った結果、一九六五年度からテストの応募者数が倍増して一二〇〇人を超えたという。[70] 聴取者の増加は、番組の整備と表裏一体である。一九六〇年以降、ラジオ「中国語入門講座」の放送頻度が週二回から三回に増え、ＦＭ放送で再放送もされた。一九六三年には、テキストの頁数がもとの三〇頁から六〇頁まで倍増、一九六四年には、放送時刻が午前五時三〇分から七時に後倒しにされた。番組の内容を収録するソノシート録音盤付きの「ソノブック」や、ＬＰレコードブックもこの時期に出版されている。[71]

テキストに掲載された投書からは、社会の各層の熱心な聴取者の存在を確認することができる。学習の目的や態度はそれぞれ異なり、なかにはＮＨＫ語学講座の全般に関心を持つ人もいた。投書で明確に記された、中国・中国語に寄せられた関心には、中国語を聞き過去を偲ぶ懐古主義的な動機と、日中の友好関係を展望する未来志向の二つが見受けられる。

懐古主義的な動機の多くは、現地で中国語に接触した経験に基づいていた。一九五〇年代の前半、テストの応募者数のうち、「現地学習経験」のある人は約二〇%を占めていた。彼らの多くは、テストで初学者より良い点数を取っていた。[72] 一九五八年の調査では、他の語学講座と比べ、比較的年長の聴取者が多く、「終戦まで中国本土や満州などに居住しており、ラジオ講座を聞いて昔をしのんでいる向きもかなりあるようです」とされていた。[73]

一九六〇年代になると、戦前の中国経験と中国語学習に言及する投書が少なからず見られる。現地では中国語の勉強を疎かにしていたが、「敗戦による引揚までの六年間を暮らした中国が懐かしく」思い、中国にもう一度行くために講座を聞き始めたという聴取者は、投書のタイトルを「なつかしい中国語」としていた。[74] 戦前に北満洲のチャムス(現・黒竜江省)に駐在していた元工兵少佐は、現地の中国人と中国語でことばを交わした経験について、「発音に力を入れて勉強したため他們〔引用者注:彼ら〕は私の話は「明白」〔引用者注:分かりました〕といってくれるようになり楽しく交りました」と回想している。[75]

近代日本の中国進出は日清戦争に遡り、それ以降人的往来が続いていた。敗戦の時点では、満洲・関東州も含めた中国大陸には一七〇万以上の軍人と、二〇〇万の民間人がいた。[76] そのなかで、中国の現地での経験を印象的な出来事として捉えている人たちが、昔の生活環境で聞き慣れた中国語を懐かしむ心理が前記の投書から読み取れる。また、内地にいながらも、少年期に斯文会の講義に参加して「書道や漢文の集りを通じて」中国に魅力を感じた聴取者や、[77] 戦前のラジオ「支那語講座」を聞いたことがあり、「中国語愛好者」と自称する聴取者も見られる。[78]

年長ないし定年を迎えた戦前生まれの聴取者と比べ、若い年齢層の中国語学習者には、日中交流の未来志向がより強かった。これは、一九六〇年代の日中友好貿易やLT貿易による商業的往来から影響を受けていたと考えられる。例えば、あるサラリーマンの聴取者は、投書で中国の発展を楽観的に予測し、「10年~20年以内には必ず、世界の先進国に互して行くと思う。この大国を隣国に持つ日本国民は、中国とよりいっそう手を携えて世界の平和を築いてゆくべきだと考える。僕は中国語を勉強してこれを通じて幾分でも日中友好に寄与したいと思う」[79] と記した。また、東京在住の大学二年生のある聴取者は、大学で「中国会話貿易研究会」というサークルに入会し、約二〇名のメンバーと毎日昼休みにＮＨＫ「中国語講座」を利用して学習していた。「先日も、難航の末、やっと日中覚書貿易協定が結ばれ、マスコミでは、にわかに日中関係の問題がクローズ・アップされてきました。いまは、新しいものさしで中国をみ、中国語を学ぶことによって、少しでも〝友好的桥梁〟yǒuhǎode qiáoliáng となれるように頑張ることが大切であるように感じるこのごろです」(80)と述べた。

以上のように、一九五〇年代後半から一九六〇年代にかけては番組の大衆化がある程度進んでいたことがわかる。活字に残された記録からみれば、制作側が提示した一般教養としての中国語に対して、聴取者の反応は概ね良好であった。多種多様な聴取者のなかで、とくに新しく生まれた中国に希望を求め、日中関係の未来を真剣に考える若い年齢層の聴取者が、中国語を一般教養として学習するという傾向が見て取れる。それに対して、戦前の中国関係の経験をもつ聴取者には、ラジオ講座を通して学習を継続し、社会との連帯を求めるという動機も強かっただろう。

第三節　生きた中国語の〈声〉――もう一つのラジオ講座と具現化された中国

本節では、日中国交正常化前の、すなわち日中間の人的流動が極端に制限されていた時代において、ＮＨＫ「中国語講座」、及びそれに付随した紙媒体であるテキストの存在が、日本人の中国語学習にもたらした歴史的な意味合いを、ラジオという音声メディアの特徴と、画像と音声を同時に送信するテレビの特徴から検討する。ＮＨＫ講座と、中国国際放送局（ＣＲＩ、通称「北京放送」、以下は北京放送）によって一九六三年から放送されたもう一つの「中国語講座」においては、ことばの多様な音声性が提示された。講師による流暢な中国語の喋り方や、中国語母語話者のゲストによる「模範朗読」、中国の民謡、伝統楽器で演奏された音楽の入り混じった音声的な空間において、生き生きとした中国語、真実味のある中国が具現化されていた。それに伴って一九六〇年代半ばまでのＮＨＫ「中国語講座」で培われてきた「文化中国語」も変貌しはじめたのである。

一九世紀前後に出現した新しいメディアのもつ「記録」と「伝達」の性格について、メディア研究者のジョン・ダラム・ピーターズ(John Durham Peters)は以下のように分析している。[81] 電信(telegraph)、電話(telephone)、テレビ(television)、精神感応(telepathy)のような「tele-」がつく語彙は、文字、音、図像、精神に現れた新しい距離のスケールを提示した。一方、電信(telegraph)、写真(photograph)、蓄音機(phonograph)、脳波記録(electroencephalography)といった「-graph(y)」が付く語彙は、文字、図像、音、脳波の新しい記入方法を意味するという。人間の営みと精神の関係から考えれば、伝達のメディアは「距離の克服(overcoming of distance)」であり、人間の生身を記録し、人間の幻を生み出す記録のメディアは、「死の克服(overcoming of death)」である。初期の「記録」のメディアでは人々は死者との対話をもとめ、「伝達」のメディアにおいては確実さ、真実味(authentic concern)が追求された。

ピーターズの考察では、「伝達」のメディアにおける真実味の追求が、一九三〇年代におけるアメリカのラジオ放送に見られた。アメリカでは放送の商業化にともない大衆社会での受容が目指され、送り手と受け手の一対一の「対話主義」がラジオ放送(broadcasting)という「散布」のモデルにおいて発生した。放送の脱身体化と遠距離によって生じた各種のギャップを乗り越えるためには多くの方策が練られた。例えば、アナウンサーがおしゃべりの口調を採用し、見えない聴衆からメッセージを受け取るかのような対話的な表現形式が工夫され、ファンクラブや読者からの手紙を読み上げるなどのテクニックも使われた。後に論じるように、一九六〇年代のＮＨＫラジオ「中国語講座」シリーズでは、講師の鐘ヶ江信光が似たような工夫やテクニックを実践していた。また、鐘ヶ江が中国語の音声性を「生きた人間」に喩えたのも、ピーターズが言うところの「距離の克服」と「死の克服」のメディアに対する文化心理的な期待があったからだといえる。

ピーターズの考えに従えば、確かにＮＨＫ「中国語講座」は、遠方の人々にことばを「撒く」ラジオ放送(broadcasting)、また、遠方の景色を人々に見せるテレビジョン(television)という、遠距離を克服する「伝達」のメディアであったに違いない。他方、印刷された紙媒体のテキストや、あるいはテレビ放送に映った写真や流された録音そのものは、記録性を有する「記録」のメディアである。この意味において、NHK「中国語講座」は、「伝達」と「記録」の両方の機能を備え、遠方にある生きた中国の像を日本の聴衆に訴える有力な媒介であったと言えよう。

〈声〉のラジオ講座の真実味

一九五六年から一九六八年の一三年間、NHKラジオ「中国語講座」で教えていた東京外国語大学助教授（後に教授）鐘ヶ江信光は、流暢な中国語を操る美声の持ち主であったという。教え子の回想によれば、「先生の中国語は、その正しく美しい発音がいまもなお耳に残って離れない。高音の澄んだ、なめらかな抑揚は、現地で女性の先生に学んだからだという者もいた。思うに、先生の発音される中国語は、呼吸法や発音法に至るまで、中国語になりきっていたのであろう[82]」という。鐘ヶ江は、戦前の東京外語支那語部を卒業してから一九三四年に中国に渡り、一九三〇年代には「北京中央放送局」で日本人向けの「初級中国語講座」を担当した経験があるという[83]。彼はまた、一九七一年から一九七五年にかけて、東京外国語大学の第四代学長も務めた。

鐘ヶ江は、ラジオを媒介として中国語の〈声〉をいかに再現するかという問題を、強く意識していた。開講のことばでは、「日本も中国も漢字を使っているので、つい眼だけで中国語を勉強しょうとする傾向が見られる」としたうえで、音声言語を生きた人間の媒体として喩え、次のように述べている。「音声を伴ったことばを生きた人間とすれば、文字はその人間の映像にしか過ぎないのです。生きた人間には生命がありますが、映像には生命がありません[84]」。入門講座の開講後の二カ月間に、一音節の異なる四つの音調、すなわち四声の練習、四声の組み合わせの練習、有気音・無気音の練習、軽声の練習、難しい母音と子音の練習、といった発音を中心とする内容を盛り込んだ。

彼はラジオ講座の教師と遠隔地に散在する聴取者との空間的な隔たりを意識し、次のように述べた。「ラジオによる中国語の勉強は、テキストのほかは専ら私の声だけによる勉強です。この「声」による勉強こそ中国語学習の本道なのです。声を忘れて眼だけの勉強では絶対に中国語をマスターすることはできません」[85]。「「耳」と「口」を十分に働かせて、私の放送を皆さん自身に於いて再現して下さい」[86]。「皆さんと私との間隔をもっとせばめて、呼べば応えるような血の通ったものとしなくてはウソだと思います」[87]。すなわちラジオ講座において、中国語の発音を習得するためには、「音声を伴ったことばを生きた人間」、すなわち講師を生身の人間として想像し、再現しなければならないと鐘ヶ江は考えていた。この点において、ラジオ講座の〈声〉がもたらす真実味が、放送の送り手である講師と受け手の学習者の距離を縮めるように作動していた。

一九三〇年代のアメリカの放送と同じく、この時期のNHK「中国語講座」においても、ファンクラブや読者からの手紙が多く活用され、テキストに掲載されている。放送の最後に「質問への答と復習」の時間が設けられ、毎号のテキストには中国語テストの絵葉書が付された。一九六八年一月までの約一二年間、鐘ヶ江は毎年何百枚ものテストを添削して聴取者に返送していた。さらには「テスト応募者全員の氏名・住所・点数を記入した個人別カード」を作り、「「10年間連続応募者」や「「おしどり学習者」とおぼしきカップル」といった、「顔を存じあげない聴取者との、せめてもの「交わりの場」」としていた[88]。「学校での学生も、ラジオの学生も、中国語の生徒さんには変わりない」[89]と考えていた彼は、開かれた教室の真実味を自ら作り出そうとしていたのである。彼は中国語科目が設置された北九州大学(現・北九州市立大学)や民間の研究会・講習会に呼ばれるようになり、学習者から中国語で声をかけられたことさえあった[90]。

鐘ヶ江が重要視するラジオ講座における〈声〉の真実味は、多くの聴取者を魅了した。例えば、テキストに掲載された聴取者からの投稿には、次のようなものがある。

幸いにNHKは鐘ヶ江先生がおられますので、何でも彼でも先生の口真似をしてみることです。例えば、「ニー・ハーオ」(今日は)をただ漫然と覚えたのでは駄目です。先生のあの齢《ママ》切れのよい「イ」音と「ハー」という発音とをよく耳の底へ刻みこむことです。そして四声に従ってあの珠玉を転がすような美しい中国語の抑揚を先生の口真似をして、いつでもどこででも声に出して言ってみることです。[91]

中国語ではまず最初に出てくるのが「四声」です。そして、この「四声」が中国語を勉強する上で最後まで重要な役割を果すわけですから、これから中国語を学ばれる方にとって、まず第一にこの中国語独得のアクセントを確実に習得されることが大切だと思います。それには、ラジオの最大の武器である「音」を十分生かして、実際に自分で何回も何回も声に出してみることです。[92]

鐘ヶ江も自ら次のように回想している。

〔引用者注：鐘ヶ江が北九州大学を訪問した際〕「来年が創立二十年で、このあたりに四階建ての教室ができる予定で、学会もここで開きたいと思っているんです」との説明を聞きつつ広場を横切って学長室へ向う途中、七八名の学生が急ぎ足で近づいて来ました。

〝鈡江先生嗎《ジョンジャンシェンスンマー》〔引用者注：鐘ヶ江先生ですか〕〟一人の学生が突然中国語での問いかけ。

〝是《シー》，我是鈡江《ウォーシージョンジャン》，你是中国科的学生嗎《ニーシージョングォーケーデーシュエシェンマー》〔引用者注：はい、私は鐘ヶ江です。あなたは中国語クラスの学生ですか〕〟

とわたくし。

〝是《シー》，我姓《ウォーシン》○○，我們能够見着先生很高兴《ウォーメンネングオージェンジェシェンスンヘンガオシン》。〔引用者注：そうです、私は○○といいます。先生にお会いできてとてもうれしいです〕〟

〝我們很盼望請先生給我們講話《ウォーメンヘンパンウァンチンシェンスングェイウォーメンジャンファー》。〔引用者注：先生にたくさん話していただきたいです〕〟

学生諸君は、一ことでも多くの中国語でしゃべりかけようと、必死の努力で私に語りかけてきました。[93]

一九五〇年代後半のテキストには、「農家楽」「漁家楽」「孟姜女」「草原情歌」といった五線譜付きの中国語歌が歌詞とともに掲載されており、当該レコードの再生、あるいはスタジオからの演奏の同時中継が行われたと考えられる。一九六〇年一二月に、在日華人の周紫麗（歌）と周雪麗（ピアノ）が共演する中国語の歌の「紡棉花」と「農家楽」が番組内で流され、聴取者の好評を博した。[94] 音楽や歌を取り入れる編成は、聴取者に喜ばれるものとして、語学学習に娯楽的な要素をもたらしただけでなく、五線譜で可視化された音符と漢字を組み合わせて提示することが、漢字の発音ないし中国語文のイントネーションの変化を体感するのに有益だと考えられたのだろう。それ以降、一九六〇年代にはNHKラジオ講座で中国語母語話者のゲストが「模範朗読」を行う編成がしばしば取られるようになり、一九六〇年代には陳東海と水世嫦、賈鳳池、董衡らが担当していた。陳東海と水世嫦は北京語話者であり、講座で北京語の「模範朗読」を行っていたことは、前述した一九六五年と一九六六年に発行された番組内容を収録する「ソノブック」やLPレコードブックから確認できる。

中国語の〈声〉の真実味が、以上のような講師の発音指導、母語話者の「模範発音」、中国語の歌を聴取する愉快な経験によって多様に構築されていたのと同時に、中国語を習得する目標は、日中両国の民衆の相互理解、「魂と魂との触れあい」にあると説かれた。「中国語の勉強は、一つにはもっと中国を知るため、一つには我々自身をもっと中国の人々に知ってもらうため、いわば両国の人と人との結びつき、魂と魂との触れあいを、更に強く密にするためといえましょう」[95]と鐘ヶ江は言った。学習者としても、鐘ヶ江の講座で磨かれ、耳と口から学んだ中国語を通して、現実の中国に対する関心が高まったのである。以下の学習者が記したように、初級までしかなかったNHKのラジオ講座に飽き足らない学習者たちは、ラジオ受信機のダイヤルを中国大陸からの放送に合わせるようになった。

「耳に親しむ」という程度の勉強態度でしたから進歩が遅く、最初の年は無我夢中で、幾度か途中放棄を考えました。二年目は朧げにわかり、三年目にテキストがすっかり理解できるようになった。ゲルマニウム鉱石ラジオで始まった私の中国語も、トランジスタラジオに格上げする頃は、相当の進歩があったらしく、中国大陸からの短波ニュース放送が半分くらいは意味をつかめるようになりました。[96]

ここでいう「中国大陸から」の放送に関して特筆すべきは、ちょうど一九六〇年代に中華人民共和国の国際放送である北京放送（中国国際放送局、CRI）を聞くことが日本国内の一部の人々の間で盛んになったということである。一九四九年六月に始まった日本向けの北京放送は、一九六〇年代には、午前六時から一〇時、午後六時から一一時五〇分の時間帯に、一〇二〇KC、一〇四〇KC、四〇三五KC、六〇〇〇KC、七三七〇KC（午後一一時まで）の周波数で放送されていた。[97] 番組表の編成をみると、「中国の民謡」「新中国の音楽」「日本の歌と音楽」といった音楽番組の割合が高い。放送の言語については、胡耀廷編『中国国際広播大事記』（一九九六年）の記述と聴取者の回想録と合わせて推測すると、日本語を主として使い、中国語も併用するというバイリンガル放送であったと考えられる。

北京の外文出版社が編集発行した中国の海外広報誌『人民中国』（日本語版）の一九六四年の第一号付録には、「中華人民共和国北京市復興門外北京放送局」による「北京放送案内」が付されている。この「北京放送案内」には、中国の文化や社会主義建設の様子、中国共産党の歩み、日中友好人士・組織の活動が紹介されており、安保闘争の際に「毛主席日本の反米デモについて談話　日本人民の偉大な愛国闘争を心から支持」[98]、メーデーの五月に「メーデー万才！　メーデー当日　北京の祝賀の模様を放送」[99]といった記事も掲載された。「中日友好のかけ橋／真実をつたえる声／北京放送にどうぞダイヤルを」というスローガンが打ち出されたように、北京放送は日本国内の報道機関によって作られた偏った中国認識を是正し、ラジオ放送をもって日本の民衆に「真実」の中国の〈声〉を広く伝えることを目指していた。その使命は主に、国際宣伝を通した中国の国際的地位の向上と、「アメリカ帝国主義」の圧迫に反対する日中間の共同戦線を通した日中関係の改善であったと考えられる。

北京放送に注目する日本国内の動向として、上記の中国の広報誌の『人民中国』のほか、一九六一年前後の日本共産党中央機関紙『アカハタ』の紙面に、「平和のダイヤル」というコラムが設けられ、北京放送の内容と聴取状況が取り上げられていた。一九六一年一〇月二四日のコラムによれば、「全国各地で地域や職場、学校に「北京放送をきく会」が生まれ中国文化通信社を通じて北京放送局とテープ交換をしている数は六十二団体にもなっている。これは日中友好協会の呼びかけにこたえたもので、北京放送局との交流を通じ、平和と国際連帯の思想を広げようというもの。会は北京放送局とテープの交換、文通を行なうほか、①合評会、感想発表②北京放送の録音テープを聞く③近所の家で聞き方（ダイヤルの調整その他）を教える④北京放送局から贈られた音楽テープを聞く」、などの活動をしている。[100]『中国国際広播大事記』によれば、北京放送の日本語放送が始まってから一二周年にあたる一九六四年前後に、日本の聴取者から二三四通の祝いの手紙や電信が届き、岡山県の「北京広播聴衆之会（引用者注：北京放送を聞く会）」は、お祝いの会を開いてその写真を送ってきた。[101]また、同年一一月には日本の民間人一〇人からなる「聴衆之会（引用者注：北京放送を聞く会）」が訪中し、中国日中友好協会会長であった郭沫若と面会したという。[102]

一九六三年九月から北京放送でラジオ「中国語基礎講座」の放送が始まったが、その潜在的な聴取者として、上記のように、中国関係のことに関心を持ち、日中友好に熱心に取り組む日本国内の北京放送の愛好家団体がすでに存在していたことがわかる。新しく設置された「中国語基礎講座」に対して、「北京放送も数年間にずい分質的量的に変化をとげましたが、特にうれしいのは、念願の中国語入門講座が設けられたことです。ぜひこういう番組はつづけてほしいし、初級―中級―高級へと広げてほしい[103]」という聴取者の声が寄せられた。このように多くの好評を受けて、[104]一九六四年一月六日から再放送が始まり、さらに一九七四年に「中国語中級講座」が新設された。

一九六三年九月から始まった北京放送「中国語基礎講座」の講師は、法政大学文学部を卒業し、中華人民共和国の成立後に人民大学中文研究室研究員、中国文字改革委員会研究員を務めた言語学者の陳文彬《チェンウェンピン》であった。[105]『人民中国』の付録として活字化された「中国語基礎講座」のテキストを参照すれば、放送の主な内容は初学者のための初級の会話や文章であったと推測できる。会話のテキストには、訪中代表団や人民公社、革命の大先輩が登場し、中国で毛沢東思想を学ぶ必読文章とされた「愚公移山」が掲載されている。一九六四年に北京放送「中国語基礎講座」を改編した陳文彬原編、香坂順一・太田辰夫改編増補『中国語基礎講座課本』が東京の光生館から出版された。

北京放送「中国語基礎講座」では、日中友好の提唱や新しい共産主義政権の理念の紹介が堅苦しい説教にはなっておらず、語学学習と一体化された中国語の歌を通して聴取者を懐柔するような戦略があった。北京放送「中国語基礎講座」とともに、「歌唱指導」が毎回行われており、歌詞と五線譜が「中国語基礎講座」テキストにも収録されている。「歌唱指導」の選曲には、「娘子軍連歌（婦人中隊の歌）」「草原上升起不落的太阳（草原に昇った沈まぬ太陽）」「团结就是力量（団結は力）」といった中国の社会主義建設を讃える「新民謡」のジャンルが多く、「在那遥遠的地方（草原情歌）」「洪湖水浪打浪（洪湖の波は荒い波）」という中国の美しい自然環境と淳朴な民情を歌う民謡も見られる。日中の友好関係、世界人民の大団結を謳う日本語の歌「東京―北京」（寺原伸夫作曲、下山山本作詞）も以下のように中国語訳され取り入れられた。

我们亚洲的同胞们、兄弟姐妹们！ 在全亚洲燃起火炬、燃起光明。狂風暴雨虽然猛烈、我們不低头、让我们熱情像火一般、勇敢向前。我们友誼高貴无比真誠、东京直到北京

アジアの兄弟よ／はらからよ／アジアに光を／かかげよう／はげしい嵐に／負けないで／太陽の情熱を／燃やそうよ／美しい友情は／東京・北京を／結び／美しい心は／世界をつなぐ／さえぎるもの／何であろうと／しっかりと　手／をとり合おう／友情のしるしは／東京・北京(106)

「中国語基礎講座」だけでなく、一九六〇年代の北京放送全体を通して、音楽に重点を置く番組編成が行われることで、聴取者から人気を博していた。中国語そのものがわからなくても、メロディーや日本語の歌詞から、中国への

親しみが増えていた。例えば、以下のような読者からの手紙が見られる。

『どこか日本の音楽にも似たものをもっている中国の民族音楽、中国の人が歌う日本の歌――こんな番組をもりだくさんに組んだ北京放送の音楽番組をきいておりますと、音楽は友情のかけはしだということを強く感じます。[107]』

「黄河大合唱」の放送、ありがとうございました。ただいま感動の涙を流してきき終ったところです。まったくすばらしいものでした。夫の江馬修は一昨年延安を訪ずれたのですが、冼星海さんがこれを作曲された洞くつを見てこなくて残念だったと申しています。創作の筆をしばし休めてきいた「黄河大合唱」がどんなに私どもをはげましてくれたことでしょう。もう一度心から謝々[108]!

前述したように、中級講座が開設されていなかったNHKのラジオ講座に飽き足らない学習者が、北京からの放送も聴取していた事例はある。北京放送「中国語基礎講座」とNHK「中国語講座」の聴取者が重なっていた可能性は否定できない。ただし、NHKと比べて北京放送の講座は、日本の中国語受容の歴史的文脈のなかで「文化語学」や教養としての語学を新しく作るというより、中華人民共和国の国際宣伝、さらに、日本における日中友好運動の一環として位置づけるべきだろう。「北京放送を聞く会」まで結成した聴取者たちにとっては、「私たちがはやく知りたいのは世界情勢についての真実の報道、とくにアジア、アフリカ、ラテンアメリカの情勢についての詳しい報道である。こんごとも北京放送の真実の放送に期待している[109]」という反応に示されるように、彼らはラジオ放送から伝えられる遠方の中国の〈声〉、中国からしか伝えられない中国語、ないしもう一つの世界の真実味を味わおうとしたのである。

可視化された中国と「生きたことば」の再検討

北京放送「中国語基礎講座」が日本国内で聴取されていたことと直接関わらないだろうが、一九六〇年代なかば以降の中国語教育と学習は、それまでに経験されたことのない方向へ、しかも中国語教育の有識者や改革者も予見することができなかった方向へと突き進んでいった。ＮＨＫ「中国語講座」を含め、多くの中国語学習の場において、中国という国が単に頭のなかで想像された一種の幻としてではなく、まさに自己の生活や政治的主張に強く関係しており、直接学習するべき相手、あるいは交渉するべき相手として受け止められるようになっていったのである。

一九六〇年代には、学習者の増加にともない、中国語学習という行為を捉える政治的な立場も多様化していった。民間の中国語学習の状況として、まず、文化大革命と日中友好協会の分裂から大きく影響を受け、倉石中国語講習会では中国語を学ぶ政治的姿勢が問われるようになり、一九六七年の善隣会館事件を契機として分裂・解散に至った[110]。また、この時期に新しく設立された中国研究所の中国語研修学校や、現代中国語会話教室も、それぞれ明確な目的と性格を帯びるようになった。例えば、中国研究所の中国語研修学校が一九六六年に新設され、学校創立の目的は、「現在急速に発展しつつある日中両国人民間の経済交流・文化交流・人事交流面の要求に直接こたえ得るよう、現役通訳の再訓練と新人材の養成をはかることにあります[111]」と記されている。現代中国語会話教室は東京都新宿区にあった民間の中国語学校であり、一九六七年頃から活動をはじめた。同校は毛沢東思想と文化大革命に共感して、『中国革命歌曲選集』と、紅衛兵が書いた文章を主体とする中国語教材の『革命接班人　語文　中級』を一九六八年に刊行している。

中国語学習の目的と方法をめぐって、教師と教師、教師と学習者の間にあった認識の齟齬が次第に顕在化していく象徴的な事件が、一九六八年の中国語検定試験事件である。一九六五年頃から、東京の各中国語講習会の責任者や、中国語学研究会の会員、財団法人霞山会の間で、日本初の中国語検定試験の実施が計画されていた。しかしながら一九六八年五月まで、中国研究所および日中友好協会正統本部、国際貿易促進協会に属する若者たち、また、中国語を学習する東京の学生らが、「中国語教育は政学一致であるべきであり、毛沢東思想に立たぬ教育は、やがては二つの中国を認めるという立場につながる」[112]といった主張を掲げて試験に反対していた。東京と北九州では事前に試験中止が決められ、大阪会場は試験開始後に反対派によって封鎖された。[113]大阪会場を担当した大阪市立大学教授・香坂順一と受験生たちはその後、直ちに中国語講習会の「愚公会」を結成し、学習活動を続けていった。[114]中国語検定協会に反対する学習者と、検定試験を受けようとする学習者の分岐が明らかであった。

中国語教師の間では、試験が東亜同文会の後身である霞山会の援助を受けていたことから、戦時期に中国語を悪用した日本人中国語関係者の戦争責任の問題が争点となった。試験に反対する早稲田大学教授・新島淳良などの中国語教師は、侵略戦争に加担した中国語は「一般の言語教育に解消することはできない」ものなのに、今度の検定試験の例文は「政治抜き、過去百年の日中関係の反省抜き」のものだと批判した。[115]これを受け、倉石武四郎をはじめとする二二人の検定協会の役員が辞任した。[116]

しかし、NHK「中国語講座」などで学ぶ学習者は、そもそも検定試験の政治的意味をそれほど意識していなかった。彼らは、「大多数学習者の学習動機を不純なものと推測する底意が見えて、侮辱を感ぜざるを得ない。学者、先生的エリート意識と孤高と狭量には些か鼻もちならないものがある」、「私達独習者は本当に「実力を量る機会」が欲しい」[117]と言い、新島に反論した。芳しくない日中関係の下で苦労する独学者の報われたいという心情と、侵略戦争を反省して戦後の中国語教育を諌める教師の理念とが衝突したのである。

NHK「中国語講座」は、前記の動向から直接の影響をしばらくは受けなかったが、一九六七年四月に京都放送局製作のテレビ「中国語講座」が新たに放送されはじめた。このなかで、映像メディアの番組において中国をどう可視化するかという問題は避けられなくなる。番組の映像資料はほとんど残されていないが、中国語会話のシーンを描くスケッチがテレビ放送にあったと回想されている。[118]それと同時に、「万里の長城」や「天安門広場」「武漢揚子江大橋」など各地の写真がラジオとテレビ講座のテキストに多く掲載されるようになり、北京が「中国の首都」として紹介された[119]。

中国を可視化していくなかで、ことばそのものと、そのことばを実際に使う人々の暮らしとの関係が、「生きたことば」という表現によって、テキストでしばしば強調された。まず、語音と表記法の使用については、「漢民族共通語」を習得すれば中国ないし台湾や東南アジアの華僑社会でも通用するし[120]、ピンイン字母は学習者にとって負担が軽い[121]、といった実用主義的な言語観に基づき、共通語とピンイン字母を学習する正当性が確認された。

また、同時代の中国社会で生まれた新しい語彙と表現は、寄稿者の多くが注目していた事柄であった。中国文学者の小川環樹は、中国語の語音が変化したため、講座では「第一歩からほんとうの生きた中国語が教えられる」という期待を述べた[122]。大阪外国語大学教授の伊地智善継は、間違いやすい略称である「八大」(中国共産党第八次全国代表大会)、「全会」(中国共産党中央委員会全体会議)に言及している[123]。講座の講師と個々の寄稿者のスタンスは必ずしも一致するわけではないが、「その社会から生れ出る活きたことばを学習するほかはない。とすれば、中国人民が日日学習している共通語、とくに毛沢東の諸論文や語録、政治報告、人民日報等の語彙を、その学習対象とすることが、最も的確な方法のひとつである」という見方もみられる[124]。

ＮＨＫテレビ「中国語講座」においては、それまでのＮＨＫラジオ講座で使用されてきた中華人民共和国の普通話の発音と表記法が受け継がれただけでなく、さらにテレビの映像をもって中国の事物の姿を映すことができるようになった。国交のない時期にあって、現地取材が極めて困難だったにもかかわらず、その補足的なメディアとして、中国の現地風景を撮った写真や、それを描いたスケッチなどの図像類が選択肢になったことは想像に難くない。また、日中国交正常化の約半年前、ＮＨＫ「中国語講座」の制作側は講師の藤堂明保、講座のゲストの中国人を含む八人により「ＮＨＫ中国語取材班」を組み、中国大陸の取材へ派遣することに成功した。取材内容は、「中国語講座にゲスト出演している在日中国人と現地の中国人との普通語の会話を、寸劇の形で現地を背景に撮影同録するものと、現在の中国人の生活や中国事情を紹介するフィルムと音声の取材」であり、取材したフィルムは、帰国直後の一九七三年

「9月初めから放送に使用されることになっています」という。[125] なお、この取材では「北京放送局を訪問」し、「北京放送局日本向け放送の関係者と歓談」していたようである。[126] NHK「中国語講座」と北京放送局は一九八〇年代まで連携を保っており、北京放送のアナウンサーである肖玉や王暁澄、胡軍が来日し、NHKテレビ「中国語講座」に講師として出演していた。[127]

本節で論じたように、NHK「中国語講座」における中国の具現化は、ラジオという音声メディアの空間で表現される以上に、テレビの映像や写真といった「記録」のメディアにおいてさらなる現実性を帯びるようになった。もちろん、中国に対する当時の社会的関心の高まりにおいて、メディア技術の影響は決定的なものではなく、メディアを取り巻く社会の要求の変化や、教師と学習者のコミュニケーション、とくに各方面からの日中関係に対する現実的な訴えがあったことは看過できない。一九六〇年代前半に北京放送とその中国語講座に熱心であった日本人聴取者たちの存在がその一例である。北京放送はNHK「中国語講座」のように教養としての語学といったスローガンを掲げてはいなかったが、それが日本国内で聴取されていたこと自体が、真実味のある中国像を提示したという点において意味が大きいと考えられる。伝達メディアとしてのラジオ放送は、日中間の「距離の克服」という役割を果たしていたのである。

このように、一九六〇年代なかば以降の中国語受容は、教養としての語学と「文化語学」の理念のもとでNHK「中国語講座」の一般教養が形作られていった一方、徐々に拡大していった民間の日中交流と、さらなる真実味のある「生きたことば」への希求が新しい挑戦をもたらしていた。一九六八年の中国語検定試験事件に暗示されたように、政治的立場への糾弾は、教養としての中国語に対する関心を後景化させかねないものであった。

注

(1) 日本中国語学会中国語ソフトアカデミズム検討委員会編『日本の中国語教育』五九―六二頁。

（2）一九四五年九月二日、日本は降伏文書に調印し、敗戦を迎えた。サンフランシスコ講和会議には中華民国政府と中華人民共和国政府のいずれも招かれなかったが、一九五二年二月に日華平和条約に関する交渉が台北で行われた。同年五月に日華平和条約が発効したことによって、日本と中華民国政府との間では戦争状態が終結した。
（3）戦後の中国語学習者が「アカ」と呼ばれた経験は、多くの学習体験談に見られる。中国語を学ぶことにおける反体制的な性格については、一九五三年に発足した中国語教室学生懇談会の主張のなかに多く見られる。
（4）『NHKラジオテキスト　中国語入門』日本放送出版協会、一九五二年六月、見返し。
（5）倉石武四郎「中国語学習の今昔」『NHKラジオテキスト　中国語入門　4・5月号』日本放送出版協会、一九六五年、五一―五二頁。
（6）「生きた支那語の教科書　実を結んだ倉石博士の研究」『東京朝日新聞』一九三九年六月三〇日夕刊、二頁、頼惟勤・戸川芳郎「倉石武四郎博士著述目録」『中国語学』第二二六号、一九七九年、一三〇頁を参照。
（7）倉石武四郎「「満語かな」を作れ」一八頁。
（8）倉石武四郎「拉丁化による中国語教育の試み」『中国語雑誌』第五巻第七号、一九五〇年、二八頁。
（9）「開講のことば――中国語の表記法について」『NHKラジオテキスト　中国語入門講座　4・5月用』日本放送出版協会、一九五五年、三頁。
（10）「はしがき」倉石武四郎『ローマ字　中国語　初級』三頁などを参照。
（11）倉石武四郎『中国語五十年』一五二頁。
（12）『NHKラジオテキスト　中国語入門講座　2・3月用』日本放送出版協会、一九五五年、二九頁。
（13）倉石武四郎『漢字の運命』を参照。
（14）「注音字母について」『NHKラジオテキスト　中国語入門』日本放送出版協会、一九五四年九月、二二頁。
（15）この語音の「「北京語」」について、倉石武四郎がラジオテキストでいう「北京語」とは、主として北京の方言であると考えられる（『NHKラジオテキスト　中国語入門』日本放送出版協会、一九五三年四月、二八―二九頁）。それに対して鐘ヶ江信光のいう「北京語」は、一九世紀以降日本人も含めて多くの外国人が学んだ中国の北方方言を基礎とした北京官話の意味合いも読み取れる（「開講のことば」『NHKラジオテキスト　中国語入門講座　4・5月号』日本放送出版協会、一九五六年、二頁）。一九五八年にピンインがラジオテキストに導入されたことに伴って、講座で教えられる中国語の語音は、中華人民共和国で公定された「普通話」の語音となっていったと考えられる。一方、「普通話」も北京の方言の発音を標準音とし、北方方言を基礎方言とするものである。
（16）「〝漢字拼音方案（草案）〟をめぐって――関東支部座談会」『中国語学』第四九号、一九五六年、五―九頁、「〝漢字拼音方案（草案）〃についてのアンケート」『中国語学』第四九号、一九五六年、一二―一九頁、伊地智善継「「漢字拼音方案」などがわが国の中国語教育に及ぼす影響」『中国語学』第五〇号、一九五六年、一七―一九頁、藤堂明保「民族共通語――北京語」『中国語学』第五一号、一九五六年、三―一〇頁、大原信一「『普通話』について」『中国語学』第五四号、一九五六年、一二―一五頁、「中国語学研究会第七回大会討論概要」『中国語学』第五六号、一九五六年、五―一九頁。

（17）輿水優「追悼　鐘ヶ江信光先生」『中国語学』第二六〇号、二〇一三年、一五一―一五二頁などを参照。

（18）この時期、講座において約二カ月間に一回の中国語のテストが行われた。一九五四年五月のテスト応募者は合計二九一人、八月は一八九人、一〇月は二二八人、一二月は一六三人であった。

（19）「中国語講習大はやり　めだつ会社員生徒　ロシア語、スペイン語も」『朝日新聞』一九五五年八月八日夕刊、三頁。

（20）一九五五年八月のテスト応募者は四九六人、一〇月は五五〇人であった。

（21）日本放送協会編『ＮＨＫ年鑑　１９５７』日本放送協会、一九五六年、二八〇頁。

（22）「中国語の聴取者は数では他の語学の聴取者に劣るが、その熱心さは、局でも認めている」という中国語友の会の記述がある（常任委員本田浄道「中国語友の会第三回大会の報告」『中国語　１９５５年８月号』四〇頁を参照）。

（23）倉石武四郎『中国語五十年』、日中学院・倉石武四郎先生遺稿集編集委員会編『倉石武四郎　中国へかける橋』を参照。

（24）「中国語友の会創立大会」『中国語学研究会会報』第一四号、一九五三年、一四―一五頁。

（25）同上、一四頁。

（26）同上。

（27）「中国語」編輯委員会「発刊のことば」『中国語　１９５５年６月号』一頁。

（28）「友の会だより　みんなの力をあわせて中国語の勉強をすすめよう！――中国語友の会案内」『中国語　１９５５年６月号』三九頁などを参照。

（29）「東京の日曜学習会」『中国語　１９５５年６月号』四〇頁などを参照。

（30）「友の会だより　みんなの力をあわせて中国語の勉強をすすめよう！――中国語友の会案内」『中国語　１９５５年６月号』三九頁。

（31）「「中国語」サークル誕生」『中国語　１９５５年11・12月号』四八頁。

（32）「友の会だより」『中国語　１９５５年10月号』四七頁。

（33）「友の会だより　中国見本市にいつて」『中国語　１９５６年２月号』四八頁。

（34）「最初はその夏休み中の二ヵ月あまり、戦後はじめての中国語入門をやりましたが、そのテキストは講習会のテキストを利用しました。講習会のテキストは一九五三年、『ラテン化新文字による中国語初級教本』、つづいて一九五八年には『ローマ字中国語初級』として出版され」た(倉石武四郎『中国語五十年』九七頁)。

(35)「支部だより」『中国語学研究会会報』第一四号、一九五三年、一五頁。

(36)一九五六年一月八日、東京国鉄労働会館で開かれた講習会では、百余名の参加者に対して、倉石武四郎は講師としてラジオのテキストを用いて発音練習、質疑応答を行った(「友の会だより」『中国語　1956年3月号』四八頁)。

(37)「おたより」『中国語　1955年9月号』四八頁。

(38)「友の会だより」『中国語　1955年10月号』四八頁。

(39)「お友達にあつて」『中国語　1955年6月号』四〇頁。

(40)「採訪　倉石武四郎先生」日中学院・倉石武四郎先生遺稿集編集委員会編『倉石武四郎　中国へかける橋』二〇頁。

(41)常任委員本田浄道「中国語友の会第三回大会の報告」『中国語　1955年8月号』四〇頁。

(42)「友の会だより」『中国語　1955年10月号』四七—四八頁。

(43)「大阪でラジオの補習」「友の会だより」『中国語　1956年3月号』四八頁。

(44)常任委員本田浄道「中国語友の会第三回大会の報告」『中国語　1955年8月号』三九—四〇頁。

(45)金丸邦三「NHKラジオ講座　1月の要点」倉石武四郎監修『中国語　1969年1月号』三三—三四頁、金丸邦三「NHKラジオ講座　2月の要点」倉石武四郎監修『中国語　1969年2月号』三二—三三頁などを参照。

(46)『NHKラジオテキスト　中国語入門講座　4・5月号』日本放送出版協会、一九五六年、見返し。

(47)例えば、一九六〇年代に日中友好学生訪中団「斉了会」に参加していた井垣清明は、高校の同級生に中国語学習について「チャン語なんかやってると会社に入れないぞ」と忠告された。井垣は、中国人を「侮蔑してチャンコロと呼んだ」、「このチャンコロの言葉だからというのでチャン語と言った」と回想している(斉了会編集委員会編『斉了!　ちいら!　文化大革命期に中国を旅した若者たちの30年』一八頁を参照)。

(48)倉石武四郎「戦前教育の一典型」九四頁。

(49)「目次」倉石武四郎『支那語教育の理論と実際』四頁。

(50)倉石武四郎『支那語教育の理論と実際』九八頁。

(51)同上、一〇二頁。

(52)同上、九八頁。

(53)六角恒廣「中国との交流と実用中国語」一一頁。

(54)『NHKラジオテキスト　中国語入門講座　12・1月号』日本放送出版協会、一九五八年などを参照。

(55)『NHKラジオテキスト　中国語入門講座　8・9・10月号』日本放送出版協会、一九五六年などを参照。

(56)輿水優著、氷野善寛・紅粉芳惠編『中国語「知」のアーカイヴズ③　中国語と私』などを参照。
(57)例えば、一九六六年七月に第二次訪中学生友好参観団の顧問として、東京教育大学助教授の鈴木修次が中国各地に訪問した。帰国後、一九六六年一二・一月のラジオテキストに「現代中国語と「語録」」と題する記事を寄稿した。
(58)なぜNHK「中国語講座」のテキストにおいて、九年間にわたって以上のような多彩な記事が相次いで掲載されていったのだろうか。このことについて、寄稿者の回想録から関連の記述を見つけることはできなかった。また、現時点では、番組の制作やテキストの編集に携わった当時の放送局側の作り手を特定できていない。放送局の上層部からの積極的なサポート、あるいは書き手としての中国語専門家の意欲、ないしそのなかのリーダー的な人物に由来したという可能性が高いと考えられる。
(59)常任委員本田浄道「中国語友の会第三回大会の報告」『中国語　1955年8月号』四〇頁。
(60)中西厳「病床にふしてから」『NHKラジオテキスト　中国語入門　2月号』日本放送出版協会、一九六三年、五七頁などを参照。
(61)日本放送協会編『NHK年鑑'65』一九六五年、一三八頁。
(62)『NHKラジオテキスト　中国語入門講座　4・5月号』日本放送出版協会、一九五七年、見返し。
(63)稲生和子「NHK語学講座はどのように聞かれているか」『放送文化』第一三巻第一一号、日本放送出版協会、一九五八年。
(64)代田智明監修、谷垣真理子等編『戦後日本の中国研究と中国認識』五四―五六頁。
(65)竹内好「中国語教育について」『中国語学』第三六号、一九五五年、八頁。
(66)丸山昇「〝在籍〟した自覚はないが」藤堂明保先生文集編集委員会『藤堂明保　中国へかける橋Ⅱ』二六二頁。
(67)東大教養学部中国語クラス・中国研究会「東大教養学部における中国語の授業についての学生の考え」『中国語学研究会会報』第三一号、一九五四年、一八頁。
(68)坂井健一「中国語学習の手引き(1)」『大安』一九六五年五月号、二一頁。
(69)日本放送協会編『NHK年鑑'64』一九六四年、八頁。
(70)鐘ヶ江信光「テストよもやまばなし」『NHKラジオテキスト　中国語入門　12・1月号』日本放送出版協会、一九六六年、五八―五九頁。
(71)日本放送協会編『NHK中国語入門ソノブック』、日本放送協会編『NHK中国語入門ソノブック　下巻』を参照。
(72)一九五四年から一九五五年にかけてのラジオテキストに、約二カ月に一回の頻度で、計八回行われたテストの成績表が掲載されていた。
(73)稲生和子「NHK語学講座はどのように聞かれているか」『放送文化』第一三巻第一一号、日本放送出版協会、一九五八年を参照。
(74)「なつかしい中国語」『NHKラジオテキスト　中国語入門　2月号』日本放送出版協会、一九六三年、五九頁。
(75)「おたより」『NHK中国語入門　6・7月号』日本放送出版協会、一九六七年、六〇頁。
(76)厚生省援護局編『引揚げと援護三十年の歩み』四六―四七頁、及び八八―八九頁。
(77)「努力のかげに」『NHKラジオテキスト　中国語入門　2月号』日本放送出版協会、一九六三年、六二頁。
(78)倉石武四郎「中国語学習の今昔」『NHKラジオテキスト　中国語入門　4・5月号』日本放送出版協会、一九六六年、五四―五五頁。
(79)林襄「学習の手引き」『NHK中国語講座　8・9月号』日本放送出版協会、一九六八年、五六―五七頁。
(80)「中国語学習体験談　〝多快好省〟」『NHKラジオテキスト　中国語入門　6・7月号』日本放送出版協会、一九六九年、六五頁。
(81)Peters, John Durham. *Speaking into the Air.* 日本語の書評として、温秋穎「「マス／マス以前」のコミュニケーションの精神史――John Durham Peters. *Speaking into the Air: A History of the Idea of Communication*」を参照。
(82)輿水優「追悼　鐘ヶ江信光先生」『中国語学』第二六〇号、二〇一三年、一五一―一五二頁。
(83)鐘ヶ江信光が「北京中央放送局」で日本人向けの「初級中国語講座」を担当した経験については、住田照夫「〝ちゃか・で〞〝なか・で〞」『中国語講座　4・5月号』日本放送出版協会、一九六八年、六四頁を参照。
(84)「開講のことば」『NHKラジオテキスト　中国語入門講座　4・5月号』日本放送出版協会、一九五六年、二頁。
(85)「はしがき」『NHKラジオテキスト　中国語入門　4・5月号』日本放送出版協会、一九六六年、四頁。
(86)「開講のことば」『NHKラジオテキスト　中国語入門講座　4・5月号』日本放送出版協会、一九五六年、三頁。
(87)「開講のことば」『NHKラジオテキスト　中国語入門講座　4・5月号』日本放送出版協会、一九五八年、二―三頁。
(88)鐘ヶ江信光「テストよもやまばなし」『NHKラジオテキスト　中国語入門　12・1月号』日本放送出版協会、一九六六年、五八―五九頁。
(89)「開講のことば」『NHKラジオテキスト　中国語入門講座　4・5月号』日本放送出版協会、一九五八年、二―三頁。
(90)鐘ヶ江信光「長野県の研究会を訪ねて――長野県中国語研究会」『NHKラジオテキスト　中国語入門　1月号』日本放送出版協会、一九六二年、六一―六二頁、鐘ヶ江信光「旅と中国語」『NHKラジオテキスト　中国語入門　12・1月号』日本放送出版協会、一九六五年、五六―五七頁、鐘ヶ江信光「中国語の旅」『NHKラジオテキスト　中国語入門　4・5月号』日本放送出版協会、一九六六年、五二―五三頁。
(91)宇賀田時生「中国語をはじめる方々へ」『NHKラジオテキスト　中国語入門　2月号』日本放送出版協会、一九六三年、六一頁。

(92) 北川敏夫「中国語学習の手引(1)」『NHKラジオテキスト 中国語入門 4・5月号』日本放送出版協会、一九六八年、五六―五七頁。

(93) 鐘ヶ江信光「旅と中国語」『NHKラジオテキスト 中国語入門 12・1月号』日本放送出版協会、一九六五年、五七頁。

(94) 『中国語入門講座 12・1月』日本放送出版協会、一九六〇年、三頁を参照。

(95) 『NHKラジオテキスト 中国語入門講座 4・5月号』日本放送出版協会、一九五七年、見返し。

(96) 中西厳「病床にふしてから」『NHKラジオテキスト 中国語入門 2月号』日本放送出版協会、一九六三年、五七頁。

(97) 「北京放送週間番組表」『北京放送案内』第二号、一九六四年、三頁などを参照。

(98) 「毛主席日本の反米デモについて談話 日本人民の偉大な愛国闘争を心から支持」『北京放送案内』第三号、一九六四年、一頁。

(99) 「メーデー万才! メーデー当日 北京の祝賀の模様を放送」『北京放送案内』第五号、一九六四年、一頁。

(100) 「北京放送をきく会 テープで結ぶ友情 日中両国人民が交歓」『アカハタ』一九六一年一〇月二四日、二版を参照。

(101) 胡耀廷編『中国国際広播大事記』一三五頁。

(102) 「1964年11月10日―11月18日、以日本記者会議副議長前海一男為団長的日本〝聴衆之会〟代表団体一行10人訪華。11月18日郭沫若接見了代表団」(胡耀廷編『中国国際広播大事記』一三七頁を参照)。

(103) 「謝謝各位充満友誼的来信!(ゆうじょうこもるおてがみありがとう!)」『北京放送案内』第三号、一九六四年、三頁。

(104) 「中国語講座を一月六日から再放送!!」『北京放送案内』創刊号、一九六四年、三頁、「中国語講座のアンケート」『北京放送案内』第三号、一九六四年、三頁、「マイクは友情を」『北京放送案内』第六号、一九六四年、六頁、「久しぶりに聞いた北京放送」『アカハタ』一九六四年六月二〇日、六頁。

(105) 陳文彬について、安藤彦太郎「父子二代「北京放送中国語講座」講師つとめた「知日派」陳文彬先生」野田正彰『陳真 戦争と平和の旅路』を参照。

(106) 「北京放送ラジオテキスト中国語基礎講座(一)」『人民中国』第八号付録、一九六三年、一九頁。

(107) 「音楽番組の手びき」『北京放送案内』創刊号、一九六四年、四頁。

(108) 「謝謝各位充満友誼的来信!(ゆうじょうこもるおてがみありがとう!)」『北京放送案内』第三号、一九六四年、三頁。

(109) 「聴取者から喜ばれるニュースと解説 「今日の世界」」『北京放送案内』第四号、一九六四年、一頁。

(110) 日中友好協会『日中友好運動五十年』編集委員会編『日中友好運動五十年』一九二―二〇〇頁、日中学院・倉石武四郎先生遺稿集編集委員会編『倉石武四郎 中国へかける橋』一〇九―一二七頁を参照。

(111)『アジア経済旬報』第六四一号、一九六六年、一九頁。
(112)日本中国語検定協会「第一回中国語検定試験中止の事情について」『中国語　1968年9月号』二〇頁、「資料」『アジア経済旬報』第七二三号、一九六八年、三一―三五頁などを参照。
(113)日本中国語検定協会「第一回中国語検定試験中止の事情について」『中国語　1968年9月号』二一頁。
(114)上野惠司「検定試験を始めたころ」一―二頁。
(115)新島淳良「中国語教育者の責任――中国語検定試験に反対する」『中国語　1968年8月号』二一―二三頁。
(116)日中学院・倉石武四郎先生遺稿集編集委員会編『倉石武四郎　中国へかける橋』一三九頁。
(117)「中国語検定試験について考える」『中国語　1968年11月号』二七―二九頁。
(118)坂本一郎「今の人はしあわせ」『中国語講座　12・1月号』日本放送出版協会、一九七〇年、五五頁。
(119)『NHKラジオテキスト　中国語入門　2・3月号』日本放送出版協会、一九七〇年、一六頁などを参照。
(120)「この講座で勉強する中国語」『中国語講座　4・5月号』日本放送出版協会、一九六八年、九頁。
(121)香坂順一「四つの有利な条件」『中国語講座　8・9月号』日本放送出版協会、一九六七年、五六―五七頁。
(122)小川環樹「古い中国語のこと」『中国語講座　6・7月号』日本放送出版協会、一九六七年、六〇―六一頁。
(123)伊地智善継「一つの「絆脚石」bànjiǎoshí」『中国語講座　8・9月号』日本放送出版協会、一九六七年、五八―五九頁。
(124)芝田稔「活きていることばを」『中国語講座　8・9月号』日本放送出版協会、一九六八年、六八―六九頁。
(125)箱崎敏行「NHK「中国語講座」中国取材日記」『放送技術』第二六巻第九号、一九七三年、一一一頁。
(126)同上、一一一頁。
(127)「NHK番組アーカイブス学術利用トライアル」(二〇二一年度前期)において、一九八七年九月四日から一九九〇年三月三〇日にかけてテレビ放送された「中国語講座」から四五本の番組を抽出して分析を行った結果によるものである。

終章　もう一つの教養語という未完の課題

「中国語講座」の書き換え問題と日中国交正常化前後の中国語ブーム

本書では、戦前から戦後にかけての「貫戦史」の記述を通して、紆余曲折を経ながら〈声〉の中国語が教養語として求められていった過程を示してきた。その起点の一つは日本放送協会「支那語講座」にあったが、ひとまずの終点もＮＨＫ「中国語講座」にあり、その象徴的な事件となったのが、「中国語講座」テキストの書き換え問題である。この頃、中国語は友好のための語学として再びの全盛期を迎えるが、中国語から教養の要素を見出すという関心は後景化していき、友好の内実が政治に強く規定されたものになっていく。

終章の冒頭では、この問題に関する記述を通して、一九六〇年代後半から日中国交正常化直前の時期に、中国語がどの地域のことばかという政治的な問いに対する答えが、文化大革命の最中の中華人民共和国のことばへと収斂されていく過程を提示する。そのうえで、本書全体の知見をまとめ、今後の課題を示すことにしたい。

中国語学習の政治的なスタンスへの問いかけは徐々に先鋭化し、ＮＨＫ「中国語講座」にも波紋を及ぼした。一九七〇年にＮＨＫテレビ「中国語講座」（京都放送局製作）一〇・一一月号のテキストで、北京の地名である「八大胡同」が「西方胡同」[1]、「南小街」が「東小街」[2]に、革命を題材としたバレエ「白毛女」が「草原之歌」[3]に、ＮＨＫの要請を受けて書き換えられた。ただ、複数の実在する地名を記した「北京市名勝古跡迹図（北京市における名勝地と歴史的遺跡の図）」[4]は同テキストにそのまま印刷された。

ラジオ・テレビテキストの制作は、一般的には語学講座の講師と日本放送出版協会、番組のディレクターの三者間で協議されるが(5)、講師の望月八十吉はもとからテキストの書き換えに反対しており、テキストが発行されたあとの一一月に現代中国学会(以下、現中学会)でこの問題を報告したようである(6)。その後、この問題を重視した現中学会の幹事会は、「NHKの行つた規制措置はきわめて遺憾であり、NHKに抗議を申しいれる、NHKが明確な態度を示さないならば、NHKに協力すべきでないと考える(7)」という声明を発表した。以降、書き換え問題は講師の間や現中学会の内部にとどまらず、中国語学研究会と民間の学習団体もそれぞれNHKに抗議を申し入れた。

まず中国語学研究会では、一九七〇年度の全国大会で書き換え問題が提起され、翌年に芦田茂幸、望月八十吉ら二三人が、「2つの中国を創り出す中国語教育を行なってはならない」、「中国語教育は、単なる技術主義的に行なわれるべきものでなく、現実の中国社会に密着して行なわれるべきである」、「今後の中国語講座、さらに中国関係番組全般を監視しなければならない」といった項目をあげて同会会員に呼びかけた(8)。とくに後半の主張は、かつてのようにNHK「中国語講座」に積極的に協力する姿勢は取らないということを暗示している。七七名の会員からの返事の内訳は、賛成が六六名、条件付賛成が七名、反対はわずか四名であった(9)。

番組の存続にもっとも危機をもたらしたのは、NHKテレビ「中国語講座」の講師からの抗議と出演停止であった。望月八十吉は、一九七〇年一二月に「言葉を学ぶということはその国の歴史や生活と切離しては考えられない。実在の地名はどんどん使うべきだ(10)」という意見を表明して、その翌年の二月から出演停止に入った。相浦杲はNHKの行動が「中国語講座の中国語が、中華人民共和国で行なわれている共通語でないかのような誤解をう」んだとする申し入れをNHKに行った(11)。次年度に講師を担当する予定だった小峰王親《きみちか》も、一九七一年一月に出演を辞退した(12)。三人の講師はいずれも、NHK「中国語講座」で教えられる中国語は、中華人民共和国で目下使われている共通語である「普通話」でなくてはならないと示唆したのである。

そもそもこの書き換え問題が、なぜ「二つの中国」につながるとみられたのだろうか。書き換えを要求した具体的な人物や、その理由などは不明である。ただしこの背景には、「真の中国語は台湾省に用いられているもの」「日本において教育されている中国語は大陸中国語であり、これを普及することは共産主義思想を輸入するパイプになる」という意見を発表した日華協力委員会の申し入れがあったと当時考えられた(13)。抗議側は、書き換え問題が単なるテキストの内容変更ではなく、「中国語」ということばに付随した中華人民共和国という属性を弱めるものだと理解していた。

一九七一年二月、NHK教育局長の堀四志男と京都放送局放送部長は、講座の講師や現中学会とそれぞれ交渉を続けていた。同月二〇日、現中学会宛の日本放送協会教育局長・堀四志男の書簡が送られ、番組の運営方針が二カ条にまとめられた。まず、NHK語学講座は国際間の理解を高め、友好を深めることを前提として、教材で実在の名称を使うべきだとした。第二条では、普通話・簡体字・ピンインを使うといういままでの暗黙のルールについて、「中華人民共和国」のことばを教えることを明確に記した(14)。

しかしながら、現代中国語会話教室や世田谷日中学院の学習者が結成した中国語学習者連絡会議は、NHK側が学習者側に謝罪しなかったことなどを理由に、NHKと出講を決めた講師に対して抗議し続けた。彼らはNHKの教育と自己の学習について、以下のような考え方を示した。

ぼくは日本における中国語には、二つの面があると思う。一つは、生きた中国人民のことばをコツコツと学んでいる小さなサークル。もう一つは、たとえばNHKのような中国語〝教育〟。〔中略〕民間の学習者、個々のサークルの一つ一つの力は弱いが、それらが集まり、相互が密接に連絡をとって、権力から与えられる中国語というものを拒否する。そして、もっと質の違った、生きた中国語を学ぶように、自分たちが生きた中国語学習をおしすすめていきたい。いままでの中国語とは違った、ほんとうに革命を経た、文革を経た中国の事情をまさに伝えるような中国語をということです(15)。

ここでは、自己の中国語学習をもって文化大革命という中国の現実を追求し、また、権力側であるＮＨＫと教師に対抗し、学習者の主体性を強調するという行動原理が見られる。しかしながら、「コツコツと学んでいる小さなサークル」と「ＮＨＫのような中国語〝教育〟」という極端な二分論は、他の学習の動機を視野に入れていないものだといえる。

ＮＨＫは中国語学習者連絡会議を相手としなかったが、次期講師の小峰王親は連絡会議と交渉を続けた(16)。しかし、テレビ講座のテキストにおいて簡体字やピンインの表記を適切に行わなかったとして反発が高まり、小峰はわずか半年で講座から降板した(17)。講師不足に陥った結果、ＮＨＫにはテレビ「中国語講座」を廃止する意向もあったようである(18)。交渉を経た一九七一年九月、最終的に元東京大学文学部教授の藤堂明保が講師を引き受けることになる。このとき、彼は、わざわざ中国語学習者連絡会議に書簡を送った。

内容としては、三結合、政治挂帥、革命委、与天・与地・与人、人民公社、五七幹部学校、上山下郷、仲手派、三門主義、走狗、棗園、延安、人民大会堂、抗日軍政大学、第八路軍……等をどしどし中におりこんでいきます。そしてテキストを作るため、安藤彦太郎氏以下三人の「注文づけの役」をわずらわすことにして、今までとは一変したものにしていくつもりです(19)。

藤堂は文革一辺倒の人ではないが、この書簡では文化大革命に関する用語をテキストに盛り込もうとしている。かつて東大全共闘を支持した藤堂は、若い学習者の意見に配慮すると同時に、番組を存続させるための妥協案を考えていたのだろう。このように、彼が講師を担当した一九七二年頃から一九七四年頃にかけては、テレビ「中国語講座」のテキストにおいて、日中国交正常化や日中友好の提唱もあるものの、それ以上に文化大革命に密接に関連する政治的なことばに重点が置かれていた。人民公社の見学や毛沢東選集の読書、壁新聞の読解が会話テキストに取り入れられ、教育改革や「孔子批判」がコラムで紹介された。一九七〇年に書き換えられた「白毛女」も新生中国の「革命模範劇」として数回登場した。

さらに、中国人労働者の労働と生活の姿を映した白黒写真が日本中国文化交流協会の提供で、毎回テキストの二面にわたり掲載される時期もあった。また同会を通じて、北京放送局から送られた同局アナウンサーによる模範朗読のテープが毎回放送されていた[20]。このように、当初はＮＨＫの方が内容規制を行ったが、最終的に、中国語学習者連絡会議の糾弾を経て、テレビ「中国語講座」のテキストでは「二つの中国」を連想させかねない内容を自粛し、中華人民共和国の文化大革命に関する内容を強調する方針に改めたのである。

第六章で触れたように、一九六〇年代後半以降の中国で進行していた文化大革命と、日中間の日中国交正常化交渉のなかで、霞山会の戦争責任を発端とした中国語検定試験事件や、善隣会館事件を契機とした倉石中国語講習会の分裂・解散が、大学紛争とも連動しつつ起きていた。「中国語講座」の書き換え問題は、突発的な事件ではなく、上記の中国語教育・学習の政治的スタンスが問われていく延長線上で起きたことだといえよう。講座で教えられる中国語を現実の「中国」にどの程度結びつけるか、例えば、「中国語」は国民国家の公用語を意味するか、それともその土地で暮らしている大多数の人々に使われる言語なのか、という問題に対して、相浦杲ら中国語学研究会の会員は当初態度を保留していたが、やがて立場を明確にするようになった。それは、中国語界内部にすでに存在していた多数派の意見を意識した選択だったと言えなくもない[21]。

以上、一九七〇年前後に中国語から教養の要素を見出すという関心が後景化していき、中国語教育・学習の政治的なスタンスが関係者の間で強く問われていったという傾向を、テレビ「中国語講座」の書き換え問題の発端と収束をもって確認した。このなかで、日中国交正常化よりも前の時期にもかかわらず、中華人民共和国の「普通話」が教えるべきことばとして明確に意識され、ＮＨＫ「中国語講座」という教学の現場でも確定的な方針になった。この傾向に至る経緯は複雑である。まず、第六章で示したように、一九六〇年代以降、社会各層の視聴者が増え、中国語学習の動機と目的も多元化していく。ここから、教育者と学習者はそれぞれ主体的に行動を取りはじめ、各層に存在していた分岐が先鋭化していった。一九七〇年の書き換え問題では、学習者による主体的な行動が講師に圧力を与え、間接的にテレビ講座の内容に変化をもたらした。中国語の戦争責任への反省や、日中友好への期待、中国に対するノスタルジア、文化大革命への理想など、各層がもつ中国語に対する思惑が番組のなかに包摂され、絡み合っていた。また歴史的に見れば、一九六〇年代後半に中国の標準語を主な学習の対象とした意向は、実は明治以来の北京官話を学習してきた慣習、そして一九二〇、三〇年代にあった共通語、標準語を学ぶという志向とも不可分である。一九五〇年代になると、共通語、標準語を学ぶ志向はさらに、大多数の人民に文字を与えようとした中華人民共和国の文字改革に寄せた共感と合流した。

加えて注目に値するのは、かつての「支那語」、そしてなお「特殊語学」と呼ばれた「中国語」の社会通念に対して中国語教師たちが抱いていたいささかの不平が、中華人民共和国という新しい政権と、古い世界の打破を標榜する文化大革命への期待に繋がっていったという点である。書き換え問題が起こるほぼ一カ月前に行われた戸川芳郎と六角恒廣の対談には、この思惑が以下のように語られている。

戸川　それは、大きくいえば、日本の政府というか、日本の国のあり方が、中国をそういうふうに扱っているところからくるのでしょうか。

六角　それと、やはり、日本の社会の体制が、政治に限らず、西側に向いてますよね。そこでは、やはり、東側のものは非常に特殊に見える傾向がありますね。それとも1つは、過去の中国に対する非常に特殊な見方があるんじゃないでしょうか。それが、中華人民共和国ができて、いささか特殊じゃない社会になってきてはいても、過去のそういった中国観と、戦後の西側から東側を見た中国観がオーバーラップしているんじゃないか。

戸川　文化大革命以降特に、そういうことがありますか。

六角　文化大革命ということばが出たが、文化大革命以降は、中国はもはや特殊じゃないという感じですね。ただ、見る目は依然として変わりませんがね。だけども、考え方としては、やはり、中国が文化大革命をやったということは、中国はもはや特殊じゃないということじゃないでしょうか。そこに、これからの中国というもののの意義があるんじゃないかとぼくは思う。(22)

テレビ「中国語講座」の書き換え問題が収束した約半年後の一九七一年七月に、米中関係の改善を象徴するキッシンジャーの中国訪問が実現し、その翌年の九月二九日に「日本国政府と中華人民共和国政府の共同声明」が調印された。ニクソン・ショックやピンポン外交をきっかけとして、日中国交正常化の前後に、日本国内に中国語を学習する団体や個人はさらに増えていった。同年四月二六日付『朝日新聞』の記事「中国語ブーム　雪どけムードに乗って…」によれば、日中学院の生徒数は二〇年前の約一〇倍の六〇〇人であり、「都内の中国語学校やジュクには、昨年の二倍以上の生徒が押しかけている。／神田の日中学院。夜間部の定員は五十五人だが、締切り後も、百人以上が「ぜひ入れて」と、頼みにきた。／七割は学生。あとは商社、メーカー、海運会社、航空会社、銀行などに勤めるサラリーマン。／「就職に有利だから」「転職するときに武器になる」「会社の命令で」といった人が多い」という。(23) また、一九七四年五月の報道によれば、元満洲国国務大臣秘書官を務めた上野魏が「寺子屋方式の中国語講座を全国に広げる運動を続けて」おり、その生徒は「大学で中国語を専攻したが、会話は習得できなかったという高校教員(三三)。中国からの視察団を案内したが、通訳を通してしか話ができなかったのが残念だった、という通産省の研究所課員(四〇)。会社員、主婦など、年齢も小学二年生から六十四歳まで」いたという。(24)

一九七〇年代の中国語ブームについては、学習が「長続きするものは少ない」(25)など、中国語熱の冷却が指摘されたこともある。(26) しかし、中国の改革開放が始まったその後の八〇年代と九〇年代には、日本で学校教育を始めとする中国語学習者が一気に増えていったことについて、輿水優が以下のように回想している。

1970年代を過ぎ、80年代以降は中国の改革開放政策、日中両国の経済関係の進展につれ、中国語の学習状況は一変した。学校教育では、多くの大学や高校でドイツ語・フランス語を追い越し、中国語が英語に次ぐ学習人口を有するようになって来た。90年代には大学入試センターのセンター試験にも外国語科目として導入された。テレビ講座は、ラジオ講座とともにいまやテキスト発行部数が英語の単発講座にとどくという。ラジオ・テレビの中国語講座は、もともと中国の風土や文化にひかれて学ぶケースも多く、日本人の中国に対する郷愁めいた関心は、講座がメジャーの地位を得た現在でも有力なささえになっている(27)。

それでは、新しい時代における日中国交正常化の実現と日中関係の改善は、かつて教育者たちがもとめてきた「教養」としての中国語とどう関わっていたのだろうか。「友好語学」としての中国語と、戦前のいわゆる「親善語学」としての「支那語」について、工藤篁が一九七一年四月に述べた批判的な意見は、後世に残した警鐘だと言える。

親善とは常に欧米の先進国に対しての微笑である。英独仏は親善語学である。日中友好協会、そして友好商社員が、広州交易会のために友好語学を学習する。中国語は友好語学である。親善にはおだやかな微笑がある。軍艦の砲口をうしろにして、常に優雅であり、文化的である。実に紳士的である。

友好とはなんであるか。友好語学とはなんであるのか。『毛沢東語録』を教材にしさえすれば、それで友好語学となるのか。NHKに抗議し、「普通話」を教え、「日中友好の基本線に沿って」ゆけば、それで友好語学が成立するのか。

大陸中国語(普通話)と台湾中国語(国語)とを区別するのはナンセンスである。

北京語と北方語なら区別できる。いったい、大学の教養課程においては北京語を教えるのか、それとも北方語をスタンダードとするのか。前者は過去の中国の社会と文化を考えるにはすてることができない。後者は未来に開かれているが、現在は北京語ほどに洗練された言語とはいいがたい。社会主義社会の言語にはこの「洗練」は不必要であるといえば話がかわる。社会主義リアリズムの文学といえども「洗練された」言語を必要としよう。そうでなければそれは文学というにあたいしないから。(28)

工藤はこのように、当時の日中友好運動のなかで提唱された「友好語学」から、かつての「親善語学」としての「支那語」の姿を思い浮かべていた。そして、「大陸中国語(普通話)と台湾中国語(国語)とを区別する」ような政治的な判断にこだわるよりも、「世界文学全集の約五分の一はロシア文学のためにその席を用意するが、中国文学はわずかに魯迅集をもって、その場をふさぐのである(筑摩書房の企画は例外)(29)」というように、世界文学のわずか一角しか占めていない現代中国文学の地位をこそ憂慮していたのである。「ことばは容器である。内容はその国の文学であり思想である。少なくとも現在の日本の知識人のあいだには、内容としての中国文学はその世界性において欠格とされる。だから新島淳良氏は、中国語の「教養性」を疑う(30)」と工藤は述べる。戦後長年にわたる中国語教師たちの奮闘を経て、一九七〇年代以降再び中国語が戦時中のようにブームになっても、彼らにとって「もう一つの教養語」の模索はなお未完の課題として残り続けたのである。

中国語受容の「貫戦史」――〈声〉の教養語の可能性

本書では、近現代日本における〈声〉の中国語受容史を研究課題として、一九三〇年代から一九六〇年代末にかけて、ラジオや出版物といったメディアを介した日本国内の中国語学習の場で、中国語という外国語を〈声〉の教養語として追求した教育者・学習者の言動、また、彼らの言動と思考の連鎖が当時の日中文化交流と国内の一般社会、学問体系にもたらした意味を考察してきた。

序章で論じたように、本書の問題意識の出発点にあるのは、英・独・仏を中心とする「教養語学」説と、また、漢文訓読の教養とを比較した上で、中国語が「教養」であったのかどうかという問いであった。この問いを念頭に置いて、日中戦争から日中国交正常化前にかけての、アジア太平洋戦争の前後にまたがる中国語受容の「貫戦史」を、多方面の資料から復元し、その全体像の提示を目指して考察してきた。最後に、戦前と戦後のそれぞれの時期における「教養」としての中国語の理想と実態に沿って、本書で論じてきた〈声〉の中国語受容史をまとめ、〈声〉の教養語の可能性を検討したい。

まず、〈声〉の教養語をもとめた近現代日本という物語における三つのアクター、すなわち中国語受容と、メディア、中国語教育改革という三者の関係性を提示しておきたい。前述のように、〈声〉の中国語とはまず、漢文訓読法と異なり、外国語としての、話しことばとしての中国語がもつ音声的要素、音声的表象を指している。このような〈声〉の中国語は、紙媒体や活字メディアで直接的に示すことができないという物理的な性格がある。しかしながら、一九三〇年代の新しいメディアであるラジオ、レコード、発音記号が注記された音読のテキスト空間の普及によって、広範囲にわたって一般人に認識され、想像されうるようになった。他方、外国語としての中国語は、戦前の旧制高等学校やアカデミズムでは極めて周縁化された科目であり、ほとんど学問のための必須なリテラシーとされなかった。その原因の一つは、漢文訓読法によって中国語文語文を解読するという中国関係の研究領域における伝統だと考えられる。このように考えれば、漢文訓読という伝統の壁にぶつかった倉石武四郎や、そもそもこの伝統から疎外されていた外国語学校の教師たちが、中国語教育ないし中国語研究の方法を民間の場、とくに音声メディアであるラジオやテレビ、印刷物に求めたことはごく自然な成り行きであったと言える。メディアの制度的側面から見れば、日本放送協会第二放送ではもともと社会教育的な機能が重要視されていた。「支那語講座」が第二放送「教養番組」のなかに設置されたことは、「支那語」がエリート層や学問の世界とは別の「教養」として位置づけられていたことを物語っている。戦後のＮＨＫ「中国語講座」の意義としても、「中国語は最も重要な外国語といってよい」、「これからの語学の勉強は、特に若い人の語学の勉強と並んで、アジア語の学習もぜひ望ましい」と記述されていたことからもわかるように、近現代日本の中国語受容において、制度的に新しいメディアそのものが革新の場となっていた。

さらに本書でいう〈声〉の中国語とは、話しことばの受容を通して、中国・中国人を他者として理解することへの志向を含意するものであった。他者理解の志向と音声メディア、ないし視聴覚メディアとの関係は以下のようにまとめられる。音声メディアや視聴覚メディアから影響を受け、中国語の音声的要素、音声的表象の同時性に対しての、さらに社会的に言えば、そのような中国語を使用する人々の暮らしに対しての関心が高まっていった。

具体的には、戦後草創期のＮＨＫ「中国語講座」において、ラジオという音声メディアに相応しい表記法として、ローマ字表記のラテン化新文字が選ばれた。それ以降の発音記号の選択も、中国語教育を改革するという講師の意志のもと、また初級講座のみという編成上の制限もあり、学習者が覚えやすいピンイン文字という単一の表記に収斂していった。この発音記号の選択において、中華人民共和国の標準語、共通語を学ぶことが暗示されていたのである。さらに一九六〇年代後半の映像メディアの登場にともない、中国のイメージを可視化することが避けられなくなり、文化大革命などの情勢にも影響されつつ、講座の講師と寄稿者は「生きた中国語」の再検討を余儀なくされた。一九七〇年の書き換え問題を経て、日中国交正常化の前からすでに、放送される「中国語」は中華人民共和国のことばにほぼ限定され、日中友好の下地が視聴覚メディアであるＮＨＫ「中国語講座」のなかで整えられた。

さて、一九三〇年代初頭から一九六〇年代末期にかけて、教養語としてもとめられた中国語受容の実態はどうであったのだろうか。序章で論じたように、本書でいう教養語とは、ことばそのものとそのことばの使用に文化的な価値を見出そうとし、ことばの社会的地位を向上させるとともにことばの教育・アカデミアの体制を変革しようとする言語観と、その言語観に基づいた一連の実践を指す。まず、中国語を教養語として追求していった戦前の種々の理想は、時局と複雑な関係にあった。一方、「支那語講座」で教えられた教養階級の言葉遣いは、同時代の軍事的な訊問や拷問のための中国語教本の内容と好対照をなしていた。しかし、国内の聴取者に向けて放送されていた同講座は、友好な他者を幻視する広報メディアとして、中国と「支那事変」は起きたが戦争は起きていないという、大陸の戦場の現実と国内の認識との乖離を深刻化させるものでもあった。また、一九三〇年代に多く創刊された中国語学習誌の変遷から見たように、中国語学ないし中国研究の地位向上の提唱はしばしば時局への追認や、学習者の嗜好や期待への対応と連動していた。このように、中国語のなかから文化的な価値を見出そうとする意欲は、戦時下のなかで変形を余儀なくされ、学問研究から語学の普及ないし「支那語出版報国」の方向へと軌道修正されていった。この意味で、大衆レベルで追求されていた「支那語」の実態は、時局化で生まれた変種の「教養」と言える。

他方、中国語と漢文の関係を再考することで、外国語としての中国語を教養化、学問化するという新しい中国語受容のあり方が戦前に既に始動していたことも確かであり、これらの動きが戦後中国語教育改革の土台になっていったのである。支那語学会が文部省に提出した「支那語教育普及ニ関スル意見書」、大阪外国語学校支那研究会『支那及支那語』における実践、倉石武四郎『支那語教育の理論と実際』がその例である。戦時下の中国語ブーム、及び中国語に対する社会からの関心がこれらの議論の土壌となったことは注目に値する。例えば、中国語教育界から発せられた中国語の普及と向上の提唱、及び漢文教育における訓読法に対する批判は、一九四〇年代の漢学界や文化界においても注目を集めた。

敗戦により大日本帝国の言語圏が解体し、アジア主義の提唱が忌避されるようになり、また冷戦下の東西の社会体制の対立もあって、戦前の中国語ブームはある程度冷却していった。昭和戦前期の〈声〉の中国語受容を、理想を掲げつつも時局に迎合、便乗していった過程として捉えるのであれば、戦後における一九六〇年代末までの受容は上記のような厳しい現実への反発といえる。まず、個人としての多くの学習者たちにとって、中国とそこに住む民衆は、たとえ国交がなくとも、自らの生活や政治的主張に強く関係する存在であり、直接学習すべき相手、あるいは交渉すべき相手であった。例えば、戦後初期の日中友好運動の流れを継承した中国語友の会が、ＮＨＫラジオ「中国語講座」

に積極的に参与しており、新制東京大学教養学部の学生サークルである駒場中研は、日本の平和と民主化徹底の手本を中国革命に求めていた。戦後の教師たちも、ある程度はこの種の期待を抱いていたが、それ以上に戦前の「支那語」に対する反省的な態度が強かった。戦前に中国語教本を数多く出版した宮越健太郎が引退し、代わって改革者である倉石武四郎が徐々に活躍していく戦後直後の中国語界の様子が示すように、中国語関係者に対して、年齢や出自、教育経験の多寡だけでなく、戦争経験に関するイデオロギー的な問題が暗に問われていた。すなわち、戦時中の教育と学習の経験は、戦後の世代に受け継がれるべき無罪のものであったのかどうかという問題に対する自覚が多くの教師の間で共有されていたのである。一九五〇年代に工藤篁や竹内好、安藤彦太郎が行った「支那語」批判は、中国語学研究会や中国語教室学生懇談会を通して、大学生ないし一般の学習者にも影響を及ぼしたと考えられる。

新制東京大学教養学部のEクラスと、NHKラジオ・テレビ「中国語講座」シリーズは、新しい時代の教養としての中国語の形をそれぞれ提示した。まずEクラスの誕生は、近現代日本の中国語受容史における大きな転換点であり、さらに、大学における教養科目としての外国語科目、語学学習と文学研究、地域研究の関係にも多くの示唆を与えたと考えられる。草創期のEクラスにおける人格教育と、語学に向き合う上で厳密さを追求する態度は、旧制高校の外国語教育から継承された部分があった。さらに、中国語学と文学を融合した「基礎語学」の理念が、教室内での教育と、学生による課外の主体的な活動の両方から模索された。戦前の実用的な「支那語教育」との相違は、語学と文学の融合、古典文学と近現代文学の融合の理想にあっただけではない。その学習は同時代の革命的な中国を手本としたものであったため、中国の現実性によって過去の「支那語」教育の実用性を超克するという特徴も見られた。このような現代中国語を通して中国研究を行う実践が、クラスの聴講生や、学生サークルの連合である中研連、教室懇談会によって拡散されたことは、次世代の中国関係の研究領域の発展にも間接的に影響を与えていたと考えられる(31)。

一九六〇年代のNHK「中国語講座」では、中国語教育界が求めていた「文化語学」と放送局が提起した教養としてのアジア語学とが合流し、大衆レベルの教養としての中国語の可能性が提示された。口と耳から一般会話を習得する方法が取られ、日本人が「中国を知るため」、また会話を通して「我々自身をもっと中国の人々に知ってもらうため」(32)という交流志向を有していた。それだけでなく、「北京語」で読む唐時代の詩文や民国期の白話小説が編入されており、中国語学の専門家や中国研究者から寄稿された語学、文学、旅行記の記事が、毎号のテキストに掲載されたように、中国全般に関して基礎的な知識を把握することが重要視されていた。一九五〇年代と比べて、一九六〇年代の聴取者の増加は著しく、大学卒の「知能・自由業」の従事者や大学生、若い世代、比較的年長の聴取者らに多く利用された。中国語を聞き過去を偲ぶ懐古主義的な動機と、日中の友好関係を展望する未来志向とが交錯しながら、中国語の社会的な普及がある程度達成されていた。

上記のように二つの教養としての中国語の形がそれぞれ一九五〇年代半ば、一九六〇年代末までに形成されていったが、NHK「中国語講座」の場合、一九六〇年代後半以降の文化大革命と日中国交正常化交渉のなかで、「二つの中国」をめぐるテレビ「中国語講座」の書き換え問題を経て、一般教養としての中国語の模索が一旦中断されるようになり、暫くの間は文化大革命に関する内容が番組の中で強調されるようになっていった。

本書の限界と今後の課題

序章で論じたように、先行研究と比較して本研究の新規性は、日中両言語が共有する漢字・漢文の「漢文脈」のなかで、近代メディアによって表される〈声〉のことばと〈文字〉のことばの複雑な関係に着目した点や、いままで看過されがちであった中国語教育における改革者の存在を浮上させた点にある。主として歴史学の手法をもって、一九三〇年代から一九六〇年代までの事象と人物に焦点を当て、人物の行動と思考の連続性、時代の精神と傾向、ないしその因果関係を示すための文化史の叙述をある程度まとめることができたと考えている。その一方で、取り上げた個別の課題について、十分に使用しきれなかった資料を通して、さらに掘り下げることも可能である。例えば、戦後のNHK「中国語講座」と戦前の日本放送協会「支那語講座」に対して、テキストの比較分析を行えば、想像されていた他者のことばの変遷が見えてくるだろう。また、一九七〇年頃のＮＨＫ講座の内容に影響を与えたと考えられる中国語学習者連絡会議や中国研究所の中国語研修学校といった学習団体のメディア利用と中国語観については、団体が作ったチラシ、パンフレットや、聞き取り調査を通して、さらに考察する余地がある。東京大学教養学部Ｅクラスに関しては前述のように、一九五〇年代後半の入学者の増加と学生運動の内部の分岐、一九七五年頃の工藤篁の退官により、教養としての中国語の形も変化していったと考えられる。工藤の時代とその後の歩みについては、卒業生による研究生活の回顧的な記録、オーラル・ヒストリーから精査することもできる。

そのうえで、より広い視点から本書の限界と展開の可能性を述べるならば、以下の点が挙げられる。まず、第五章と第六章で論じたように、〈声〉の中国語受容の学問的、社会的な環境の改善は、第二次大戦後の困難な状況のなかで成し遂げられた部分が大きい。この意味で、冷戦下及び日中国交正常化前の危機の時代において文化交流のルートを保ったこの歴史は、世界の分断が進む今日あらためて振り返る社会的な意義がなおある。このなかで、とくに倉石武四郎と藤堂明保の言語認識と教育思想については、いままで体系的に検討されることがなかった。倉石と藤堂は中国言語学や音韻論に深い学問的造詣を持つ一方、東京大学中国文学研究室の大学院教育に力を入れただけではなく、ＮＨＫ「中国語講座」、日中学院といった民間の中国語教育も牽引し、さらに日本の漢字教育にも参与した社会参加型の学者であった。二人の研究と教育の生涯からは、語学教師の言語認識と言語教育の関係性、教育の民主化、東アジアの情報社会のなかの漢字・漢文の問題、文化大革命と大学紛争のなかで中国語学習が置かれた状況と中国認識の変遷といった研究テーマの発掘が予見できる。例えばＥクラスとの関係で言えば、本書ですでに提示したように、倉石の教育理念が、工藤篁には直接的に、Ｅクラスには間接的に影響を与えていた。この影響をＥクラス卒業生の進学先であった東京大学中国文学研究室で行われた研究、学習と合わせて考えていくことも重要な課題である。

第二に、本書で論じてきた中国語受容史は、主として中国の標準語の受容を中心とした考察であり、漢語の方言といった言語的多様性や、国境を越える言葉の使用への注目は十分とは言えない。ジャック・デリダが「私は一つしか言語を持っていない、ところがそれは私のものではない[33]」と述べたように、そもそも個人にとって、母語を含むあらゆる言語経験とアイデンティティーの形成には、つねに「自己」と「他者」の緊張関係が存在している。とくに今日、グローバル化が進むなかで国民国家によって規定される公用語の「中国語」という範疇のほか、「台湾華語」や「華語語系(Sinophone)」といった国境を越えた言語使用[34]、第二言語話者などの多様な個人による中国語・華語の使用が増えつつある[35]。このため、他者のことばを考える際には、外国語ということばが含意する国民国家の枠組みだけではなく、個人の言語使用の多様性、グローバル社会のなかの中国語・華語の多様性に注目することが、多言語の市民社会の形成や、国民国家の限界を超えた民間と個人の自立的なことばの使用を考えるに当たり、重要な視点であると考えられる。グローバル社会のなかにおいては、かつて「中国語」と呼ばれたことばが、「漢語」「中文」「華語」「チャイニーズ」といった複数の顔を持ち、多くの個人の生活と直結していることに注目しなければならない。

約四〇年間の中国語受容史を振り返って考えれば、語学学習やことば、外国語の使用は単なる社会の反映ではなく、むしろ教育者・学習者による能動的な選択の結果であったことがわかる。また、このようなことば、外国語の選択は、広くそのことばを介した思考や、人々の認識に影響を与えうるものである。一九六〇年代末までの〈声〉の中国語受容は、国際情勢や国同士の関係に影響されることが多かったが、中国語を教養語としてもとめてきた言語観とそれに基づいた実践は、常に他者理解の志向を内包していたと言えよう。このような他者理解の志向は、分断の世界を生きる今日の人々に異言語や異文化への想像力を喚起するものであり、人間の営みである他者とのコミュニケーションの意義を倫理的に再考するために、なお重要性を失っていないと考えられる。

注

(1)『中国語講座　10・11月号』日本放送出版協会、一九六八年、二四―二七頁。
(2) 同上、二四頁。

（3）同上、八〇頁。
（4）同上、三五頁。
（5）二〇二二年八月二〇日に行った聞き取り調査より。
（6）望月八十吉「NHK・TV中国語講座問題の報告」『中国語学』第二一三号、一九七一年、六頁、「NHK中国語講座問題についての経過」六七頁を参照。
（7）「NHK中国語講座問題についての経過」六七頁を参照。
（8）芦田茂幸ら「資料：《NHKテレビ中国語講座》に関する中国語学研究会員へのアピール」『中国語学』第二〇八号、一九七一年、九―一五頁を参照。
（9）同上。
（10）「NHK教育TVの中国語講座　講師の反対も認めず　地名まで架空のものを要求する」『朝日新聞』一九七〇年一二月二三日、朝刊、一九頁。
（11）相浦杲「『〈NHKテレビ中国語講座〉に関する中国語研究会員へのアピール（資料）』について」『中国語学』第二一一号、一九七一年、一八頁。
（12）「新講師も出演辞退　NHKの中国語講座」『朝日新聞』一九七一年二月一三日、夕刊、八頁。
（13）望月八十吉「中国語教育の危機」『中国語学』第二〇三号、一九七〇年、一四頁、藤堂明保先生文集編集委員会編『藤堂明保　中国へかける橋 Ⅱ』六九―七六頁、「NHK中国語講座問題をめぐって（3）――中国語学習者連絡会議に聞く」『中国語　1971年5月号』四九頁を参照。
（14）「NHK中国語講座問題についての経過」一九七一年、六九頁。
（15）「NHK中国語講座問題をめぐって（3）――中国語学習者連絡会議に聞く」『中国語　1971年5月号』四七頁。
（16）小峰が一九七一年四月から、NHKテレビ「中国語講座」の講師を担当するようになった経緯は、小峰王親「NHK中国語講座問題をめぐって（1）――その後の経過と「日中友好」」『中国語　1971年5月号』四二頁を参照。小峰が連絡会議と交渉したことについては、「NHK中国語講座問題をめぐって（3）――中国語学習者連絡会議に聞く」『中国語　1971年5月号』四六―四七頁を参照。
（17）輿水優著、氷野善寛・紅粉芳惠編『中国語「知」のアーカイヴズ③　中国語と私』八九頁を参照。
（18）藤堂明保先生文集編集委員会『藤堂明保　中国へかける橋Ⅱ』六九頁を参照。
（19）同上。
（20）『中国語講座　6・7月号』日本放送出版協会、一九七二年、三頁。

(21) 芦田茂幸ら「資料：《NHKテレビ中国語講座》に関する中国語学研究会員へのアピール」『中国語学』第二〇八号、一九七一年、九―一五頁、相浦杲「『〈NHKテレビ中国語講座〉に関する中国語研究会員へのアピール（資料）』について」『中国語学』第二一一号、一九七一年、一五―一八頁を参照。
(22) 「中国語教育の100年　六角恒廣　対談　戸川芳郎」『中国語　1970年8月号』四五頁。
(23) 「中国語ブーム　雪どけムードに乗って…」『朝日新聞』一九七一年四月二六日、朝刊、一二頁。
(24) 「広がれ　寺子屋　中国語　日中理解　まず会話から　元満洲国の官吏―過去ある身　お役に立てば…」『朝日新聞』一九七四年五月一八日、朝刊、一七頁。
(25) 「中国語ブーム　雪どけムードに乗って…」『朝日新聞』一九七一年四月二六日、朝刊、一二頁。
(26) 「冷え切った中国語熱　学習者、ピークの半分　大学でも振るわず　あこがれ派すぐ脱落」『朝日新聞』一九七五年五月七日、朝刊、二二頁を参照。
(27) 輿水優『中国語の教え方・学び方』一一頁。
(28) 工藤篁「「中国語を学ぶ」とはなにか――親善語学と友好語学」『中国語を学ぶ人へ』五八頁。
(29) 同上、五七頁。
(30) 同上。
(31) Eクラスの聴講生については東京大学教養学部中国語クラス編『東京大学教養学部中国語クラス出身者名簿（昭和24年入学～48年入学）』を参照。次世代の中国関係の研究領域への影響については、例えば以下のような記述が挙げられる。「駒場寮の一角に建つ工藤研究室には暇があると訪問し、奇妙な師弟関係を築いた。旧台北高OBの数名の、小山捨松老教授を囲む同窓会「伊東温泉連歌の会」も忘れがたい。ある夏休み、小豆島から阿蘇山麓の国民宿舎に至る九州への、奇妙な師弟の弥次喜多道中も忘れがたい。その旅費は、二つの地元高校での「大学案内」から得た。矢吹が前座を務めて、工藤篁教授を紹介し、次いで、教授の中国文化講演となる」（矢吹晋『邪馬台国は大和　卑弥呼は百襲姫』一七頁）。「国交のない時代に中国語をとる学生は圧倒的な少数者、相当な変わり者の集まりで、一九五〇年前後から続く那須山中の電灯も無い山小屋での夏の合宿などを通じ、先輩・同輩諸氏の薫陶をうけた。教祖というよりは学生を掌の上で遊ばせてくれる「老師」、教育的な扇動家ともいうべき工藤篁先生は、初学者に対しても錚々たる先輩諸先生らと同等（であるかのよう）に扱って意見をもとめ、能力を顧みず何がしかの研究ができそうな錯覚を与えてくれた」（吉野誠『明治日本と朝鮮』二六〇頁）。
(32) 『NHKラジオテキスト　中国語入門講座　4・5月号』日本放送出版協会、一九五七年、見返し。
(33) ジャック・デリダ『たった一つの、私のものではない言葉』四頁。
(34) Shih, Shu-Mei, Tsai, Chien-Hsin, and Bernards, Brian eds. *Sinophone Studies: A Critical Reader*, Klöter, Henning and

Mårten Söderblom Saarela eds. *Language Diversity in the Sinophone World: Historical Trajectories, Language Planning, and Multilingual Practices*, 林初梅・吉田真悟『世界の言語シリーズ18 台湾華語』などを参照。

(35) 例えば、近年の第二言語話者として中国語の書き手として、ニルス・ヨーラン・ダーヴィド・マルムクヴィスト(馬悦然)、許世旭、新井一二三などが挙げられる。

文献一覧

新聞・雑誌・年鑑等

『アカハタ(現・しんぶん赤旗)』日本共産党中央委員会、一九二八年―。
『朝日新聞』朝日新聞社、一八七九年―。
『アジア経済旬報』中国研究所貿易委員会、一九四九―八五年。
『NHK年鑑』日本放送協会、一九五三年―。
『大阪毎日新聞(現・毎日新聞)』大阪毎日新聞社、一八八八年―。
『音声学協会会報』音声学協会、一九二六―一九四三年。
『華語研究』天理語学専門学校崑崙会、一九四六―一九四八年。
『華語集刊』螢雪書院、一九四二年。
『華語新声』華語新声社、一九三一―一九三二年。
『官報』大蔵省印刷局、一八八三年―。
『教養学部報』東京大学教養学部、一九五一年―。
『語学教育』語学教育研究所、一九四二―一九七二年。
『支那及支那語』宝文館、一九三九―一九四三年。
『支那語』外語学院出版部、一九三二―一九四四年。
『支那語学報』文求堂、一九三五―一九三九年。
『支那語研究』天理外国語学校崑崙会、一九三八―一九四三年。
『支那語雑誌』春陽堂、一九三二―一九三三年。
『支那語雑誌』螢雪書院/帝国書院、一九四一―一九四四年。
『支那語雑誌 白話』北京:白話研究社、一九二二―一九二三年。
『支那語と時文』開隆堂、一九三九―一九四四年。
『斯文』斯文会、一九一九年―。
『新興支那語』尚文堂、一九三六―一九三八年。

『清語ト清文――Far East』東枝律書房、一九〇四―一九〇五年。
『新中華』帝国書院、一九四六年。
『新中国』実業之日本社、一九四六―一九四八年。
『人民中国』北京：外文出版社、一九五三年―。
『大安』大安文化貿易株式会社、一九五五―一九六九年。
『中国語』中国語友の会ほか、一九五五―二〇〇四年。
『中国語学』中国語学研究会ほか、一九四七年―。
『中国語学研究会会報』中国語学研究会、一九五一―一九五四年。
『中国語雑誌』帝国書院、一九四七―一九五一年。
『中国文学』中国文学研究会、一九四〇―一九四八年。
『中国文学月報』中国文学研究会、一九三五―一九四〇年。
『調査月報』日本放送協会、一九二八―一九三一年。
『調査時報』日本放送協会、一九三一―一九三四年。
『東京朝日新聞（現・朝日新聞）』朝日新聞社、一八八八年―。
『東京新聞』東京新聞社、一九四二年―。
『東京日日新聞（現・毎日新聞）』東京日日新聞社、一八七二年―。
『文藝春秋』文藝春秋社、一九二三年―。
『北京放送案内』北京：中華人民共和国北京放送局、一九六四―？年。
『放送』日本放送協会、一九三四―一九四一年。
『放送研究』日本放送協会、一九四一―一九四三年。
『放送人』日本放送協会、一九四四年。
『ラヂオ年鑑』日本放送協会、一九三一―一九四〇年。

放送テキスト類

日本放送協会関東支部『支那語講座テキスト』北隆館、一九三二年二月（関西大学アジア・オープン・リサーチセンター・鱒澤文庫所蔵）。

日本放送協会関西支部『放送テキスト　支那語講座　昭和七年度・第一期』日本放送出版協会関西支部、一九三二年。

日本放送協会関西支部『放送テキスト　支那語講座　第三期』日本放送出版協会関西支部、一九三二年。

日本放送協会関西支部『ラヂオ・テキスト　満洲語　昭和八年度　第一期』日本放送協会関西支部、一九三三年。

日本放送協会大阪中央放送局『満洲語　上巻』日本放送出版協会関西支部、一九三四年。

日本放送協会編『支那語講座』日本放送出版協会、一九三九年三月。

『NHKラジオテキスト　中国語入門』日本放送出版協会、一九五二年六月、一九五三年四月、一九五四年九月。

『NHKラジオテキスト　中国語入門講座　2・3月用』日本放送出版協会、一九五五年。

『NHKラジオテキスト　中国語入門講座　4・5月用』日本放送出版協会、一九五五年。

『NHKラジオテキスト　中国語入門講座　4・5月号』日本放送出版協会、一九五六年。

『NHKラジオテキスト　中国語入門講座　8・9・10月号』日本放送出版協会、一九五六年。

『NHKラジオテキスト　中国語入門講座　4・5月号』日本放送出版協会、一九五七年。

『NHKラジオテキスト　中国語入門講座　4・5月号』日本放送出版協会、一九五八年。

『NHKラジオテキスト　中国語入門講座　12・1月号』日本放送出版協会、一九五八年。

『中国語入門講座　12・1月号』日本放送出版協会、一九六〇年。

『NHKラジオテキスト　中国語入門　1月号』日本放送出版協会、一九六二年。

『NHKラジオテキスト　中国語入門　2月号』日本放送出版協会、一九六三年。

『NHKラジオテキスト　中国語入門　4・5月号』日本放送出版協会、一九六五年。

『NHKラジオテキスト　中国語入門　12・1月号』日本放送出版協会、一九六五年。

『NHKラジオテキスト　中国語入門　4・5月号』日本放送出版協会、一九六六年。

『NHKラジオテキスト　中国語入門　12・1月号』日本放送出版協会、一九六六年。

『中国語講座　6・7月号』日本放送出版協会、一九六七年。

『中国語講座　8・9月号』日本放送出版協会、一九六七年。

『中国語講座　4・5月号』日本放送出版協会、一九六八年。

『NHKラジオテキスト　中国語入門　4・5月号』日本放送出版協会、一九六八年。

『NHK中国語講座　8・9月号』日本放送出版協会、一九六八年。

『中国語講座　10・11月号』日本放送出版協会、一九六八年。

『NHKラジオテキスト　中国語入門　6・7月号』日本放送出版協会、一九六九年。

『NHK中国語入門　6月号』日本放送出版協会、一九六九年。

『ＮＨＫラジオテキスト　中国語入門　２・３月号』日本放送出版協会、一九七〇年。

『中国語講座　12・１月号』日本放送出版協会、一九七〇年。

公文書

JACAR（アジア歴史資料センター）Ref. B04011389000, 学術関係雑件　第二巻（I-1-3-0-6_002）（外務省外交史料館）。
JACAR Ref. B05015023700, 5．岩村公使館一等書記官欧米諸国ニ出張ニ関スル件　昭和七年五月（H-1-3-0-1_004）（外務省外交史料館）。
JACAR Ref. B10070403600, 支那統治に関する論叢／１９３９年（調査_167）（外務省外交史料館）。
JACAR Ref. C11110821100, 将校以下支那語を一層勉強すへし　将校研修資料　第五九号（防衛省防衛研究所）。
JACAR Ref. C11111062200, 第６　対支作戦上幹部及教育上の参考資料特に初年兵教育上の著意（防衛省防衛研究所）。
JACAR Ref. C14060967200, 露支対照要語集（防衛省防衛研究所）。

日本語文献

青木保「近代日本のアジア認識――文化の不在」青木保・川本三郎・筒井清忠・御厨貴・山折哲雄編『日本人の自己認識』岩波書店、一九九七年、八七―一一一頁。

青木正児「本邦支那学革新の第一歩」『支那学』第一巻第五号、一九二〇年、一―一五頁。

青木正児『江南春』弘文堂書房、一九四一年。

青木正児「学問の思い出」『東方学』第三一輯、一九六五年、一―二〇頁。

青木正児『青木正児全集』第二巻、春秋社、一九八三年。

秋吉収「『中国文学（月報）』と中国語――竹内好らの活動を軸として」『中国文学論集』第三五号、二〇〇六年、五八―七二頁。

荒野泰典・金文京・増尾伸一郎・小峯和明「《座談会》東アジア――漢文文化圏を読み直す」『文学』第六巻第六号、岩波書店、二〇〇五年、二―二九頁。

有馬健之助『新聞支那語の研究――時文精解』外語学院出版部、一九四三年。

アンダーソン、ベネディクト、白石隆・白石さや訳『定本　想像の共同体――ナショナリズムの起源と流行』書籍工房早山、二〇〇七年。

安藤彦太郎『中国語と近代日本』岩波書店、一九八八年。

安藤彦太郎『未来にかける橋――早稲田大学と中国』成文堂、二〇〇二年。

安藤彦太郎「津田左右吉の愛弟子「郭明昆先生」の「民族の心」」『Decide = 決断――business world & Chinese survey : magazine for decisionmakers』第二六五号、サバイバル出版、二〇〇六年、五〇―五八頁。

安藤彦太郎「父子二代「北京放送中国語講座」講師つとめた「知日派」陳文彬先生」『決断』第二五九号、二〇〇六年、五四―六〇頁。

イ・ヨンスク『「国語」という思想――近代日本の言語認識』岩波書店、二〇〇一年。

伊澤修二・大矢透著、張滋昉閲『日清字音鑑』並木善道、一八九五年。

石崎又造『近世日本に於ける支那語俗文学史』清水弘文堂書房、一九六七年。

石田卓生『東亜同文書院の教育に関する多面的研究』不二出版、二〇一九年。

伊地智善継「序　中国語、そして私」『伊地智善継・辻本春彦両教授退官記念　中国語学・文学論集』東方書店、一九八三年、一―一二頁。

石橋哲爾『支那語捷径　改訂増補』平野書店、一九三九年。

板垣友子「官話急就篇の初版と増訂版との比較」大東文化大学大学院外国語学研究科中国言語文化学専攻編『中国言語文化学研究』第二号、二〇一三年、一三五―一四七頁。

市河三喜編『万国音標文字』光風館書店、一九二〇年。

一ノ瀬俊也『宣伝謀略ビラで読む、日中・太平洋戦争　空を舞う紙の爆弾「伝単」図録』柏書房、二〇〇八年。

稲森雅子『開戦前夜の日中学術交流――民国北京の大学人と日本人留学生』九州大学出版会、二〇二一年。

稲生和子「ＮＨＫ語学講座はどのように聞かれているか」『放送文化』第一三巻第一一号、日本放送出版協会、一九五八年、五六―五七頁。

岩村成允『北京正音　支那新辞典』博文館、一九〇五年。

岩村成允「支那研究に必要なる新聞と図書」『東洋時報』第二〇五号、一九一五年、五三―五七頁。

岩村成允「支那研究に必要なる図書(二)」『東洋時報』第二〇七号、一九一五年、四四―四八頁。

岩村成允「支那研究に必要なる図書(三)」『東洋時報』第二〇八号、一九一六年、六〇―六六頁。

岩村成允「支那研究に必要なる図書(四)」『東洋時報』第二〇九号、一九一六年、四五―五四頁。

岩村成允「現代支那の機構と三民主義」『実業時代』第五巻第八号、一九二八年、二八―三四頁。

岩村成允「最近の上海」『満蒙問題研究資料　第八輯』帝国在郷軍人会本部、一九三二年、六―一八頁。

岩村成允『常識としての支那現代文』東亜研究会、一九三二年。

岩村成允『欧米諸国に於ける東洋学術研究の現状』外務省文化事業部、一九三三年。

岩村成允「国民政府指導原理の動向」『外交時報』第七五二号、一九三六年、二九一―二九八頁。

岩村成允「支那の文化再認識と支那語教育」『帝国教育』第七一五号、一九三八年、三六―四七頁。

岩村成允「支那及支那人」『支那統治に関する論叢』外務省調査部、一九三九年、一三―三七頁。

岩村成允編著『支那現代文釈義　新聞篇』東洋文化未刊図書刊行会、一九三九年。

インゴルド、ティム、工藤晋訳『ラインズ――線の文化史』左右社、二〇一四年。

上野恵司「検定試験を始めたころ」『中検フォーラム』二〇一八年一五号、日本中国語検定協会、一―二頁。

牛島徳次『中国語、その魅力と魔力』同学社、一九九六年。

宇治橋祐之「語学学習への関心とメディアの利用――2021年度「語学学習でのメディア利用に関する調査」から①」『放送研究と調査』二〇二二年四月号、一四―三七頁。

埋橋徳良『日中言語文化交流の先駆者――太宰春台、坂本天山、伊沢修二の華音研究』白帝社、一九九九年。

内田慶市「『語言自邇集』の成立と伝播――解題に代えて」内田慶市・氷野歩・宋桔編著『語言自邇集の研究』関西大学アジア文化研究センター・好文出版、二〇一五年、五―二七頁。

内田慶市・氷野善寛編『官話指南の書誌的研究　付影印・語彙索引』好文出版、二〇一六年。

江上波夫編『東洋学の系譜〈第2集〉』大修館書店、一九九四年。

ＮＨＫ大阪放送局・七十年史編輯委員会『ＮＨＫ大阪放送局七十年　こちらＪＯＢＫ』日本放送協会大阪放送局、一九九五年。

「ＮＨＫ中国語講座問題についての経過」『現代中国』第四六号、日本現代中国学会、一九七一年、六七―七〇頁。

江利川春雄『英語教科書は〈戦争〉をどう教えてきたか』研究社、二〇一五年。

江利川春雄『日本の外国語教育政策史』ひつじ書房、二〇一八年。

江利川春雄『英語と日本人――挫折と希望の二〇〇年』筑摩書房、二〇二三年。

旺文社編『華日大辞典』旺文社、一九五〇年。

大阪外国語大学70年史編集委員会編『大阪外国語大学70年史』大阪外国語大学70年史刊行会、一九九二年。

大澤絢子『「修養」の日本近代――自分磨きの150年をたどる』ＮＨＫ出版、二〇二二年。

大島正二『中国語の歴史――ことばの変遷・探究の歩み』大修館書店、二〇一一年。

魚返善雄『支那語の発音と記号』三省堂、一九四二年。

魚返善雄『支那語注音符号の発音』帝国書院、一九四四年。

魚返善雄『日本語と支那語』慶応出版社、一九四四年。

岡本隆司『近代日本の中国観――石橋湛山・内藤湖南から谷川道雄まで』講談社、二〇一八年。

岡本真希子「日清戦争期における清国語通訳官――陸軍における人材確保をめぐる政治過程」『国際関係学研究』第四五号、二〇一八年、二七―三九頁。

岡本真希子「明治前半期の「中国語」通訳・彭城邦貞の軌跡――日本・台湾のデジタル(数位)資料を用いて」『国際関係学研究』第四七号、二〇二〇年、一九―二九頁。

小川環樹「自由不羈の精神」青木正児著『青木正児全集』第二巻、春秋社、一九八三年、六〇三―六〇九頁。

小川誉子美『開国前夜、日欧をつないだのは漢字だった――東西交流と日本語との出会い』ひつじ書房、二〇二三年。

奥村佳代子『江戸時代の唐話に関する基礎研究』関西大学出版部、二〇〇七年。

奥村佳代子「唐話資料「和漢俗語呈詩等雑事一、二　漢文一」所収「長短話」と『訳家必備』――個々の資料に見られる関連性」『アジア文化交流研究』第三号、二〇〇八年、一三一―一四六頁。

長志珠絵『近代日本と国語ナショナリズム』吉川弘文館、一九九八年。

小田切文洋「土岐善麿と中国(一)」『国際関係学部研究年報』第三四集、日本大学国際関係学部、二〇一三年、一―一八頁。

小野寺史郎『戦後日本の中国観――アジアと近代をめぐる葛藤』中央公論新社、二〇二一年。

温秋穎「戦前日本放送協会の言語観について――日本放送協会の放送研究雑誌を中心に」『京都メディア史研究年報』第六号、二〇二〇年、一〇七―一三二頁。

温秋穎「中国通外交官・岩村成允(１８７６―１９４３)の情報活動――中国語の使用という視点から」『京都大学大学院教育学研究科紀要』第六八号、二〇二二年、一二三―一三六頁。

温秋穎「「マス/マス以前」のコミュニケーションの精神史――John Durham Peters. *Speaking into the Air: A History of the Idea of Communication*」『京都メディア史研究年報』第九号、二〇二三年、二三三―二六〇頁。

オング、ウォルター・J、桜井直文・林正寛・糟谷啓介訳『声の文化と文字の文化』藤原書店、一九九一年。

開隆堂出版『心の創造　開隆堂――65年のあゆみ』開隆堂出版株式会社、一九八九年。

郭俊海「『斯文』における漢字・漢文の教育に関する文献目録(戦前編　１９１９〜１９４５)」『九州大学留学生センター紀要』第二八号、二〇二〇年、二五―三一頁。

片寄浩紀「日中関係の１００年」公益財団法人日中友好会館「日中国交正常化50周年に寄せて――日中友好会館記念コラム集」二〇二二年一二月一七日(https://www.jcfc.or.jp/columns/14777/,二〇二五年一月一九日に最終確認)。

加藤周一、丸山真男校注『翻訳の思想』岩波書店、一九九一年。

神谷衡平・清水元助共編『標準中華国語教科書　初級篇』文求堂書店、一九二三年。

神谷衡平・清水元助共編『標準中華国語教科書　中級篇』文求堂書店、一九二四年。

神谷衡平編『現代中華国語文読本　前篇・後篇』文求堂書店、一九二九年。

神谷衡平・有馬健之助『支那時文研究』三省堂、一九四〇年。

神谷衡平・北浦藤郎『新選支那時文読本　改訂版』同文社、一九四〇年。

川島優子「白話小説はどう読まれたか――江戸時代の音読、和訳、訓読をめぐって」中村春作等編『続「訓読」論――東アジア漢文世界の形成』勉誠出版、二〇一〇年、三一一―三三八頁。

京都大学百年史編集委員会編『京都大学百年史　部局史編1』京都大学後援会、一九九七年。

京都大学文学部編『京都大学文学部五十年史』京都大学文学部、一九五六年。

金文京『漢文と東アジア――訓読の文化圏』岩波書店、二〇一〇年。

金水敏『コレモ日本語アルカ？　異人のことばが生まれるとき』岩波書店、二〇一四年。

近代日本教育制度史料編纂会編『近代日本教育制度史料』第一九巻、大日本雄弁会講談社、一九五七年。

近代アジア教育史研究会編『近代日本のアジア教育認識・資料編　第9巻――明治後期教育雑誌所収中国・韓国・台湾関係記事　第2部　中国の部(1)』龍渓書舎、二〇〇二年。

工藤篁『中国語を学ぶ人へ――創業の詩』一水社、一九七五年。

工藤篁「中国文学の翻訳と中国語教育」『文学』第三五巻第三号、岩波書店、一九六七年、二二一―二三〇頁。

工藤篁「格差と落差」『組合ニュース』第六六号、東大教養学部教職員組合、一〇―一二頁。

倉石武四郎『支那語発音篇』弘文堂書房、一九三八年。

倉石武四郎「支那語教育の新体制」『改造』第二二巻第一八号、改造社、一九四〇年、四九―五七頁。

倉石武四郎『支那語教育の理論と実際』岩波書店、一九四一年。

倉石武四郎「戦前教育の一典型」『思想』三二二号、岩波書店、一九五一年、八九―九四頁。

倉石武四郎「「満語かな」を作れ」『北方圏』第三号、北方圏学会、一九四五年、二一―二二頁。

倉石武四郎『ラテン化新文字による中国語初級教本』岩波書店、一九五三年。

倉石武四郎「漢文教育について」『世界』第七八号、岩波書店、一九五二年、一五八―一六一頁。

倉石武四郎『漢字の運命』岩波書店、一九五二年。

倉石武四郎編『変革期中国の研究』岩波書店、一九五五年。

倉石武四郎『ローマ字　中国語　初級』岩波書店、一九五八年。

倉石武四郎「学問の思い出　座談会＝倉石博士を囲んで」『東方学』第四〇輯、一九七〇年、一五四―一七三頁。

倉石武四郎『中国語五十年』岩波書店、一九七三年。

倉石武四郎「中国研究の問題点」『ことばと思惟と社会』くろしお出版、一九八一年、一六三―一六七頁。

呉啓太・鄭永邦『官話指南』楊竜太郎出版、一八八二年。

黒川みどり・山田智『評伝 竹内好――その思想と生涯』有志舎、二〇二〇年。

軍事普及会『陣中速成 軍用日支会話』武揚堂書店、一九三八年。

『現代中国文学全集十五巻 人民文学編』河出書房、一九五六年。

辜承尭「シノロジーの方法論を生かした青木正児の支那学研究――狩野直樹の方法論との相違に触れて」『東アジア文化交渉研究』第一五号、二〇二二年、三四五―三六七頁。

厚生省援護局編『引揚げと援護三十年の歩み』厚生省、一九七七年。

国學院大學日本文化研究所編『深沢暹関係文書目録』国學院大學日本文化研究所、二〇〇五年。

小島祐馬「狩野先生の学風」『東方学報』第一七巻、一九四九年、一五一―一六七頁。

小島毅『子どもたちに語る日中二千年史』ちくま書房、二〇二〇年。

輿水優『中国語の教え方・学び方――中国語科教育法概説』冨山房インターナショナル、二〇〇五年。

輿水優著、氷野善寛・紅粉芳惠編『中国語「知」のアーカイヴズ③ 中国語と私――学び、教え、究める、中国語に生きる』好文出版、二〇二一年。

輿水優「中国語教育の「これまで」と「これから」――漢語教育 継往開来」『中国語教育』第二一号、二〇二三年、一―一六頁。

古典研究会編『唐話辞書類集』(全二〇巻・別巻一)汲古書院、一九六九―一九七六年。

小林昌樹編『雑誌新聞発行部数事典――昭和戦前期』金沢文圃閣、二〇一一年。

こまつひでお「声点の分布とその機能(I)――前田家蔵『色葉字類抄』における差声訓の分布の分析」『国語国文』第三八三号、一九六八年、一―三四頁。

後藤朝太郎『現代支那語学』博文館、一九〇八年。

後藤朝太郎『漢字音の系統』六合館、一九〇九年。

後藤朝太郎『文字の研究』成美堂、一九一〇年。

小山亘『近代言語イデオロギー論――記号の地政とメタ・コミュニケーションの社会史』三元社、二〇一一年。

齋藤秀一「支那語教育におけるローマ字の利用」教育・国語教育編輯部『総合国語教育三十講』厚生閣、一九三九年、二三三―二四九頁。

齋藤希史『漢文脈の近代――清末＝明治の文学圏』名古屋大学出版会、二〇〇五年。

齋藤希史「「支那学」の位置」『日本思想史学』第三九号、二〇〇七年、三―一〇頁。

齋藤兆史『日本人と英語――もうひとつの英語百年史』研究社、二〇〇七年、一三―二一頁。

坂井健一「中国語学習の手引き(1)」『大安』一九六五年五月号、大安、二一―二三頁。

酒井直樹著、川田潤・斎藤一・末廣幹・野口良平・浜邦彦訳『過去の声――一八世紀日本の言説における言語の地位』以文社、二〇〇二年。

酒井直樹『死産される日本語・日本人――「日本」の歴史―地政的配置』講談社、二〇一五年。

桜井隆『戦時下のピジン中国語――「協和語」「兵隊支那語」など』三元社、二〇一五年。

サトウ、アーネスト・メイソン、鈴木悠訳『一外交官の見た明治維新』講談社、二〇二一年。

佐藤卓己『『キング』の時代――国民大衆雑誌の公共性』岩波書店、二〇〇二年。

佐藤卓己『現代メディア史　新版』岩波書店、二〇一八年。

真田信治・庄司博史編『事典　日本の多言語社会』岩波書店、二〇〇五年。

實藤恵秀『支那現代文捷径――漢文基準』尚文堂、一九三三年。

實藤恵秀『漢文から時文へ――支那現代文の読み方』三修社、一九三九年。

さねとう・けいしゅう『現代中国語入門』三一書房、一九五二年。

さねとう・けいしゅう「国号の問題」『中国人日本留学史』くろしお出版、一九六〇年、二一七―二四一頁。

塩田雄大『現代日本語史における放送用語の形成の研究』三省堂、二〇一四年。

下瀬謙太郎『支那語のローマ字化をめぐって　民国政府の国字国語運動のあらまし』日本のローマ字社、一九三六年。

「「支那語教育の革新を語る」座談会」『現地報告』第九巻第五号、文藝春秋社、一九四一年、五二―六九頁。

芝原拓自・猪飼隆明・池田正博校注『日本近代思想大系12　対外観　開国前後の対外認識が生んだ日本人の国家意識』岩波書店、一九八八年。

渋沢青淵記念財団竜門社『渋沢栄一伝記資料』第二七巻、一九五九年。

朱全安『近代教育草創期の中国語教育』白帝社、一九九七年。

朱琳「1930年代～1940年代の日本知識人の中国語観の一側面――『中国文学月報』(『中国文学』)での漢文訓読論を中心に」『比較日本文化学研究』第七号、二〇一四年、一二八―一四四頁。

邵艶「近代日本における中国語教育制度の成立」『神戸大学発達科学部研究紀要』第一二巻第二号、二〇〇五年、三七一―四〇〇頁。

邵艶「戦前日本の高等商業学校における中国語教育――神戸高等商業学校を中心に」『国際文化学』第一二号、二〇〇五年、一〇五―一一八頁。

邵艶「「文検支那語」に関する研究ノート――戦前中国語教員養成の一断面」『教育学研究』第七二巻第一号、二〇〇五年、五三―六三頁。

代田智明監修、谷垣真理子・伊藤徳也・岩月純一編『戦後日本の中国研究と中国認識――東大駒場と内外の視点』風響社、二〇一八年。

杉武夫編著『現地必携　支那語軍用会話』外語学院出版部、一九四〇年。

杉山部隊報道課編纂『宣伝宣撫参考手冊』一九三九年、非売品。

鈴木孝夫『日本人はなぜ英語ができないか』岩波書店、一九九七年。

鈴木保昭「明治の英学雑誌――「英語世界」の果した役割（1）」『日本英学史研究会研究報告』第五九号、一九六六年、一―五頁。

石剛『増補版　植民地支配と日本語――台湾、満洲国、大陸占領地における言語政策』三元社、二〇〇三年。

『創業史　E class NO 10 NEN 1949-1961』東京大学Eクラス、一九六一年、非売品。

宋新亜「同時代の中国・中国語を学び教える闘い――1930、40年代大阪外国語学校の中国語教育を中心に」『アジア太平洋論叢』第一四号、二〇二二年、二三三―二四六頁。

園田茂人「日中相互認識の非対称性？――日本で対中認識が改善しないのはなぜか」園田茂人・謝宇編『世界の対中認識――各国の世論調査から読み解く』東京大学出版会、二〇二一年、一〇八―一三七頁。

孫雲偉「昭和初・中期北京語語音における仮名表記の改善――『支那語四週間』を中心に」『中国言語文化学研究』第一〇号、二〇一〇年、七三―八一頁。

「第三十一回関東聯合教育会速記録」埼玉県教育会、一九三五年、非売品。

高田時雄「トマス・ウェイドと北京語の勝利」狭間直樹編『西洋近代文明と中華世界――京都大学人文科学研究所70周年記念シンポジウム論集』京都大学学術出版会、二〇〇一年、一二七―一四二頁。

竹内洋『教養主義の没落――変わりゆくエリート学生文化』中央公論新社、二〇〇三年。

竹田晃「人と学問　六朝志怪研究とその周辺」『中国――社会と文化』第一九号、二〇〇四年、四一八―四五一頁。

武田雅哉『蒼頡たちの宴』筑摩書房、一九九八年。

武田寧信・中沢信三『軍用支那語大全』帝国書院、一九四三年。

竹中龍範「英語教育・英語学習における目的意識の変遷について」『英学史研究』第一五号、一九八二年、一七一―一八四頁。

竹山昭子『放送関係雑誌目次総覧』大空社、一九九二年。

田中耕治編著『戦後日本教育方法論史　下　各教科・領域等における理論と実践』ミネルヴァ書房、二〇一七年。

田中寛『戦時期における日本語・日本語教育論の諸相――日本言語文化政策論序説』ひつじ書房、二〇一五年。

田野村忠温「中国語を表す言語名の諸相——その多様性、淘汰と変質、用法差」『待兼山論叢』第五二号、二〇一八年、六七—一〇二頁。

チヤンブレン、ビー、エチ「支那語読法ノ改良ヲ望ム」『東洋学芸雑誌』第四巻第六一号、一八八六年、一九—二二頁。

『中国語学』総目次(一九四七年—二〇〇〇年)』日本中国語学会、二〇〇〇年、非売品。

潮文社編集部編『大学祭——われらにとって青春とはなにか』潮文社、一九六七年。

陳贇「倉石武四郎と現代中国語教育——発音表記法の変化を中心に」『アジア文化交流研究』第四号、二〇〇九年、一七七—一九五頁。

陳白秋『現代実用支那語講座十四巻　陣中会話編』文求堂書店、一九四二年。

陳文彬原編、香坂順一・太田辰夫改編増補『中国語基礎講座課本——北京放送テキスト』光生館、一九六四年。

土屋礼子『対日宣伝ビラが語る太平洋戦争』吉川弘文館、二〇一一年。

筒井清忠『日本型「教養」の運命——歴史社会学的考察』岩波書店、二〇〇九年。

寺沢拓敬『「なんで英語やるの?」の戦後史——《国民教育》としての英語、その伝統の成立過程』研究社、二〇一四年。

デリダ、ジャック、守中高明訳『たった一つの、私のものではない言葉——他者の単一言語使用』岩波書店、二〇〇一年。

陶徳民「五四文学革命に対する大正知識人の共鳴——吉野作造・青木正児の中国観と日本事情」関西大学文学部中国語中国文学科編『文化事象としての中国』関西大学出版部、二〇〇二年、二三七—二五四頁。

陶徳民『日本における近代中国学の始まり——漢学の革新と同時代文化交渉』関西大学出版部、二〇一七年。

東京大学教養学部中国語クラス編『東京大学教養学部中国語クラス出身者名簿(昭和24年入学~48年入学)』一九七八年、非売品。

東京大学百年史教養学部史編集委員会『教養学部の三十年——1949—1979』東京大学教養学部、一九七九年。

東京大学百年史編集委員会『東京大学百年史　部局史一』東京大学、一九八六年。

東京大学百年史編集委員会『東京大学百年史　部局史四』東京大学、一九八七年。

東京帝国大学編『東京帝国大学卒業生氏名録』東京帝国大学、一九二六年。

東京帝国大学編『東京帝国大学学術大観　総説・文学部』東京帝国大学、一九四二年。

藤堂明保先生文集編集委員会『藤堂明保　中国へかける橋Ⅱ』一九八七年、非売品。

藤堂明保中国語学論集編集委員会編『藤堂明保中国語学論集』汲古書院、一九八七年。

藤堂里子『藤堂明保詠草』一九八六年、非売品。

東方学会編『東方学回想Ⅱ　先学を語る(二)』刀水書房、二〇〇〇年。

東方学会編『東方学回想Ⅲ　学問の思い出(一)』刀水書房、二〇〇〇年。

東方文化学院編『東方文化学院一覧　昭和13年』東方文化学院、一九三八年。

東方文化学院編『東方文化学院一覧　昭和17年』東方文化学院、一九四二年。

戸川芳郎「漢学シナ学の沿革とその問題点――近代アカデミズムの成立と中国研究の〝系譜〟(二)」『理想』第三九七号、一九六六年、八―二五頁。

戸川芳郎「人と学問　わたくしの中国学」『中国――社会と文化』第一八号、二〇〇三年、二一〇―二四五頁。

戸川芳郎・木山英雄「中国語教室学生懇談会のあゆみ――中国語授業への反省と展望」『学園評論』一九五四年一一月号、一〇―一五頁。

土岐善麿「新刊四種」『新若人』第二巻第四号、欧文社、一九四一年、二二六―二三〇頁。

土岐善麿「倉石武四郎著『支那語教育の理論と実際』」『図書』第六巻第六九号、一九四一年、三九―四一頁。

戸部良一『日本陸軍と中国――「支那通」にみる夢と蹉跌』筑摩書房、二〇一六年。

中川仁監修、吉田雅子解説『戦後初期日本における中国語研究基礎資料　第2巻(上下)　中国語学事典(下)』近現代資料刊行会、二〇二〇年。

中里見敬「東亜同文書院の伝統的中国語教授法「念書」とその戦後における継承」中国研究論叢編集委員会『中国研究論叢』第二二号、二〇二三年、七三―九三頁。

中村春作・市來津由彦・田尻祐一郎・前田勉編『「訓読」論――東アジア漢文世界と日本語』勉誠出版、二〇〇八年。

中村春作・市來津由彦・田尻祐一郎・前田勉編『続「訓読」論――東アジア漢文世界の形成』勉誠出版、二〇一〇年。

中村春作編、小島毅監修『東アジア海域に漕ぎだす5　訓読から見なおす東アジア』東京大学出版会、二〇一四年。

那須清『旧外地における中国語教育』不二出版、一九九二年。

那須清編『北京同学会の回想』不二出版、一九九五年。

南原繁『新装版　文化と国家』東京大学出版会、二〇〇七年。

西岡智史「昭和戦前期の漢文教育に関する研究――教育課程・教育言説・教科書の動向」『教職教育研究』第二二号、二〇一七年、八三―九〇頁。

日中友好協会『日中友好運動五十年』編集委員会編『日中友好運動五十年』東方書店、二〇〇〇年。

日中学院・倉石武四郎先生遺稿集編集委員会編『倉石武四郎　中国へかける橋』亜紀書房、一九七七年。

『日本大百科全書　6』小学館、一九八五年。

日本中国語学会編『中国語学辞典』岩波書店、二〇二二年。

日本中国語学会中国語ソフトアカデミズム検討委員会編『日本の中国語教育』日本中国語学会、二〇〇二年。

日本放送協会編『NHK中国語入門ソノブック』日本放送出版協会、一九六五年。

日本放送協会編『NHK中国語入門ソノブック　下巻』日本放送協会、一九六六年。

日本放送協会編『放送五十年史』日本放送出版協会、一九七七年。

日本放送協会編『20世紀放送史』日本放送出版協会、二〇〇一年。

野田正彰『陳真　戦争と平和の旅路』岩波書店、二〇〇四年。

野間秀樹『ハングルの誕生――人間にとって文字とは何か』平凡社、二〇一一年。

バーク、ピーター、長谷川貴彦訳『文化史とは何か』法政大学出版局、二〇〇八年。

バーク、ピーター、原聖訳『近世ヨーロッパの言語と社会――印刷の発明からフランス革命まで』岩波書店、二〇〇九年。

箱崎敏行「NHK「中国語講座」中国取材日記」『放送技術』第二六巻第九号、一九七三年、一一一―一一七頁。

橋本明子著、山岡由美訳『日本の長い戦後――敗戦の記憶・トラウマはどう語り継がれているか』みすず書房、二〇一七年。

長谷川健治・秦玲子(聞き手)「戸川芳郎氏オーラル・ヒストリー――山村工作隊参加経験を中心に(1)」『横浜国立大学留学センター教育研究論集』第一四号、二〇〇七年、一九一―二一六頁。

長谷川健治・秦玲子(聞き手)「戸川芳郎氏聞き書き――戦後・山村工作隊・中国学(2)」『横浜国立大学留学センター教育研究論集』第一五号、二〇〇八年、九三―一二九頁。

馬場公彦『戦後日本人の中国像――日本敗戦から文化大革命・日中復交まで』新曜社、二〇一〇年。

馬場公彦「戦後日本人の中国観の形成と変化――1945―92年」波多野澄雄・中村元哉編著『日中の「戦後」とは何であったか――戦後処理、友好と離反、歴史の記憶』中央公論新社、二〇二〇年。

氷野善寛「『官話指南』の多様性――中国語教材から国語教材」『東アジア文化交渉研究』第三巻、二〇一〇年、二三七―二五九頁。

氷野善寛「昭和初期の子供向けの中国語教材の一端――めんこ・かるた・新聞」『関西大学東西学術研究所紀要』第五三号、二〇二〇年、二〇九―二二九頁。

平川洌『カムカムエヴリバディ――平川唯一と「ラジオ英語会話」の時代』NHK出版、二〇二一年。

平田勝『未完の時代――1960年代の記録』花伝社、二〇二〇年。

平野健一郎等編『インタビュー　戦後日本の中国研究』平凡社、二〇一一年。

深澤暹「何が日支間をさうさせたか」『外交時報』第五四巻第一号、一九三〇年、二一九―二三六頁。

藤井(宮西)久美子『近現代中国における言語政策――文字改革を中心に』三元社、二〇〇三年。

藤井省三『東京外語支那語部――交流と侵略のはざまで』朝日新聞社、一九九二年。

藤木敦實編著『支那語軍事必携』光生館、一九四四年。

古市友子「近代日本における中国語教育に関する総合研究――宮島大八の中国語教育を中心に」大東文化大学大学院外国語研究科二〇一三年博士号請求論文。

紅粉芳恵「近代以前の日中語学習書から見る中国語教授法」『アジア文化交流研究』第四号、二〇〇九年、二六三―二七五頁。

本間理絵「日中戦争時のラジオテキスト『支那語講座』に関する考察」『出版研究』第四七号、二〇一二年、一〇五―一二二頁。

マクルーハン、マーシャル、栗原裕・河本仲聖訳『メディア論――人間の拡張の諸相』みすず書房、一九八七年。

鱒澤彰夫『中国語教育史の新研究』好文出版、二〇二四年。

増田渉「青木さんと魯迅」『青木正児全集月報Ⅱ』春秋社、一九六九年一二月、一―三頁。

町泉寿郎「第Ⅰ部　総論――日本と漢学　第一章　漢学とは何か」牧角悦子・町泉寿郎編『講座　近代日本と漢学　第1巻　漢学という視座』戎光祥出版、二〇一九年。

松枝茂夫『漢文学講座　支那現代文1』共立社、一九三三年。

松田かの子「『華語月刊』と東亜同文書院の中国語教育」慶應義塾大学藝文学会『藝文研究』第八八号、二〇〇五年、一五四―一六六頁。

松宮貴之「泰東書道院による満洲外交――鄭孝胥と清浦奎吾の交流を中心に」劉建輝編『「満洲」という遺産――その経験と教訓』ミネルヴァ書房、二〇二二年、三〇〇―四二三頁。

丸山昇「倉石武四郎先生のこと」『世界文学』第八六号、一九九七年、四四―四六頁。

丸山昇「回想――中国・魯迅五十年」『中国――社会と文化』第一六号、二〇〇一年、三五七―三七六頁。

宮越健太郎『注音符号詳解』冨山房、一九二五年。

宮越健太郎編『華語発音提要』車前堂、一九二六年。

宮越健太郎『支那現代短篇小説集』文求堂書店、一九二九年。

宮越健太郎『短期支那語講座　第一巻五版改訂』外語学院出版部、一九三四年。

宮越健太郎『日満会話辞典』冨山房、一九三五年。

宮越健太郎・杉武夫『支那時文学習の友――基礎階梯』大修館書店、一九三七年。

宮島大八編『官話急就篇』善隣書院、一九〇四年。

村上聖一「放送史への新たなアプローチ(1)　放送の「地域性」の形成過程――ラジオ時代の地域放送の分析」『放送研究と調査』第六七巻第一号、二〇一七年、二八―四七頁。

村上聖一「戦前・戦時期日本の放送規制」『NHK放送文化研究所年報』第六四号、二〇二〇年、二三五―三〇四頁。

村田雄二郎、C・ラマール編『漢字圏の近代――ことばと国家』東京大学出版会、二〇〇五年。

文部科学省「【国語編】高等学校学習指導要領（平成30年告示）解説」（https://www.mext.go.jp/a_menu/shotou/new-cs/1407074.htm、二〇二四年一一月二七日に最終確認）。

安田敏朗『帝国日本の言語編成』世織書房、一九九七年。

安田敏朗『漢字廃止の思想史』平凡社、二〇一六年。

安田敏朗『近代日本言語史再考V——ことばのとらえ方をめぐって』三元社、二〇一八年。

柳宗悦「東洋文化の教養」水尾比呂志編『柳宗悦随筆集』岩波書店、一九九六年、一五九—一六三頁。

矢吹晋『邪馬台国は大和　卑弥呼は百襲姫——歴史は捏造される』未知谷、二〇二四年。

山川明子『あなたへのEメール——『二十歳の原点』に三十年に遭遇して』れんが書房新社、二〇〇五年。

山口誠「「聴く習慣」、その条件——街頭ラジオとオーディエンスのふるまい」『マス・コミュニケーション』第六三巻、二〇〇三年、一四四—一六一頁。

山下肇『駒場——大学の青春』光文社、一九五六年。

山下肇『東大駒場三十年——教養学部と私と』北樹出版、一九七九年。

山田雄一郎『日本の英語教育』岩波書店、二〇〇五年。

山本真弓編『言語的近代を超えて——〈多言語状況〉を生きるために』明石書店、二〇〇四年。

吉川雅之編『「読み・書き」から見た香港の転換期——１９６０～７０年代のメディアと社会』明石書店、二〇〇九年。

吉田裕『日本人の戦争観——戦後史のなかの変容』岩波書店、二〇〇五年。

吉野誠『明治日本と朝鮮——征韓論・脱亜論から韓国併合へ』有志舎、二〇二四年。

吉原英夫「倉石武四郎氏の中国古典教育論について」『札幌国語研究』第三号、一九八八年、七七—八七頁。

李素楨『日本人を対象とした旧「満洲」中国語検定試験の研究』文化書房博文社、二〇一二年。

劉傑・川島真編『対立と共存の歴史認識——日中関係１５０年』東京大学出版会、二〇一三年。

林初梅・吉田真悟『世界の言語シリーズ18　台湾華語』大阪大学出版会、二〇二二年。

ルロワ＝グーラン、アンドレ、荒木亨訳『身ぶりと言葉』筑摩書房、二〇一二年。

六角恒廣「中国との交流と実用中国語」『東方』第二〇号、一九八二年、一一—一三頁。

六角恒廣『近代日本の中国語教育』不二出版、一九八四年。

六角恒廣『中国語関係書書目』不二出版、一九八五年。

六角恒廣『中国語教育史の研究』東方書店、一九八八年。

六角恒廣『中国語書誌』不二出版、一九九四年。

六角恒廣『漢語師家伝——中国語教育の先人たち』東方書店、一九九九年。

六角恒廣『中国語関係書書目（増補版）　１８６７—２０００』不二出版、二〇〇一年。

六角恒廣『中国語教育史稿拾遺』不二出版、二〇〇二年。

六角恒廣編『中国語教本類集成』第一集—第一〇集、不二出版、一九九一年—一九九八年。

英語文献

Bailey, Richard W. *Images of English: A Cultural History of the Language*, Michigan: The University of Michigan Press, 1991.
Chen, Janet Y. *The sounds of Mandarin: learning to speak a national language in China and Taiwan, 1913–1960*, New York: Columbia University Press, 2023.
Cooley, James. C. *T. F. Wade in China: Pioneer in Global Diplomacy, 1842-1882*, Netherland: Brill Academic Pub, 1981.
Hedberg, William C. *The Japanese Discovery of Chinese Fiction: The Water Margin and the Making of a National Canon*, New York: Columbia University Press, 2020.
Hubbert, Jennifer. *China in the world: An Anthropology of Confucius Institutes, Soft Power, and Globalization*. Hawaii: University of Hawaii Press. 2019.
Ilana, Gershon. “Language and the Newness of Media,” *Annual Review of Anthropology*, Vol. 46, 2017, pp. 15–31.
Irvine, Judith T. “When talk isn’t cheap: Language and political economy,” *American Ethnologist*, No. 16, 1989, pp. 248–267.
Kawashima, Shin. “The Evolution of Japanese Perceptions of China since 1945,” *Asia-Pacific Review*, Vol. 30, No. 2, 2023, pp. 148–166.
Klöter, Henning and Mårten Söderblom Saarela eds. *Language Diversity in the Sinophone World: Historical Trajectories, Language Planning, and Multilingual Practices*, New York: Routledge, 2021.
Mehl, Margaret. “Chinese Learning (kangaku) in Meiji Japan (1868–1912),” *History*, Vol. 85, No. 277, 2000, pp. 48–66.
Peters, John Durham. *Speaking into the Air: A History of the Idea of Communication*, Chicago: University of Chicago Press, 1999.
Sato, Kazuki. “‘Same Language, Same Race’: The Dilemma of *Kanbun* in Modern Japan,” Frank Dikötter ed. *Construction of Racial Identities in China and Japan*, London: C. Hurst & Co. Publishers Ltd, 1997.
Shih, Shu-Mei, Tsai, Chien-Hsin, and Bernards, Brian eds. *Sinophone Studies: A Critical Reader*, New York: Columbia University Press, 2013.

Silverstein, Michael. "Language structure and linguistic ideology," Paul R. Clyne, William F. Hanks, and Carol L. Hofbauer eds. *The elements: A parasession on linguistic units and levels*, Chicago: Chicago Linguistic Society, 1979, pp. 193–247.

Sinclair, Paul and Blachford, Dongyang. "The *Kago Suihen* Textbook Serious and Japan's Business Language Education in Early Twentieth-Century Shanghai," *Journal of Teaching in International Business*, Vol. 31, No. 3, 2020, pp. 238–258.

Tanaka, Stefan, *Japan's Orient: Rendering Pasts into History*, Oakland: University of California Press, 1995.

Wakabayashi, Judy. "The Reconceptualization of Translation from Chinese in 18th Century Japan," Eva Hung ed. *Translation and Cultural Change: Studies in history, norms and image-projection*, John Benjamins Publishing Company, 2005, pp. 121–145.

Zerubavel, Eviatar, "Generally Speaking: The Logic and Mechanics of Social Pattern Analysis," *Sociological Forum*, Vol. 22, No. 2, 2007, pp. 131–145.

Zhong, Yurou. *Chinese Grammatology: Script Revolution and Literary Modernity, 1916~1958*, New York: Columbia University Press, 2019.

中国語文献

倉石武四郎著、栄新江・朱玉麒輯注『倉石武四郎中国留学記』北京：中華書局、二〇〇二年。

胡耀廷編『中国国際広播大事記』北京：中国国際広播出版社、一九九六年。

李晶鑫「石山福治(Ishiyama Fukuji)的生平及著作」『中国語研究』第六一号、二〇一九年、七八―九五頁。

李無未・李遜『任爾西東――《国語学草創》原理』厦門：厦門大学出版社、二〇二一年。

黎錦熙『国語運動史綱』北京：商務印書館、二〇一一年。

潘藝梅「倉石武四郎与其中国語教育実践」『応用言語学研究――明海大学大学院応用言語学研究科紀要』第九号、二〇〇七年、二二一―二三四頁。

宋桔『《語言自迩集》及其近代漢語語料』上海：文匯出版社、二〇二〇年。

王東杰『声入心通――国語運動与現代中国』北京：北京師範大学出版社、二〇一九年。

王力『王力文集　第十二巻』済南：山東教育出版社、一九九〇年。

王美平『日本対中国的認識演変――従甲午戦争到九一八事変』北京：社会科学文献出版社、二〇二一年。

呉真「日本漢学家談治学経歴――日本的学術生態太残酷了」澎湃新聞・上海書評、二〇一六年四月二四日(https://www.thepaper.cn/newsDetail_forward_1460100、二〇二五年一月一九日に最終確認)。

徐麗・石汝傑「《官話指南》的版本和語言」『中国語学研究　開篇』第二九号、二〇一〇年、七六―八四頁。
張世芳『北京官話語音研究』北京：北京語言大学出版社、二〇一〇年。

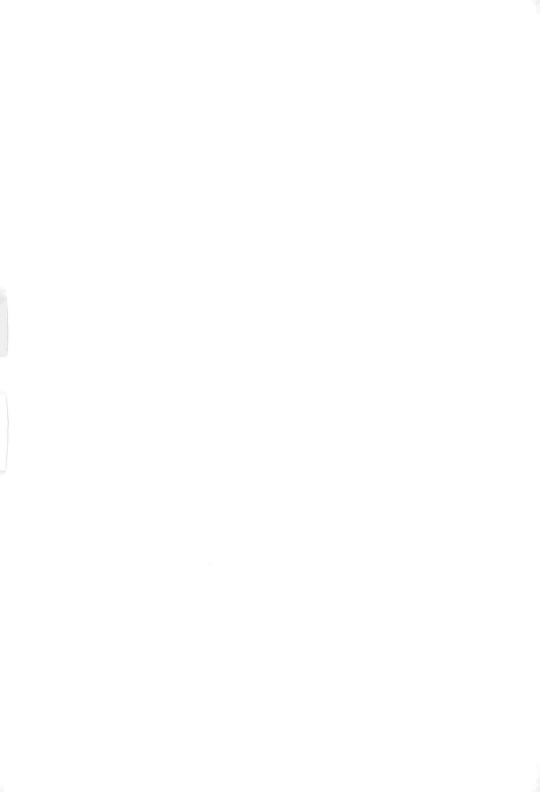

あとがき

本書は、二〇二三年度に京都大学大学院教育学研究科に提出した博士学位請求論文である「〈声〉の中国語受容の文化史研究――もう一つの教養語をもとめた近代日本」に基づいて改稿したものである。本論文の各章の初出は以下の通りだが、それぞれ大幅な加筆・修正を行った。

- 第一章：温秋穎「日本放送協会「支那語講座」のメディア史(1931-1941)――他者の言語はいかに想像されたか」『メディア研究』第一〇一号、二〇二二年、一一九―一三六頁。
- 第三章：温秋穎「戦前日本の中国語学習誌の資料的復元――語学教育と中国研究の関係の史的再考のために」石川禎浩『20世紀中国史の資料的復元』京都大学人文科学研究所、二〇二四年、一八一―二一五頁。
- 第六章：温秋穎「NHKラジオ・テレビ「中国語講座」の戦後史――日中国交正常化前の語学学習と中国認識」『メディア史研究』第五三号、二〇二三年、一二五―一五〇頁。

初出論文のタイトルから分かるように、ラジオ「支那語講座」から始まったこの研究をメディア史の研究として完結させる選択肢も当初はあった。ところが結果的に、中国語受容の文化史へとあえて研究の射程を広めた。歴史研究においてなにをどこまで記述するのかということに、研究者はそれぞれ見解を持っていることだろうが、この研究では、日本人が中国語の受容を通して中国のことを知ろうとした様々な物語、その全体像をできるだけ丸ごと提示することを課題とした。

本書では日中国交正常化の前後を受容史の一つの区切りとしたが、それから現在に至るまで、中国語を含めた諸外国語の教育と学習、受容の仕方はまた大きく変貌した。中国語を「教養語」とする目標はいま現在、すでに達成されたのだろうか。それは日本の中国理解、中国の日本理解に資するものとなっているのだろうか。このような問いを、終章「もう一つの教養語という未完の課題」において読者に投げかけた。付言するならば、ことばの受容は人間社会の営為を構成する一部でしかないということを認めなければならない。他者理解を志向することばの受容と使用が、必ずしもすべての社会問題の解決や、地域間の健全な関係をもたらすわけではない。また、人間社会におけるすべての課題解決をことばに期待することは、ことばの効果の過大評価だと言わざるを得ない。

それでは、ことばの受容史を記述する意味はどこにあるのか。私としては、受容された「結果」の一部についての良し悪しの価値判断は別として、他者理解を志向することばの倫理そのものが、他者の存在を介在するものでありながら、最終的には自己の物語を形成するものであると考えている。その倫理は他者へ開示されるものであると同時に、常に自己に回帰してくるものなのだ。

指導教員の佐藤卓己先生の長年にわたるご指導とご鞭撻、また、博士論文の副査を引き受けていただいた村田雄二郎先生、福井佑介先生、田中智子先生からのご助言に深謝したい。また、博士後期課程に進学した後、京都大学人文科学研究所附属現代中国研究センターにおいて歴史研究の方法論を大いに学ぶことができた。同センターの石川禎浩先生、村上衛先生、本研究にかかわる報告においてご助言をいただいた小野寺史郎先生、安田敏朗先生に感謝したい。

資料調査と史料批判に関して、とくに戦前期における放送や中国語教本の音声資料は残されたものが少ないため、放送や教本の内容のほとんどは紙資料をもとに再現したものである。再現された結果の成否は読者の判断に委ねたい。戦後のＮＨＫ「中国語講座」シリーズのテキストと映像資料の閲覧にあたっては、それぞれＮＨＫ出版の倉園哲さんと「ＮＨＫ番組アーカイブス学術利用トライアル」からご協力をいただいた。

Ｅクラス関係の資料収集については、尾崎文昭先生や、吉川雅之先生からご協力をいただいた。他の関係資料の整理が進められているということを知ったのは、二〇二四年の夏であった。中村元哉先生、佐藤慎一先生、東京大学教養学部中国語部会の笹川美奈子さんから、そのことを快くご教示いただいたのである。Eクラスの史的な振り返りに関心を持っている関係者は多いであろうが、筆者としては日本の戦後史のなかで俯瞰的にその模索を捉えてみたいと思っている。

二〇二〇年から始まったコロナ禍と、それに伴う国境の閉鎖が個人の研究生活に及ぼした影響は甚大だったが、家族とパートナーからのサポートがあったおかげで助けられたことは何度もあった。また、対面でのコミュニケーションが難しくなったにもかかわらず、京都大学大学院教育学研究科の院生室で共に過ごした皆様から、また、院生同士でともに開いた読書会のメンバーから、本研究の遂行にあたってのご助言と激励をいただいたことは心強く思った。

本研究の調査と成果の公表は、日本学術振興会科学研究費・特別研究員奨励費「日本放送協会「中国語講座」からみる日中交流のメディア史」(課題番号:21J23610/22KJ1757)、日本学術振興会科学研究費・研究活動スタート支援「戦後日本の中国語受容の思想史研究――倉石武四郎と藤堂明保を中心に」(課題番号:24K22477)、大谷大学研究資料費、2021年度放送文化基金、2021年度京都大学教育学部同窓会・京友会研究助成事業、2021年度NHK番組アーカイブス学術利用トライアルの助成を受けた。また、書籍化にあたっては、「令和6年度京都大学人と社会の未来研究院若手出版助成」を受けている。

最後に、本書の改稿において岩波書店編集部の渡邉京一郎さん、岩元浩さんから多岐にわたるご助言をいただいたことに、ここで感謝の意を表したい。

温 秋穎

二〇二五年二月

人名索引

あ行

か行

さ行

た　行

な　行

は　行

ま　行

や　行

ら　行

事項索引

欧　文

あ　行

か　行

さ　行

た　行

な　行

は　行

ま　行

や・ら行

温 秋 穎
1995年中国青島生まれ．京都大学大学院教育学研究科博士後期課程修了．博士(教育学)．日本学術振興会特別研究員DC1を経て，現在，大谷大学国際学部助教．専門はメディア史・メディア論．
主な論文に，「日本放送協会「支那語講座」のメディア史(1931-1941)——他者の言語はいかに想像されたか」(『メディア研究』第101号，2022年，京都大学教育学部同窓会京友会国際賞，日本メディア学会第11回優秀論文賞受賞)，「戦前日本の中国語学習誌の資料的復元——語学教育と中国研究の関係の史的再考のために」(石川禎浩編『20世紀中国史の資料的復元』京都大学人文科学研究所，2024年)など．

近現代日本における中国語受容史
——メディア・教育・言語観

2025年3月27日　第1刷発行

著　者　温秋穎《おんしゅうえい》

発行者　坂本政謙

発行所　株式会社 岩波書店
〒101-8002 東京都千代田区一ツ橋2-5-5
電話案内 03-5210-4000
https://www.iwanami.co.jp/

印刷・精興社　製本・松岳社

ISBN 978-4-00-061691-1　　Printed in Japan

ファシスト的公共性
——総力戦体制のメディア学
佐藤卓己
四六判三四四頁
定価二九七〇円

『キング』の時代
——国民大衆雑誌の公共性
佐藤卓己
岩波現代文庫
定価一九三六円

「国語」という思想
——近代日本の言語認識
イ・ヨンスク
岩波現代文庫
定価二〇六八円

日本人の戦争観
——戦後史のなかの変容
吉田裕
岩波現代文庫
定価一四〇八円

他者の単一言語使用
——あるいは起源の補綴(プロテーゼ)
デリダ
守中高明訳
岩波文庫
定価一〇〇一円